〈平成30年施行〉
保育所保育指針
幼稚園教育要領
幼保連携型認定こども園
教育・保育要領
解説とポイント

汐見稔幸／無藤 隆［監修］
ミネルヴァ書房編集部［編］

ミネルヴァ書房

は じ め に

　今回の改訂・改定の大きな特徴は，幼稚園教育要領，保育所保育指針，幼保連携型認定こども園教育・保育要領といういわゆる 3 文書が，同じ時期（同時）に改訂・改定されただけでなく，その基本的な内容もできるだけ同一にする（整合性をはかる），という方向で作成されたことです。

　3 文書の基本的な内容，特に保育・教育のねらいや内容にあたる部分をできるだけ同一にする（整合性をはかる）というのは，国として，3 つのタイプの幼児教育施設を，今後基本的に対等・同等に扱う，あるいは 3 つの施設に同じような教育成果を期待する，という立場を表明したということです。3 つの施設の管轄省庁は異なりますし，法体系も違っています。幼稚園が幼児教育施設（学校）であるのに対して認定こども園と保育所は児童福祉施設であり同時に幼児教育施設であるという違いもあります。しかし，その幼児教育施設の部分については，認定こども園も保育所も幼稚園と同等の機能を果たすべきである，果たしてほしいという立場が鮮明にされた，というのが今回の改訂・改定の大切な主旨なのです。これは歴史的に大きな意味をもつ施策展開といえるでしょう。

　こうした施策の展開の主旨は特に保育所関係者に深く受けとめていただきたいことです。保育所のこれまでの実践努力が，保育所も幼稚園と変わりない幼児教育施設であるという定義を生み出したともいえるわけで，その点で保育所関係者は自信をもつべきだと思いますが，同時に，これまで保育所が福祉施設として行ってきた実践のスタイルやその評価の仕方を，教育施設としても機能するためには，必要な部分をシフトチェンジすることが求められているということも理解すべきでしょう。そのため，特に保育所関係者は，幼児教育部分については，幼稚園教育要領やその解説の内容もしっかりと読み，理解することが肝要です。

　保育所には，増大する乳児保育のニーズに質高く応えていくために，乳児保育の質の向上等についても期待されていて，その意味するところを早急にしかも深く理解することが大切になってきています。今回の保育所保育指針と解説については，今まで以上にしっかりと読み解くことが大事になっているといえるでしょう。

　この施策の流れは，近い将来，現在 3 タイプある幼児教育施設の社会的機能をよ

り同一の方向にもっていくということを意味しています。ですから，今回は幼稚園や幼保連携型認定こども園の関係者も，保育所保育指針とその解説をしっかり読んで，乳児保育の精神や施設の福祉機能のことを理解することが課せられていると考えられます。

　本書はそうしたことを意識して，3文書をすべて収録しているだけでなく，こうした解説本にはめずらしく，保育所保育指針についての国の解説（「保育所保育指針解説」）も載せています。また，国の幼児教育施策の大事なポイントやその背景，実際にどうそれが具体化されているのかなども含め，「幼稚園教育要領」と「幼保連携型認定こども園教育・保育要領」について，それぞれの改訂の中心メンバーである無藤隆氏に解説を書いていただいていますし，「保育所保育指針」については，同じように改定の中心メンバーである私，汐見稔幸が解説を書かせていただきました。

　今回保育所も幼児教育機能を担うようになってほしいという施策が生まれた背景には，わが国の教育全体を急いで20世紀バージョンから21世紀バージョンに変えていくという重要な政策があって，その政策の流れに3つの幼児教育施設が協同して参加してほしいという要請があった，ということがあります。そこで，本書は，そうした施策を示す国の報告や通知などの関連文書も収録して，読者が施策全体を深く理解する助けになるように配慮されています。これも本書の大事な特色になっています。

　本書は，そうした意味で1冊の冊子ですが，現在のわが国の保育・幼児教育の位置と国・自治体等の期待の内容が総合的にわかるよう編まれたものといえます。本書を読んで，そうした流れを実感していただき，この歴史的転換期に，保育の現場をあずかっている実践者に期待されていることをより多面的に感じとっていただければと願っています。

2018年3月

汐見稔幸

目　　次

はじめに

第Ⅰ部　「保育所保育指針」解説とポイント

保育所保育指針 ……………………………………………………………… 3

第1章　総　則 ………………………………………………………… 4

1　保育所保育に関する基本原則　4

2　養護に関する基本的事項　6

3　保育の計画及び評価　8

4　幼児教育を行う施設として共有すべき事項　11

第2章　保育の内容 …………………………………………………… 13

1　乳児保育に関わるねらい及び内容　14

2　1歳以上3歳未満児の保育に関わるねらい及び内容　17

3　3歳以上児の保育に関するねらい及び内容　24

4　保育の実施に関して留意すべき事項　32

第3章　健康及び安全 ………………………………………………… 34

1　子どもの健康支援　34

2　食育の推進　35

3　環境及び衛生管理並びに安全管理　36

4　災害への備え　37

第4章　子育て支援 …………………………………………………… 37

1　保育所における子育て支援に関する基本的事項　37

2　保育所を利用している保護者に対する子育て支援　38

3　地域の保護者等に対する子育て支援　39

第5章　職員の資質向上 ……………………………………………… 39

1　職員の資質向上に関する基本的事項　39

iii

2 施設長の責務 40

3 職員の研修等 40

4 研修の実施体制等 41

「保育所保育指針」の解説と改定のポイント ………… 汐見稔幸… 43

1 改定の経緯 …………………………………………………… 43

2 改定の方向性 ……………………………………………… 44

（1）乳児・1歳以上3歳未満児の保育に関する記載の充実 45

（2）保育所保育における幼児教育の積極的な位置づけ 46

（3）子どもの育ちをめぐる環境の変化を踏まえた健康及び
安全についての記載の見直し 47

（4）保護者・家庭及び地域と連携した子育て支援の必要性 48

（5）職員の資質・専門性の向上 48

3 改定の要点 ………………………………………………… 49

（1）総 則 49

（2）保育の内容 57

（3）健康及び安全 58

（4）子育て支援 59

（5）職員の資質向上 59

保育所保育指針解説 ………………………………………… 61

序 章 ……………………………………………………… 64

1 保育所保育指針とは何か 64

2 保育所保育指針の基本的考え方 65

3 改定の背景及び経緯 65

4 改定の方向性 66

5 改定の要点 69

第1章 総 則 ………………………………………………… 72

1 保育所保育に関する基本原則 73

2 養護に関する基本的事項 87

3　保育の計画及び評価　95
　　　4　幼児教育を行う施設として共有すべき事項　115

第2章　保育の内容……………………………………………………133
　　　1　乳児保育に関わるねらい及び内容　135
　　　2　1歳以上3歳未満児の保育に関わるねらい及び内容　155
　　　3　3歳以上児の保育に関するねらい及び内容　194
　　　4　保育の実施に関して留意すべき事項　267

第3章　健康及び安全………………………………………………276
　　　1　子どもの健康支援　277
　　　2　食育の推進　288
　　　3　環境及び衛生管理並びに安全管理　294
　　　4　災害への備え　299

第4章　子育て支援………………………………………………304
　　　1　保育所における子育て支援に関する基本的事項　305
　　　2　保育所を利用している保護者に対する子育て支援　308
　　　3　地域の保護者等に対する子育て支援　314

第5章　職員の資質向上………………………………………………318
　　　1　職員の資質向上に関する基本的事項　319
　　　2　施設長の責務　321
　　　3　職員の研修等　323
　　　4　研修の実施体制等　325

第Ⅱ部　「幼稚園教育要領」解説とポイント

幼稚園教育要領………………………………………………331
　前　文………………………………………………332
　第1章　総　則………………………………………………333
　　　第1　幼稚園教育の基本　333
　　　第2　幼稚園教育において育みたい資質・能力及び「幼児
　　　　　　期の終わりまでに育ってほしい姿」　334

第3　教育課程の役割と編成等　336

第4　指導計画の作成と幼児理解に基づいた評価　338

第5　特別な配慮を必要とする幼児への指導　340

第6　幼稚園運営上の留意事項　341

第7　教育課程に係る教育時間終了後等に行う教育活動な
　　　ど　342

第2章　ねらい及び内容 ……………………………………342

健　康　342

人間関係　344

環　境　346

言　葉　347

表　現　349

第3章　教育課程に係る教育時間の終了後等に行う
　　　教育活動などの留意事項 …………………………350

「幼稚園教育要領」の解説と改訂のポイント ………無藤　隆…353

1　改訂の目指すところ ………………………………………353

（1）「学びの地図」としての学習指導要領等　353

（2）「学びの地図」としての枠組みづくり　354

（3）改訂の基本方針　355

2　改訂の要点 …………………………………………………356

（1）前　文　356

（2）「第1章　総則」の改訂の要点　357

（3）「第2章　ねらい及び内容」の改訂の要点　359

（4）「第3章　教育課程に係る教育時間の終了後等に行う
　　　教育活動などの留意事項」の改訂の要点　359

3　改訂の中心となるポイント ………………………………360

（1）幼児教育の見方・考え方　360

（2）資質・能力の捉え方　360

（3）幼児期の終わりまでに育ってほしい姿　361

（4）カリキュラム・マネジメントの実施　363

（5）小学校教育との接続　363

（6）体験の多様性・関連性と主体的・対話的で深い学び　364

第Ⅲ部　「幼保連携型認定こども園教育・保育要領」解説とポイント

幼保連携型認定こども園教育・保育要領……………………………369

第1章　総　則………………………………………………………370

第1　幼保連携型認定こども園における教育及び保育の基本及び目標等　370

第2　教育及び保育の内容並びに子育ての支援等に関する全体的な計画等　374

第3　幼保連携型認定こども園として特に配慮すべき事項　380

第2章　ねらい及び内容並びに配慮事項 …………………………383

第1　乳児期の園児の保育に関するねらい及び内容　384

第2　満1歳以上満3歳未満の園児の保育に関するねらい及び内容　387

第3　満3歳以上の園児の教育及び保育に関するねらい及び内容　393

第4　教育及び保育の実施に関する配慮事項　402

第3章　健康及び安全………………………………………………403

第1　健康支援　403

第2　食育の推進　404

第3　環境及び衛生管理並びに安全管理　405

第4　災害への備え　406

第4章　子育ての支援………………………………………………407

第1　子育ての支援全般に関わる事項　407

第2　幼保連携型認定こども園の園児の保護者に対する子育ての支援　407

第3　地域における子育て家庭の保護者等に対する支援　408

「幼保連携型認定こども園教育・保育要領」の解説と改訂のポイント ……………………………………………………無藤　隆…411

1　幼保連携型認定こども園とは ……………………………………411

2　改訂に当たっての基本的な考え方……………………………412

　（1）幼稚園教育要領及び保育所保育指針との整合性の確保　412

　（2）幼保連携型認定こども園として特に配慮すべき事項等の充実　412

3　改訂の中心となるポイント…………………………………413

　（1）資質・能力と幼児期の終わりまでに育ってほしい姿　413

　（2）全体的な計画と指導計画　414

　（3）教育及び保育の考え方　415

　（4）乳児保育などの保育所保育指針との共通性　415

　（5）2歳から3歳への移行など認定こども園固有の支援の在り方　416

　（6）子育ての支援とは　416

　（7）小学校への接続　416

関 連 資 料

・小学校学習指導要領（抄）　421

・幼児教育部会における審議の取りまとめ（抄）　435

・保育所保育指針の公示について　455

・学校教育法施行規則の一部を改正する省令の制定並びに幼稚園教育要領の全部を改正する告示，小学校学習指導要領の全部を改正する告示及び中学校学習指導要領の全部を改正する告示等の公示について（抄）　457

・幼保連携型認定こども園教育・保育要領の全部を改正する告示の公示について（抄）　461

第 I 部

「保育所保育指針」
解説とポイント

「保育所保育指針」には，2008年版から記述方法や内容
等に関わる変更があった箇所（漢字や平仮名等への単純な
語句の変換や読点の位置などは除く）がわかるように，編
集部で検討のうえ下線を付した。

保育所保育指針

○厚生労働省告示第117号

　児童福祉施設の設備及び運営に関する基準（昭和23年厚生省令第63号）第35条の規定に基づき，保育所保育指針（平成20年厚生労働省告示第141号）の全部を次のように改正し，平成30年4月1日から適用する。

　平成29年3月31日

厚生労働大臣　塩崎恭久

目　　次

第1章　総　　則 ……………………………………………………………………… 4
　1　保育所保育に関する基本原則 ……………………………………………… 4
　2　養護に関する基本的事項 …………………………………………………… 6
　3　保育の計画及び評価 ………………………………………………………… 8
　4　幼児教育を行う施設として共有すべき事項 …………………………… 11

第2章　保育の内容 ……………………………………………………………… 13
　1　乳児保育に関わるねらい及び内容 …………………………………… 14
　2　1歳以上3歳未満児の保育に関わるねらい及び内容 ……………… 17
　3　3歳以上児の保育に関するねらい及び内容 ………………………… 24
　4　保育の実施に関して留意すべき事項 ………………………………… 32

第3章　健康及び安全 …………………………………………………………… 34
　1　子どもの健康支援 ……………………………………………………… 34
　2　食育の推進 ……………………………………………………………… 35
　3　環境及び衛生管理並びに安全管理 …………………………………… 36
　4　災害への備え …………………………………………………………… 37

第4章　子育て支援 ……………………………………………………………… 37
　1　保育所における子育て支援に関する基本的事項 …………………… 37
　2　保育所を利用している保護者に対する子育て支援 ………………… 38
　3　地域の保護者等に対する子育て支援 ………………………………… 39

第5章　職員の資質向上 ………………………………………………………… 39
　1　職員の資質向上に関する基本的事項 ………………………………… 39
　2　施設長の責務 …………………………………………………………… 40
　3　職員の研修等 …………………………………………………………… 40
　4　研修の実施体制等 ……………………………………………………… 41

第Ⅰ部 「保育所保育指針」解説とポイント

第1章 総　則

　この指針は，児童福祉施設の設備及び運営に関する基準（昭和23年厚生省令第63号。以下「設備運営基準」という。）第35条の規定に基づき，保育所における保育の内容に関する事項及びこれに関連する運営に関する事項を定めるものである。各保育所は，この指針において規定される保育の内容に係る基本原則に関する事項等を踏まえ，各保育所の実情に応じて創意工夫を図り，保育所の機能及び質の向上に努めなければならない。

1　保育所保育に関する基本原則
(1)　保育所の役割
　　ア　保育所は，児童福祉法（昭和22年法律第164号）第39条の規定に基づき，保育を必要とする子どもの保育を行い，その健全な心身の発達を図ることを目的とする児童福祉施設であり，入所する子どもの最善の利益を考慮し，その福祉を積極的に増進することに最もふさわしい生活の場でなければならない。
　　イ　保育所は，その目的を達成するために，保育に関する専門性を有する職員が，家庭との緊密な連携の下に，子どもの状況や発達過程を踏まえ，保育所における環境を通して，養護及び教育を一体的に行うことを特性としている。
　　ウ　保育所は，入所する子どもを保育するとともに，家庭や地域の様々な社会資源との連携を図りながら，入所する子どもの保護者に対する支援及び地域の子育て家庭に対する支援等を行う役割を担うものである。
　　エ　保育所における保育士は，児童福祉法第18条の4の規定を踏まえ，保育所の役割及び機能が適切に発揮されるように，倫理観に裏付けられた専門的知識，技術及び判断をもって，子どもを保育するとともに，子どもの保護者に対する保育に関する指導を行うものであり，その職責を遂行するための専門性の向上に絶えず努めなければならない。
(2)　保育の目標
　　ア　保育所は，子どもが生涯にわたる人間形成にとって極めて重要な時期に，その生活時間の大半を過ごす場である。このため，保育所の保育は，子どもが現在を最も良く生き，望ましい未来をつくり出す力の基礎を培うために，

次の目標を目指して行わなければならない。

　㋐　十分に養護の行き届いた環境の下に，くつろいだ雰囲気の中で子どもの様々な欲求を満たし，生命の保持及び情緒の安定を図ること。

　㋑　健康，安全など生活に必要な基本的な習慣や態度を養い，心身の健康の基礎を培うこと。

　㋒　人との関わりの中で，人に対する愛情と信頼感，そして人権を大切にする心を育てるとともに，自主，自立及び協調の態度を養い，道徳性の芽生えを培うこと。

　㋓　生命，自然及び社会の事象についての興味や関心を育て，それらに対する豊かな心情や思考力の芽生えを培うこと。

　㋔　生活の中で，言葉への興味や関心を育て，話したり，聞いたり，相手の話を理解しようとするなど，言葉の豊かさを養うこと。

　㋕　様々な体験を通して，豊かな感性や表現力を育み，創造性の芽生えを培うこと。

　イ　保育所は，入所する子どもの保護者に対し，その意向を受け止め，子どもと保護者の安定した関係に配慮し，保育所の特性や保育士等の専門性を生かして，その援助に当たらなければならない。

(3)　保育の方法

　　保育の目標を達成するために，保育士等は，次の事項に留意して保育しなければならない。

　ア　一人一人の子どもの状況や家庭及び地域社会での生活の実態を把握するとともに，子どもが安心感と信頼感をもって活動できるよう，子どもの主体としての思いや願いを受け止めること。

　イ　子どもの生活のリズムを大切にし，健康，安全で情緒の安定した生活ができる環境や，自己を十分に発揮できる環境を整えること。

　ウ　子どもの発達について理解し，一人一人の発達過程に応じて保育すること。その際，子どもの個人差に十分配慮すること。

　エ　子ども相互の関係づくりや互いに尊重する心を大切にし，集団における活動を効果あるものにするよう援助すること。

　オ　子どもが自発的・意欲的に関われるような環境を構成し，子どもの主体的な活動や子ども相互の関わりを大切にすること。特に，乳幼児期にふさわし

第Ⅰ部 「保育所保育指針」解説とポイント

い体験が得られるように，生活や遊びを通して総合的に保育すること。

カ　一人一人の保護者の状況やその意向を理解，受容し，それぞれの親子関係
や家庭生活等に配慮しながら，様々な機会をとらえ，適切に援助すること。

(4)　保育の環境

保育の環境には，保育士等や子どもなどの人的環境，施設や遊具などの物的
環境，更には自然や社会の事象などがある。保育所は，こうした人，物，場な
どの環境が相互に関連し合い，子どもの生活が豊かなものとなるよう，次の事
項に留意しつつ，計画的に環境を構成し，工夫して保育しなければならない。

ア　子ども自らが環境に関わり，自発的に活動し，様々な経験を積んでいくこ
とができるよう配慮すること。

イ　子どもの活動が豊かに展開されるよう，保育所の設備や環境を整え，保育
所の保健的環境や安全の確保などに努めること。

ウ　保育室は，温かな親しみとくつろぎの場となるとともに，生き生きと活動
できる場となるように配慮すること。

エ　子どもが人と関わる力を育てていくため，子ども自らが周囲の子どもや大
人と関わっていくことができる環境を整えること。

(5)　保育所の社会的責任

ア　保育所は，子どもの人権に十分配慮するとともに，子ども一人一人の人格
を尊重して保育を行わなければならない。

イ　保育所は，地域社会との交流や連携を図り，保護者や地域社会に，当該保
育所が行う保育の内容を適切に説明するよう努めなければならない。

ウ　保育所は，入所する子ども等の個人情報を適切に取り扱うとともに，保護
者の苦情などに対し，その解決を図るよう努めなければならない。

2　養護に関する基本的事項

(1)　養護の理念

保育における養護とは，子どもの生命の保持及び情緒の安定を図るために保
育士等が行う援助や関わりであり，保育所における保育は，養護及び教育を一
体的に行うことをその特性とするものである。保育所における保育全体を通じ
て，養護に関するねらい及び内容を踏まえた保育が展開されなければならない。

6

保育所保育指針

(2) 養護に関わるねらい及び内容

ア　生命の保持

(ア)　ねらい

① 一人一人の子どもが，快適に生活できるようにする。

② 一人一人の子どもが，健康で安全に過ごせるようにする。

③ 一人一人の子どもの生理的欲求が，十分に満たされるようにする。

④ 一人一人の子どもの健康増進が，積極的に図られるようにする。

(イ)　内容

① 一人一人の子どもの平常の健康状態や発育及び発達状態を的確に把握し，異常を感じる場合は，速やかに適切に対応する。

② 家庭との連携を密にし，嘱託医等との連携を図りながら，子どもの疾病や事故防止に関する認識を深め，保健的で安全な保育環境の維持及び向上に努める。

③ 清潔で安全な環境を整え，適切な援助や応答的な関わりを通して子どもの生理的欲求を満たしていく。また，家庭と協力しながら，子どもの発達過程等に応じた適切な生活のリズムがつくられていくようにする。

④ 子どもの発達過程等に応じて，適度な運動と休息を取ることができるようにする。また，食事，排泄，衣類の着脱，身の回りを清潔にすることなどについて，子どもが意欲的に生活できるよう適切に援助する。

イ　情緒の安定

(ア)　ねらい

① 一人一人の子どもが，安定感をもって過ごせるようにする。

② 一人一人の子どもが，自分の気持ちを安心して表すことができるようにする。

③ 一人一人の子どもが，周囲から主体として受け止められ，主体として育ち，自分を肯定する気持ちが育まれていくようにする。

④ 一人一人の子どもがくつろいで共に過ごし，心身の疲れが癒されるようにする。

(イ)　内容

① 一人一人の子どもの置かれている状態や発達過程などを的確に把握し，子どもの欲求を適切に満たしながら，応答的な触れ合いや言葉がけを行

第Ⅰ部 「保育所保育指針」解説とポイント

う。

② 一人一人の子どもの気持ちを受容し，共感しながら，子どもとの継続的な信頼関係を築いていく。

③ 保育士等との信頼関係を基盤に，一人一人の子どもが主体的に活動し，自発性や探索意欲などを高めるとともに，自分への自信をもつことができるよう成長の過程を見守り，適切に働きかける。

④ 一人一人の子どもの生活のリズム，発達過程，保育時間などに応じて，活動内容のバランスや調和を図りながら，適切な食事や休息が取れるようにする。

3 保育の計画及び評価

(1) 全体的な計画の作成

ア 保育所は，1の(2)に示した保育の目標を達成するために，各保育所の保育の方針や目標に基づき，子どもの発達過程を踏まえて，保育の内容が組織的・計画的に構成され，保育所の生活の全体を通して，総合的に展開されるよう，全体的な計画を作成しなければならない。

イ 全体的な計画は，子どもや家庭の状況，地域の実態，保育時間などを考慮し，子どもの育ちに関する長期的見通しをもって適切に作成されなければならない。

ウ 全体的な計画は，保育所保育の全体像を包括的に示すものとし，これに基づく指導計画，保健計画，食育計画等を通じて，各保育所が創意工夫して保育できるよう，作成されなければならない。

(2) 指導計画の作成

ア 保育所は，全体的な計画に基づき，具体的な保育が適切に展開されるよう，子どもの生活や発達を見通した長期的な指導計画と，それに関連しながら，より具体的な子どもの日々の生活に即した短期的な指導計画を作成しなければならない。

イ 指導計画の作成に当たっては，第2章及びその他の関連する章に示された事項のほか，子ども一人一人の発達過程や状況を十分に踏まえるとともに，次の事項に留意しなければならない。

　(ア) 3歳未満児については，一人一人の子どもの生育歴，心身の発達，活動

保育所保育指針

の実態等に即して，個別的な計画を作成すること。

(イ)　3歳以上児については，個の成長と，子ども相互の関係や協同的な活動が促されるよう配慮すること。

(ウ)　異年齢で構成される組やグループでの保育においては，一人一人の子どもの生活や経験，発達過程などを把握し，適切な援助や環境構成ができるよう配慮すること。

ウ　指導計画においては，保育所の生活における子どもの発達過程を見通し，生活の連続性，季節の変化などを考慮し，子どもの実態に即した具体的なねらい及び内容を設定すること。また，具体的なねらいが達成されるよう，子どもの生活する姿や発想を大切にして適切な環境を構成し，子どもが主体的に活動できるようにすること。

エ　一日の生活のリズムや在園時間が異なる子どもが共に過ごすことを踏まえ，活動と休息，緊張感と解放感等の調和を図るよう配慮すること。

オ　午睡は生活のリズムを構成する重要な要素であり，安心して眠ることのできる安全な睡眠環境を確保するとともに，在園時間が異なることや，睡眠時間は子どもの発達の状況や個人によって差があることから，一律とならないよう配慮すること。

カ　長時間にわたる保育については，子どもの発達過程，生活のリズム及び心身の状態に十分配慮して，保育の内容や方法，職員の協力体制，家庭との連携などを指導計画に位置付けること。

キ　障害のある子どもの保育については，一人一人の子どもの発達過程や障害の状態を把握し，適切な環境の下で，障害のある子どもが他の子どもとの生活を通して共に成長できるよう，指導計画の中に位置付けること。また，子どもの状況に応じた保育を実施する観点から，家庭や関係機関と連携した支援のための計画を個別に作成するなど適切な対応を図ること。

(3)　指導計画の展開

指導計画に基づく保育の実施に当たっては，次の事項に留意しなければならない。

ア　施設長，保育士など，全職員による適切な役割分担と協力体制を整えること。

イ　子どもが行う具体的な活動は，生活の中で様々に変化することに留意して，

9

第Ⅰ部 「保育所保育指針」解説とポイント

子どもが望ましい方向に向かって自ら活動を展開できるよう必要な援助を行うこと。

ウ 子どもの主体的な活動を促すためには，保育士等が多様な関わりをもつことが重要であることを踏まえ，子どもの情緒の安定や発達に必要な豊かな体験が得られるよう援助すること。

エ 保育士等は，子どもの実態や子どもを取り巻く状況の変化などに即して保育の過程を記録するとともに，これらを踏まえ，指導計画に基づく保育の内容の見直しを行い，改善を図ること。

(4) 保育内容等の評価

ア 保育士等の自己評価

(ア) 保育士等は，保育の計画や保育の記録を通して，自らの保育実践を振り返り，自己評価することを通して，その専門性の向上や保育実践の改善に努めなければならない。

(イ) 保育士等による自己評価に当たっては，子どもの活動内容やその結果だけでなく，子どもの心の育ちや意欲，取り組む過程などにも十分配慮するよう留意すること。

(ウ) 保育士等は，自己評価における自らの保育実践の振り返りや職員相互の話し合い等を通じて，専門性の向上及び保育の質の向上のための課題を明確にするとともに，保育所全体の保育の内容に関する認識を深めること。

イ 保育所の自己評価

(ア) 保育所は，保育の質の向上を図るため，保育の計画の展開や保育士等の自己評価を踏まえ，当該保育所の保育の内容等について，自ら評価を行い，その結果を公表するよう努めなければならない。

(イ) 保育所が自己評価を行うに当たっては，地域の実情や保育所の実態に即して，適切に評価の観点や項目等を設定し，全職員による共通理解をもって取り組むよう留意すること。

(ウ) 設備運営基準第36条の趣旨を踏まえ，保育の内容等の評価に関し，保護者及び地域住民等の意見を聴くことが望ましいこと。

(5) 評価を踏まえた計画の改善

ア 保育所は，評価の結果を踏まえ，当該保育所の保育の内容等の改善を図ること。

イ　保育の計画に基づく保育，保育の内容の評価及びこれに基づく改善という一連の取組により，保育の質の向上が図られるよう，全職員が共通理解をもって取り組むことに留意すること。

4　幼児教育を行う施設として共有すべき事項

(1)　育みたい資質・能力

イ　保育所においては，生涯にわたる生きる力の基礎を培うため，1の(2)に示す保育の目標を踏まえ，次に掲げる資質・能力を一体的に育むよう努めるものとする。

(ア)　豊かな体験を通じて，感じたり，気付いたり，分かったり，できるようになったりする「知識及び技能の基礎」

(イ)　気付いたことや，できるようになったことなどを使い，考えたり，試したり，工夫したり，表現したりする「思考力，判断力，表現力等の基礎」

(ウ)　心情，意欲，態度が育つ中で，よりよい生活を営もうとする「学びに向かう力，人間性等」

イ　アに示す資質・能力は，第2章に示すねらい及び内容に基づく保育活動全体によって育むものである。

(2)　幼児期の終わりまでに育ってほしい姿

次に示す「幼児期の終わりまでに育ってほしい姿」は，第2章に示すねらい及び内容に基づく保育活動全体を通して資質・能力が育まれている子どもの小学校就学時の具体的な姿であり，保育士等が指導を行う際に考慮するものである。

ア　健康な心と体

保育所の生活の中で，充実感をもって自分のやりたいことに向かって心と体を十分に働かせ，見通しをもって行動し，自ら健康で安全な生活をつくり出すようになる。

イ　自立心

身近な環境に主体的に関わり様々な活動を楽しむ中で，しなければならないことを自覚し，自分の力で行うために考えたり，工夫したりしながら，諦めずにやり遂げることで達成感を味わい，自信をもって行動するようになる。

ウ　協同性

友達と関わる中で，互いの思いや考えなどを共有し，共通の目的の実現に向けて，考えたり，工夫したり，協力したりし，充実感をもってやり遂げるようになる。

エ　道徳性・規範意識の芽生え

友達と様々な体験を重ねる中で，してよいことや悪いことが分かり，自分の行動を振り返ったり，友達の気持ちに共感したりし，相手の立場に立って行動するようになる。また，きまりを守る必要性が分かり，自分の気持ちを調整し，友達と折り合いを付けながら，きまりをつくったり，守ったりするようになる。

オ　社会生活との関わり

家族を大切にしようとする気持ちをもつとともに，地域の身近な人と触れ合う中で，人との様々な関わり方に気付き，相手の気持ちを考えて関わり，自分が役に立つ喜びを感じ，地域に親しみをもつようになる。また，保育所内外の様々な環境に関わる中で，遊びや生活に必要な情報を取り入れ，情報に基づき判断したり，情報を伝え合ったり，活用したりするなど，情報を役立てながら活動するようになるとともに，公共の施設を大切に利用するなどして，社会とのつながりなどを意識するようになる。

カ　思考力の芽生え

身近な事象に積極的に関わる中で，物の性質や仕組みなどを感じ取ったり，気付いたりし，考えたり，予想したり，工夫したりするなど，多様な関わりを楽しむようになる。また，友達の様々な考えに触れる中で，自分と異なる考えがあることに気付き，自ら判断したり，考え直したりするなど，新しい考えを生み出す喜びを味わいながら，自分の考えをよりよいものにするようになる。

キ　自然との関わり・生命尊重

自然に触れて感動する体験を通して，自然の変化などを感じ取り，好奇心や探究心をもって考え言葉などで表現しながら，身近な事象への関心が高まるとともに，自然への愛情や畏敬の念をもつようになる。また，身近な動植物に心を動かされる中で，生命の不思議さや尊さに気付き，身近な動植物への接し方を考え，命あるものとしていたわり，大切にする気持ちをもって関わるようになる。

ク　数量や図形，標識や文字などへの関心・感覚

　　遊びや生活の中で，数量や図形，標識や文字などに親しむ体験を重ねたり，標識や文字の役割に気付いたりし，自らの必要感に基づきこれらを活用し，興味や関心，感覚をもつようになる。

ケ　言葉による伝え合い

　　保育士等や友達と心を通わせる中で，絵本や物語などに親しみながら，豊かな言葉や表現を身に付け，経験したことや考えたことなどを言葉で伝えたり，相手の話を注意して聞いたりし，言葉による伝え合いを楽しむようになる。

コ　豊かな感性と表現

　　心を動かす出来事などに触れ感性を働かせる中で，様々な素材の特徴や表現の仕方などに気付き，感じたことや考えたことを自分で表現したり，友達同士で表現する過程を楽しんだりし，表現する喜びを味わい，意欲をもつようになる。

第2章　保育の内容

　この章に示す「ねらい」は，第1章の1の(2)に示された保育の目標をより具体化したものであり，子どもが保育所において，安定した生活を送り，充実した活動ができるように，保育を通じて育みたい資質・能力を，子どもの生活する姿から捉えたものである。また，「内容」は，「ねらい」を達成するために，子どもの生活やその状況に応じて保育士等が適切に行う事項と，保育士等が援助して子どもが環境に関わって経験する事項を示したものである。

　保育における「養護」とは，子どもの生命の保持及び情緒の安定を図るために保育士等が行う援助や関わりであり，「教育」とは，子どもが健やかに成長し，その活動がより豊かに展開されるための発達の援助である。本章では，保育士等が，「ねらい」及び「内容」を具体的に把握するため，主に教育に関わる側面からの視点を示しているが，実際の保育においては，養護と教育が一体となって展開されることに留意する必要がある。

第Ⅰ部 「保育所保育指針」解説とポイント

1 乳児保育に関わるねらい及び内容

(1) 基本的事項

ア 乳児期の発達については，視覚，聴覚などの感覚や，座る，はう，歩くなどの運動機能が著しく発達し，特定の大人との応答的な関わりを通じて，情緒的な 絆 が形成されるといった特徴がある。これらの発達の特徴を踏まえて，乳児保育は，愛情豊かに，応答的に行われることが特に必要である。

イ 本項においては，この時期の発達の特徴を踏まえ，乳児保育の「ねらい」及び「内容」については，身体的発達に関する視点「健やかに伸び伸びと育つ」，社会的発達に関する視点「身近な人と気持ちが通じ合う」及び精神的発達に関する視点「身近なものと関わり感性が育つ」としてまとめ，示している。

ウ 本項の各視点において示す保育の内容は，第1章の2に示された養護における「生命の保持」及び「情緒の安定」に関わる保育の内容と，一体となって展開されるものであることに留意が必要である。

(2) ねらい及び内容

ア 健やかに伸び伸びと育つ

健康な心と体を育て，自ら健康で安全な生活をつくり出す力の基盤を培う。

(ア) ねらい

① 身体感覚が育ち，快適な環境に心地よさを感じる。

② 伸び伸びと体を動かし，はう，歩くなどの運動をしようとする。

③ 食事，睡眠等の生活のリズムの感覚が芽生える。

(イ) 内 容

① 保育士等の愛情豊かな受容の下で，生理的・心理的欲求を満たし，心地よく生活をする。

② 一人一人の発育に応じて，はう，立つ，歩くなど，十分に体を動かす。

③ 個人差に応じて授乳を行い，離乳を進めていく中で，様々な食品に少しずつ慣れ，食べることを楽しむ。

④ 一人一人の生活のリズムに応じて，安全な環境の下で十分に午睡をする。

⑤ おむつ交換や衣服の着脱などを通じて，清潔になることの心地よさを感じる。

保育所保育指針

(ウ) 内容の取扱い

上記の取扱いに当たっては，次の事項に留意する必要がある。

① 心と体の健康は，相互に密接な関連があるものであることを踏まえ，温かい触れ合いの中で，心と体の発達を促すこと。特に，寝返り，お座り，はいはい，つかまり立ち，伝い歩きなど，発育に応じて，遊びの中で体を動かす機会を十分に確保し，自ら体を動かそうとする意欲が育つようにすること。

② 健康な心と体を育てるためには望ましい食習慣の形成が重要であることを踏まえ，離乳食が完了期へと徐々に移行する中で，様々な食品に慣れるようにするとともに，和やかな雰囲気の中で食べる喜びや楽しさを味わい，進んで食べようとする気持ちが育つようにすること。なお，食物アレルギーのある子どもへの対応については，嘱託医等の指示や協力の下に適切に対応すること。

イ 身近な人と気持ちが通じ合う

受容的・応答的な関わりの下で，何かを伝えようとする意欲や身近な大人との信頼関係を育て，人と関わる力の基盤を培う。

(ア) ねらい

① 安心できる関係の下で，身近な人と共に過ごす喜びを感じる。

② 体の動きや表情，発声等により，保育士等と気持ちを通わせようとする。

③ 身近な人と親しみ，関わりを深め，愛情や信頼感が芽生える。

(イ) 内 容

① 子どもからの働きかけを踏まえた，応答的な触れ合いや言葉がけによって，欲求が満たされ，安定感をもって過ごす。

② 体の動きや表情，発声，喃語等を優しく受け止めてもらい，保育士等とのやり取りを楽しむ。

③ 生活や遊びの中で，自分の身近な人の存在に気付き，親しみの気持ちを表す。

④ 保育士等による語りかけや歌いかけ，発声や喃語等への応答を通じて，言葉の理解や発語の意欲が育つ。

⑤ 温かく，受容的な関わりを通じて，自分を肯定する気持ちが芽生える。

15

第Ⅰ部　「保育所保育指針」解説とポイント

　(ウ)　内容の取扱い

　　　　上記の取扱いに当たっては，次の事項に留意する必要がある。

　①　保育士等との信頼関係に支えられて生活を確立していくことが人と関わる基盤となることを考慮して，子どもの多様な感情を受け止め，温かく受容的・応答的に関わり，一人一人に応じた適切な援助を行うようにすること。

　②　身近な人に親しみをもって接し，自分の感情などを表し，それに相手が応答する言葉を聞くことを通して，次第に言葉が獲得されていくことを考慮して，楽しい雰囲気の中での保育士等との関わり合いを大切にし，ゆっくりと優しく話しかけるなど，積極的に言葉のやり取りを楽しむことができるようにすること。

ウ　身近なものと関わり感性が育つ

　　　身近な環境に興味や好奇心をもって関わり，感じたことや考えたことを表現する力の基盤を培う。

　(ア)　ねらい

　①　身の回りのものに親しみ，様々なものに興味や関心をもつ。

　②　見る，触れる，探索するなど，身近な環境に自分から関わろうとする。

　③　身体の諸感覚による認識が豊かになり，表情や手足，体の動き等で表現する。

　(イ)　内　容

　①　身近な生活用具，玩具や絵本などが用意された中で，身の回りのものに対する興味や好奇心をもつ。

　②　生活や遊びの中で様々なものに触れ，音，形，色，手触りなどに気付き，感覚の働きを豊かにする。

　③　保育士等と一緒に様々な色彩や形のものや絵本などを見る。

　④　玩具や身の回りのものを，つまむ，つかむ，たたく，引っ張るなど，手や指を使って遊ぶ。

　⑤　保育士等のあやし遊びに機嫌よく応じたり，歌やリズムに合わせて手足や体を動かして楽しんだりする。

　(ウ)　内容の取扱い

　　　　上記の取扱いに当たっては，次の事項に留意する必要がある。

保育所保育指針

① 玩具などは，音質，形，色，大きさなど子どもの発達状態に応じて適切なものを選び，その時々の子どもの興味や関心を踏まえるなど，遊びを通して感覚の発達が促されるものとなるように工夫すること。なお，安全な環境の下で，子どもが探索意欲を満たして自由に遊べるよう，身の回りのものについては，常に十分な点検を行うこと。

② 乳児期においては，表情，発声，体の動きなどで，感情を表現することが多いことから，これらの表現しようとする意欲を積極的に受け止めて，子どもが様々な活動を楽しむことを通して表現が豊かになるようにすること。

(3) 保育の実施に関わる配慮事項

ア 乳児は疾病への抵抗力が弱く，心身の機能の未熟さに伴う疾病の発生が多いことから，一人一人の発育及び発達状態や健康状態についての適切な判断に基づく保健的な対応を行うこと。

イ 一人一人の子どもの生育歴の違いに留意しつつ，欲求を適切に満たし，特定の保育士が応答的に関わるように努めること。

ウ 乳児保育に関わる職員間の連携や嘱託医との連携を図り，第３章に示す事項を踏まえ，適切に対応すること。栄養士及び看護師等が配置されている場合は，その専門性を生かした対応を図ること。

エ 保護者との信頼関係を築きながら保育を進めるとともに，保護者からの相談に応じ，保護者への支援に努めていくこと。

オ 担当の保育士が替わる場合には，子どものそれまでの生育歴や発達過程に留意し，職員間で協力して対応すること。

2 １歳以上３歳未満児の保育に関わるねらい及び内容

(1) 基本的事項

ア この時期においては，歩き始めから，歩く，走る，跳ぶなどへと，基本的な運動機能が次第に発達し，排泄の自立のための身体的機能も整うようになる。つまむ，めくるなどの指先の機能も発達し，食事，衣類の着脱なども，保育士等の援助の下で自分で行うようになる。発声も明瞭になり，語彙も増加し，自分の意思や欲求を言葉で表出できるようになる。このように自分でできることが増えてくる時期であることから，保育士等は，子どもの生活の

第Ⅰ部 「保育所保育指針」解説とポイント

安定を図りながら，自分でしようとする気持ちを尊重し，温かく見守るとともに，愛情豊かに，応答的に関わることが必要である。

イ　本項においては，この時期の発達の特徴を踏まえ，保育の「ねらい」及び「内容」について，心身の健康に関する領域「健康」，人との関わりに関する領域「人間関係」，身近な環境との関わりに関する領域「環境」，言葉の獲得に関する領域「言葉」及び感性と表現に関する領域「表現」としてまとめ，示している。

ウ　本項の各領域において示す保育の内容は，第1章の2に示された養護における「生命の保持」及び「情緒の安定」に関わる保育の内容と，一体となって展開されるものであることに留意が必要である。

(2)　ねらい及び内容

ア　健　康

健康な心と体を育て，自ら健康で安全な生活をつくり出す力を養う。

(ア)　ねらい

①　明るく伸び伸びと生活し，自分から体を動かすことを楽しむ。

②　自分の体を十分に動かし，様々な動きをしようとする。

③　健康，安全な生活に必要な習慣に気付き，自分でしてみようとする気持ちが育つ。

(イ)　内　容

①　保育士等の愛情豊かな受容の下で，安定感をもって生活をする。

②　食事や午睡，遊びと休息など，保育所における生活のリズムが形成される。

③　走る，跳ぶ，登る，押す，引っ張るなど全身を使う遊びを楽しむ。

④　様々な食品や調理形態に慣れ，ゆったりとした雰囲気の中で食事や間食を楽しむ。

⑤　身の回りを清潔に保つ心地よさを感じ，その習慣が少しずつ身に付く。

⑥　保育士等の助けを借りながら，衣類の着脱を自分でしようとする。

⑦　便器での排泄に慣れ，自分で排泄ができるようになる。

(ウ)　内容の取扱い

上記の取扱いに当たっては，次の事項に留意する必要がある。

①　心と体の健康は，相互に密接な関連があるものであることを踏まえ，

保育所保育指針

子どもの気持ちに配慮した温かい触れ合いの中で，心と体の発達を促すこと。特に，一人一人の発育に応じて，体を動かす機会を十分に確保し，自ら体を動かそうとする意欲が育つようにすること。

② 健康な心と体を育てるためには望ましい食習慣の形成が重要であることを踏まえ，ゆったりとした雰囲気の中で食べる喜びや楽しさを味わい，進んで食べようとする気持ちが育つようにすること。なお，食物アレルギーのある子どもへの対応については，嘱託医等の指示や協力の下に適切に対応すること。

③ 排泄の習慣については，一人一人の排尿間隔等を踏まえ，おむつが汚れていないときに便器に座らせるなどにより，少しずつ慣れさせるようにすること。

④ 食事，排泄，睡眠，衣類の着脱，身の回りを清潔にすることなど，生活に必要な基本的な習慣については，一人一人の状態に応じ，落ち着いた雰囲気の中で行うようにし，子どもが自分でしようとする気持ちを尊重すること。また，基本的な生活習慣の形成に当たっては，家庭での生活経験に配慮し，家庭との適切な連携の下で行うようにすること。

イ　人間関係

他の人々と親しみ，支え合って生活するために，自立心を育て，人と関わる力を養う。

(ア)　ねらい

① 保育所での生活を楽しみ，身近な人と関わる心地よさを感じる。

② 周囲の子ども等への興味や関心が高まり，関わりをもとうとする。

③ 保育所の生活の仕方に慣れ，きまりの大切さに気付く。

(イ)　内　容

① 保育士等や周囲の子ども等との安定した関係の中で，共に過ごす心地よさを感じる。

② 保育士等の受容的・応答的な関わりの中で，欲求を適切に満たし，安定感をもって過ごす。

③ 身の回りに様々な人がいることに気付き，徐々に他の子どもと関わりをもって遊ぶ。

④ 保育士等の仲立ちにより，他の子どもとの関わり方を少しずつ身につ

第Ⅰ部 「保育所保育指針」解説とポイント

　ける。

⑤　保育所の生活の仕方に慣れ，きまりがあることや，その大切さに気付く。

⑥　生活や遊びの中で，年長児や保育士等の真似をしたり，ごっこ遊びを楽しんだりする。

(ウ)　内容の取扱い

　上記の取扱いに当たっては，次の事項に留意する必要がある。

①　保育士等との信頼関係に支えられて生活を確立するとともに，自分で何かをしようとする気持ちが旺盛になる時期であることに鑑み，そのような子どもの気持ちを尊重し，温かく見守るとともに，愛情豊かに，応答的に関わり，適切な援助を行うようにすること。

②　思い通りにいかない場合等の子どもの不安定な感情の表出については，保育士等が受容的に受け止めるとともに，そうした気持ちから立ち直る経験や感情をコントロールすることへの気付き等につなげていけるように援助すること。

③　この時期は自己と他者との違いの認識がまだ十分ではないことから，子どもの自我の育ちを見守るとともに，保育士等が仲立ちとなって，自分の気持ちを相手に伝えることや相手の気持ちに気付くことの大切さなど，友達の気持ちや友達との関わり方を丁寧に伝えていくこと。

ウ　環　境

　周囲の様々な環境に好奇心や探究心をもって関わり，それらを生活に取り入れていこうとする力を養う。

(ア)　ねらい

①　身近な環境に親しみ，触れ合う中で，様々なものに興味や関心をもつ。

②　様々なものに関わる中で，発見を楽しんだり，考えたりしようとする。

③　見る，聞く，触るなどの経験を通して，感覚の働きを豊かにする。

(イ)　内　容

①　安全で活動しやすい環境での探索活動等を通して，見る，聞く，触れる，嗅ぐ，味わうなどの感覚の働きを豊かにする。

②　玩具，絵本，遊具などに興味をもち，それらを使った遊びを楽しむ。

③　身の回りの物に触れる中で，形，色，大きさ，量などの物の性質や仕

20

組みに気付く。

④　自分の物と人の物の区別や，場所的感覚など，環境を捉える感覚が育つ。

⑤　身近な生き物に気付き，親しみをもつ。

⑥　近隣の生活や季節の行事などに興味や関心をもつ。

(ウ)　内容の取扱い

上記の取扱いに当たっては，次の事項に留意する必要がある。

①　玩具などは，音質，形，色，大きさなど子どもの発達状態に応じて適切なものを選び，遊びを通して感覚の発達が促されるように工夫すること。

②　身近な生き物との関わりについては，子どもが命を感じ，生命の尊さに気付く経験へとつながるものであることから，そうした気付きを促すような関わりとなるようにすること。

③　地域の生活や季節の行事などに触れる際には，社会とのつながりや地域社会の文化への気付きにつながるものとなることが望ましいこと。その際，保育所内外の行事や地域の人々との触れ合いなどを通して行うこと等も考慮すること。

エ　言　葉

経験したことや考えたことなどを自分なりの言葉で表現し，相手の話す言葉を聞こうとする意欲や態度を育て，言葉に対する感覚や言葉で表現する力を養う。

(ア)　ねらい

①　言葉遊びや言葉で表現する楽しさを感じる。

②　人の言葉や話などを聞き，自分でも思ったことを伝えようとする。

③　絵本や物語等に親しむとともに，言葉のやり取りを通じて身近な人と気持ちを通わせる。

(イ)　内　容

①　保育士等の応答的な関わりや話しかけにより，自ら言葉を使おうとする。

②　生活に必要な簡単な言葉に気付き，聞き分ける。

③　親しみをもって日常の挨拶に応じる。

第Ⅰ部 「保育所保育指針」解説とポイント

④ 絵本や紙芝居を楽しみ，簡単な言葉を繰り返したり，模倣をしたりして遊ぶ。

⑤ 保育士等とごっこ遊びをする中で，言葉のやり取りを楽しむ。

⑥ 保育士等を仲立ちとして，生活や遊びの中で友達との言葉のやり取りを楽しむ。

⑦ 保育士等や友達の言葉や話に興味や関心をもって，聞いたり，話したりする。

(ウ) 内容の取扱い

上記の取扱いに当たっては，次の事項に留意する必要がある。

① 身近な人に親しみをもって接し，自分の感情などを伝え，それに相手が応答し，その言葉を聞くことを通して，次第に言葉が獲得されていくものであることを考慮して，楽しい雰囲気の中で保育士等との言葉のやり取りができるようにすること。

② 子どもが自分の思いを言葉で伝えるとともに，他の子どもの話などを聞くことを通して，次第に話を理解し，言葉による伝え合いができるようになるよう，気持ちや経験等の言語化を行うことを援助するなど，子ども同士の関わりの仲立ちを行うようにすること。

③ この時期は，片言から，二語文，ごっこ遊びでのやり取りができる程度へと，大きく言葉の習得が進む時期であることから，それぞれの子どもの発達の状況に応じて，遊びや関わりの工夫など，保育の内容を適切に展開することが必要であること。

オ 表 現

感じたことや考えたことを自分なりに表現することを通して，豊かな感性や表現する力を養い，創造性を豊かにする。

(ア) ねらい

① 身体の諸感覚の経験を豊かにし，様々な感覚を味わう。

② 感じたことや考えたことなどを自分なりに表現しようとする。

③ 生活や遊びの様々な体験を通して，イメージや感性が豊かになる。

(イ) 内 容

① 水，砂，土，紙，粘土など様々な素材に触れて楽しむ。

② 音楽，リズムやそれに合わせた体の動きを楽しむ。

③ 生活の中で様々な音, 形, 色, 手触り, 動き, 味, 香りなどに気付いたり, 感じたりして楽しむ。

④ 歌を歌ったり, 簡単な手遊びや全身を使う遊びを楽しんだりする。

⑤ 保育士等からの話や, 生活や遊びの中での出来事を通して, イメージを豊かにする。

⑥ 生活や遊びの中で, 興味のあることや経験したことなどを自分なりに表現する。

(ウ) 内容の取扱い

上記の取扱いに当たっては, 次の事項に留意する必要がある。

① 子どもの表現は, 遊びや生活の様々な場面で表出されているものであることから, それらを積極的に受け止め, 様々な表現の仕方や感性を豊かにする経験となるようにすること。

② 子どもが試行錯誤しながら様々な表現を楽しむことや, 自分の力でやり遂げる充実感などに気付くよう, 温かく見守るとともに, 適切に援助を行うようにすること。

③ 様々な感情の表現等を通じて, 子どもが自分の感情や気持ちに気付くようになる時期であることに鑑み, 受容的な関わりの中で自信をもって表現をすることや, 諦めずに続けた後の達成感等を感じられるような経験が蓄積されるようにすること。

④ 身近な自然や身の回りの事物に関わる中で, 発見や心が動く経験が得られるよう, 諸感覚を働かせることを楽しむ遊びや素材を用意するなど保育の環境を整えること。

(3) 保育の実施に関わる配慮事項

ア 特に感染症にかかりやすい時期であるので, 体の状態, 機嫌, 食欲などの日常の状態の観察を十分に行うとともに, 適切な判断に基づく保健的な対応を心がけること。

イ 探索活動が十分できるように, 事故防止に努めながら活動しやすい環境を整え, 全身を使う遊びなど様々な遊びを取り入れること。

ウ 自我が形成され, 子どもが自分の感情や気持ちに気付くようになる重要な時期であることに鑑み, 情緒の安定を図りながら, 子どもの自発的な活動を尊重するとともに促していくこと。

第Ⅰ部 「保育所保育指針」解説とポイント

　エ　担当の保育士が替わる場合には，子どものそれまでの経験や発達過程に留意し，職員間で協力して対応すること。

3　3歳以上児の保育に関するねらい及び内容

(1)　基本的事項

　ア　この時期においては，運動機能の発達により，基本的な動作が一通りできるようになるとともに，基本的な生活習慣もほぼ自立できるようになる。理解する語彙数が急激に増加し，知的興味や関心も高まってくる。仲間と遊び，仲間の中の一人という自覚が生じ，集団的な遊びや協同的な活動も見られるようになる。これらの発達の特徴を踏まえて，この時期の保育においては，個の成長と集団としての活動の充実が図られるようにしなければならない。

　イ　本項においては，この時期の発達の特徴を踏まえ，保育の「ねらい」及び「内容」について，心身の健康に関する領域「健康」，人との関わりに関する領域「人間関係」，身近な環境との関わりに関する領域「環境」，言葉の獲得に関する領域「言葉」及び感性と表現に関する領域「表現」としてまとめ，示している。

　ウ　本項の各領域において示す保育の内容は，第1章の2に示された養護における「生命の保持」及び「情緒の安定」に関わる保育の内容と，一体となって展開されるものであることに留意が必要である。

(2)　ねらい及び内容

　ア　健　康

　　健康な心と体を育て，自ら健康で安全な生活をつくり出す力を養う。

　　(ア)　ねらい

　　　①　明るく伸び伸びと行動し，充実感を味わう。

　　　②　自分の体を十分に動かし，進んで運動しようとする。

　　　③　健康，安全な生活に必要な習慣や態度を身に付け，見通しをもって行動する。

　　(イ)　内　容

　　　①　保育士等や友達と触れ合い，安定感をもって行動する。

　　　②　いろいろな遊びの中で十分に体を動かす。

　　　③　進んで戸外で遊ぶ。

保育所保育指針

④　様々な活動に親しみ，楽しんで取り組む。

⑤　保育士等や友達と食べることを楽しみ，食べ物への興味や関心をもつ。

⑥　健康な生活のリズムを身に付ける。

⑦　身の回りを清潔にし，衣服の着脱，食事，排泄などの生活に必要な活動を自分でする。

⑧　保育所における生活の仕方を知り，自分たちで生活の場を整えながら見通しをもって行動する。

⑨　自分の健康に関心をもち，病気の予防などに必要な活動を進んで行う。

⑩　危険な場所，危険な遊び方，災害時などの行動の仕方が分かり，安全に気を付けて行動する。

　(ウ)　内容の取扱い

　　　上記の取扱いに当たっては，次の事項に留意する必要がある。

①　心と体の健康は，相互に密接な関連があるものであることを踏まえ，子どもが保育士等や他の子どもとの温かい触れ合いの中で自己の存在感や充実感を味わうことなどを基盤として，しなやかな心と体の発達を促すこと。特に，十分に体を動かす気持ちよさを体験し，自ら体を動かそうとする意欲が育つようにすること。

②　様々な遊びの中で，子どもが興味や関心，能力に応じて全身を使って活動することにより，体を動かす楽しさを味わい，自分の体を大切にしようとする気持ちが育つようにすること。その際，多様な動きを経験する中で，体の動きを調整するようにすること。

③　自然の中で伸び伸びと体を動かして遊ぶことにより，体の諸機能の発達が促されることに留意し，子どもの興味や関心が戸外にも向くようにすること。その際，子どもの動線に配慮した園庭や遊具の配置などを工夫すること。

④　健康な心と体を育てるためには食育を通じた望ましい食習慣の形成が大切であることを踏まえ，子どもの食生活の実情に配慮し，和やかな雰囲気の中で保育士等や他の子どもと食べる喜びや楽しさを味わったり，様々な食べ物への興味や関心をもったりするなどし，食の大切さに気付き，進んで食べようとする気持ちが育つようにすること。

⑤　基本的な生活習慣の形成に当たっては，家庭での生活経験に配慮し，

第Ⅰ部　「保育所保育指針」解説とポイント

　　　子どもの自立心を育て，子どもが他の子どもと関わりながら主体的な活
　　動を展開する中で，生活に必要な習慣を身に付け，次第に見通しをもっ
　　て行動できるようにすること。
　⑥　安全に関する指導に当たっては，情緒の安定を図り，遊びを通して安
　　全についての構えを身に付け，危険な場所や事物などが分かり，安全に
　　ついての理解を深めるようにすること。また，交通安全の習慣を身に付
　　けるようにするとともに，避難訓練などを通して，災害などの緊急時に
　　適切な行動がとれるようにすること。

イ　人間関係

　　他の人々と親しみ，支え合って生活するために，自立心を育て，人と関わ
　る力を養う。

　㈦　ねらい

　①　保育所の生活を楽しみ，自分の力で行動することの充実感を味わう。
　②　身近な人と親しみ，関わりを深め，工夫したり，協力したりして一緒
　　に活動する楽しさを味わい，愛情や信頼感をもつ。
　③　社会生活における望ましい習慣や態度を身に付ける。

　㈤　内　容

　①　保育士等や友達と共に過ごすことの喜びを味わう。
　②　自分で考え，自分で行動する。
　③　自分でできることは自分でする。
　④　いろいろな遊びを楽しみながら物事をやり遂げようとする気持ちをも
　　つ。
　⑤　友達と積極的に関わりながら喜びや悲しみを共感し合う。
　⑥　自分の思ったことを相手に伝え，相手の思っていることに気付く。
　⑦　友達のよさに気付き，一緒に活動する楽しさを味わう。
　⑧　友達と楽しく活動する中で，共通の目的を見いだし，工夫したり，協
　　力したりなどする。
　⑨　よいことや悪いことがあることに気付き，考えながら行動する。
　⑩　友達との関わりを深め，思いやりをもつ。
　⑪　友達と楽しく生活する中できまりの大切さに気付き，守ろうとする。
　⑫　共同の遊具や用具を大切にし，皆で使う。

保育所保育指針

⑬　高齢者をはじめ地域の人々などの自分の生活に関係の深いいろいろな人に親しみをもつ。

(ウ)　内容の取扱い

上記の取扱いに当たっては，次の事項に留意する必要がある。

①　保育士等との信頼関係に支えられて自分自身の生活を確立していくことが人と関わる基盤となることを考慮し，子どもが自ら周囲に働き掛けることにより多様な感情を体験し，試行錯誤しながら諦めずにやり遂げることの達成感や，前向きな見通しをもって自分の力で行うことの充実感を味わうことができるよう，子どもの行動を見守りながら適切な援助を行うようにすること。

②　一人一人を生かした集団を形成しながら人と関わる力を育てていくようにすること。その際，集団の生活の中で，子どもが自己を発揮し，保育士等や他の子どもに認められる体験をし，自分のよさや特徴に気付き，自信をもって行動できるようにすること。

③　子どもが互いに関わりを深め，協同して遊ぶようになるため，自ら行動する力を育てるとともに，他の子どもと試行錯誤しながら活動を展開する楽しさや共通の目的が実現する喜びを味わうことができるようにすること。

④　道徳性の芽生えを培うに当たっては，基本的な生活習慣の形成を図るとともに，子どもが他の子どもとの関わりの中で他人の存在に気付き，相手を尊重する気持ちをもって行動できるようにし，また，自然や身近な動植物に親しむことなどを通して豊かな心情が育つようにすること。特に，人に対する信頼感や思いやりの気持ちは，葛藤やつまずきをも体験し，それらを乗り越えることにより次第に芽生えてくることに配慮すること。

⑤　集団の生活を通して，子どもが人との関わりを深め，規範意識の芽生えが培われることを考慮し，子どもが保育士等との信頼関係に支えられて自己を発揮する中で，互いに思いを主張し，折り合いを付ける体験をし，きまりの必要性などに気付き，自分の気持ちを調整する力が育つようにすること。

⑥　高齢者をはじめ地域の人々などの自分の生活に関係の深いいろいろな

第Ⅰ部 「保育所保育指針」解説とポイント

人と触れ合い，自分の感情や意志を表現しながら共に楽しみ，共感し合う体験を通して，これらの人々などに親しみをもち，人と関わることの楽しさや人の役に立つ喜びを味わうことができるようにすること。また，生活を通して親や祖父母などの家族の愛情に気付き，家族を大切にしようとする気持ちが育つようにすること。

ウ　環　境

周囲の様々な環境に好奇心や探究心をもって関わり，それらを生活に取り入れていこうとする力を養う。

㋐　ねらい

①　身近な環境に親しみ，自然と触れ合う中で様々な事象に興味や関心をもつ。

②　身近な環境に自分から関わり，発見を楽しんだり，考えたりし，それを生活に取り入れようとする。

③　身近な事象を見たり，考えたり，扱ったりする中で，物の性質や数量，文字などに対する感覚を豊かにする。

㋑　内　容

①　自然に触れて生活し，その大きさ，美しさ，不思議さなどに気付く。

②　生活の中で，様々な物に触れ，その性質や仕組みに興味や関心をもつ。

③　季節により自然や人間の生活に変化のあることに気付く。

④　自然などの身近な事象に関心をもち，取り入れて遊ぶ。

⑤　身近な動植物に親しみをもって接し，生命の尊さに気付き，いたわったり，大切にしたりする。

⑥　日常生活の中で，我が国や地域社会における様々な文化や伝統に親しむ。

⑦　身近な物を大切にする。

⑧　身近な物や遊具に興味をもって関わり，自分なりに比べたり，関連付けたりしながら考えたり，試したりして工夫して遊ぶ。

⑨　日常生活の中で数量や図形などに関心をもつ。

⑩　日常生活の中で簡単な標識や文字などに関心をもつ。

⑪　生活に関係の深い情報や施設などに興味や関心をもつ。

⑫　保育所内外の行事において国旗に親しむ。

(ウ)　内容の取扱い

上記の取扱いに当たっては，次の事項に留意する必要がある。

①　子どもが，遊びの中で周囲の環境と関わり，次第に周囲の世界に好奇心を抱き，その意味や操作の仕方に関心をもち，物事の法則性に気付き，自分なりに考えることができるようになる過程を大切にすること。また，他の子どもの考えなどに触れて新しい考えを生み出す喜びや楽しさを味わい，自分の考えをよりよいものにしようとする気持ちが育つようにすること。

②　幼児期において自然のもつ意味は大きく，自然の大きさ，美しさ，不思議さなどに直接触れる体験を通して，子どもの心が安らぎ，豊かな感情，好奇心，思考力，表現力の基礎が培われることを踏まえ，子どもが自然との関わりを深めることができるよう工夫すること。

③　身近な事象や動植物に対する感動を伝え合い，共感し合うことなどを通して自分から関わろうとする意欲を育てるとともに，様々な関わり方を通してそれらに対する親しみや畏敬の念，生命を大切にする気持ち，公共心，探究心などが養われるようにすること。

④　文化や伝統に親しむ際には，正月や節句など我が国の伝統的な行事，国歌，唱歌，わらべうたや我が国の伝統的な遊びに親しんだり，異なる文化に触れる活動に親しんだりすることを通じて，社会とのつながりの意識や国際理解の意識の芽生えなどが養われるようにすること。

⑤　数量や文字などに関しては，日常生活の中で子ども自身の必要感に基づく体験を大切にし，数量や文字などに関する興味や関心，感覚が養われるようにすること。

エ　言　葉

経験したことや考えたことなどを自分なりの言葉で表現し，相手の話す言葉を聞こうとする意欲や態度を育て，言葉に対する感覚や言葉で表現する力を養う。

(ア)　ねらい

①　自分の気持ちを言葉で表現する楽しさを味わう。

②　人の言葉や話などをよく聞き，自分の経験したことや考えたことを話し，伝え合う喜びを味わう。

第Ⅰ部　「保育所保育指針」解説とポイント

③　日常生活に必要な言葉が分かるようになるとともに，絵本や物語などに親しみ，言葉に対する感覚を豊かにし，保育士等や友達と心を通わせる。

(イ)　内　容

①　保育士等や友達の言葉や話に興味や関心をもち，親しみをもって聞いたり，話したりする。

②　したり，見たり，聞いたり，感じたり，考えたりなどしたことを自分なりに言葉で表現する。

③　したいこと，してほしいことを言葉で表現したり，分からないことを尋ねたりする。

④　人の話を注意して聞き，相手に分かるように話す。

⑤　生活の中で必要な言葉が分かり，使う。

⑥　親しみをもって日常の挨拶をする。

⑦　生活の中で言葉の楽しさや美しさに気付く。

⑧　いろいろな体験を通じてイメージや言葉を豊かにする。

⑨　絵本や物語などに親しみ，興味をもって聞き，想像をする楽しさを味わう。

⑩　日常生活の中で，文字などで伝える楽しさを味わう。

(ウ)　内容の取扱い

上記の取扱いに当たっては，次の事項に留意する必要がある。

①　言葉は，身近な人に親しみをもって接し，自分の感情や意志などを伝え，それに相手が応答し，その言葉を聞くことを通して次第に獲得されていくものであることを考慮して，子どもが保育士等や他の子どもと関わることにより心を動かされるような体験をし，言葉を交わす喜びを味わえるようにすること。

②　子どもが自分の思いを言葉で伝えるとともに，保育士等や他の子どもなどの話を興味をもって注意して聞くことを通して次第に話を理解するようになっていき，言葉による伝え合いができるようにすること。

③　絵本や物語などで，その内容と自分の経験とを結び付けたり，想像を巡らせたりするなど，楽しみを十分に味わうことによって，次第に豊かなイメージをもち，言葉に対する感覚が養われるようにすること。

保育所保育指針

④　子どもが生活の中で，言葉の響きやリズム，新しい言葉や表現などに触れ，これらを使う楽しさを味わえるようにすること。その際，絵本や物語に親しんだり，言葉遊びなどをしたりすることを通して，言葉が豊かになるようにすること。

⑤　子どもが日常生活の中で，文字などを使いながら思ったことや考えたことを伝える喜びや楽しさを味わい，文字に対する興味や関心をもつようにすること。

オ　表　現

感じたことや考えたことを自分なりに表現することを通して，豊かな感性や表現する力を養い，創造性を豊かにする。

(ア)　ねらい

①　いろいろなものの美しさなどに対する豊かな感性をもつ。

②　感じたことや考えたことを自分なりに表現して楽しむ。

③　生活の中でイメージを豊かにし，様々な表現を楽しむ。

(イ)　内　容

①　生活の中で様々な音，形，色，手触り，動きなどに気付いたり，感じたりするなどして楽しむ。

②　生活の中で美しいものや心を動かす出来事に触れ，イメージを豊かにする。

③　様々な出来事の中で，感動したことを伝え合う楽しさを味わう。

④　感じたこと，考えたことなどを音や動きなどで表現したり，自由にかいたり，つくったりなどする。

⑤　いろいろな素材に親しみ，工夫して遊ぶ。

⑥　音楽に親しみ，歌を歌ったり，簡単なリズム楽器を使ったりなどする楽しさを味わう。

⑦　かいたり，つくったりすることを楽しみ，遊びに使ったり，飾ったりなどする。

⑧　自分のイメージを動きや言葉などで表現したり，演じて遊んだりするなどの楽しさを味わう。

(ウ)　内容の取扱い

上記の取扱いに当たっては，次の事項に留意する必要がある。

31

第Ⅰ部 「保育所保育指針」解説とポイント

① 豊かな感性は，身近な環境と十分に関わる中で美しいもの，優れたもの，心を動かす出来事などに出会い，そこから得た感動を他の子どもや保育士等と共有し，様々に表現することなどを通して養われるようにすること。その際，風の音や雨の音，身近にある草や花の形や色など自然の中にある音，形，色などに気付くようにすること。

② 子どもの自己表現は素朴な形で行われることが多いので，保育士等はそのような表現を受容し，子ども自身の表現しようとする意欲を受け止めて，子どもが生活の中で子どもらしい様々な表現を楽しむことができるようにすること。

③ 生活経験や発達に応じ，自ら様々な表現を楽しみ，表現する意欲を十分に発揮させることができるように，遊具や用具などを整えたり，様々な素材や表現の仕方に親しんだり，他の子どもの表現に触れられるよう配慮したりし，表現する過程を大切にして自己表現を楽しめるように工夫すること。

(3) 保育の実施に関わる配慮事項

ア 第１章の４の(2)に示す「幼児期の終わりまでに育ってほしい姿」が，ねらい及び内容に基づく活動全体を通して資質・能力が育まれている子どもの小学校就学時の具体的な姿であることを踏まえ，指導を行う際には適宜考慮すること。

イ 子どもの発達や成長の援助をねらいとした活動の時間については，意識的に保育の計画等において位置付けて，実施することが重要であること。なお，そのような活動の時間については，保護者の就労状況等に応じて子どもが保育所で過ごす時間がそれぞれ異なることに留意して設定すること。

ウ 特に必要な場合には，各領域に示すねらいの趣旨に基づいて，具体的な内容を工夫し，それを加えても差し支えないが，その場合には，それが第１章の１に示す保育所保育に関する基本原則を逸脱しないよう慎重に配慮する必要があること。

4 保育の実施に関して留意すべき事項

(1) 保育全般に関わる配慮事項

ア 子どもの心身の発達及び活動の実態などの個人差を踏まえるとともに，一

人一人の子どもの気持ちを受け止め，援助すること。

イ 子どもの健康は，生理的・身体的な育ちとともに，自主性や社会性，豊かな感性の育ちとがあいまってもたらされることに留意すること。

ウ 子どもが自ら周囲に働きかけ，試行錯誤しつつ自分の力で行う活動を見守りながら，適切に援助すること。

エ 子どもの入所時の保育に当たっては，できるだけ個別的に対応し，子どもが安定感を得て，次第に保育所の生活になじんでいくようにするとともに，既に入所している子どもに不安や動揺を与えないようにすること。

オ 子どもの国籍や文化の違いを認め，互いに尊重する心を育てるようにすること。

カ 子どもの性差や個人差にも留意しつつ，性別などによる固定的な意識を植え付けることがないようにすること。

(2) 小学校との連携

ア 保育所においては，保育所保育が，小学校以降の生活や学習の基盤の育成につながることに配慮し，幼児期にふさわしい生活を通じて，創造的な思考や主体的な生活態度などの基礎を培うようにすること。

イ 保育所保育において育まれた資質・能力を踏まえ，小学校教育が円滑に行われるよう，小学校教師との意見交換や合同の研究の機会などを設け，第1章の4の(2)に示す「幼児期の終わりまでに育ってほしい姿」を共有するなど連携を図り，保育所保育と小学校教育との円滑な接続を図るよう努めること。

ウ 子どもに関する情報共有に関して，保育所に入所している子どもの就学に際し，市町村の支援の下に，子どもの育ちを支えるための資料が保育所から小学校へ送付されるようにすること。

(3) 家庭及び地域社会との連携

子どもの生活の連続性を踏まえ，家庭及び地域社会と連携して保育が展開されるよう配慮すること。その際，家庭や地域の機関及び団体の協力を得て，地域の自然，高齢者や異年齢の子ども等を含む人材，行事，施設等の地域の資源を積極的に活用し，豊かな生活体験をはじめ保育内容の充実が図られるよう配慮すること。

第Ⅰ部 「保育所保育指針」解説とポイント

第3章　健康及び安全

　保育所保育において，子どもの健康及び安全の確保は，子どもの生命の保持と健やかな生活の基本であり，一人一人の子どもの健康の保持及び増進並びに安全の確保とともに，保育所全体における健康及び安全の確保に努めることが重要となる。

　また，子どもが，自らの体や健康に関心をもち，心身の機能を高めていくことが大切である。

　このため，第1章及び第2章等の関連する事項に留意し，次に示す事項を踏まえ，保育を行うこととする。

1　子どもの健康支援

(1)　子どもの健康状態並びに発育及び発達状態の把握

　ア　子どもの心身の状態に応じて保育するために，子どもの健康状態並びに発育及び発達状態について，定期的・継続的に，また，必要に応じて随時，把握すること。

　イ　保護者からの情報とともに，登所時及び保育中を通じて子どもの状態を観察し，何らかの疾病が疑われる状態や傷害が認められた場合には，保護者に連絡するとともに，嘱託医と相談するなど適切な対応を図ること。看護師等が配置されている場合には，その専門性を生かした対応を図ること。

　ウ　子どもの心身の状態等を観察し，不適切な養育の兆候が見られる場合には，市町村や関係機関と連携し，児童福祉法第25条に基づき，適切な対応を図ること。また，虐待が疑われる場合には，速やかに市町村又は児童相談所に通告し，適切な対応を図ること。

(2)　健康増進

　ア　子どもの健康に関する保健計画を全体的な計画に基づいて作成し，全職員がそのねらいや内容を踏まえ，一人一人の子どもの健康の保持及び増進に努めていくこと。

　イ　子どもの心身の健康状態や疾病等の把握のために，嘱託医等により定期的に健康診断を行い，その結果を記録し，保育に活用するとともに，保護者が子どもの状態を理解し，日常生活に活用できるようにすること。

保育所保育指針

(3) 疾病等への対応

ア　保育中に体調不良や傷害が発生した場合には，その子どもの状態等に応じて，保護者に連絡するとともに，適宜，嘱託医や子どものかかりつけ医等と相談し，適切な処置を行うこと。看護師等が配置されている場合には，その専門性を生かした対応を図ること。

イ　感染症やその他の疾病の発生予防に努め，その発生や疑いがある場合には，必要に応じて嘱託医，市町村，保健所等に連絡し，その指示に従うとともに，保護者や全職員に連絡し，予防等について協力を求めること。また，感染症に関する保育所の対応方法等について，あらかじめ関係機関の協力を得ておくこと。看護師等が配置されている場合には，その専門性を生かした対応を図ること。

ウ　アレルギー疾患を有する子どもの保育については，保護者と連携し，医師の診断及び指示に基づき，適切な対応を行うこと。また，食物アレルギーに関して，関係機関と連携して，当該保育所の体制構築など，安全な環境の整備を行うこと。看護師や栄養士等が配置されている場合には，その専門性を生かした対応を図ること。

エ　子どもの疾病等の事態に備え，医務室等の環境を整え，救急用の薬品，材料等を適切な管理の下に常備し，全職員が対応できるようにしておくこと。

2　食育の推進

(1) 保育所の特性を生かした食育

ア　保育所における食育は，健康な生活の基本としての「食を営む力」の育成に向け，その基礎を培うことを目標とすること。

イ　子どもが生活と遊びの中で，意欲をもって食に関わる体験を積み重ね，食べることを楽しみ，食事を楽しみ合う子どもに成長していくことを期待するものであること。

ウ　乳幼児期にふさわしい食生活が展開され，適切な援助が行われるよう，食事の提供を含む食育計画を全体的な計画に基づいて作成し，その評価及び改善に努めること。栄養士が配置されている場合は，専門性を生かした対応を図ること。

第Ⅰ部 「保育所保育指針」解説とポイント

(2) 食育の環境の整備等

ア 子どもが自らの感覚や体験を通して，自然の恵みとしての食材や食の循環・環境への意識，調理する人への感謝の気持ちが育つように，子どもと調理員等との関わりや，調理室など食に関わる保育環境に配慮すること。

イ 保護者や地域の多様な関係者との連携及び協働の下で，食に関する取組が進められること。また，市町村の支援の下に，地域の関係機関等との日常的な連携を図り，必要な協力が得られるよう努めること。

ウ 体調不良，食物アレルギー，障害のある子どもなど，一人一人の子どもの心身の状態等に応じ，嘱託医，かかりつけ医等の指示や協力の下に適切に対応すること。栄養士が配置されている場合は，専門性を生かした対応を図ること。

3 環境及び衛生管理並びに安全管理

(1) 環境及び衛生管理

ア 施設の温度，湿度，換気，採光，音などの環境を常に適切な状態に保持するとともに，施設内外の設備及び用具等の衛生管理に努めること。

イ 施設内外の適切な環境の維持に努めるとともに，子ども及び全職員が清潔を保つようにすること。また，職員は衛生知識の向上に努めること。

(2) 事故防止及び安全対策

ア 保育中の事故防止のために，子どもの心身の状態等を踏まえつつ，施設内外の安全点検に努め，安全対策のために全職員の共通理解や体制づくりを図るとともに，家庭や地域の関係機関の協力の下に安全指導を行うこと。

イ 事故防止の取組を行う際には，特に，睡眠中，プール活動・水遊び中，食事中等の場面では重大事故が発生しやすいことを踏まえ，子どもの主体的な活動を大切にしつつ，施設内外の環境の配慮や指導の工夫を行うなど，必要な対策を講じること。

ウ 保育中の事故の発生に備え，施設内外の危険箇所の点検や訓練を実施するとともに，外部からの不審者等の侵入防止のための措置や訓練など不測の事態に備えて必要な対応を行うこと。また，子どもの精神保健面における対応に留意すること。

保育所保育指針

4　災害への備え

(1)　施設・設備等の安全確保

ア　防火設備，避難経路等の安全性が確保されるよう，定期的にこれらの安全点検を行うこと。

イ　備品，遊具等の配置，保管を適切に行い，日頃から，安全環境の整備に努めること。

(2)　災害発生時の対応体制及び避難への備え

ア　火災や地震などの災害の発生に備え，緊急時の対応の具体的内容及び手順，職員の役割分担，避難訓練計画等に関するマニュアルを作成すること。

イ　定期的に避難訓練を実施するなど，必要な対応を図ること。

ウ　災害の発生時に，保護者等への連絡及び子どもの引渡しを円滑に行うため，日頃から保護者との密接な連携に努め，連絡体制や引渡し方法等について確認をしておくこと。

(3)　地域の関係機関等との連携

ア　市町村の支援の下に，地域の関係機関との日常的な連携を図り，必要な協力が得られるよう努めること。

イ　避難訓練については，地域の関係機関や保護者との連携の下に行うなど工夫すること。

第4章　子育て支援

　保育所における保護者に対する子育て支援は，全ての子どもの健やかな育ちを実現することができるよう，第1章及び第2章等の関連する事項を踏まえ，子どもの育ちを家庭と連携して支援していくとともに，保護者及び地域が有する子育てを自ら実践する力の向上に資するよう，次の事項に留意するものとする。

1　保育所における子育て支援に関する基本的事項

(1)　保育所の特性を生かした子育て支援

ア　保護者に対する子育て支援を行う際には，各地域や家庭の実態等を踏まえるとともに，保護者の気持ちを受け止め，相互の信頼関係を基本に，保護者の自己決定を尊重すること。

第Ⅰ部 「保育所保育指針」解説とポイント

イ 保育及び子育てに関する知識や技術など，保育士等の専門性や，子どもが常に存在する環境など，保育所の特性を生かし，保護者が子どもの成長に気付き子育ての喜びを感じられるように努めること。

(2) 子育て支援に関して留意すべき事項

ア 保護者に対する子育て支援における地域の関係機関等との連携及び協働を図り，保育所全体の体制構築に努めること。

イ 子どもの利益に反しない限りにおいて，保護者や子どものプライバシーを保護し，知り得た事柄の秘密を保持すること。

2 保育所を利用している保護者に対する子育て支援

(1) 保護者との相互理解

ア 日常の保育に関連した様々な機会を活用し子どもの日々の様子の伝達や収集，保育所保育の意図の説明などを通じて，保護者との相互理解を図るよう努めること。

イ 保育の活動に対する保護者の積極的な参加は，保護者の子育てを自ら実践する力の向上に寄与することから，これを促すこと。

(2) 保護者の状況に配慮した個別の支援

ア 保護者の就労と子育ての両立等を支援するため，保護者の多様化した保育の需要に応じ，病児保育事業など多様な事業を実施する場合には，保護者の状況に配慮するとともに，子どもの福祉が尊重されるよう努め，子どもの生活の連続性を考慮すること。

イ 子どもに障害や発達上の課題が見られる場合には，市町村や関係機関と連携及び協力を図りつつ，保護者に対する個別の支援を行うよう努めること。

ウ 外国籍家庭など，特別な配慮を必要とする家庭の場合には，状況等に応じて個別の支援を行うよう努めること。

(3) 不適切な養育等が疑われる家庭への支援

ア 保護者に育児不安等が見られる場合には，保護者の希望に応じて個別の支援を行うよう努めること。

イ 保護者に不適切な養育等が疑われる場合には，市町村や関係機関と連携し，要保護児童対策地域協議会で検討するなど適切な対応を図ること。また，虐待が疑われる場合には，速やかに市町村又は児童相談所に通告し，適切な対

応を図ること。

3　地域の保護者等に対する子育て支援

(1)　地域に開かれた子育て支援

ア　保育所は，児童福祉法第48条の4の規定に基づき，その行う保育に支障が
ない限りにおいて，地域の実情や当該保育所の体制等を踏まえ，地域の保護
者等に対して，保育所保育の専門性を生かした子育て支援を積極的に行うよ
う努めること。

イ　地域の子どもに対する一時預かり事業などの活動を行う際には，一人一人
の子どもの心身の状態などを考慮するとともに，日常の保育との関連に配慮
するなど，柔軟に活動を展開できるようにすること。

(2)　地域の関係機関等との連携

ア　市町村の支援を得て，地域の関係機関等との積極的な連携及び協働を図る
とともに，子育て支援に関する地域の人材と積極的に連携を図るよう努める
こと。

イ　地域の要保護児童への対応など，地域の子どもを巡る諸課題に対し，要保
護児童対策地域協議会など関係機関等と連携及び協力して取り組むよう努め
ること。

第5章　職員の資質向上

第1章から前章までに示された事項を踏まえ，保育所は，質の高い保育を展開す
るため，絶えず，一人一人の職員についての資質向上及び職員全体の専門性の向上
を図るよう努めなければならない。

1　職員の資質向上に関する基本的事項

(1)　保育所職員に求められる専門性

子どもの最善の利益を考慮し，人権に配慮した保育を行うためには，職員一
人一人の倫理観，人間性並びに保育所職員としての職務及び責任の理解と自覚
が基盤となる。

各職員は，自己評価に基づく課題等を踏まえ，保育所内外の研修等を通じて，

第Ⅰ部 「保育所保育指針」解説とポイント

保育士・看護師・調理員・栄養士等，それぞれの職務内容に応じた専門性を高めるため，必要な知識及び技術の修得，維持及び向上に努めなければならない。

(2) 保育の質の向上に向けた組織的な取組

保育所においては，保育の内容等に関する自己評価等を通じて把握した，保育の質の向上に向けた課題に組織的に対応するため，保育内容の改善や保育士等の役割分担の見直し等に取り組むとともに，それぞれの職位や職務内容等に応じて，各職員が必要な知識及び技能を身につけられるよう努めなければならない。

2　施設長の責務

(1) 施設長の責務と専門性の向上

施設長は，保育所の役割や社会的責任を遂行するために，法令等を遵守し，保育所を取り巻く社会情勢等を踏まえ，施設長としての専門性等の向上に努め，当該保育所における保育の質及び職員の専門性向上のために必要な環境の確保に努めなければならない。

(2) 職員の研修機会の確保等

施設長は，保育所の全体的な計画や，各職員の研修の必要性等を踏まえて，体系的・計画的な研修機会を確保するとともに，職員の勤務体制の工夫等により，職員が計画的に研修等に参加し，その専門性の向上が図られるよう努めなければならない。

3　職員の研修等

(1) 職場における研修

職員が日々の保育実践を通じて，必要な知識及び技術の修得，維持及び向上を図るとともに，保育の課題等への共通理解や協働性を高め，保育所全体としての保育の質の向上を図っていくためには，日常的に職員同士が主体的に学び合う姿勢と環境が重要であり，職場内での研修の充実が図られなければならない。

(2) 外部研修の活用

各保育所における保育の課題への的確な対応や，保育士等の専門性の向上を図るためには，職場内での研修に加え，関係機関等による研修の活用が有効で

あることから，必要に応じて，こうした外部研修への参加機会が確保されるよう努めなければならない。

4 研修の実施体制等

(1) 体系的な研修計画の作成

保育所においては，当該保育所における保育の課題や各職員のキャリアパス等も見据えて，初任者から管理職員までの職位や職務内容等を踏まえた体系的な研修計画を作成しなければならない。

(2) 組織内での研修成果の活用

外部研修に参加する職員は，自らの専門性の向上を図るとともに，保育所における保育の課題を理解し，その解決を実践できる力を身に付けることが重要である。また，研修で得た知識及び技能を他の職員と共有することにより，保育所全体としての保育実践の質及び専門性の向上につなげていくことが求められる。

(3) 研修の実施に関する留意事項

施設長等は保育所全体としての保育実践の質及び専門性の向上のために，研修の受講は特定の職員に偏ることなく行われるよう，配慮する必要がある。また，研修を修了した職員については，その職務内容等において，当該研修の成果等が適切に勘案されることが望ましい。

第Ⅰ部 「保育所保育指針」解説とポイント

保育専門委員会　委員名簿

（所属・肩書きは，2016年12月現在）

○秋田喜代美（東京大学大学院教授）

　安 達　　譲（認定こども園せんりひじり幼稚園・ひじりにじいろ保育園園長）

　阿 部 和 子（大妻女子大学教授）

　大 方 美 香（大阪総合保育大学教授）

　岡 村　　宣（認定こども園ポプラの木園長）

　木 戸 啓 子（倉敷市立短期大学准教授）

◎汐 見 稔 幸（白梅学園大学学長）

　清 水 益 治（帝塚山大学教授）

　鈴木みゆき（和洋女子大学教授）

　砂 上 史 子（千葉大学教育学部准教授）

　堤　　ちはる（相模女子大学教授）

　寺 田 清 美（東京成徳短期大学教授）

　橋 本 真 紀（関西学院大学教授）

　松 井 剛 太（香川大学准教授）

　三代川紀子（浦安市立猫実保育園園長）

　村 松 幹 子（たかくさ保育園園長）

　山 縣 文 治（関西大学教授）

　和 田 紀 之（和田小児科医院院長）

　　◎委員長　○副委員長　　　　　　　　　　　　　　（五十音順，敬称略）

「保育所保育指針」の解説と改定のポイント

汐見稔幸

　保育所保育指針は，保育所保育の取組の構造を明確化するため，保育の基本的な考え方や内容に関する事項と，これらを支える運営に関する事項の双方を整理して示す文書です。保育の内容等だけでなく運営に関する事項を含んでいることが，幼稚園教育要領との形式的な違いとなっています。保育所保育指針は現在，厚生労働大臣による告示として定められていて，規範性を有する基準としての性格をもつものとなっています。法的な整備が進めば，やがて，保育所保育指針と幼稚園教育要領，幼保連携型認定こども園教育・保育要領の3文書が形式的にも統一されていくと予想されますが，今回の改定にあたっても，現行の法体系のもとで，できるだけ3文書の，特に3歳以降の教育についての記述を，内容・形式とも同一にするという方針が取られています。以下，新しい指針の概要と改定の内容を，告示された保育所保育指針と国が説明会で配布した解説書を基に，私見を加えながら説明します。

1　改定の経緯

　保育所保育指針は，1965年に策定され，1990年，2000年と2回の改訂を経た後，前回2008年の改定に際して告示化されました。その後，1，2歳児を中心に保育所利用児童数と希望数が大幅に増加したことや[*1]，2015年4月には子どもの健やかな成長を支援していくため，すべての子どもに質の高い教育・保育を提供することを目標に掲げた子ども・子育て支援新制度が施行されるなど，保育をめぐる状況は，この10年間だけでも大きく変化しています。

　子どもの育ちや子育てに関わる社会の状況については，少子化や核家族化，地域のつながりの希薄化の進行，共働き家庭の増加等を背景に，さまざまな課題が拡大，

---

*1　1，2歳児の保育所利用率は，2008年度には27.6％だったのが，2015年度には38.1％に，さらに2017年度には45.7％に増加している（厚生労働省「保育所等関連状況取りまとめ」より）。

第Ⅰ部 「保育所保育指針」解説とポイント

顕在化してきました。地域のなかで人々に見守られながら群れて遊び育つなど，生活のなかで人間として必要な力をいつのまにか身につけるという伝統的な育ち方が困難となり，また乳幼児と触れ合う経験が乏しいまま親になることも増えてきています。身近な人々から子育てに対する協力や助言を得られにくい状況におかれていることが多く，孤立したなかで育児をしている人が増えていることが問題となっています。

そうした状況を改善するために，保育の充実や地域における子育て支援の展開など関係者による努力が活発に行われ，改善されてきた面が多々あります。しかし子育てに対する不安や負担感，孤立感等の克服は依然として課題となっており，児童虐待の相談対応件数も急増しています。2016年度には，児童相談所で扱った虐待対応件数はとうとう12万件を超しました。

他方で，さまざまな研究成果の蓄積によって，乳幼児期における自尊感情や自己制御，忍耐力といった主に社会情動的側面における育ちが，乳幼児期以降も長期にわたって，さまざまな面で個人や社会全体に大きな影響を与えることがわかってきたこと，また，脳科学の発展の成果によって，一定の人間の能力の獲得には臨界期がある可能性があることが次第に明確になってきたこと等，子どもの発達や育ちについての知見も急速に蓄えられてきて，その多くが乳幼児期の育ちが一生に与える大きさを示唆したものになっています。

2015年12月に社会保障審議会児童部会保育専門委員会が設置され，保育所保育指針の改定に向けた議論が始められましたが，その場でこうした状況を念頭に置いた幅広い視点から検討が行われました。そして，2016年12月21日に「保育所保育指針の改定に関する議論のとりまとめ」が発表され，それを受けて，保育所保育指針（2017年厚生労働省告示第117号）が公示され，2018年4月1日より適用されることとなりました。

2　改定の方向性

今回の改定は，前述の社会保障審議会児童部会保育専門委員会による議論を踏まえ，以下に示す5点を基本的な方向として行われました。

（1）乳児・1歳以上3歳未満児の保育に関する記載の充実

　乳児から2歳児までは，心身の発達の基盤が形成されるうえできわめて重要な時期であることはいうまでもありません。また，この時期の子どもが，生活や遊びのさまざまな場面で主体的に周囲の人や物に興味をもち，直接関わっていこうとする姿は，「学びの芽生え」といえるものであり，一生続く学びの出発点ともなるものです。

　こうしたことを踏まえ，3歳未満児の保育の意義をより明確化し，その内容について一層の充実を図ることが，今回の改定の大事な柱となりました。

　今回，この時期の保育に関する記載を充実させたことには，こうした一般的な意義だけでなく，次に述べるような3つの現実的な背景がありました。

　まず，この間，保育所に入所を希望する保護者が急速に増え，申し込んでも入所できない待機児及び潜在的な待機児が毎年2，3万人もいるという状況が続きました。そのため各自治体は，一方で保育所を増やす政策を取り，他方で既存の保育所に，0，1，2歳児の保育の定員を増やすことを要請してきました。その結果，乳児保育，3歳未満児保育の定員が以前に比べて大きく増えているところが多くなっています。しかし，そのために，元来多人数では細かなケアが難しくなるこの時期の保育に，十分に細やかさを確保しきれないようなことも出てきていました。保育環境や条件を一挙に改善することは容易ではありませんが，この時期の保育をより細やかに丁寧に行うことで，保育の改善と質の向上を図ることは可能です。この時期の保育の原則を改めて強調することによって保育の質の向上を期待することが課題になってきたのです。これが1つめの背景です。

　しかし，2008年の保育所保育指針の改定の際，それまで書かれていた0から2歳児の保育の細かな記述は割愛され，4，5歳児と同じ5領域によるねらいと内容の記述となっていました。けれども0，1，2歳児の保育のねらいや内容と，3，4，5歳児の保育のねらいや内容には，発達上の微妙な違いや課題の違いがあることは明らかで，ここを3，4，5歳と区別してもう少し丁寧に記述することが課題となっていたというのが，2つめの背景です。

　そして3つの背景として，この間の世界の保育研究の発展のなかで，乳幼児期の保育・教育は，認知能力を育てるだけでなく認知領域以外の能力，いわゆる「非認知能力[*2]」の育てを行っていて，人間の一生においてはこの非認知能力が大事な役割

第Ⅰ部 「保育所保育指針」解説とポイント

を果たすことがわかってきました。これからの保育においては非認知能力を育てることも大事な課題になってきたのですが，その基礎は，実は乳児期からの自尊感情や基本的信頼感などの育ちにあることが次第にわかってきました。「三つ子の魂百まで」というのは大げさですが，3歳までの非認知能力の育ちがその人の一生に影響を与えることはある程度いえることで，あながち根拠がないわけではないということです。今回，保育における養護的働きかけ，養護的環境づくりの大事さが改めて強調されたのですが，その背景には，こうした非認知能力の基礎を育てることの大事さが確認されたこともあります。

（2）保育所保育における幼児教育の積極的な位置づけ

今回の改定は，特に幼稚園がそうですが，学校教育全般の教育改革の一環として行われている面があります。国は改定に先立って2016年12月に中央教育審議会答申（中教審答申）「幼稚園，小学校，中学校，高等学校及び特別支援学校の学習指導要領等の改善及び必要な方策等について（答申）」を発表し，そのなかで「社会に開かれた教育課程」を標榜して，2030年代を上手に生きる人間を育てることを明確な課題として打ち出しました。そのために，従来の知識偏重型の教育を改め，答えの見つかっていない問題にも柔軟に対応できる知性，いわゆる資質・能力を育てることを課題とする教育改革を行うことを打ち出しました。それを可能にするために，新たな時代を担える資質・能力を意識的に育てる姿勢をもって教育すること，めざす人間像を鮮明にして効果的に教育すること，また教育の成否の評価をより細やかに行って，その評価に基づく保育の改善を積極的に行うこと（カリキュラム・マネジメント）等の重要性を強調しました。その教育改革の方向と幼児教育の改革の方向を一致させるために，保育所を，幼保連携型認定こども園・幼稚園と共に，幼児教育の一翼を担う施設として位置づけ，教育に関わる側面のねらい及び内容に関し

＊2　非認知能力
　　社会に出てうまく生きていく基礎となる力として，最近世界的に注目されている人間の資質・能力。OECDによれば，①目標を達成するための忍耐力や自己抑制，目標への情熱，②他者と協力するための社会性，他者への思いやり，③自己の情動をコントロールするための自尊心や自信，楽天性などのメンタリティー，姿勢，能力などをさすものとされている。幼児期の知的教育，すなわち認知能力の効果は一過性だが，非認知能力の方は持続し，社会的成功や学歴向上に役立つということがわかってきて，最近注目されている。その最も基礎が乳児期から育つことがわかってきて，世界の幼児教育の目標は，この非認知能力の育成の方にシフトしつつある。

て，幼保連携型認定こども園教育・保育要領および幼稚園教育要領とのさらなる整合性が図られました。その結果，保育所も日本の教育改革の一端を担うことになったのです。

　保育所保育において，子どもが現在を最も良く生き，望ましい未来をつくり出すための力の基礎を培うために，環境を通して養護及び教育を一体的に行うことは，これまでも重視されてきました。この原理原則は，今回の指針で示されたように「幼児教育」を担う場合の原則として，より一層重要になるでしょう。ただし，後に詳しく述べますが，保育所保育指針には「カリキュラム・マネジメント」とか「アクティブラーニング」（「主体的で対話的で深い学び」）という言葉は使われていません。そこにまだ用語上の法的な制約があるからですが，改定（改訂）の主旨，方向は同じですから，その主旨を表す言葉が関連箇所に記述されています。そこをしっかり読み解きたいところです。

（3）子どもの育ちをめぐる環境の変化を踏まえた健康及び安全についての記載の見直し

　社会状況のさまざまな変化に伴い，家庭や地域における子どもの生活環境や生活経験も変化・多様化しており，保育所においては，乳幼児一人一人の健康状態や発育の状態に応じて，子どもの健康支援や食育の推進に取り組むことが求められています。また，食物アレルギーをはじめとするアレルギー疾患への対応や保育中の事故防止等に関して，保育所内における体制構築をきちんと行うことも求められています。そして，実際に環境面での配慮を行うこと，最近の科学的知見等に学ぶこと，関係機関と連携することなど，必要な対策を丁寧に行い，危険な状態の回避に努めることが求められています。

　さらに，2011年に発生した東日本大震災以降，堤防決壊，山崩れなど，大きな災害が各地で起こるようになっています。こうした状況を勘案して，子どもの生命を守るために，平時からの備えや危機管理体制づくり等を行政機関や地域の関係機関と連携しながら積極的に進めるとともに，災害発生時の対応を保護者とも共有することが求められています。今後，保育所が被災者や地域の方々の生活を支える役割を果たす場合も想定されます。

　これらを踏まえて，食育の推進や安全な保育環境の確保等を中心に記載内容を見直し，さらなる充実を図る方向で記述されています。

第Ⅰ部 「保育所保育指針」解説とポイント

（4）保護者・家庭及び地域と連携した子育て支援の必要性

前回2008年の保育所保育指針改定の際，「保護者に対する支援」が新たに章として設けられ，保護者と連携して子どもの育ちを支えるという視点をもちながら，子どもの育ちを保護者と共に喜び合うことを重視した支援を保育所単位で行ってきました。その後も子育て家庭に対する支援の必要性は高まっていて，多様化する保育ニーズに応じた保育や，特別なニーズを有する家庭への支援，児童虐待の発生予防及び発生時の迅速かつ的確な対応なども大切になってきています。保育所の担う子育て支援の役割は，より重要性を増しているといえます。

また，子ども・子育て支援新制度の施行等により，地域で子育て支援に携わる他の機関や団体などが増えていますが，こうしたさまざまな社会資源との連携や協働を強めていくことが，保育所に新たに求められています。

こうしたことを踏まえて，改定前の保育所保育指針における「保護者に対する支援」の章を「子育て支援」に改めたうえで，記載内容の整理と充実が図られています。

（5）職員の資質・専門性の向上

今世紀に入る頃から，保育所に求められる機能や役割が急速に多様化し，保育をめぐる課題も複雑化しています。そのため，一人一人の職員に，日々の業務に加え，主体的にその資質・専門性を向上させていく努力が求められるとともに，保育所が組織として保育の質の向上に協同的に取り組むことが課題となっています。

このため，各保育所では，保育において特に中核的な役割を担う保育士をはじめ，各職員の研修機会の確保と充実を図るとともに，一人一人の職員が，自らの職位や職務内容に応じて，組織のなかでどのような役割や専門性が求められているかを理解し，必要な力を身につけていくことができるよう，キャリアパスを明確にし，それを見据えた体系的な研修計画を作成することが必要になっています。また，職場内外の研修機会の確保に当たっては，施設長など管理的立場にある者による取組のもとでの組織的な対応が不可欠です。

こうした状況を背景に，2017年4月には，保育現場におけるリーダー的職員等に対する研修内容や研修の実施方法について，「保育士等キャリアアップ研修ガイドライン」が定められました（平成29年雇児保発0401第1号）。今後，各保育所におい

て，このガイドラインに基づく地方自治体や保育関係団体の主催する外部の研修を活用していくことが期待されています。

　これらを踏まえて，施設長の役割及び研修の実施体制を中心に，保育所において体系的・組織的に職員の資質向上を図っていくための方向性や方法等を明確化することが図られています。

3　改定の要点

　以上の改定の方向性を踏まえて，前回の改定における大綱化の方針を維持しつつ，必要な章立ての見直しと記載内容の変更・追記等が行われました。主な変更点及び新たな記載内容のポイントは，以下の通りです。

（1）総　則

　今回の改定では，幼稚園教育要領，幼保連携型認定こども園教育・保育要領ともども，総則の記述が充実されました。総則は，保育所保育の役割や理念，基本的な原理や方法，準拠しなければならない事柄等の原理原則を示す大事な章です。この総則の記述を充実させることは，先に述べた中教審答申に書かれている国全体の方針であり，小中高の学習指導要領でも具体化され，その考えが保育所保育指針にも反映されています。幼稚園の教育要領や小・中学校等の学習指導要領には前書きもつきました。

①保育所の役割

　「第1章　総則」の冒頭「1　保育所保育に関する基本原則」の「（1）保育所の役割」として「ア　保育所は，児童福祉法（昭和22年法律第164号）第39条の規定に基づき，保育を必要とする子どもの保育を行い，その健全な心身の発達を図ることを目的とする児童福祉施設であり，入所する子どもの最善の利益を考慮し，その福祉を積極的に増進することに最もふさわしい生活の場でなければならない」とそのミッションが格調高く書かれています。保育所が児童福祉施設であり，子どもの最善の利益を考慮すること，福祉を積極的に増進すること，そしてそれに最もふさわしい「生活の場」であること等は，前回の規定を踏襲しています。「生活の場」であるということを強調しているということは，保育所保育において「生活」という

語が格別に重い意味を有しているということを示しています。「生活」は漫然と暮らすということではなく，元の英語である life という語が「生命」や「人生」という意味を含んでいるように，子どもたちの生命が活性化する場，子どもたちの個性的な生命の物語＝人生が紡ぎ出される場，という意味で使われていると理解すべきでしょう。この「保育所の役割」を明確にする文章のなかで新たに4番目の「エ」で，「その職責を遂行するための専門性の向上に絶えず努めなければならない」という文言が付け加えられました。今回の改定の大きな主旨は，保育の専門性の向上とそれを担う力を現場がもつということであることが，この文言の挿入によって示唆されているといえます。

②環境を通して行う保育

「第1章　総則」の1の「（4）保育の環境」には「保育の環境には，保育士等や子どもなどの人的環境，施設や遊具などの物的環境，更には自然や社会の事象などがある。保育所は，こうした人，物，場などの環境が相互に関連し合い，子どもの生活が豊かなものとなるよう，次の事項に留意しつつ，計画的に環境を構成し，工夫して保育しなければならない」という方法原理が述べられています。その前の「（3）保育の方法」という項には「オ　子どもが自発的・意欲的に関われるような環境を構成し，子どもの主体的な活動や子ども相互の関わりを大切にすること。特に，乳幼児期にふさわしい体験が得られるように，生活や遊びを通して総合的に保育すること」とも書かれていて，改めて保育所保育の基本原理は環境を通して行うものであることが強調されています。

今回，保育所保育指針，幼稚園教育要領，幼保連携型認定こども園教育・保育要領は「幼児教育を行う施設」の基準としてできるだけ整合性を図ることが課題になっているということははじめに述べましたが，この3つの幼児教育施設では，その教育の原理はともに「環境を通して行うもの」という点で共通しているということは，改めて確認しておくべきことでしょう。

これは資質・能力を育成するという今回の学習指導要領の改訂の基本方針に見合ったもので，学校でいえば教師主導型の授業から子どもが主体となって取り組む授業，子ども同士が議論し合ったりする授業をより重視するということに相当します。「環境を通した教育（保育）」とは，教師（保育士）主導型の教育（保育）からの脱却ということを意味しています。前回の改定（改訂）と異なったことが書かれてい

るわけではないのですが，この原理の重要性が，全体の改定（改訂）の主旨のなかで改めて浮かび上がってきたということです。これからの日本の保育所保育は，子どもが主体となって，遊びを中心とする自発的で発展的な活動に取り組むことを原理とするということであり，そのための条件づくり（環境づくり）が保育の基本原理になります。

③養護の重視

　今回，国の教育改革の一環として，保育所も教育機能を担う自覚をもつことが課題となりましたが，乳幼児期の教育は小学校以降のそれとは異なり，あらゆる場面で，そしてすべての子どもに，保護や養護を大事にするという姿勢が前提的に必要です。養護とは，生命の保持と情緒の安定と定義されていますが，実際には環境づくりの場面でも，子どもの落ち着きや精神的安定，静けさ，温かさ，自分らしくいていいという雰囲気などを保障するような環境づくりをめざすというように，あらゆる保育の場面で貫かれるべき原理をさします。保育所保育指針の「第1章　総則」の1の「（2）保育の目標」のアの（ア）には「十分に養護の行き届いた環境の下に，くつろいだ雰囲気の中で子どもの様々な欲求を満たし，生命の保持及び情緒の安定を図ること」と書かれていますが（この記述は，基本的に1990年の改訂から引き継いでいます），養護は働きかけであるだけでなく，環境づくりの原理ともされているのです。

　保育所保育指針が策定された当初から，この養護と教育を「一体的に展開する」ことが保育の原理であるということが強調されてきました。この「一体的」ということの意味をめぐっては種々議論されてきていますが，前回の改定で，養護とは「生命の保持及び情緒の安定」のための働きかけで，「教育」は「発達の援助」として養護と区別・整理されたため，わかりやすくなりました。

　これに対して，子ども自身が自ら行いたいと願っていることを実現するために援助することが養護的働きかけで，私たち大人が子どもたちのなかに実現したい姿勢や態度，行動力等を身につけることを要求する働きかけを教育と定義して，それらは一つのエピソードのなかで共に立ち現れてくるもので，そこを切り離さないことが大事だと説明する論者もいます。これは鮮明で合理的な定義ですが，実際に日常的に使われている養護という意味とはややかけ離れてしまうという難点があります。この立場では養護と教育を切り離して記述することには意味がないことになります

ので、今回、保育所保育指針が「養護」だけを総則にもってきてその位置を高めようとしたことには当然批判的になると思います。しかし、養護という語は、倉橋惣三たちがかつて、幼児期の教育は保護するという視点がなければ成り立たない、だから保護と教育を一体的に扱うべきだとして、保護という語を重視したのと同じような意味でも使われていますので、もう少し議論が起こることを待ちたいと思います。

　いずれにしても、保育所保育における教育機能の鮮明化が課題となった今回、そうであれば逆に保育所保育において「養護」が大切になるということを強調するという趣旨で、養護は保育所保育の基盤であり、保育所保育指針全体にとって重要なものであることを確認する意味で、今回「第1章　総則」の「2　養護に関する基本的事項」として記載されることになりました。具体的には、「イ　情緒の安定」を図るための保育の内容として「一人一人の子どもの置かれている状態や発達過程などを的確に把握し、子どもの欲求を適切に満たしながら、応答的な触れ合いや言葉がけを行う」「一人一人の子どもの気持ちを受容し、共感しながら、子どもとの継続的な信頼関係を築いていく」「保育士等との信頼関係を基盤に、一人一人の子どもが主体的に活動し、自発性や探索意欲などを高めるとともに、自分への自信をもつことができるよう成長の過程を見守り、適切に働きかける」「一人一人の子どもの生活のリズム、発達過程、保育時間などに応じて、活動内容のバランスや調和を図りながら、適切な食事や休息が取れるようにする」と書かれていて、保育が成り立つ基本原理となる内容になっています。先に見た「環境を通した教育」という原理を具体的に言いかえた内容にもなっているといってよいでしょう。現場できちんと読み合わせて、それらができているかどうかを判断する材料にすべきだと思います。

④「保育の計画及び評価」

　「3　保育の計画及び評価」についても、これまでは別の章（第4章）をつくってそこで記述していましたが、幼稚園教育要領等との整合性を保つために、「第1章　総則」のなかで、保育の目標や方法の原則を示した後に、それを具体化するための原則を示す意味で示されています。また改定前の保育所保育指針における「保

---

*3　日本近代教育資料研究会（編）『教育刷新委員会・教育刷新審議会会議録（第6巻）』岩波書店、1997年、p. 287等参照。

育課程の編成」については，「全体的な計画の作成」と呼ぶことにして，幼保連携型認定こども園教育・保育要領，幼稚園教育要領との構成的な整合性が図られています。

　「第1章　総則」の3の「（1）全体的な計画の作成」には，この「全体的な計画」を作成する際の留意点が示されていますが，それに基づいた「指導計画」を作成することの大切さが「（2）指導計画の作成」で訴えられ，そのなかで3歳未満児について，一人一人の子どもの生育歴，心身の発達，活動の実態等に即して，「個別的な計画」を作成すること，3歳以上児について，個の成長と，子ども相互の関係や「協同的な活動」が促されるよう配慮すること等が強調されています。この点は改定前と大きく変わりませんが，それらが総則に書かれることで，その原則性の位置が高まったと理解すべきでしょう。

　その他「異年齢で構成される組やグループでの保育」についての留意事項や「子どもの生活する姿や発想を大切にして適切な環境を構成し，子どもが主体的に活動できるようにすること」という原則，「活動と休息，緊張感と解放感等の調和を図るよう配慮すること」，午睡の睡眠時間は子どもの発達の状況や個人によって差があることから「一律とならないよう配慮すること」，長時間にわたる保育については，「子どもの発達過程，生活のリズム及び心身の状態に十分に配慮すること」等が述べられていて，参照すべき大切な基準が具体的に書かれているといえます。

　また障害のある子どもの保育については「一人一人の子どもの発達過程や障害の状態を把握し，適切な環境の下で，障害のある子どもが他の子どもとの生活を通して共に成長できるよう，指導計画の中に位置付けること。また，子どもの状況に応じた保育を実施する観点から，家庭や関係機関と連携した支援のための計画を個別に作成するなど適切な対応を図ること」と述べられています。幼稚園教育要領は，この項目を独自に項目立てしていて，その点で記述の仕方に違いがあるように見えますが，障害のある子どもの保育の丁寧さ，適切さ，連携の大切さ等を訴えている点では同じですので，ここも職場でしっかりと議論したいところです。

　「（3）指導計画の展開」のなかでは「保育士等が多様な関わりをもつことが重要であること」が改めて強調されていますが，そのなかに「子どもの情緒の安定や発達に必要な豊かな体験が得られるよう援助すること」と書かれていることは，先の「養護」の大事さを確認するものといえます。また「子どもの実態や子どもを取り巻く状況の変化などに即して保育の過程を記録するとともに，これらを踏まえ，指

第Ⅰ部 「保育所保育指針」解説とポイント

導計画に基づく保育の内容の見直しを行い，改善を図ること」が今回強調されています。これは学習指導要領の今回の改訂で全体的に強調されたことで，それを文部科学省は「カリキュラム・マネジメント」と総称しています。そのため幼稚園教育要領にはこのカリキュラム・マネジメントという言葉が書かれているのですが，保育所保育指針には書かれていません。カリキュラムという語が法的には学校教育法に規定されている学校の基本用語だからで，保育所はまだ学校という規定がありませんので，今回指針ではカリキュラム（マネジメント）という語は使われていないと考えられます。しかし，保育のなかで子どもの様子をきちんと記録して，そこで子どもの育ちをアセスメントしながら環境構成を工夫し続けることの大切さは，幼稚園，認定こども園と同じで変わりません。「第1章 総則」の「3 保育の計画及び評価」の「(5) 評価を踏まえた計画の改善」という項には「ア 保育所は，評価の結果を踏まえ，当該保育所の保育の内容等の改善を図ること」「イ 保育の計画に基づく保育，保育の内容の評価及びこれに基づく改善という一連の取組により，保育の質の向上を図られるよう，全職員が共通理解をもって取り組むことに留意すること」という文言が書かれているのはこのことを表しています。

この「3 保育の計画及び評価」の(4)は「保育内容等の評価」ですが，ここでは今回も「保育士等の自己評価」と「保育所の自己評価」が書かれています。これは今述べたカリキュラム・マネジメントを別の角度から示したといってもよいものです。そのなかで「自己評価における自らの保育実践の振り返りや職員相互の話し合い等を通じて，専門性の向上及び保育の質の向上のための課題を明確にするとともに，保育所全体の保育の内容に関する認識を深めること」という記述は，今回の第5章の「職員の資質向上」の具体策とも受けとめられます。さらに「設備運営基準第36条の趣旨を踏まえ，保育の内容等の評価に関し，保護者及び地域住民等の意見を聴くことが望ましいこと」という記述は，難しいかもしれませんが，保育所が地域に支えられるようになる重要なきっかけになりますので，前向きに受け止めるべきでしょう。

⑤「育みたい資質・能力」及び「幼児期の終わりまでに育ってほしい姿」

繰り返しますが，今回の改定は，特に3歳以降の保育（教育）のねらいや内容，方法等，保育の実践に関わる記述については，3文書の整合性を可能な限り図るという趣旨で行われました。整合性を図るというのは，できるだけ同じような書き方，

54

内容にするということですが，あわせて法的な整合性も念頭に置かれています。

　幼稚園や認定こども園は法的に学校（根拠法は幼稚園は学校教育法，認定こども園は認定こども園法）であり，そこで教育が行われるということは法律のなかで記述されています。しかし保育所は，児童福祉法で「保育する」とは書かれていますが「教育する」とは書かれていません。すると，3文書の整合性を図るといっても，法的に「教育する」とされているところと「保育する」とされているところの指針，要領等でのズレ，矛盾をどう克服するかということが課題になります。今回，保育所保育指針の総則に「幼児教育を行う施設として共有すべき事項」という項目が書き加えられたのは，幼稚園だけが教育を行う場であるわけではなく，認定こども園はもちろん，保育所もそうであることを示すことで，このズレを克服し3つの組織の整合性を図ろうとしたわけです。その結果，保育所保育指針にはじめて「幼児教育を行う施設」という説明が加えられることになりました。このことは大きな意味をもつものですが，法律で規定されたものではありませんので，今後，法律でこの規定を正統化する必要が生じるでしょう。

　この項では「資質・能力の3つの柱」に基づくねらいや「幼児期の終わりまでに育ってほしい姿」が示されました。これは保育所保育（教育）の目標，ねらいを具体的に示したもので，幼稚園，認定こども園についても基本的に同じ文言で書かれています。その説明については，本書の幼稚園教育要領の解説を参考にしていただきたいのですが，ここでも簡単に説明をしておきます。

　「資質・能力の3つの柱」とは，

　　ア「知識及び技能の基礎」

　　イ「思考力，判断力，表現力等の基礎」

　　ウ「学びに向かう力，人間性等」

の3つです。小学校以上では，生きて働く「知識・技能」の習得，未知の状況にも対応できる「思考力・判断力・表現力等」の育成及び，学びを人生や社会に生かそうとする「学びに向かう力・人間性等」の涵養とされています。これは，認知能力と非認知能力の双方を教育の過程で身につけることを，わが国なりの言葉で分類し示したものといえます。

　アの「知識及び技能の基礎」とは，さまざまな体験を通じて，乳幼児が自ら感じたり，気づいたり，わかったり，できるようになったりすること，イの「思考力，判断力，表現力等の基礎」とは，気づいたこと，わかったこと，できるようになっ

第 I 部 「保育所保育指針」解説とポイント

たことをベースに，考えたり，試したり，工夫したり，討論したり，表現したりすること，そしてウの「学びに向かう力，人間性等」とは，ア・イの積み重ねのなかで，心情・意欲・態度などの心の構えが育っていき，それを大切にする生活態度を身につけることをいいます。アを個別知，イを実践知，ウを人格知といえばわかりやすいでしょうか。この３つをともに育てていくことが，これからの日本の幼児期以降の教育の共通テーマとされているのです。もちろんこれら３つは個別に取り出して別々に身につけさせるのではなく，特に幼児期は，遊びを通した総合的な指導のなかで一体的に育むことはいうまでもありません。その意味で資質・能力の３つの柱は，保育の評価をする際の視点として意識しておくべきことで，日常の保育のまなざしの視点ともすべきことです。

　「幼児期の終わりまでに育ってほしい姿」は，先に取りあげた中教審答申で「社会に開かれた教育課程」ということとの関連で提案されているもので，2030年以降を生きる子どもたちだからこそ身につけてほしい資質・能力を，一定の人間像の要件（今回はこれを「姿」と表しています）として示したものです。

　「幼児期の終わりまでに育ってほしい姿」は，特に新しくつくったものではなく，保育内容の５つの領域におけるねらい及び内容に基づいて，各園で，幼児期にふさわしい遊びや生活を積み重ねることにより，社会に開かれた教育課程を念頭に置きつつ，幼児期の終わりまで，すなわち卒園するまでにこうした資質・能力を身につけてほしいと保育者・保護者が願う人間像の要件を整理しなおしたものです。これまでわが国の幼児教育では，５領域のねらい及び内容を目標にして育てようとしてきたのですが，今回の改定で強調された「社会に開かれた教育課程」という視点を導入して，この５領域のねらいと内容（目標群）のなかから，これからの社会を生きるために必要な力の基礎を意識的に育てていこうという趣旨で，特に強調すべきものを選び整理して書かれています。幼児期の終わりまでに育ってほしい，と書いてありますので，年長児には意識して保育を構想し評価することが大切になりますが，そこに示された「健康な心と体」など10の姿を丁寧に読めばわかるように，これらは年長になって急に育ってくるものではありません。赤ちゃんのときから丹念に育てていくべきことがらです。ですから，この項目は年長担当の保育士だけが意識すればいいというものではなく，全員が日常的に意識しておくべきことだといえます。

　保育士は，遊びを中心とした総合的な指導や生活のなかで幼児が発達していく様子を「幼児期の終わりまでに育ってほしい姿」を念頭に置いて捉え，一人一人の発

達や学びに必要な経験が得られるような状況をつくったり，必要な援助を行ったりするなどの指導を行うことが求められます。その際，「幼児期の終わりまでに育ってほしい姿」のそれぞれが，到達すべき目標ではないことや，個別に取り出して指導の目標にするというものではないことは，理解されているとは思いますが，十分に留意しておきたいことです。今回の改定（改訂）で，わが国の保育は環境を通して行うものであること，すなわち子どもたちの自発的で主体的な活動としての遊びや諸活動を通して，また一人一人の発達の特性に応じて発達するということを幼稚園・保育所・認定こども園の共通の原則としましたが，環境を通した保育のなかでこうした姿が育っていくことに，これまでよりも意識して留意することが求められていると理解するべきでしょう。このことは，同時に5領域のねらいと内容をしっかりと理解することが求められているとも受け取れます。

（2）保育の内容

　保育所における教育については，幼保連携型認定こども園及び幼稚園と構成の共通化を図り，「健康・人間関係・環境・言葉・表現」の5つの領域における「ねらい」「内容」「内容の取扱い」を3歳以上児については3文書でほぼ同じ内容で記載しています。

　ただし，乳児保育（0歳児保育）については，3歳以上児の保育において5領域で示されるねらい及び内容をそのまま使うのは無理があることがこれまでも指摘されていました。5つにわかりやすく分化する前の，ある意味未分化な資質・能力の育ちがこの時期の特徴なのです。もちろん5領域の5つの領域の力も平面的に分化するのではなく，より複雑で立体的な相互関係のなかで分化していくのですが，乳児の保育は，実際に即するために，5領域と異なる，より未分化さを適切に表す用語で記述しています。

　まず，身体と身体機能の発達です。首が据わった，寝返りがうてた，ハイハイをし始めた等々，身体の各部の発達が顕著です。こうした身体面の発達を丹念に促していくことは，子どもたちの人間としての育ちの一生続くベースになります。特に最近，被虐待児は脳の一部が萎縮することがわかってきて，この時期の乳児には可能な限り温かく受容的に応答していくことがきわめて大切なことが了解されてきたのですが，こうした対応は脳や生理機能の発達にもポジティブに影響します。身体の発達と健康への丁寧な支えが，この時期の育ちをみるうえで重要な視点となりま

第Ⅰ部 「保育所保育指針」解説とポイント

す。2つめは，保育者との親密な関係のもとで，人と関わることを喜びと感じる感覚を育てることです。「いないいないばあ」のような遊び，童歌などを歌いながらの丁寧な関わり等は，乳児の対人関係の不安を除き，親密な関係を求める気持ちを育てているのですが，それが一生続く対人関係力のベースとなっていきます。乳児のちょっとした訴えに，敏感にそして温かく受容的に丁寧に応答することがきわめて重要であるということです。3つめは，乳児が周囲のもの，物理的・自然的環境に乳児らしい興味・関心をもち，好奇心をもって，聞いたり，触ったり，なめたり等々の行動を生み出していくことの大事さです。これらはやがて周囲の世界を認識し，何に関心をもって生きていくかということのベースとなります。

この3つを順に「健やかに伸び伸びと育つ」「身近な人と気持ちが通じ合う」「身近なものと関わり感性が育つ」というようにネーミングして，それらをねらい及び内容の3つの視点としています。これらはやがて5領域のそれぞれのねらいや内容とリンクしていきますので，その関係をじっくりと見極めていきたいものです。

1歳以上3歳未満児の保育のねらいと内容は，今回3歳以上児のねらいと内容とは分けて記載されています。読めばわかりますが，1歳児，2歳児には独特の発達的な行動特性があり，その特徴を保育上の大事な視点にすることが，ねらいと内容に反映されています。ここもしっかりと読み，現場の感覚で理解を深めたいところです。3歳以上児についてはここでは述べませんが，先に述べた10の姿の意味を考えるために，改めて読んで理解しておくことが必要でしょう。

（3）健康及び安全

「第3章 健康及び安全」では，子どもの育ちをめぐる環境の変化や，さまざまな研究，調査等による知見を踏まえ，アレルギー疾患を有する子どもの保育について，また事故防止への取組については重大事故の発生しやすい保育の場面を具体的に提示する形で，新たに記載しています。また，食育の推進に関する項目について，記述内容の充実が図られています。

この10年の間に，東日本大震災をはじめとする大規模な災害がいくつも発生しています。大雨のために土砂崩れや川の氾濫も頻発しています。そこで，こうした災害が発生したときにも，子どもの生命を守るため，施設・設備等の安全確保や災害発生時の対応体制及び避難への備え，地域の関係機関との連携など，保育所における災害への備えに関する節を新たに設けています。これを機に，各保育所で，こう

したケースでの避難マニュアルをしっかりつくりたいものです。

（4）子育て支援

　「第4章　子育て支援」は，改定前の保育所保育指針と同様に，子育て家庭に対する支援についての基本的事項を示したうえで，保育所を利用している保護者に対する子育て支援と，地域の保護者等に対する子育て支援について述べる構成となっています。内容の基本は変わっていませんが，記述内容がやや整理されています。改定前の指針にあった「保護者とともに，子どもの成長の喜びを共有すること」という原則は，「保護者が子どもの成長に気付き子育ての喜びを感じられるように努める」という表現に変わっています。またこの間の保育所における子育て支援の実績を生かして「保育の活動に対する保護者の積極的な参加は，保護者の子育てを自ら実践する力の向上に寄与することから，これを促すこと」という項が加えられています。保育参加の意義がこれまで以上に強調された内容となっています。「子どもの最善の利益を考慮し」という言葉がなくなりましたが，総則のなかに「（保育所は）入所する子どもの最善の利益を考慮し，その福祉を積極的に増進することに最もふさわしい生活の場でなければならない」とあるように，この精神は当然ここでも生きていると考えるべきでしょう。さらに，外国籍家庭など特別なニーズを有する家庭への個別的な支援に関する事項が新たに示されています。地域の保護者等に対する子育て支援に関しても，改定前の保育所保育指針において示された関係機関との連携や協働，要保護児童への対応等とともに，保育所保育の専門性を生かすことや，一時預かり事業等における日常の保育との関連への配慮など，保育所がその環境や特性を生かして地域に開かれた子育て支援を行うことがより明示的に記載されています。

（5）職員の資質向上

　「第5章　職員の資質向上」では，職員の資質・専門性とその向上について，各々の自己研鑽とともに，保育所が組織として職員のキャリアパスを見据えた研修機会の確保や充実を図ることを重視し，施設長の責務や体系的・計画的な研修の実施体制の構築，保育士等の役割分担や職員の勤務体制の工夫等，取組の内容や方法が具体的に示されています。特に「……保育の課題等への共通理解や協働性を高め，保育所全体としての保育の質の向上を図っていくためには，日常的に職員同士が主

第 I 部 「保育所保育指針」解説とポイント

体的に学び合う姿勢と環境が重要であり，職場内での研修の充実が図られなければ
ならない」と，職場内の研修等を通じて，職場全体が向上していくことの大切さが
強調されているのが特徴です。いわば職場づくりということを資質の向上とセット
で要請しているといえます。その主旨を設置者，所長，園長はしっかりと把握すべ
きでしょう。

保育所保育指針解説
（平成30年2月）

厚生労働省

目　次

序　章 ──────────────────────── 64
　1　保育所保育指針とは何か …………………………… 64
　2　保育所保育指針の基本的考え方 …………………… 65
　3　改定の背景及び経緯 ………………………………… 65
　4　改定の方向性 ………………………………………… 66
　5　改定の要点 …………………………………………… 69

第1章　総　則 ──────────────────── 72
　1　保育所保育に関する基本原則 ……………………… 73
　　（1）保育所の役割 …………………………………… 73
　　（2）保育の目標 ……………………………………… 77
　　（3）保育の方法 ……………………………………… 79
　　（4）保育の環境 ……………………………………… 83
　　（5）保育所の社会的責任 …………………………… 85
　2　養護に関する基本的事項 …………………………… 87
　　（1）養護の理念 ……………………………………… 87
　　（2）養護に関わるねらい及び内容 ………………… 88
　　　　ア　生命の保持 ………………………………… 89
　　　　イ　情緒の安定 ………………………………… 92
　3　保育の計画及び評価 ………………………………… 95
　　（1）全体的な計画の作成 …………………………… 96
　　（2）指導計画の作成 ………………………………… 98
　　（3）指導計画の展開 ………………………………… 107
　　（4）保育内容等の評価 ……………………………… 109
　　（5）評価を踏まえた計画の改善 …………………… 113
　4　幼児教育を行う施設として共有すべき事項 ……… 115
　　（1）育みたい資質・能力 …………………………… 115
　　（2）幼児期の終わりまでに育ってほしい姿 ……… 116

第Ⅰ部 「保育所保育指針」解説とポイント

第2章 保育の内容 ——————————————————————————————————133
　1　乳児保育に関わるねらい及び内容 ······················135
　　（1）基本的事項 ···135
　　（2）ねらい及び内容 ······································137
　　　ア　身体的発達に関する視点「健やかに伸び伸びと育つ」··········137
　　　イ　社会的発達に関する視点「身近な人と気持ちが通じ合う」·····142
　　　ウ　精神的発達に関する視点「身近なものと関わり感性が育つ」···147
　　（3）保育の実施に関わる配慮事項 ························153
　2　1歳以上3歳未満児の保育に関わるねらい及び内容 ········155
　　（1）基本的事項 ···155
　　（2）ねらい及び内容 ······································157
　　　ア　心身の健康に関する領域「健康」···························157
　　　イ　人との関わりに関する領域「人間関係」·····················164
　　　ウ　身近な環境との関わりに関する領域「環境」·················170
　　　エ　言葉の獲得に関する領域「言葉」···························177
　　　オ　感性と表現に関する領域「表現」···························184
　　（3）保育の実施に関わる配慮事項 ························192
　3　3歳以上児の保育に関するねらい及び内容 ···············194
　　（1）基本的事項 ···194
　　（2）ねらい及び内容 ······································196
　　　ア　心身の健康に関する領域「健康」···························196
　　　イ　人との関わりに関する領域「人間関係」·····················210
　　　ウ　身近な環境との関わりに関する領域「環境」·················228
　　　エ　言葉の獲得に関する領域「言葉」···························241
　　　オ　感性と表現に関する領域「表現」···························254
　　（3）保育の実施に関わる配慮事項 ························264
　4　保育の実施に関して留意すべき事項 ·····················267
　　（1）保育全般に関わる配慮事項 ··························267
　　（2）小学校との連携 ······································270
　　（3）家庭及び地域社会との連携 ··························274

第3章 健康及び安全 ——————————————————————————————276
　1　子どもの健康支援 ······································277
　　（1）子どもの健康状態並びに発育及び発達状態の把握 ·······277
　　（2）健康増進 ··280
　　（3）疾病等への対応 ······································282
　2　食育の推進 ··288
　　（1）保育所の特性を生かした食育 ························288
　　（2）食の環境の整備等 ····································291

保育所保育指針解説　目次

　　3　環境及び衛生管理並びに安全管理 ………………………………… 294
　　（1）環境及び衛生管理 ……………………………………………… 294
　　（2）事故防止及び安全対策 ………………………………………… 296
　　4　災害への備え ……………………………………………………… 299
　　（1）施設・設備等の安全確保 ……………………………………… 299
　　（2）災害発生時の対応体制及び避難への備え ………………… 300
　　（3）地域の関係機関等との連携 ………………………………… 302

第4章　子育て支援 ──────────────────── 304
　　1　保育所における子育て支援に関する基本的事項 ……………… 305
　　（1）保育所の特性を生かした子育て支援 ……………………… 305
　　（2）子育て支援に関して留意すべき事項 ……………………… 307
　　2　保育所を利用している保護者に対する子育て支援 …………… 308
　　（1）保護者との相互理解 ………………………………………… 308
　　（2）保護者の状況に配慮した個別の支援 ……………………… 309
　　（3）不適切な養育等が疑われる家庭への支援 ………………… 312
　　3　地域の保護者等に対する子育て支援 …………………………… 314
　　（1）地域に開かれた子育て支援 ………………………………… 314
　　（2）地域の関係機関等との連携 ………………………………… 316

第5章　職員の資質向上 ───────────────── 318
　　1　職員の資質向上に関する基本的事項 …………………………… 319
　　（1）保育所職員に求められる専門性 …………………………… 319
　　（2）保育の質の向上に向けた組織的な取組 …………………… 320
　　2　施設長の責務 ……………………………………………………… 321
　　（1）施設長の責務と専門性の向上 ……………………………… 321
　　（2）職員の研修機会の確保等 …………………………………… 322
　　3　職員の研修等 ……………………………………………………… 323
　　（1）職場における研修 …………………………………………… 323
　　（2）外部研修の活用 ……………………………………………… 324
　　4　研修の実施体制等 ………………………………………………… 325
　　（1）体系的な研修計画の作成 …………………………………… 325
　　（2）組織内での研修成果の活用 ………………………………… 326
　　（3）研修の実施に関する留意事項 ……………………………… 326

第 I 部　「保育所保育指針」解説とポイント

序　章

1　保育所保育指針とは何か

　保育所保育指針は，保育所保育の基本となる考え方や保育のねらい及び内容など保育の実施に関わる事項と，これに関連する運営に関する事項について定めたものである。

　保育所保育は，本来的には，各保育所における保育の理念や目標に基づき，子どもや保護者の状況及び地域の実情等を踏まえて行われるものであり，その内容については，各保育所の独自性や創意工夫が尊重される。その一方で，全ての子どもの最善の利益のためには，子どもの健康や安全の確保，発達の保障等の観点から，各保育所が行うべき保育の内容等に関する全国共通の枠組みが必要となる。このため，一定の保育の水準を保ち，更なる向上の基点となるよう，保育所保育指針において，全ての保育所が拠るべき保育の基本的事項を定めている。

　全国の保育所においては，この保育所保育指針に基づき，子どもの健康及び安全を確保しつつ，子どもの一日の生活や発達過程を見通し，それぞれの保育の内容を組織的・計画的に構成して，保育を実施することになる。この意味で，保育所保育指針は，保育環境の基準（児童福祉施設の設備及び運営に関する基準（昭和23年厚生省令第63号。以下「設備運営基準」という。）における施設設備や職員配置等）や保育に従事する者の基準（保育士資格）と相まって，保育所保育の質を担保する仕組みといえる。

　なお，家庭的保育事業等の設備及び運営に関する基準（平成26年厚生労働省令第61号）及び認可外保育施設に対する指導監督の実施について（平成13年3月29日付け雇児発第177号厚生労働省雇用均等・児童家庭局長通知）により，保育所にとどまらず，小規模保育や家庭的保育等の地域型保育事業及び認可外保育施設においても，保育所保育指針の内容に準じて保育を行うことが定められている。

64

保育所保育指針解説　序章

2　保育所保育指針の基本的考え方

　保育所保育指針は，厚生労働大臣告示として定められたものであり，規範性を有する基準としての性格をもつ。保育所保育指針に規定されている事項は，その内容によって，①遵守しなければならないもの，②努力義務が課されるもの，③基本原則にとどめ，各保育所の創意や裁量を許容するもの，又は各保育所での取組が奨励されることや保育の実施上の配慮にとどまるものなどに区別される。各保育所は，これらを踏まえ，それぞれの実情に応じて創意工夫を図り，保育を行うとともに，保育所の機能及び質の向上に努めなければならない。

　また，保育所保育指針においては，保育所保育の取組の構造を明確化するため，保育の基本的な考え方や内容に関する事項とこれらを支える運営に関する事項とを整理して示しているが，保育の実施に当たっては，両者は相互に密接に関連するものである。

　各保育所では，保育所保育指針を日常の保育に活用し，社会的責任を果たしていくとともに，保育の内容の充実や職員の資質・専門性の向上を図ることが求められる。さらに，保育に関わる幅広い関係者に保育所保育指針の趣旨が理解され，全ての子どもの健やかな育ちの実現へとつながる取組が進められていくことが期待される。

3　改定の背景及び経緯

　保育所保育指針は，昭和40年に策定され，平成2年，平成11年と2回の改訂を経た後，前回平成20年度の改定に際して告示化された。その後，子どもの健やかな成長を支援していくため，全ての子どもに質の高い教育・保育を提供することを目標に掲げた子ども・子育て支援新制度が平成27年4月から施行された。また，1，2歳児を中心に保育所利用児童数が大幅に増加するなど，保育をめぐる状況は大きく変化している。

　この間，子どもの育ちや子育てに関わる社会の状況については，少子化や核家族化，地域のつながりの希薄化の進行，共働き家庭の増加等を背景に，様々な課題が拡大，顕在化してきた。子どもが地域の中で人々に見守られながら群れて遊ぶとい

65

第Ⅰ部 「保育所保育指針」解説とポイント

う自生的な育ちが困難となり，乳幼児と触れ合う経験が乏しいまま親になる人も増えてきている一方で，身近な人々から子育てに対する協力や助言を得られにくい状況に置かれている家庭も多いことなどが指摘されている。保育の充実や地域における子育て支援の展開など保育関係者の努力によって改善されてきた面もあるものの，子育てに対する不安や負担感，孤立感を抱く人は依然として少なくない。こうした中，児童虐待の相談対応件数も増加しており，大きな社会問題となっている。

他方，様々な研究成果の蓄積によって，乳幼児期における自尊心や自己制御，忍耐力といった主に社会情動的側面における育ちが，大人になってからの生活に影響を及ぼすことが明らかとなってきた。これらの知見に基づき，保育所において保育士等や他の子どもたちと関わる経験やそのあり方は，乳幼児期以降も長期にわたって，様々な面で個人ひいては社会全体に大きな影響を与えるものとして，我が国はもとより国際的にもその重要性に対する認識が高まっている。

これらのことを背景に，保育所が果たす社会的な役割は近年より一層重視されている。このような状況の下，平成27年12月に社会保障審議会児童部会保育専門委員会が設置され，幅広い見地から保育所保育指針の改定に向けた検討が行われた。そして，保育専門委員会における「保育所保育指針の改定に関する議論のとりまとめ」（平成28年12月21日）を受けて，新たに保育所保育指針（平成29年厚生労働省告示第117号）が公示され，平成30年4月1日より適用されることとなった。

保育所保育指針は保育所，保育士等にとって，自らの行う保育の拠りどころとなるものである。今回の改定が保育所保育の質の更なる向上の契機となり，保育所で働く保育士等はもちろん，乳幼児期の子どもの保育に関わる幅広い関係者にもその趣旨が理解され，全ての子どもの健やかな育ちの実現へとつながる取組が，今後も着実に進められていくことが求められる。

4 改定の方向性

今回の改定は，前述の社会保障審議会児童部会保育専門委員会による議論を踏まえ，以下に示す5点を基本的な方向性として行った。

（1）乳児・1歳以上3歳未満児の保育に関する記載の充実

乳児から2歳児までは，心身の発達の基盤が形成される上で極めて重要な時期で

66

ある。また，この時期の子どもが，生活や遊びの様々な場面で主体的に周囲の人やものに興味をもち，直接関わっていこうとする姿は，「学びの芽生え」といえるものであり，生涯の学びの出発点にも結び付くものである。

こうしたことを踏まえ，3歳未満児の保育の意義をより明確化し，その内容について一層の充実を図った。

特に乳児期は，発達の諸側面が未分化であるため，「健やかに伸び伸びと育つ」「身近な人と気持ちが通じ合う」「身近なものと関わり感性が育つ」の三つの視点から保育内容を整理して示し，実際の保育現場で取り組みやすいものとなるようにした。

（2）保育所保育における幼児教育の積極的な位置づけ

保育所保育においては，子どもが現在を最も良く生き，望ましい未来をつくり出す力の基礎を培うために，環境を通して養護及び教育を一体的に行っている。幼保連携型認定こども園や幼稚園と共に，幼児教育の一翼を担う施設として，教育に関わる側面のねらい及び内容に関して，幼保連携型認定こども園教育・保育要領及び幼稚園教育要領との更なる整合性を図った。

また，幼児教育において育みたい子どもたちの資質・能力として，「知識及び技能の基礎」「思考力，判断力，表現力等の基礎」「学びに向かう力，人間性等」を示した。そして，これらの資質・能力が，第2章に示す健康・人間関係・環境・言葉・表現の各領域におけるねらい及び内容に基づいて展開される保育活動全体を通じて育まれていった時，幼児期の終わり頃には具体的にどのような姿として現れるかを，「幼児期の終わりまでに育ってほしい姿」として明確化した。

保育に当たっては，これらを考慮しながら，子どもの実態に即して計画を作成し，実践することが求められる。さらに，計画とそれに基づく実践を振り返って評価し，その結果を踏まえた改善を次の計画へ反映させていくことが，保育の質をより高めていく上で重要である。

こうしたことを踏まえ，保育の計画の作成と評価及び評価を踏まえた改善等についても，記載内容を充実させた。

第Ⅰ部 「保育所保育指針」解説とポイント

（3）子どもの育ちをめぐる環境の変化を踏まえた健康及び安全の記載の見直し

　社会状況の様々な変化に伴い，家庭や地域における子どもの生活環境や生活経験も変化・多様化しており，保育所においては，乳幼児一人一人の健康状態や発育の状態に応じて，子どもの健康支援や食育の推進に取り組むことが求められる。また，食物アレルギーをはじめとするアレルギー疾患への対応や，保育中の事故防止等に関しては，保育所内における体制構築や環境面での配慮及び関係機関との連携など，最近の科学的知見等に基づき必要な対策を行い，危険な状態の回避に努めなければならない。

　さらに，平成23年に発生した東日本大震災を経て，安全，防災の必要性に対する社会的意識が高まっている。災害発生後には，保育所が被災者をはじめとする地域住民の生活の維持や再建を支える役割を果たすこともある。子どもの生命を守るために，災害発生時の対応を保護者と共有するとともに，平時からの備えや危機管理体制づくり等を行政機関や地域の関係機関と連携しながら進めることが求められる。

　これらを踏まえて，食育の推進や安全な保育環境の確保等を中心に記載内容を見直し，更なる充実を図った。

（4）保護者・家庭及び地域と連携した子育て支援の必要性

　前回の保育所保育指針改定により「保護者に対する支援」が新たに章として設けられたが，その後も更に子育て家庭に対する支援の必要性は高まっている。それに伴い，多様化する保育ニーズに応じた保育や，特別なニーズを有する家庭への支援，児童虐待の発生予防及び発生時の迅速かつ的確な対応など，保育所の担う子育て支援の役割は，より重要性を増している。

　また，子ども・子育て支援新制度の施行等を背景に，保育所には，保護者と連携して子どもの育ちを支えるという視点をもち，子どもの育ちを保護者と共に喜び合うことを重視して支援を行うとともに，地域で子育て支援に携わる他の機関や団体など様々な社会資源との連携や協働を強めていくことが求められている。こうしたことを踏まえて，改定前の保育所保育指針における「保護者に対する支援」の章を「子育て支援」に改めた上で，記載内容の整理と充実を図った。

保育所保育指針解説　序章

（5）職員の資質・専門性の向上

　保育所に求められる機能や役割が多様化し，保育をめぐる課題も複雑化している。こうした中，保育所が組織として保育の質の向上に取り組むとともに，一人一人の職員が，主体的・協働的にその資質・専門性を向上させていくことが求められている。

　このため，各保育所では，保育において特に中核的な役割を担う保育士をはじめ，職員の研修機会の確保と充実を図ることが重要な課題となる。一人一人の職員が，自らの職位や職務内容に応じて，組織の中でどのような役割や専門性が求められているかを理解し，必要な力を身に付けていくことができるよう，キャリアパスを明確にし，それを見据えた体系的な研修計画を作成することが必要である。また，職場内外の研修機会の確保に当たっては，施設長など管理的立場にある者による取組の下での組織的な対応が不可欠である。

　こうした状況を背景に，平成29年4月には，保育現場におけるリーダー的職員等に対する研修内容や研修の実施方法について，「保育士等キャリアアップ研修ガイドライン」が定められた（平成29年4月1日付け雇児保発0401第1号厚生労働省雇用均等・児童家庭局保育課長通知)。今後，各保育所において，このガイドラインに基づく外部研修を活用していくことが期待される。

　これらのことを踏まえて，施設長の役割及び研修の実施体制を中心に，保育所において体系的・組織的に職員の資質・向上を図っていくための方向性や方法等を明確化した。

5　改定の要点

　改定の方向性を踏まえて，前回の改定における大綱化の方針を維持しつつ，必要な章立ての見直しと記載内容の変更・追記等を行った。主な変更点及び新たな記載内容は，以下の通りである。

（1）総　則

　保育所の役割や保育の目標など保育所保育に関する基本原則を示した上で，養護は保育所保育の基盤であり，保育所保育指針全体にとって重要なものであることか

69

第Ⅰ部　「保育所保育指針」解説とポイント

ら，「養護に関する基本的事項」を総則において記載することとした。

　また，「保育の計画及び評価」についても総則で示すとともに，改定前の保育所
保育指針における「保育課程の編成」については，「全体的な計画の作成」とし，
幼保連携型認定こども園教育・保育要領及び幼稚園教育要領との構成的な整合性を
図った。

　さらに，「幼児教育を行う施設として共有すべき事項」として，「育みたい資質・
能力」及び「幼児期の終わりまでに育ってほしい姿」を，新たに示した。

（2）保育の内容

　保育所における教育については，幼保連携型認定こども園及び幼稚園と構成の共
通化を図り，「健康・人間関係・環境・言葉・表現」の各領域における「ねらい」
「内容」「内容の取扱い」を記載した。その際，保育所においては発達による変化が
著しい乳幼児期の子どもが長期にわたって在籍することを踏まえ，乳児・1歳以上
3歳未満児・3歳以上児に分けて示した。また，改定前の保育所保育指針第2章に
おける「子どもの発達」に関する内容を，「基本的事項」に示すとともに，各時期
のねらい及び内容等と併せて記載することとした。

　乳児保育については，この時期の発達の特性を踏まえ，生活や遊びが充実するこ
とを通して，子どもたちの身体的・社会的・精神的発達の基盤を培うという基本的
な考え方の下，乳児を主体に，「健やかに伸び伸びと育つ」「身近な人と気持ちが通
じ合う」「身近なものと関わり感性が育つ」という三つの視点から，保育の内容を
記載した。

　さらに，年齢別に記載するのみでは十分ではない項目については，別途留意すべ
き事項として示した。

（3）健康及び安全

　子どもの育ちをめぐる環境の変化や様々な研究，調査等による知見を踏まえ，ア
レルギー疾患を有する子どもの保育及び重大事故の発生しやすい保育の場面を具体
的に提示しての事故防止の取組について，新たに記載した。

　また，感染症対策や食育の推進に関する項目について，記載内容の充実を図った。
さらに，子どもの生命を守るため，施設・設備等の安全確保や災害発生時の対応体
制及び避難への備え，地域の関係機関等との連携など，保育所における災害への備

保育所保育指針解説　序章

えに関する節を新たに設けた。

（4）子育て支援

　改定前の保育所保育指針と同様に，子育て家庭に対する支援について基本的事項を示した上で，保育所を利用している保護者に対する子育て支援と，地域の保護者等に対する子育て支援について述べる構成となっている。

　基本的事項については，改定前の保育所保育指針の考え方や留意事項を踏襲しつつ，記載内容を整理するとともに，「保護者が子どもの成長に気付き子育ての喜びを感じられるように努める」ことを明記した。

　また，保育所を利用している保護者に対する子育て支援については，保護者の子育てを自ら実践する力の向上に寄与する取組として，保育の活動に対する保護者の積極的な参加について記載するとともに，外国籍家庭など特別なニーズを有する家庭への個別的な支援に関する事項を新たに示した。

　地域の保護者等に対する子育て支援についても，改定前の保育所保育指針において示された関係機関等との連携や協働，要保護児童への対応等とともに，保育所保育の専門性を生かすことや一時預かり事業などにおける日常の保育との関連への配慮など，保育所がその環境や特性を生かして地域に開かれた子育て支援を行うことをより明示的に記載した。

（5）職員の資質向上

　職員の資質・専門性とその向上について，各々の自己研鑽とともに，保育所が組織として職員のキャリアパス等を見据えた研修機会の確保や研修の充実を図ることを重視し，施設長の責務や体系的・計画的な研修の実施体制の構築，保育士等の役割分担や職員の勤務体制の工夫等，取組の内容や方法を具体的に示した。

保育所保育指針解説

71

第1章 総 則

> この指針は，児童福祉施設の設備及び運営に関する基準（昭和23年厚生省令第63号。以下「設備運営基準」という。）第35条の規定に基づき，保育所における保育の内容に関する事項及びこれに関連する運営に関する事項を定めるものである。各保育所は，この指針において規定される保育の内容に係る基本原則に関する事項等を踏まえ，各保育所の実情に応じて創意工夫を図り，保育所の機能及び質の向上に努めなければならない。

保育所保育指針については，設備運営基準第35条において，「保育所における保育は，養護及び教育を一体的に行うことをその特性とし，その内容については厚生労働大臣が定める指針に従う。」との規定が置かれている。

保育所においては，子どもの健康や安全の維持向上を図るための体制をつくること，子育て支援に積極的に取り組むこと，職員の資質向上を図ることなど，運営に関わる取組が，保育の内容とは切り離せない関係にある。このことから，保育所保育指針では，保育所における保育の内容に関する事項及びこれに関連する運営に関する事項を規定している。

各保育所は，この保育所保育指針に規定されている基本原則の下，それぞれの実情に応じて創意工夫を図り，子どもの保育及び保護者や地域の子育て家庭への支援などの機能とそれらの質を向上させていくよう努めなくてはならない。

保育所保育指針の目指すところは，児童福祉の理念に基づいた保育の質の向上である。保育所には，この保育所保育指針を踏まえ，保育の専門性を発揮し，社会における役割を果たしていくことが求められる。

保育所保育指針解説　第1章　総則

1　保育所保育に関する基本原則

（1）保育所の役割

> ア　保育所は，児童福祉法（昭和22年法律第164号）第39条の規定に基づき，保育
> を必要とする子どもの保育を行い，その健全な心身の発達を図ることを目的とす
> る児童福祉施設であり，入所する子どもの最善の利益を考慮し，その福祉を積極
> 的に増進することに最もふさわしい生活の場でなければならない。

　保育所は，児童福祉法（昭和22年法律第164号）に基づいて，保育を必要とする子
どもの保育を行い，その健全な心身の発達を図ることを目的とする児童福祉施設で
あり，入所する子どもの最善の利益を考慮し，その福祉を積極的に増進するという
ことは，保育所保育指針の根幹を成す理念である。

　「子どもの最善の利益」については，平成元年に国際連合が採択し，平成6年に
日本政府が批准した児童の権利に関する条約（通称「子どもの権利条約」）の第3条
第1項に定められている。子どもの権利を象徴する言葉として国際社会等でも広く
浸透しており，保護者を含む大人の利益が優先されることへの牽制や，子どもの人
権を尊重することの重要性を表している。

　平成28年5月の児童福祉法改正では，こうした子どもを権利の主体として位置付
ける児童福祉の理念が明確化され，第1条に「全て児童は，児童の権利に関する条
約の精神にのっとり，適切に養育されること，その生活を保障されること，愛され，
保護されること，その心身の健やかな成長及び発達並びにその自立が図られること
その他の福祉を等しく保障される権利を有する。」と定められた。

　保育所は，この理念の下，入所する子どもの福祉を積極的に増進することに「最
もふさわしい生活の場」であることが求められる。一人一人の心身共に健やかな成
長と発達を保障する観点から，保育所における環境や一日の生活の流れなどを捉え，
子どもが様々な人と出会い，関わり，心を通わせる経験を重ねることができるよう，
乳幼児期にふさわしい生活の場を豊かにつくり上げていくことが重要である。

73

第Ⅰ部 「保育所保育指針」解説とポイント

> イ 保育所は，その目的を達成するために，保育に関する専門性を有する職員が，
> 家庭との緊密な連携の下に，子どもの状況や発達過程を踏まえ，保育所における
> 環境を通して，養護及び教育を一体的に行うことを特性としている。

【専門性を有する職員による保育】

　保育所においては，子どもの健全な心身の発達を図るという目的の下，保育士を
はじめ，看護師，調理員，栄養士など，職員がそれぞれの有する専門性を発揮しな
がら保育に当たっている。保育所職員は，各々の職種における専門性を認識すると
ともに，保育における子どもや保護者等との関わりの中で，常に自己を省察し，次
の保育に生かしていくことが重要である。また，組織の一員として共通理解を図り
ながら，保育に取り組むことも必要とされる。なお，保育所保育指針及び本解説に
おいては，保育に携わる全ての保育所職員（施設長・保育士・看護師・調理員・栄養
士等）を「保育士等」としている。

【家庭との連携】

　保育所における保育は，保護者と共に子どもを育てる営みであり，子どもの一日
を通した生活を視野に入れ，保護者の気持ちに寄り添いながら家庭との連携を密に
して行わなければならない。保育において乳幼児期の子どもの育ちを支えるととも
に，保護者の養育する姿勢や力が発揮されるよう，保育所の特性を生かした支援が
求められる。

【発達過程】

　子どもは，それまでの体験を基にして，環境に働きかけ，様々な環境との相互作
用により発達していく。保育所保育指針においては，子どもの発達を，環境との相
互作用を通して資質・能力が育まれていく過程として捉えている。すなわち，ある
時点で何かが「できる，できない」といったことで発達を見ようとする画一的な捉
え方ではなく，それぞれの子どもの育ちゆく過程の全体を大切にしようとする考え
方である。そのため，「発達過程」という語を用いている。

　保育においては，子どもの育つ道筋やその特徴を踏まえ，発達の個人差に留意す
るとともに，一人一人の心身の状態や家庭生活の状況などを踏まえて，個別に丁寧
に対応していくことが重要である。また，子どもの今，この時の現実の姿を，過程
の中で捉え，受け止めることが重要であり，子どもが周囲の様々な人との相互的関
わりを通して育つことに留意することが大切である。

74

保育所保育指針解説　第1章　総則

【環境を通して行う保育】

　乳幼児期は，生活の中で興味や欲求に基づいて自ら周囲の環境に関わるという直接的な体験を通して，心身が大きく育っていく時期である。子どもは，身近な人やものなどあらゆる環境からの刺激を受け，経験の中で様々なことを感じたり，新たな気付きを得たりする。そして，充実感や満足感を味わうことで，好奇心や自分から関わろうとする意欲をもってより主体的に環境と関わるようになる。こうした日々の経験の積み重ねによって，健全な心身が育まれていく。

　したがって，保育所保育においては，子ども一人一人の状況や発達過程を踏まえて，計画的に保育の環境を整えたり構成したりしていくことが重要である。すなわち，環境を通して乳幼児期の子どもの健やかな育ちを支え促していくことに，保育所保育の特性があるといえる。

【養護と教育の一体性】

　保育における養護とは，子どもたちの生命を保持し，その情緒の安定を図るための保育士等による細やかな配慮の下での援助や関わりを総称するものである。心身の機能の未熟さを抱える乳幼児期の子どもが，その子らしさを発揮しながら心豊かに育つためには，保育士等が，一人一人の子どもを深く愛し，守り，支えようとすることが重要である。

　養護と教育を一体的に展開するということは，保育士等が子どもを一人の人間として尊重し，その命を守り，情緒の安定を図りつつ，乳幼児期にふさわしい経験が積み重ねられていくよう丁寧に援助することを指す。子どもが，自分の存在を受け止めてもらえる保育士等や友達との安定した関係の中で，自ら環境に関わり，興味や関心を広げ，様々な活動や遊びにおいて心を動かされる豊かな体験を重ねることを通して，資質・能力は育まれていく。

　乳幼児期の発達の特性を踏まえて養護と教育が一体的に展開され，保育の内容が豊かに繰り広げられていくためには，子どもの傍らに在る保育士等が子どもの心を受け止め，応答的なやり取りを重ねながら，子どもの育ちを見通し援助していくことが大切である。このような保育士等の援助や関わりにより，子どもはありのままの自分を受け止めてもらえることの心地よさを味わい，保育士等への信頼を拠りどころとして，心の土台となる個性豊かな自我を形成していく。

　このように，保育士等は，養護と教育が切り離せるものではないことを踏まえた上で，自らの保育をより的確に把握する視点をもつことが必要である。乳幼児期の

第Ⅰ部 「保育所保育指針」解説とポイント

発達の特性から，保育所保育がその教育的な機能を発揮する上で，養護を欠かすことはできない。すなわち，養護は保育所保育の基盤であり，保育所保育全体にとって重要なものである。この位置付けを明確にするため，第1章の2において，養護の基本原則を示した上で，第2章において，養護と教育が一体となって展開されることを示している。保育士等がその専門性を発揮し，自らの保育を振り返り評価する上でも，また，新たな計画を立てる上でも，養護と教育の視点を明確にもつことは非常に重要である。

> ウ　保育所は，入所する子どもを保育するとともに，家庭や地域の様々な社会資源との連携を図りながら，入所する子どもの保護者に対する支援及び地域の子育て家庭に対する支援等を行う役割を担うものである。

　保育所は，入所する子どもの保護者への支援とともに，地域の子育て家庭に対する支援の役割も担う。

　入所する子どもの保護者への支援は，日々の保育に深く関連して行われるものである。また，地域の子育て家庭に対する支援については，児童福祉法第48条の4において保育所の努力義務として規定されている。地域の様々な人・場・機関などと連携を図りながら，地域に開かれた保育所として，地域の子育て力の向上に貢献していくことが，保育所の役割として求められている。地域社会や家庭において，育児についての見聞や経験が乏しい人が増えている一方で，身近に相談相手がなく，子育て家庭が孤立しがちとなっている状況がある中で，安心・安全で，親子を温かく受け入れてくれる施設として，保育所の役割はますます期待されている。さらにまた，保育所の子育て支援は，児童虐待防止の観点からも，重要なものと位置付けられている。

> エ　保育所における保育士は，児童福祉法第18条の4の規定を踏まえ，保育所の役割及び機能が適切に発揮されるように，倫理観に裏付けられた専門的知識，技術及び判断をもって，子どもを保育するとともに，子どもの保護者に対する保育に関する指導を行うものであり，その職責を遂行するための専門性の向上に絶えず努めなければならない。

　保育士については，児童福祉法第18条の4において「保育士の名称を用いて，専門的知識及び技術をもつて，児童の保育及び児童の保護者に対する保育に関する指

導を行うことを業とする者をいう。」との規定が置かれている。これを踏まえ，保育所における保育士は，子どもの保育や家庭での子育ての支援に関する専門職として，保育所保育の中核的な役割を担う。

保育所の保育士に求められる主要な知識及び技術としては，次のようなことが考えられる。すなわち，①これからの社会に求められる資質を踏まえながら，乳幼児期の子どもの発達に関する専門的知識を基に子どもの育ちを見通し，一人一人の子どもの発達を援助する知識及び技術，②子どもの発達過程や意欲を踏まえ，子ども自らが生活していく力を細やかに助ける生活援助の知識及び技術，③保育所内外の空間や様々な設備，遊具，素材等の物的環境，自然環境や人的環境を生かし，保育の環境を構成していく知識及び技術，④子どもの経験や興味や関心に応じて，様々な遊びを豊かに展開していくための知識及び技術，⑤子ども同士の関わりや子どもと保護者の関わりなどを見守り，その気持ちに寄り添いながら適宜必要な援助をしていく関係構築の知識及び技術，⑥保護者等への相談，助言に関する知識及び技術，の六つである。

保育士には，こうした専門的な知識及び技術を，状況に応じた判断の下，適切かつ柔軟に用いながら，子どもの保育と保護者への支援を行うことが求められる。その際，これらの知識や技術及び判断は，子どもの最善の利益を尊重することをはじめとした児童福祉の理念に基づく倫理観に裏付けられたものでなくてはならない。

これらのことを踏まえ，保育所における保育士としての職責を遂行していくためには，日々の保育を通じて自己を省察するとともに，同僚と協働し，共に学び続けていく姿勢が求められる。幅広い観点において子どもに対する理解を深め，子どもや子育て家庭の実態や社会の状況を捉えながら，自らの行う保育と保護者に対する支援の質を高めていくことができるよう，常に専門性の向上に努めることが重要である。

（2）保育の目標

保育所は，それぞれに特色や保育方針があり，また，施設の規模や地域性などにより，その行う保育の在り様も様々に異なる。しかし，全ての保育所に共通する保育の目標は，保育所保育指針に示されているように，子どもの保育を通して，「子どもが現在を最も良く生き，望ましい未来をつくり出す力の基礎を培う」ことと，入所する子どもの保護者に対し，その援助に当たるということである。

第Ⅰ部 「保育所保育指針」解説とポイント

　乳幼児期は，生涯にわたる人間形成にとって極めて重要な時期である。保育所は，この時期の子どもたちの「現在」が，心地よく生き生きと幸せなものとなるとともに，長期的視野をもってその「未来」を見据えた時，生涯にわたる生きる力の基礎が培われることを目標として，保育を行う。その際，子どもの現在のありのままを受け止め，その心の安定を図りながらきめ細かく対応していくとともに，一人一人の子どもの可能性や育つ力を認め，尊重することが重要である。

　ア　保育所は，子どもが生涯にわたる人間形成にとって極めて重要な時期に，その生活時間の大半を過ごす場である。このため，保育所の保育は，子どもが現在を最も良く生き，望ましい未来をつくり出す力の基礎を培うために，次の目標を目指して行わなければならない。
　　(ア)　十分に養護の行き届いた環境の下に，くつろいだ雰囲気の中で子どもの様々な欲求を満たし，生命の保持及び情緒の安定を図ること。
　　(イ)　健康，安全など生活に必要な基本的な習慣や態度を養い，心身の健康の基礎を培うこと。
　　(ウ)　人との関わりの中で，人に対する愛情と信頼感，そして人権を大切にする心を育てるとともに，自主，自立及び協調の態度を養い，道徳性の芽生えを培うこと。
　　(エ)　生命，自然及び社会の事象についての興味や関心を育て，それらに対する豊かな心情や思考力の芽生えを培うこと。
　　(オ)　生活の中で，言葉への興味や関心を育て，話したり，聞いたり，相手の話を理解しようとするなど，言葉の豊かさを養うこと。
　　(カ)　様々な体験を通して，豊かな感性や表現力を育み，創造性の芽生えを培うこと。

　子どもの保育の目標は，養護に関わる目標である(ア)及び，教育に関わる内容の領域としての「健康」「人間関係」「環境」「言葉」「表現」の目標である(イ)から(カ)まで，六つの側面から説明されている。
　（１）のイにおいて示したように，養護は保育所保育の基盤であり，保育において養護と教育は一体的に展開されるものである。さらに，(ア)に示されるように，養護は一人一人の子どもに対する個別的な援助や関わりだけでなく，保育の環境の要件でなければならない。
　また，教育に関わる保育の目標は，学校教育法（昭和22年法律第26号）に規定されている幼稚園の目標及び就学前の子どもに関する教育，保育等の総合的な提供の

保育所保育指針解説　第1章　総則

推進に関する法律（平成18年法律第77号）に規定されている幼保連携型認定こども園の教育及び保育の目標と，共通のものである。

　この養護と教育に関わる目標は，子どもたちが人間として豊かに育っていく上で必要となる力の基礎となるものを，保育という営みに即して明確にしようとするものである。これらの目標を，一人一人の保育士等が自分自身の保育観，子ども観と照らし合わせながら深く理解するとともに，保育所全体で共有しながら，保育に取り組んでいくことが求められる。

> イ　保育所は，入所する子どもの保護者に対し，その意向を受け止め，子どもと保護者の安定した関係に配慮し，保育所の特性や保育士等の専門性を生かして，その援助に当たらなければならない。

　保護者に対する援助は，子どもの保育と深く関連して行われるものである。第4章の内容を踏まえ，保護者の意見や要望等からその意向を捉えた上で，適切に対応しなくてはならない。それぞれの保護者や家庭の状況を考慮し，職員間で連携を図りながら援助していくが，その際，常に子どもの最善の利益を考慮して取り組むことが必要である。

　また，日頃より保育の意図や保育所の取組について説明したり，子どもの様子を丁寧に伝えたりしながら，子どもについて保護者と共に考え，対話を重ねていくことが大切である。保育士等と保護者が互いに情報や考えを伝え合い共有することを通して，それぞれが子どもについて理解を深めたり，新たな一面に気が付いたりする。こうした保護者と保育士等の関係の形成や深まりは，子どもと保護者の関係の育ちや安定につながるものである。

　保護者への援助に当たっては，これらのことを踏まえて，子どもと保護者の関係を軸に，子ども・保育士等・保護者の関係が豊かに展開していくことが望まれる。

（3）保育の方法

> ア　一人一人の子どもの状況や家庭及び地域社会での生活の実態を把握するとともに，子どもが安心感と信頼感をもって活動できるよう，子どもの主体としての思いや願いを受け止めること。

　子どもは，保育所だけでなく，家庭や地域社会の一員として生活している。した

第Ⅰ部 「保育所保育指針」解説とポイント

がって保育士等は，その生活全体の実態を把握するとともに，家庭や地域社会における生活と保育所での生活の連続性に配慮して保育することが求められる。

また，子どもは一人の独立した人間である。保育士等が子どもをそれぞれに思いや願いをもって育ちゆく一人の人間として捉え，受け止めることによって，子どもは安心感や信頼感をもって活動できるようになる。

身近な人との信頼関係の下で安心して過ごせる場において，子どもは自分の意思を表現し，意欲をもって自ら周囲の環境に関わっていく。このことを踏まえ，保育に当たっては，一人一人の子どもの主体性を尊重し，子どもの自己肯定感が育まれるよう対応していくことが重要である。

> イ 子どもの生活のリズムを大切にし，健康，安全で情緒の安定した生活ができる環境や，自己を十分に発揮できる環境を整えること。

保育所における子どもの生活は，長時間にわたる。心身の状態や発達の面で環境からの影響を特に受けやすい時期であることから，一人一人の生活のリズムを大切にするとともに，他の子どもたちと共に過ごす生活の中で，遊びや活動が充実するよう，乳幼児期にふさわしい生活のリズムが次第に形成されていくようにすることが求められる。

また，子どもが周囲の環境に興味をもって自ら関わろうとする意欲を支え促すためには，健康や安全が守られ，安心感をもちながら落ち着いて過ごせるよう，配慮の行き届いた環境を整えることが重要である。

これらのことを踏まえた上で，発達過程に即して適切かつ豊かに環境を構成することによって，子どもがそれぞれに今の自分の思いや力を十分に発揮し，保育所における遊びや活動は生き生きと豊かに展開されていく。

> ウ 子どもの発達について理解し，一人一人の発達過程に応じて保育すること。その際，子どもの個人差に十分配慮すること。

発達には，ある程度一定の順序性や方向性がある。また，身体・運動・情緒・認知・社会性など様々な側面が，相互に関連しながら総合的に発達していくものである。

一方で，実際の子どもの育ちの姿は直線的なものではなく，行きつ戻りつしながら，時には停滞しているように見えたり，ある時急速に伸びを示したりといった様

80

相が見られる。

　また，それぞれの個性や生活における経験などの違いによって，同じ月齢・年齢の子どもであっても，環境の受け止め方や環境への関わり方，興味や関心の対象は異なる。言葉の習得は比較的早いが運動面の発達はゆっくりしているといったように，発達の側面によって一人の子どもの内にも違いがある。

　こうした乳幼児期の発達の特性や道筋を理解するとともに，一人一人の子どもの発達過程と個人差に配慮し，育ちについて見通しをもちながら，実態に即して保育を行うことが求められる。

> **エ　子ども相互の関係づくりや互いに尊重する心を大切にし，集団における活動を効果あるものにするよう援助すること。**

　保育所において子どもが過ごす集団の大きさや，そこでの遊びや活動の在り様は，年齢や活動の内容等に応じて異なる。

　低年齢のうちは，集団としての意識を明確にもって遊びや活動を行うというよりは，保育士等による仲立ちの下，身近にいる子ども同士が比較的少人数で同じ遊びを楽しむという場面が多い。保育所において日常生活を共に過ごす中で，次第に互いを仲間として認識し合う関係が育まれていく。

　年齢が高くなってくると，クラス全体などの大きな集団で仲間と一緒に取り組む場面も多くなる。互いに協力したり役割を分担したりするなど，集団の一員としての立場や他者との関係を経験する。そして，個人で行う場合とは違う楽しさや達成感を味わうとともに，思いを伝え合うことの大切さや難しさ，それぞれの多様な個性や考えなどに気が付いていく。

　こうした経験の中で，子どもは，互いを仲間として認め，集団の中で期待される行動や役割，守るべきルールなどを理解するようになる。このように集団で行う活動を中心とする生活に適応していく過程で，同時に，一人一人の思いや個性が十分に発揮されることも重要である。それぞれが集団の中で受け入れられている安心感をもちながら友達と関わり合うことで，遊びや活動の展開は豊かなものとなり，そこでの経験はより広がりや深まりをもつようになる。

　このように，個と集団の育ちは相反するものではなく，個の成長が集団の成長に関わり，集団における活動が個の成長を促すといった関連性をもつものである。保育士等は，こうしたことを踏まえて保育することが重要である。その際集団の状況

第Ⅰ部 「保育所保育指針」解説とポイント

を把握し，子どもの関係や役割，立場を調整したり，それぞれの子どものよいところを他の子どもたちに伝えていくようにしたりするなど，集団としての活動が一人一人の子どもにとって充実感の得られるものとなるよう配慮することが求められる。

> オ　子どもが自発的・意欲的に関われるような環境を構成し，子どもの主体的な活動や子ども相互の関わりを大切にすること。特に，乳幼児期にふさわしい体験が得られるように，生活や遊びを通して総合的に保育すること。

　遊びには，子どもの育ちを促す様々な要素が含まれている。子どもは遊びに没頭し，自ら遊びを発展させていきながら，思考力や企画力，想像力等の諸能力を確実に伸ばしていくとともに，友達と協力することや環境への関わり方なども多面的に体得していく。ただし，遊びの効用はこうしたことに限定されるものではない。遊びは，それ自体が目的となっている活動であり，遊びにおいては，何よりも「今」を十分に楽しむことが重要である。子どもは時が経つのも忘れ，心や体を動かして夢中になって遊び，充実感を味わう。そうした遊びの経験における満足感や達成感，時には疑問や葛藤が，更に自発的に身の回りの環境に関わろうとする意欲や態度の源となる。

　子どもの発達は，様々な生活や遊びの経験が相互に関連し合い，積み重ねられていくことにより促される。また，ある一つの生活や遊びの体験の中でも，様々な発達の側面が連動している。子どもの諸能力は生活や遊びを通して別々に発達していくのではなく，相互に関連し合い，総合的に発達していく。

　こうしたことを踏まえ，保育士等は，保育所の生活や遊びにおける子どもの体験について，発達の見通しをもちながら計画を立て，保育を行う。その際，子どもの実態や状況に即して柔軟に対応することが大切である。また，短期的な結果を重視したり，子どもの活動が特定の知識・能力の習得に偏ったりすることがないよう留意する。

> カ　一人一人の保護者の状況やその意向を理解，受容し，それぞれの親子関係や家庭生活等に配慮しながら，様々な機会をとらえ，適切に援助すること。

　子育て支援においては，保護者と連携して子どもの育ちを支える視点が大切であり，保護者とのパートナーシップが求められる。多様な家庭環境の下，保護者の状況もそれぞれに異なっており，そうしたことを踏まえながら，子どもや子育てに対

する思いや願いを丁寧に汲み取り，受け止めることが重要である。

　その上で，子どもと保護者の関係や家庭での生活の状況を把握し，適切に援助することが求められる。子どもの成長を伝え合いながら喜びを共有するとともに，保護者の子育てを肯定的に受け止め，励ましていく。送迎時のコミュニケーションをはじめ，保育所において保護者と関わる日常の様々な場面や機会をとらえながら，継続的に対話を重ね，援助していくことが重要である。

（4）保育の環境

> 　保育の環境には，保育士等や子どもなどの人的環境，施設や遊具などの物的環境，更には自然や社会の事象などがある。保育所は，こうした人，物，場などの環境が相互に関連し合い，子どもの生活が豊かなものとなるよう，次の事項に留意しつつ，計画的に環境を構成し，工夫して保育しなければならない。

　保育所における保育は，1の（1）のイに示されているように，環境を通して行うことを基本としている。保育の環境は，設備や遊具などの物的環境，自然や社会の事象だけでなく，保育士等や子どもなどの人的環境も含んでおり，こうした人，物，場が相互に関連し合ってつくり出されていくものである。

　保育士等は，子どもが環境との相互作用を通して成長・発達していくことを理解し，豊かで応答性のある環境にしていくことが重要である。ここでいう豊かで応答性のある環境とは，子どもからの働きかけに応じて変化したり，周囲の状況によって様々に変わっていったりする環境のことである。こうした環境との相互作用の中で，子どもは身体の諸感覚を通して多様な刺激を受け止める。

　乳幼児期の子どもの成長にふさわしい保育の環境をいかに構成していくかということは，子どもの経験の豊かさに影響を及ぼすという意味で，保育の質に深く関わるものである。

　保育士等には，こうした環境を通して行う保育の重要性を踏まえた上で，以下の事項に留意し，子どもの生活が豊かなものとなるよう計画的に環境を構成し，それらを十分に生かしながら保育を行うことが求められる。

> 　ア　子ども自らが環境に関わり，自発的に活動し，様々な経験を積んでいくことができるよう配慮すること。

第Ⅰ部 「保育所保育指針」解説とポイント

保育においては，子ども自身の興味や関心が触発され，好奇心をもって自ら関わりたくなるような，子どもにとって魅力ある環境を保育士等が構成することが重要である。その際，子どもがそれまでの経験で得た様々な資質・能力が十分に発揮されるよう工夫する。

また，遊びが展開する中で，子ども自らが環境をつくり替えていくことや，環境の変化を保育士等も子どもたちと共に楽しみ，思いを共有することが大切である。さらに，保育所における自然環境や空間などを生かしながら，多様で豊かな環境を構成し，子どもの経験が偏らないよう配慮することも求められる。

> イ　子どもの活動が豊かに展開されるよう，保育所の設備や環境を整え，保育所の保健的環境や安全の確保などに努めること。

安心感や他者に対する信頼感の得られる環境の下で，自己を十分に発揮し，自発的・意欲的に活動が展開される中で，子どもの健全な心身は育まれていく。

そうした活動が豊かに展開されるよう，子どもの健康と安全を守ることは，保育所の基本的かつ重大な責任である。子どもの命を守り，その活動を支えていくために，衛生や安全の管理等については，全職員が常に心を配らなくてはならない。また，衛生や安全について確認するための体制を整えるなど，子どもが安心して過ごせる保育の環境の確保に保育所全体で取り組んでいく必要がある。

> ウ　保育室は，温かな親しみとくつろぎの場となるとともに，生き生きと活動できる場となるように配慮すること。

子どもの心身の健康と発達を支える上で，保育所における一日の生活が，発達過程や時期，季節などに即して静と動のバランスのとれたものとなるよう配慮することが重要である。

一日の中で，子どもが保育士等と一緒に落ち着いて過ごしたり，くつろいだりすることのできる時間や空間が保障されることが大切である。それとともに，一人又は少人数で遊びに集中したり，友達と一緒に思い切り体を動かしたり，様々な活動に取り組むことができるなど，子どもの遊びや活動が活発かつ豊かに展開するよう配慮や工夫がなされている環境であることが求められる。

保育所保育指針解説　第1章　総則

> エ　子どもが人と関わる力を育てていくため，子ども自らが周囲の子どもや大人と
> 関わっていくことができる環境を整えること。

　子どもは身近な大人や子どもと関わり合い，その影響を受けて育つ。同年齢の子
ども同士の関係，異年齢の子どもとの関係，保育士等との関係や地域の様々な人と
の関わりなど，安心して様々な人と関わる状況をつくり出すことが大切である。こ
うした人との関わりの中で，子どもは様々な感情や欲求をもつ。そして，更に関わ
りを深めたり，他の人へ関心を広げたりしながら，人と関わる力を育んでいく。

　こうしたことを踏まえ，保育の環境の構成に当たっては，複数の友達と遊べる遊
具やコーナーなどを設定するとともに，物の配置や子どもの動線などに配慮するこ
とが重要である。

　子どもが人とのやり取りを楽しみ，子ども相互の関わりや周囲の大人との関わり
が自然と促されるような環境となることが大切である。

（5）保育所の社会的責任

　保育所が，地域において最も身近な児童福祉施設として，これまでに蓄積してき
た保育の知識，経験，技術を生かしながら，子育て家庭や地域社会に対しその役割
を果たしていくことは，社会的使命であり，責任でもある。このことを踏まえ，保
育所が特に遵守しなければならない事項を「保育所の社会的責任」として規定して
いる。保育所が社会的な信頼を得て日々の保育に取り組んでいくとともに，地域の
共有財産として，広く利用され，その機能が活用されることが望まれる。

> ア　保育所は，子どもの人権に十分配慮するとともに，子ども一人一人の人格を尊
> 重して保育を行わなければならない。

　保育士等は，保育所における保育という営みが，子どもの人権を守るために，法
的・制度的に裏付けられていることを認識し，憲法・児童福祉法・児童憲章・児童
の権利に関する条約などにおける子どもの人権等について理解することが必要であ
る。

　また，子どもの発達や経験の個人差等にも留意し，国籍や文化の違いを認め合い，
互いに尊重する心を育て，子どもの人権に配慮した保育となっているか，常に全職
員で確認することが必要である。子どもに対する体罰や言葉の暴力が決してあって

第 I 部 「保育所保育指針」解説とポイント

はならないことはもちろんのこと，日常の保育においても，子どもに身体的，精神的苦痛を与えることがないよう，子どもの人格を尊重するとともに，子どもが権利の主体であるという認識をもって保育に当たらなければならない。

　子どもは，身近な保育士等の姿や言動を敏感に受け止めている。保育士等は，自らが子どもに大きな影響を与える存在であることを認識し，常に自身の人間性や専門性の向上に努めるとともに，豊かな感性と愛情をもって子どもと関わり，信頼関係を築いていかなければならない。

> イ　保育所は，地域社会との交流や連携を図り，保護者や地域社会に，当該保育所が行う保育の内容を適切に説明するよう努めなければならない。

　保育所は，地域に開かれた社会資源として，地域の様々な人や場，機関などと連携していくことが求められている。また，次世代育成支援や世代間交流の観点から，小・中学校などの生徒の体験学習や実習を受け入れたり，高齢者との交流を行ったりするなど，地域の実情に応じた様々な事業を展開することが期待されている。

　社会福祉法（昭和26年法律第45号）第75条では，利用者への情報の提供が社会福祉事業の経営者の努力義務とされている。また，児童福祉法第48条の 4 においても保育所の情報提供が努力義務として規定されている。保育所は，保育の内容等，すなわち，一日の過ごし方・年間行事予定・当該保育所の保育方針・職員の状況その他当該保育所が実施している保育の内容に関する事項等について，情報を開示し，保護者等が適切かつ円滑に利用できるようにすることが重要である。

　また，保育所が保護者や地域社会との連携，交流を図り，開かれた運営をすることで，説明が一方的なものではなく，分かりやすく応答的なものとなることが望まれる。

> ウ　保育所は，入所する子ども等の個人情報を適切に取り扱うとともに，保護者の苦情などに対し，その解決を図るよう努めなければならない。

　保育に当たり知り得た子どもや保護者に関する情報は，正当な理由なく漏らしてはならない。児童福祉法第18条の22には，保育士の秘密保持義務について明記されている。また，個人情報の保護に関する法律（平成15年法律第57号）第 3 条においても，個人情報は「個人の人格尊重の理念の下に慎重に取り扱われるべきもの」であることが示されている。ただし，児童虐待の防止等に関する法律（平成12年法律

第82号。以下「児童虐待防止法」という。）第6条にある通告義務は，守秘義務より優先されることに留意しなければならない。なお，子どもの発達援助のための関係機関等との連携，保護者への伝達，保護者同士の交流や地域交流などに必要な情報交換等については，関係者の承諾を得ながら適切に進める必要がある。

また，社会福祉法第82条及び設備運営基準第14条の3には，「苦情の解決」について明記されている。

保育所が，苦情解決責任者である施設長の下に，苦情解決担当者を決め，苦情受付から解決までの手続きを明確化し，その内容や一連の経過と結果について書面での記録を残すなど，苦情に対応するための体制を整備することが必要である。また，中立，公正な第三者の関与を組み入れるために第三者委員を設置することも求められている。

保育所は，苦情を通して，自らの保育や保護者等への対応を謙虚に振り返り，誠実に対応していくことが求められる。そして，保護者等との相互理解を図り，信頼関係を築いていくことが重要である。また，苦情に関しての検討内容や解決までの経過を記録し，職員会議などで共通理解を図り，実践に役立てる。保護者等の意向を受け止めながら，保育所の考えや保育の意図などについて十分に説明するとともに，改善や努力の意志を表明することも必要である。

苦情解決とは，保護者等からの問題提起であり，個別の問題として対応するだけでなく，それを通じて，保育の内容を継続的に見直し，改善し，保育の質の向上を図っていくための材料として捉えることが重要である。苦情への総合的な対応を通じて，社会的責任を果たしていくという姿勢をもつことが求められる。

2　養護に関する基本的事項

（1）養護の理念

保育における養護とは，子どもの生命の保持及び情緒の安定を図るために保育士等が行う援助や関わりであり，保育所における保育は，養護及び教育を一体的に行うことをその特性とするものである。保育所における保育全体を通じて，養護に関するねらい及び内容を踏まえた保育が展開されなければならない。

第Ⅰ部 「保育所保育指針」解説とポイント

　保育所が、乳幼児期の子どもにとって安心して過ごせる生活の場となるためには、健康や安全が保障され、快適な環境であるとともに、一人の主体として尊重され、信頼できる身近な他者の存在によって情緒的な安定が得られることが必要である。保育士等には、子どもと生活を共にしながら、保育の環境を整え、一人一人の心身の状態などに応じて適切に対応することが求められる。保育における養護とは、こうした保育士等による細やかな配慮の下での援助や関わりの全体を指すものである。

　保育士等が、子どもの欲求、思いや願いを敏感に察知し、その時々の状況や経緯を捉えながら、時にはあるがままを温かく受け止め、共感し、また時には励ますなど、子どもと受容的・応答的に関わることで、子どもは安心感や信頼感を得ていく。そして、保育士等との信頼関係を拠りどころにしながら、周囲の環境に対する興味や関心を高め、その活動を広げていく。

　乳幼児期の教育においては、こうした安心して自分の思いや力を発揮できる環境の下で、子どもが遊びなど自発的な活動を通して、体験的に様々な学びを積み重ねていくことが重要である。保育士等が、子どもに対する温かな視線や信頼をもって、その育ちゆく姿を見守り、援助することにより、子どもの意欲や主体性は育まれていく。

　このように、保育所における日々の保育は、養護を基盤としながら、それと一体的に教育が展開されていく。保育士等には、各時期における子どもの発達の過程や実態に即して、養護に関わるねらい及び内容を踏まえ、保育を行うことが求められる。

養護に関わるねらい及び内容

　関わるねらい及び内容は、1の（2）に示される保育の目標の「(ア)十分に
いた環境の下に、くつろいだ雰囲気の中で子どもの様々な欲求を満た
及び情緒の安定を図ること」を具体化したものである。そして、そ
」に関わるものと、「情緒の安定」に関わるものとに分けて示さ

87

（ア）　ねらい

> ①　一人一人の子どもが，快適に生活できるようにする。
> ②　一人一人の子どもが，健康で安全に過ごせるようにする。
> ③　一人一人の子どもの生理的欲求が，十分に満たされるようにする。
> ④　一人一人の子どもの健康増進が，積極的に図られるようにする。

子どもの生命を守り，子どもが快適に，そして健康で安全に過ごすことができる
うにするとともに，子どもの生理的欲求が十分に満たされ，健康増進が積極的に
るようにすることは，子ども一人一人の生きることそのものを保障すること
それは，日常の生活の中での保育士等の具体的な援助や関わりにより実現
のである。子ども一人一人の健康と安全がしっかりと守られるとともに，
全体で子どもの健康増進を図っていくことが求められる。

> 人一人の子どもの平常の健康状態や発育及び発達状態を的確に把握し，異常
> じる場合は，速やかに適切に対応する。

人の子どもの健康状態や発育及び発達状態を把握するために，登所時の健
保育中の子どもの様子の把握を，日々必ず行うことが重要である。また，
食事や睡眠などについて，保護者から情報を得ることが必要である。
つけ，乳児の健康状態は生命の保持にも関わるものであり，常に身体の状態
観察し，疾病や異常を早く発見することが求められる。
　生後数か月以降には母親から受け継いだ免疫が減り始め，感染症にかかり
なるため，朝の受入れ時はもちろんのこと，保育を行っている際に，機嫌・
ビの観察を十分に行い，発熱など体の状態に変化が見られた時は適切に対応
てはならない。
児期は疾病に対する抵抗力が弱く，容態が急変しやすいことを十分認識し，
で示されていることを踏まえ，職員間で連携を図りながら，適切かつ迅速に
ることが必要である。
えて，日々の心身の健康状態の確認や継続的な把握及びその記録は，不適切な
の早期発見につながったり，児童虐待への対応における根拠資料となったりす

② 家庭との連携を密にし，嘱託医等との連携を図りながら，子どもの疾病や事故
防止に関する認識を深め，保健的で安全な保育環境の維持及び向上に努める。

疾病予防については，保護者との連絡を密にしながら一人一人の子どもの状態に
応じて，嘱託医やかかりつけ医などと相談して進めていくことが必要である。保育
士等が子どもの疾病について理解を深めるとともに，感染予防を心がけ保護者に適
切な情報を伝え，啓発していくことも大切である。保育室・衣類・寝具・遊具など
子どもの周囲の環境を点検し，衛生的な環境への細心の注意を払う。

事故防止については，子どもの発達の過程や特性を踏まえ，一人一人の子どもの
行動を予測し，起こりやすい事故を想定しつつ，環境に留意して事故防止に努める
ことが求められる。子どもの成長に伴い行動範囲が広がるため，その活動を踏まえ
保育所全体で安全点検表などを活用しながら対策を講じ，子どもにとって安全で健
全な環境の維持及び向上を図ることが重要である。

③ 清潔で安全な環境を整え，適切な援助や応答的な関わりを通して子どもの生理
的欲求を満たしていく。また，家庭と協力しながら，子どもの発達過程等に応じ
た適切な生活のリズムがつくられていくようにする。

保育所の環境については，保健面や安全面に関して十分に配慮することが必要で
ある。清潔が保たれ衛生的な場であることはもちろんのこと，明るさ・温度・湿
度・音などについても常に配慮することが求められる。その上で，子どもが安心し
て探索活動をしたり，伸び伸びと体を動かして遊んだりすることのできる安全な環
境であることが必要である。こうした環境の下で，保育士等が応答的に関わりなが
ら，食欲や睡眠などの生理的欲求を満たしていくことが，一人一人の子どもの健や
かな成長の支えとなる。子どもの欲求に応え，語りかけながら優しく対応すること
により，子どもは心地よさとともに，自分の働きかけに対する相手の応答的な行為
の意味を感じ取る。

また，送迎時の保護者との会話や連絡帳，懇談会などを通し，積極的に家庭との
情報交換を行い，子どもの一日の生活全体を考慮して，子どもの食事・睡眠・休
息・遊びなどが無理なく営まれるようにする。一人一人の子どもの生活に合わせ，
時には柔軟な対応を図り，家庭と協力して子どもの生活や発達過程等にふさわしい

保育所保育指針解説　第1章　総則

ムがつくられていくことが大切である。

> の発達過程等に応じて，適度な運動と休息を取ることができるようにす
> こ，食事，排泄，衣類の着脱，身の回りを清潔にすることなどについて，
> 意欲的に生活できるよう適切に援助する。

ついては，子どもの発達を見通し，全身を使う運動を適度に取り入れ，そ
応じた活動を十分に行う。休息は，心身の疲労を癒やし，緊張を緩
が生き生きと過ごす上で大切である。子ども一人一人の発達過程等に
のリズムに合わせ適度な休息をとることができるようにするなど，静
スに配慮して，保育の内容を柔軟に取り扱うことが重要である。
楽しい雰囲気の中で喜んで食べることが大切である。第3章の2の
示すように，友達と一緒に食事をし，様々な食べ物を食べる楽しさを
，食育の推進が図られる。授乳する時は，抱いてほほえみかけながら，
た気持ちで行う。離乳の時期や方法については，保護者と情報を共有
嘱託医，栄養士，調理員等職員間で連携しながら，一人一人の子ど
重に進める必要がある。
等に関わる基本的な生活習慣や態度を身に付けることは，子どもが自
し，主体的に生きる基礎となる。食事・排泄・睡眠・衣類の着脱・身
にすることなどの生活習慣の習得については，急がせることなく，一
もの様子をよく見て，その子どもにとって適切な時期に適切な援助を
が求められる。保育士等は見通しをもって，子どもに分かりやすく手
すなど，一人一人の子どもが達成感を味わうことができるよう援助を
が，自信や満足感をもち，更に自分でしてみようとする意欲を高めて
要である。

第Ⅰ部 「保育所保育指針」解説とポイント

イ 情緒の安定

㋐ ねらい

> ① 一人一人の子どもが，安定感をもって過ごせるようにする。
> ② 一人一人の子どもが，自分の気持ちを安心して表すことができるようにする。
> ③ 一人一人の子どもが，周囲から主体として受け止められ，主体として育ち，自分を肯定する気持ちが育まれていくようにする。
> ④ 一人一人の子どもがくつろいで共に過ごし，心身の疲れが癒されるようにする。

　一人一人の子どもが，保育士等に受け止められながら，安定感をもって過ごし，自分の気持ちを安心して表すことができることは，子どもの心の成長の基盤になる。

　子どもは，保育士等をはじめ周囲の人からかけがえのない存在として受け止められ認められることで，自己を十分に発揮することができる。そのことによって，周囲の人への信頼感とともに，自己を肯定する気持ちが育まれる。特に，保育士等が，一人一人の子どもを独立した人格をもつ主体として尊重することが大切である。このように，乳幼児期において，他者への信頼感と自己肯定感が周囲の人との相互的な関わりを通して育まれていくことは，極めて重要である。

　また，子どもたちが生活を共にする保育所において，保育士等が一人一人の子どもの状態を把握し，心身の疲れが癒やされるよう心がけることも必要である。一日の生活の流れにゆとりをもたせ，子どもが場や周囲の人々に親しみや安心感をもち，くつろいで過ごせる環境となるよう配慮することが求められる。保育所全体で，子どもの情緒の安定を図り，その心の成長に寄り添いながら，子ども主体の保育を実践していくことが大切である。

㋑ 内容

> ① 一人一人の子どもの置かれている状態や発達過程などを的確に把握し，子どもの欲求を適切に満たしながら，応答的な触れ合いや言葉がけを行う。

　保育士等は，一人一人の子どもの心身の状態や発達過程を的確に把握し，それぞれの子どもの欲求を受け止め，子どもの気持ちに沿いながら，今，この子どもにとってどのように関わることが最も適切なのか検討し，保育を行っていくことが大切である。

　子どもは，自分がしてほしいことを心地よくかなえられると安心し，自分の欲求

92

保育所保育指針解説　第1章　総則

くれた人に対して，親しみと信頼感を抱くようになる。また，日頃より，
られる優しいまなざしや態度から，自分が認められ愛されていることを
からもそうしたまなざしや態度を相手に示していく。保育士等とのこう
やり取りやスキンシップが日々積み重ねられることにより，子どもは安
て過ごすことができるようになる。特に，乳児期の子どもが十分にスキ
受けることは，心の安定につながるだけでなく，子どもの身体感覚を育
もは，肌の触れ合いの温かさを実感することにより，人との関わりの心
心感を得て，自ら手を伸ばし，スキンシップを求めるようになっていく。
保育士等との触れ合いに子どもが喜びを感じながら，応答的なやり取り
が豊かになる中で，子どもは保育士等の気持ちや言葉の表す意味を理解

> 一人の子どもの気持ちを受容し，共感しながら，子どもとの継続的な信頼
> いていく。

が一人一人の子どもの気持ちを汲み，適切に応答していくことは，保育
。子どもの人に対する信頼感は，こうした関わりが継続的に行われる
育まれていく。子どもは，自分の気持ちに共感し，応えてくれる人が
自身の気持ちを確認し，安心して表現し，行動する。
士等が子どもと向き合う中で，自らの思いや願いを子どもに返してい
，子どももまた保育士等の存在を受け止め，その気持ちを理解するよ
育士等の温かい受容的な雰囲気とともに，自らに向けられている気持
子どもは敏感に感じ取るものである。
生活の中で互いに認め信頼し合う関わりを通して，生涯にわたる人と
盤となる基本的な信頼感を培い，子どもの心を豊かに育てていくこと
の責任であることを認識することが大切である。

> 等との信頼関係を基盤に，一人一人の子どもが主体的に活動し，自発性
> 欲などを高めるとともに，自分への自信をもつことができるよう成長の
> 守り，適切に働きかける。

分に対する自信や自己肯定感を育てていくことは，保育の大切なねら
る。一人一人の子どもが，保育士等との間に形成された信頼関係を拠

第Ⅰ部 「保育所保育指針」解説とポイント

りどころとしながら、日々の生活の中で主体性や生きることへの意欲を育んでいることを、保育士等は常に心に留めながら、子どもと関わることが大切である。そのためには、一人一人の子どもの人格を尊重し、生命の尊厳を感受する、保育士等の倫理観が重要である。

また、子どもの自発性や探索意欲が高まるような環境を計画的に構成し、子ども自らが環境に関わろうとする姿を、保育士等は見守り、共感しながら、励ましたり、必要な助言を行ったりする。遊びや活動の展開に応じて環境を再構成しながら、保育士等も一人一人の子どもと楽しさを共有することによって、子どもの主体的な遊びや活動は更に豊かな広がりをもつものとなっていく。

子どもの育ちにおいて大切なことは、時間をかけて醸成されていくものである。人や物との出会いの中で様々な感情や考えが芽生え、多様な体験を積み重ねていく中で、子どもの心は成長していく。その過程を保育士等が見守り、受け止めることによって、子どもの自己肯定感が育まれていくことが重要である。保育士等が主体としての子どもを認め、肯定する気持ちを言葉や態度で子どもに伝えることにより、子どもは自分への自信を獲得していくのである。

④ 一人一人の子どもの生活のリズム、発達過程、保育時間などに応じて、活動内容のバランスや調和を図りながら、適切な食事や休息が取れるようにする。

保育所で長時間過ごす子どもは、就寝時刻が遅くなりがちになることがある。一人一人の子どもが、乳幼児期の子どもにふさわしい生活のリズムの中で、心身の健やかな発育・発達を支える上で必要となる食事や適度な休息をとる観点から、保育士等は子どもの生活全体を見通し、家庭と協力しながら心身の状態に応じて適切に援助していくことが大切である。

保育所では、いつでも安心して休息できる雰囲気やスペースを確保し、静かで心地よい環境の下で、子どもが心身の疲れを癒すことができるようにする。また、午睡は、子どもの年齢や発達過程、家庭での生活、保育時間といったことを考慮し、それぞれの子どもが必要に応じて取るようにすることが大切である。子どもの家庭での就寝時刻に配慮して、午睡の時間や時間帯を工夫し、柔軟に対応する。

一日の生活全体の流れを見通し、発散・集中・リラックスなど、静と動の活動のバランスや調和を図る中で、一人一人の子どもが適切に食事や休息を取れるようにすることが重要である。

保育所保育指針解説　第1章　総則

3　保育の計画及び評価

…いて，保育の目標を達成するためには，子どもの発達を見通しながら，
…び環境に関する基本的な考え方に基づき，計画性のある保育を実践す
…である。保育所における保育は，計画とそれに基づく養護と教育が一
…育の実践を，保育の記録等を通じて振り返り，評価した結果を次の計
…かすという，循環的な過程を通して行われるものである。

…て子どもの主体性を尊重することは，子どものしたいようにさせて保
…働きかけないようにするということではない。子ども自らが興味や関
…境に関わりながら多様な経験を重ねていけるようにするためには，保
…児期の発達の特性と一人一人の子どもの実態を踏まえ，保育の環境を
…することが重要となる。その上で，子どもが安心して様々なことに取
…感や達成感を得て更に好奇心や意欲を高めていけるよう，一人一人の
…応じて適切に援助することで，子どもの育とうとする力は発揮される。
…を作成するに当たっては，全職員が各々の職種や立場に応じて参画し，
…方針を共有しながら，保育の方向性を明確にする。その際，子どもの
…連続性に配慮し，在籍期間を通じた育ちの見通しをもって，日々の生
…どもの実態を捉える視点をもつことが重要である。その上で，子ども
…させる」保育ではなく，その時々の子どもの状況や遊びの展開に応じ
…変えていくなど，保育士等の適切な判断の下，保育が柔軟に行われる
…れる。保育は子どもと保育士等をはじめとする多様な環境との相互的
…によって展開されていくものである。このことを踏まえ，子どももま
…り出していく存在であることを認識することが重要である。そして，
…育ちについて丁寧に評価を行い，その結果に基づいて，保育の環境の
…的に構想し直す。こうした一連の取組を繰り返すことを通じて，保育
…遊びが子どもの実態に即して柔軟に展開しながらも，子どもの豊か
…に積み重ねられ，資質・能力が育まれていく。

…域全体で計画的な保育の実践とその評価・改善に取り組み，保育所保
…過程や構造を明確にすることは，保育の質の向上を図り，社会的責任
…ることにつながる。保育所では，子どもの家庭環境や生育歴，また保

保育所保育指針解説

95

第Ⅰ部 「保育所保育指針」解説とポイント

育時間や保育期間も一人一人異なる。保育に当たる職員も，保育士をはじめ様々な職種や勤務体制の者で構成されている。こうした状況を踏まえ，保育所全体として一貫性をもって子どもの発達過程を見通しながら保育を体系的に構成し，全職員の共通認識の下，計画性をもって保育を展開していくことが重要である。生活する場や時間・期間がどのような状況であっても，入所している全ての子どもが「現在を最も良く生き，望ましい未来をつくり出す力の基礎を培う」ことができるよう，保育を展開していくことが求められる。

（1）全体的な計画の作成

> ア　保育所は，1の（2）に示した保育の目標を達成するために，各保育所の保育
> の方針や目標に基づき，子どもの発達過程を踏まえて，保育の内容が組織的・計
> 画的に構成され，保育所の生活の全体を通して，総合的に展開されるよう，全体
> 的な計画を作成しなければならない。

「全体的な計画」は，児童福祉法及び関係法令，保育所保育指針，児童の権利に関する条約等と各保育所の保育の方針を踏まえ，入所から就学に至る在籍期間の全体にわたって，保育の目標を達成するために，どのような道筋をたどり，養護と教育が一体となった保育を進めていくのかを示すものである。全体的な計画における保育のねらいと内容は，2及び4，第2章に基づき，乳幼児期の発達過程に沿って，それぞれの時期の生活や遊びの中で，子どもは主にどのような体験をしていくのか，またどのような援助が必要となるのかを明らかにすることを目的として構成される。これらは，保育時間や在籍期間の長短に関わりなく在籍している全ての子どもを対象とし，保育所における生活の全体を通して総合的に展開される。

　この全体的な計画に基づき，その時々の実際の子どもの発達や生活の状況に応じた具体的な指導計画やその他の計画を作成していく。すなわち，全体的な計画は，子どもの最善の利益の保障を第一義とする保育所保育の根幹を示すものであり，指導計画やその他の計画の上位に位置付けられる。

> イ　全体的な計画は，子どもや家庭の状況，地域の実態，保育時間などを考慮し，
> 子どもの育ちに関する長期的見通しをもって適切に作成されなければならない。

　全体的な計画の作成に当たっては，様々な記録や資料等を生かしながら保育所に

もの発達の過程や実態を理解するとともに，保育所における生活と家庭
活の連続性を視野に入れて，家庭との連携を図り，子どもの家庭での養
護者の意向についても把握するよう努める。また，地域の生活条件，環
境の特性や近隣の関係機関及び人材等の実態を踏まえ，これらを生かし
計画を保育所の実態に即した特色あるものとしていくことが求められる。
に関しては，設備運営基準第34条により，保育所における保育時間は一
時間を原則とし，地域における乳幼児の保護者の労働時間や家庭の状況
で，各保育所において定めることとされている。したがって，それぞれ
おける一日の保育の流れを基本としながら，その中での子どもの体験や
心等を発達過程に照らして考慮し，ねらいや内容を構成する。延長保
育・休日保育などを実施している場合には，それらも含め，子どもの生
考えることが重要である。

育所に在籍する期間は子どもによって異なる。そのため，乳幼児期の発
して，保育所入所時の環境の変化を乗り越えて安定し，自ら生活や遊び
実感を得て更に好奇心や探究心を深めていくといった保育所における経
　子どもの育ちの過程を捉える。

踏まえ，保育所の生活全体における子どもの育ちについて，長期的な見
て全体的な計画を作成する。その際，養護に関する内容と第2章に示さ
び領域のねらい及び内容，次節に示す「幼児期の終わりまでに育って
との関連を考慮し，子どもの発達過程に即して展開される各時期の生活
適切に具体化し設定する必要がある。

> 的な計画は，保育所保育の全体像を包括的に示すものとし，これに基づく
> 　保健計画，食育計画等を通じて，各保育所が創意工夫して保育できる
> 成されなければならない。

計画は，保育所が各々の実態に即して工夫して作成することが重要であ
それぞれ，地域環境や保育所の人的・物的環境が異なっており，それ
及ぼし合ってその保育所全体の特色をつくり出している。子どもの生
これらに大きく影響を受けるものであるため，こうした特色を十分に生
行うことができるよう，全体的な計画を作成する必要がある。
体的な計画に基づいて，長期・短期の指導計画や保健計画・食育計画

第Ⅰ部 「保育所保育指針」解説とポイント

といったより具体的で日々の保育に直接関わる様々な計画が作成される。また，職員の研修計画も，全体的な計画と関連付けながら作成されるものである。そのため，全体的な計画は施設長の責任の下に作成されるものであるが，全職員が参画し，共通理解と協力体制の下に創意工夫して作成することが重要である。各保育所の保育の全体像が職員間で共有され，それに基づいて保育が展開されていくことに，保育の質の向上を組織的に図っていくことにつながる。

なお，保育所を利用している保護者に対する子育て支援及び地域の保護者等に対する子育て支援は，子どもの保育に関する全体的な計画と密接に関連して行われる業務として位置付けられる。

全体的な計画作成の手順について（参考例）
1）保育所保育の基本について，職員間の共通理解を図る。
　　・児童福祉法や児童の権利に関する条約等，関係法令を理解する。
　　・保育所保育指針，保育所保育指針解説の内容を理解する。
2）乳幼児期の発達及び子ども，家庭，地域の実態，保育所に対する社会の要請，保護者の意向などを把握する。
3）各保育所の保育の理念，目標，方針等について職員間の共通理解を図る。
4）子どもの発達過程を長期的に見通し，保育所の生活全体を通して，第2章に示す事項を踏まえ，それぞれの時期にふさわしい具体的なねらいと内容を，一貫性をもって構成する。
5）保育時間の長短，在籍期間の長短，その他子どもの発達や心身の状態及び家庭の状況に配慮して，それぞれにふさわしい生活の中で保育目標が達成されるようにする。
6）全体的な計画に基づく保育の経過や結果について省察，評価し，課題を明確化する。その上で，改善に向けた取組の方向性を職員間で共有し，次の作成に生かす。

（2）指導計画の作成

ア　保育所は，全体的な計画に基づき，具体的な保育が適切に展開されるよう，子どもの生活や発達を見通した長期的な指導計画と，それに関連しながら，より具体的な子どもの日々の生活に即した短期的な指導計画を作成しなければならない。

指導計画は，全体的な計画に基づいて保育を実施する際のより具体的な方向性を

保育所保育指針解説　第1章　総則

あり，実際の子どもの姿に基づいて，ある時期における保育のねらいと
そこで予想される子どもの活動や，それに応じた保育士等の援助・配
慮・家庭との連携等を考え，作成するものである。
は，年・数か月単位の期・月など長期的な見通しを示すものと，それを
どもの生活に即した週・日などの短期的な予測を示すものとを，保育所
わせて作成し，それらを組み合わせて用いる。子どもの発達の状態など
別の指導計画，あるいはクラスやグループの指導計画など，必要なも
めて工夫して作成することが求められる。
指導計画は，子どもの発達や生活の節目に配慮し，例えば1年間をいく
分した上で，それぞれの時期にふさわしい保育の内容について作成す
地域との連携や行事等と日常の保育のつながりに配慮することが重要

えた上で，その時期の子どもがどのようなことに興味や関心をもって
のようにして遊んだり生活したりしているのかといった実態に即して，
計画を作成する。柔軟に保育が展開されるように，環境を構成し直し
く継続している遊びに新たな要素を付け加えてみたりするなど，子ど
びの連続性を尊重することが求められる。その際，一日の生活の流れ
もの多様な活動が調和的に組み込まれるよう配慮することが重要であ

画の作成に当たっては，第2章及びその他の関連する章に示された事項
子ども一人一人の発達過程や状況を十分に踏まえるとともに，次の事項
なければならない。
未満児については，一人一人の子どもの生育歴，心身の発達，活動の実
即して，個別的な計画を作成すること。
以上児については，個の成長と，子ども相互の関係や協同的な活動が促
よう配慮すること。
齢で構成される組やグループでの保育においては，一人一人の子どもの
経験，発達過程などを把握し，適切な援助や環境構成ができるよう配慮
こ。

指導計画】
は，特に心身の発育・発達が顕著な時期であると同時に，その個人差

99

第Ⅰ部 「保育所保育指針」解説とポイント

も大きいため，一人一人の子どもの状態に即した保育が展開できるよう個別の指導計画を作成することが必要である。保護者の思いを受け止めながら，「子どもの育ちを共に喜び合う」という基本姿勢の下で，一日の生活全体の連続性を踏まえて家庭との連携を指導計画に盛り込んでいくことが求められる。また，3歳未満児は心身の諸機能が未熟であるため，担当する保育士間の連携はもちろんのこと，看護師・栄養士・調理員等との緊密な協力体制の下で，保健及び安全面に十分配慮することが必要である。さらに，緩やかな担当制の中で，特定の保育士等が子どもとゆったりとした関わりをもち，情緒的な絆を深められるよう指導計画を作成する。

指導計画は，月ごとに個別の計画を立てることを基本としつつ，子どもの状況や季節の変化などにより，ある程度見通しに幅をもたせ，子どもの実態に即した保育を心がける。保育所における集団生活の中で，一人一人にどれだけ丁寧に対応できるかは重要な課題である。温かな雰囲気を大切にし，子どもが興味をもった好きな遊びが実現できる環境が用意されていること，不安な時や悲しい時に心の拠りどころとなる保育士等の存在が必要である。

【3歳以上児の指導計画】

3歳以上児の指導計画は，クラスやグループなどの集団生活での計画が中心となるが，言うまでもなく，集団を構成しているのはその個性や育ちがそれぞれに異なる子どもである。個を大切にする保育を基盤として，一人一人の子どもは集団において安心して自己を発揮する。そして，他の友達と様々な関わりをもち，一緒に活動する楽しさを味わい，協同して遊びを展開していく経験を通して，仲間意識を高めていく。3歳以上児の保育に当たっては，一人一人の子どもや集団の実態に即して，こうした過程を考慮することが求められる。

これらのことを踏まえ，3歳以上児の指導計画については，一人一人の子どもの主体性が重視されてこそ集団の育ちがあるという点を十分に認識した上で作成することが重要である。

また，4の（2）に示す「幼児期の終わりまでに育ってほしい姿」は，それぞれを個別に，また就学前の時期に身に付けるというものではなく，それまでの環境を通して行われる保育の中で，様々な経験を重ねることにより，保育所保育において育みたい資質・能力が育まれている子どもの具体的な姿である。こうしたことを念頭に置きながら，発達の各時期にふさわしい生活が展開されるように，指導計画を作成することが重要である。

保育所保育指針解説　第1章　総則

成による保育の指導計画】

齢の子どもたちが共に生活する場という保育所の環境を生かし，異年齢
育によって自分より年上，年下の子どもと交流することによって，子ど
）多様な体験を得られることが期待される。

編成による保育では，自分より年下の子どもへのいたわりや思いやりの
たり，年上の子どもに対して活動のモデルとして憧れをもったりする
ったちが互いに育ち合うことが大切である。また，こうした異年齢の子
る相互作用の中で，子どもは同一年齢の子ども同士の場合とは違った
ともある。このように，異年齢の子どもたちが関わり合うことで，
における遊びや活動の展開の仕方がより豊かなものとなることが望ま

齢の編成の場合は，子どもの発達差が大きいため，個々の子どもの状
上で，保育のねらいや内容を明確にもった適切な環境の構成や援助が
こうした配慮により，それぞれの子どもにとって遊びが充実したもの
も同士での多様な関わりが繰り広げられるようになる。また，保育士
強くなると，子どもが負担感を感じることも考えられる。日常的な生
ども同士が自ら関係をつくり，遊びを展開していけるよう十分に配慮
要である。

> 画においては，保育所の生活における子どもの発達過程を見通し，生活
> 季節の変化などを考慮し，子どもの実態に即した具体的なねらい及び
> 定すること。また，具体的なねらいが達成されるよう，子どもの生活す
> 想を大切にして適切な環境を構成し，子どもが主体的に活動できるよう
> と。

保育士等が一方的にある活動を子どもに与えてさせるためのもので
もの実態に基づいて，今育ちつつある子どもの様々な資質・能力を十
ためのものである。そのため，現在の子どもの育ちや内面の状態を理
ら，指導計画の作成は始まる。
において，一人一人の違いを大切にしながらも，クラスやグループに
に目を向けると，その中から集団としてのねらいや内容が見えてくる。
の姿や記録から，生活や遊びの状況，周囲の人との関係について，ま

第Ⅰ部 「保育所保育指針」解説とポイント

ず興味や関心をもっていることに着目し，次に何につまずいているかを明確にしていくことが重要である。

こうした子どもの実態の把握を基に，子どもの発達過程を見通し，養護と教育の視点から子どもの体験する内容を具体的に設定する。その際，家庭生活との連続性や季節の変化，行事との関連性などを考慮して設定することが大切である。特に行事については，保育所と家庭での日常の生活に変化と潤いがもてるように，子どもの自主性を尊重し，日々の保育の流れに配慮した上で，ねらいと内容を考える。

このようにして具体的に設定したねらいや内容を，子どもが経験できるように，人・物・自然事象・時間・空間等を総合的に捉えて，環境を構成する。清潔で安全な環境，家庭的で温かな環境を基盤に，子どもが環境に関わって主体的に活動を生み出したくなるような，心ゆさぶる，魅力ある環境が求められる。物などの有無だけではなく，環境が子どもに十分生かされていることや，人と人の関わりの在り様など，一見しただけでは捉えにくい雰囲気等も重要である。環境の構成には，計画的な側面と，子どもが環境に関わる中で生じる偶発的な出来事を生かす側面とがある。したがって，ある特定の活動を想定して大人主導で展開させるための環境ではなく，子どもの気付き・発想・工夫を大切にしながら，子どもと共に環境を再構成していくことが大切である。

その際，保育士等は，子どもの活動の生まれる背景や意味を的確に捉え，子どもが望ましい方向に向かって主体的に活動を展開していくことができるよう，適切な援助を行うことが求められる。保育士等の予測を超えた子どもの発想や活動などにより，ねらいと内容の修正や環境の再構成がなされることで，保育は更に豊かに展開されていく。

> エ　一日の生活のリズムや在園時間が異なる子どもが共に過ごすことを踏まえ，活動と休息，緊張感と解放感等の調和を図るよう配慮すること。

保育所では，保育時間の異なる子どもが共に過ごすことから，一人一人の生活を見通した上で，子どもの活動と休息，緊張感と解放感等の調和を図っていく必要がある。その際，子どもが共に過ごす集団の規模や関わる保育士等も時間帯によって変わることを踏まえ，子どもの安心と安定が図られるような環境づくりが必要である。例えば，夕方になって徐々に人数の少なくなりつつある時間帯には，家庭的な雰囲気の中で保育士等や友達と少人数で過ごすことができる場所を設けるなどして，

102

保育所保育指針解説　第1章　総則

子どもが自然と落ち着いて遊ぶことができるようにしたり，暑い時期に思う存分水遊びを楽しんだ後，ゆったり過ごすようにしたりすることなどが考えられる。

このように，保育所における一日の生活環境の変化が，子どもに過度の不安や動揺を与えることがないよう配慮することが求められる。一方で，安定した生活のリズムが保たれながらも，その時々の子どもの興味や関心，生活や遊びへの取り組み方，保育士等や友達との人間関係の変化，自然や季節の変化などに応じて，子どもが様々な経験を楽しむことができるよう工夫し，子どもの毎日の生活が一律で単調なものとならないようにすることも大切である。

> オ　午睡は生活のリズムを構成する重要な要素であり，安心して眠ることのできる安全な睡眠環境を確保するとともに，在園時間が異なることや，睡眠時間は子どもの発達の状況や個人によって差があることから，一律とならないよう配慮すること。

午睡は，体力を回復したり，脳を休ませたりするものであり，乳幼児期の発達過程や一日の活動において必要なことである。しかし，睡眠の発達には個人差があるため，3歳以上児においては，保育時間によって午睡を必要とする子どもと必要としない子どもが混在する場合もある。そのため，どちらの子どもにとっても，午睡の時間に安心して眠ったり，活動したりできるように配慮する必要がある。午睡を必要とする子どもには，落ち着いた環境の下で眠ることができる場を確保する。同様に，午睡をしない子どもにとっても，伸び伸びと遊ぶことができる充実した環境や体制を整えておくことが求められる。

また，普段は午睡を必要としない子どもであっても，午前中の活動などで疲れが見られる場合や，体調が良くない場合には，子どもの状態に応じて，午睡をしたり静かに体を休めたりすることができるように配慮する。

さらに，5歳頃の子どもについては，就学後の生活も見通し一日の生活のリズムを形成していく観点から，保護者と連携をとりつつ，一年間の流れの中で子どもの心身の健康の状況と併せて考えながら，徐々に午睡のない生活に慣れていくようにすることが大切である。

子ども一人一人の成長に合わせて，その日の体調なども考慮した上で，保護者とも相談しながら，午睡を一律にさせるのではなく，発達過程に合わせて，子ども一人一人が自分で生活のリズムを整えていけるようにしていくことが望ましい。

第Ⅰ部　「保育所保育指針」解説とポイント

> カ　長時間にわたる保育については，子どもの発達過程，生活のリズム及び心身の状態に十分配慮して，保育の内容や方法，職員の協力体制，家庭との連携などを指導計画に位置付けること。

　長時間にわたる保育については，特に子どもの心身の健やかな発達を保障できるよう様々な配慮が必要である。指導計画の作成とその実践に当たっては，子どもの生活の連続性を考慮し，担当する複数の保育士等が一日の保育の流れを把握した上で，子どもにふさわしい対応ができるよう，保育のねらいや内容等について理解を共有して取り組むことが重要である。また，引き継ぎの際には職員間での情報の伝達が適切に行われるよう心がけ，子どもや保護者が不安を抱くことのないよう十分に配慮しながら関わっていくことが必要である。

　長時間にわたる保育によって子どもに心身の負担が生じることのないよう，家庭的でゆったりとくつろぐことができる環境を整え，子ども一人一人の発達に応じた関わりが求められる。特に，保育が終わりに近づく時間には，一日の疲れや保護者を待つ気持ちを保育士等が受け止めながら温かく関わり，落ち着いて過ごせるようにすることが重要である。

　また，家庭との連携を密にし，保護者の状況を理解し心身の状態に配慮しながら，子どもの生活の様子や育ちの姿を伝え合い，子どもの思いや一日の生活の全体像について理解を共有することが求められる。延長保育や夜間保育で食事や補食を提供する場合には，子どもの生活のリズムを視野に入れながら，一日の食事の時間や量・内容などについて，保護者と情報を交換することが必要である。

> キ　障害のある子どもの保育については，一人一人の子どもの発達過程や障害の状態を把握し，適切な環境の下で，障害のある子どもが他の子どもとの生活を通して共に成長できるよう，指導計画の中に位置付けること。また，子どもの状況に応じた保育を実施する観点から，家庭や関係機関と連携した支援のための計画を個別に作成するなど適切な対応を図ること。

【保育所における障害のある子どもの理解と保育の展開】

　保育所は，全ての子どもが，日々の生活や遊びを通して共に育ち合う場である。そのため，一人一人の子どもが安心して生活できる保育環境となるよう，障害や様々な発達上の課題など，状況に応じて適切に配慮する必要がある。こうした環境

保育所保育指針解説　第1章　総則

の下，子どもたちが共に過ごす経験は，将来的に障害の有無等によって分け隔てられることなく，相互に人格と個性を尊重し合いながら共生する社会の基盤になると考えられる。これらのことを踏まえて，障害など特別な配慮を必要とする子どもの保育を指導計画に位置付けることが求められる。

　一人一人の障害や発達上の課題は様々であり，その状態も多様であることから，保育士等は，子どもが発達してきた過程や心身の状態を把握するとともに，保育所の生活の中で考えられる育ちや困難の状態を理解することが大切である。そして，子どもとの関わりにおいては，個に応じた関わりと集団の中の一員としての関わりの両面を大事にしながら，職員相互の連携の下，組織的かつ計画的に保育を展開するよう留意する。

【個別の指導計画】

　保育所では，障害のある子どもを含め，一人一人の実態を的確に把握し，安定した生活を送る中で，全ての子どもが自己を十分に発揮できるよう見通しをもって保育することが必要である。そこで，必要に応じて個別の指導計画を作成し，クラス等の指導計画と関連付けておくことが大切である。

　特別な配慮を必要とする子どもの個別の指導計画を作成する際には，日常の様子を踏まえて，その子どもにとって課題となっていることが生じやすい場面や状況，その理由などを適切に分析する。その上で，場面に適した行動などの具体的な目標を，その子どもの特性や能力に応じて，1週間から2週間程度を目安に少しずつ達成していけるよう細やかに設定し，そのための援助の内容を計画に盛り込む。障害や発達上の課題のある子どもが，他の子どもと共に成功する体験を重ね，子ども同士が落ち着いた雰囲気の中で育ち合えるようにするための工夫が必要である。

【家庭との連携】

　障害や発達上の課題のある子どもの理解と援助は，子どもの保護者や家庭との連携が何よりも大切である。その際，子どもの困難な状況だけでなく，得意なこと等も含めて，保育所と家庭での生活の状況を伝え合うことに留意する。子どもについての理解を深め合うことや，保護者の抱えてきた悩みや不安などを理解し支えることで，子どもの育ちを共に喜び合うことが大切である。こうした連携を通して保護者が保育所を信頼し，子どもについての共通理解の下に協力し合う関係を形成する。

　また，障害や発達上の課題のある子どもや保護者が，地域で安心して生活ができるようにすることが大切である。そのため，他の子どもの保護者に対しても，子ど

第Ⅰ部 「保育所保育指針」解説とポイント

もが互いに育ち合う姿を通して，障害等についての理解が深まるようにするとともに，地域で共に生きる意識をもつことができるように配慮する。その際，子どもとその保護者や家族に関するプライバシーの保護には十分留意することが必要である。

【地域や関係機関との連携】

　障害のある子どもの保育に当たっては，専門的な知識や経験を有する地域の児童発達支援センター・児童発達支援事業所（以下「児童発達支援センター等」という。）・児童発達支援を行う医療機関などの関係機関と連携し，互いの専門性を生かしながら，子どもの発達に資するよう取り組んでいくことが必要である。そのため，保育所と児童発達支援センター等の関係機関とが定期的に，又は必要に応じて話し合う機会をもち，子どもへの理解を深め，保育の取組の方向性について確認し合うことが大切である。具体的には，児童発達支援センター等の理念や保育内容について理解を深め，支援の計画の内容を保育所における指導計画にも反映させることや，保育所等訪問支援や巡回支援専門員などの活用を通じ，保育を見直すこと等が考えられる。

　また，就学する際には，保護者や関係する児童発達支援センター等の関係機関が，子どもの発達について，それまでの経過やその後の見通しについて協議を行う。障害の特性だけではなく，その子どもが抱える生活のしづらさや人との関わりの難しさなどに応じた，環境面での工夫や援助の配慮など支援のあり方を振り返り，明確化する。これらを踏まえて，就学に向けた支援の資料を作成するなど，保育所や児童発達支援センター等の関係機関で行われてきた支援が就学以降も継続していくよう留意する。

保育所保育指針解説　第1章　総則

（3）指導計画の展開

> 　指導計画に基づく保育の実施に当たっては，次の事項に留意しなければならない。
> ア　施設長，保育士など，全職員による適切な役割分担と協力体制を整えること。
> イ　子どもが行う具体的な活動は，生活の中で様々に変化することに留意して，子
> 　どもが望ましい方向に向かって自ら活動を展開できるよう必要な援助を行うこと。
> ウ　子どもの主体的な活動を促すためには，保育士等が多様な関わりをもつことが
> 　重要であることを踏まえ，子どもの情緒の安定や発達に必要な豊かな体験が得ら
> 　れるよう援助すること。
> エ　保育士等は，子どもの実態や子どもを取り巻く状況の変化などに即して保育の
> 　過程を記録するとともに，これらを踏まえ，指導計画に基づく保育の内容の見直
> 　しを行い，改善を図ること。

【職員の協力体制による保育の展開】

　保育所は，様々な年齢や状況の子どもたちが一日の大半を共に過ごす場であり，一人一人の子どもに細やかに対応し心身の健やかな発達を支え促していく上で，職員全体の連携や協働は欠かせない。時間帯による担当の交代などを伴う勤務体制，専門性や職種の異なる職員構成という状況で，施設長や主任保育士のリーダーシップの下に，職員一人一人の力や個性が十分に発揮されることが大切である。そのためには，適切な役割分担がなされ，それぞれが組織の中での協力体制について明確に認識できるよう，必要に応じて指導計画に職員相互の連携についての事項を盛り込むことが求められる。

【子どもの変化に応じた活動の柔軟な展開】

　保育においては，その時々の子どもの姿に即して，適切な援助をしていく必要が生じる。子どもの生活は多様な活動が関連をもちながら展開していくものであり，その中で偶発的に生じる様々な出来事が子どもの心を動かし，興味や関心をより広げたり，環境へ関わろうとする意欲を高めたりする。そのため，指導計画を作成した際の保育士等の予想した姿とは異なる姿が見られることもしばしばあるが，そうした時に，必ずしも計画通りの展開に戻すことを優先するのではなく，子どもの気付きや感動を尊重し，新たな素材を加えたり，子どもの発想を刺激するような一言を添えたりするなどして，子どもが自らイメージを膨らませて活動を方向付け，豊かな体験を得られるよう援助することが重要である。

第Ⅰ部 「保育所保育指針」解説とポイント

【子どもの主体的な活動を促す保育士等による多様な援助】

　子どもに対する保育士等の援助は，一緒に遊ぶ・共感する・助言する・提案する・見守る・環境を構成するなど，多岐にわたる。子どもが自分でしようとする姿に，言葉をかけたり手を添えたりすることもあれば，何も言わずにただ近くにいて，子どもが不安そうに振り向いた時には目を見て頷くようにするということもある。また，子どもにとって居心地がよく，生活の見通しがもちやすいように環境を整えたり，集中して遊び込めるように時間のゆとりをとるようにしたりするなど，子ども自身に直接関わるのではなく，場や生活の流れを調整することを通して子ども自身による活動の展開を促す援助もある。

　同じ子ども，同じような場面であっても，その時々の状況によって援助のあり方は一律なものではない。子どもが十分に主体性を発揮できるよう，状況に応じて多様な方法で適切に援助していくことが求められる。こうした多様な援助に支えられて，子どもの情緒が安定し，自ら活動を展開していく中で豊かな体験を得られるようにすることが重要である。

【記録と保育の内容の見直し，改善】

　子どもは，日々の保育所の生活の中で，様々な活動を生み出し多様な経験をしている。こうした姿を記録することは，保育士等が自身の計画に基づいて実践したことを客観化することであり，記録という行為を通して，保育中には気付かなかったことや意識していなかったことに改めて気付くこともある。

　記録をする際には，子どもに焦点を当てて，生活や遊びの時の様子を思い返してみる視点と，一日の保育やある期間の保育について，保育士等が自分の設定したねらいや内容・環境の構成・関わりなどが適切であったかといったことを見直してみる視点がある。この双方の視点から保育を記録することによって，子どもの生活や遊びにおける保育士等と子どもとの多様な相互作用の様子が明らかとなる。

　こうした記録を通して，保育士等は子どもの表情や言動の背後にある思いや体験したことの意味，成長の姿などを的確かつ多面的に読み取る。その上で，指導計画に基づく保育の実践やそこでの一人一人の子どもに対する援助が適切であったかどうかを振り返り，そこで浮かび上がってきた改善すべき点を次の指導計画に反映させていく。

　この一連の流れが保育の過程であり，この循環的な過程が絶えず繰り返されながら，日々の保育は連続性をもって展開されるとともに，保育における子どもの育ち

保育所保育指針解説　第1章　総則

が意識化され，長期的な見通しに基づく保育の方向性が具体化される。さらに，こうした過程を通して保育士等が子どもに対する理解を深めることは，保育の質を向上させていく基盤となる。

（4）保育内容等の評価

ア　保育士等の自己評価

> (ア)　保育士等は，保育の計画や保育の記録を通して，自らの保育実践を振り返り，自己評価することを通して，その専門性の向上や保育実践の改善に努めなければならない。
>
> (イ)　保育士等による自己評価に当たっては，子どもの活動内容やその結果だけでなく，子どもの心の育ちや意欲，取り組む過程などにも十分配慮するよう留意すること。
>
> (ウ)　保育士等は，自己評価における自らの保育実践の振り返りや職員相互の話し合い等を通じて，専門性の向上及び保育の質の向上のための課題を明確にするとともに，保育所全体の保育の内容に関する認識を深めること。

【自己評価を通じた保育の質の向上】

　保育士等は，保育の記録を通して計画とそれに基づく実践を振り返り，自己評価を行う。子どもの活動を予想しながら作成した指導計画のねらいや内容と，実際に保育を行う中で見られた子どもの姿を照らし合わせ，子どもの生活や育ちの実態を改めて把握し，子どもの経験がどのような育ちにつながるものであったかを捉え直す。それによって，次の計画のねらいや内容を設定する上で必要な情報や観点を得るとともに，環境の構成や子どもに対する援助について改善すべき点を見いだし，その具体的な手立ての考察につなげていく。また，保育を展開していく上で，他の保育士等や保護者等との連携が十分に図られていたかといったことについても，同様に検証する。

　こうした保育の過程が継続的に繰り返されていくことによって，日々の保育の改善が図られる。同時に，保育士等が子どもの内面や育ちに対する理解を深め，自らの保育のよさや課題に気が付くことにもつながっていく。このように自己評価は，保育士等の専門性の向上においても重要な意味をもつものである。

【自己評価における子どもの育ちを捉える視点】

　保育士等は，乳幼児期の発達の特性とその過程を踏まえ，ねらいと内容の達成状

況を評価することを通して，一人一人の子どもの育ちつつある様子を捉える。その際留意したいのは，発達には個人差があること，できることとできないことだけではなく，子どもの心の動きや物事に対する意欲など内面の育ちを捉えることである。子どもが何をしていたのかということやその結果のみでなく，どのようにして興味や関心をもち，取り組んできたのか，その過程を理解することが保育をよりよいものとしていく上で重要である。

　また，子ども同士及び保育士等との関係など，周囲の環境との関わり方も視野に入れて捉える。必要に応じて，それまでの生育歴や保育歴，家庭や地域社会での生活の実態などにも目を配ることによって，一人一人の子どもをより全体的に捉えることが可能になることもある。自己評価により子どもをより多角的に理解することを通して，保育における子どもの経験をより豊かなものにしていくことが求められる。

　自己評価は，子どもの育ちとニーズを把握し，発達を援助する上でより適切な環境や働きかけを検討することを目的として行うものであり，子どもの発達等を何らかの基準に照らして到達度として評定することを目的とするものではないことに留意が必要である。

【保育士等の学び合いとしての自己評価】

　自己評価は，保育士等が個別に行うだけではなく，保育を行っている様子を保育士等が互いに見合ったり，子どもの行動の見方や自分の保育について話し合ったりするなど，保育士等間で行うことも重要である。保育士等が，それぞれの作成した指導計画を踏まえ，保育における意図や願いなどを相互に理解し尊重しながら率直に話し合う中で，自分では意識していなかったよいところや特色，課題などに気付いたり，子どもについての新たな見方を取り入れたりする。このような取組は，保育所における職員間の同僚性や職員全体の組織としての専門性を高めることにつながっていく。

　また，時には，保育所外部の専門家を交えたカンファレンスを行うことも大切である。同じ保育場面でもその捉え方は様々であり，自分の保育が同僚や他の専門家にどう映るのか，自分と異なる子どもの理解や保育の視座に出会うことは，保育士等が保育の視野を広げ，自らの子ども観や保育観を見つめ直す機会となる。

　こうしたことを通して，保育士等の間に相互理解の下，意見を交わし合う関係が形成されると，それぞれがチームワークを高めていこうとする姿勢をもって，保育

保育所保育指針解説　第1章　総則

所全体の保育の内容に関する認識を深め，共に保育を行う喜びや展望をもって，組織として保育の質の向上に取り組むことが可能となる。自己評価を通じて，他者の意見を受け止め自らの保育を謙虚に振り返る姿勢や，保育に対する責任感と自覚など，組織の中で支え合って，学び合いを継続していく基盤が形成されることによって，保育士等の専門性の向上が図られる。

イ　保育所の自己評価

> (ア)　保育所は，保育の質の向上を図るため，保育の計画の展開や保育士等の自己評価を踏まえ，当該保育所の保育の内容等について，自ら評価を行い，その結果を公表するよう努めなければならない。
> (イ)　保育所が自己評価を行うに当たっては，地域の実情や保育所の実態に即して，適切に評価の観点や項目等を設定し，全職員による共通理解をもって取り組むよう留意すること。
> (ウ)　設備運営基準第36条の趣旨を踏まえ，保育の内容等の評価に関し，保護者及び地域住民等の意見を聴くことが望ましいこと。

【保育士等の自己評価に基づく保育所の自己評価】

　保育所の自己評価は，施設長や主任保育士等のリーダーシップの下に，保育の内容とその運営について，組織的・継続的に行われる。この自己評価は，保育士等の自己評価結果に基づいて，施設長と職員との話し合いを通して行われる。

　自己評価は，一年のうちで保育活動の区切りとなる適切な時期を選んで実施する。そのため，日頃から保育の実践や運営に関する情報や資料を継続的に収集し，職員間で共有する。資料には，保育記録をはじめ，保育所が実施した様々な調査結果，あるいは保育所に寄せられた要望や苦情等も含まれる。職員間の情報の共有や効率的な評価の仕組みをつくるために，情報通信技術（ICT）などの積極的な活用も有効である。

　自己評価の結果については，具体的な目標や計画，目標の達成状況，課題の明確化，課題解決に向けた改善方策などを整理する。自己評価の結果を整理することで実績や効果，あるいは課題を明確にして，更に質を高めていくための次の評価項目の設定などに生かしていく。

　さらに，自己評価の結果の公表に当たっては，その意義が保育所の行っていることを保護者や地域に対して明らかにすることにあることを踏まえ，何をどのように

第Ⅰ部 「保育所保育指針」解説とポイント

公表するのか，各保育所が判断して定める。例えば，園だよりやホームページなど
を利用するといった方法が考えらえる。自己評価結果の公表や情報提供によって，
自らの保育とその運営について，保護者や地域との継続的な対話や協力関係づくり
を進め，信頼される開かれた保育所づくりに役立てていくことが求められる。

【保育所の自己評価における評価の観点及び項目】

　保育所が作成する全体的な計画とそれに基づく指導計画やその他の計画は，各保
育所の理念や方針，目標の達成を目指したものである。それらの実現に向けた実践
について，職員相互に話し合いを重ねながら，具体的な自己評価の観点や項目を定
めていく。保育所としての役割や機能を十分に果たし，保育の質の向上を図ってい
くために，適切な自己評価の観点や項目を設定することが重要である。

　保育所に期待されている具体的な役割や機能は，その地域の社会資源や保育のニ
ーズに応じてそれぞれに特色をもっている。したがって，保育所が目指す保育の目
標や成果も，それぞれの保育所の設置や運営の体制，職員規模，子どもや保護者の
状況などによって違ったものとなる。自己評価の実施に当たっては，そうした地域
の実情や保育所の実態に即して，評価の観点や項目を設定する必要がある。

　その際大切なことは，保育士等の自己評価において課題となっていることなどを，
短期間に全て改善しようとすることではなく，課題の重点化を図った上で，期ある
いは単年度から数年度の間で，実現可能な計画の中で見通しをもって進めるように
することである。自己評価の取組が適切かつ実現可能なものとなるように，評価の
観点や項目は，関連する様々な情報を収集するなどして折に触れて見直すことが重
要である。

　評価の観点や項目を設定する際，既存の評価項目を参考にすることも有効な方法
の一つである。例えば，第三者評価基準の評価項目の中から必要なものを選定した
り，独自の評価項目を作ったりするなどして，全体として各保育所にふさわしい項
目となるようにしていくことが考えらえる。

　このように職員全員がその意味や機能を意識して自己評価を行うことと併せて，
第三者評価など外部評価を受けることは，より客観的な評価につながる。こうした
取組の積み重ねが，保育の質を高めるとともに，職員一人一人の意欲の向上につな
がることに，組織としての自己評価の意義があるといえる。

【第三者評価について】

　保育所における第三者評価は，平成14年に開始された。その根拠は，社会福祉法

保育所保育指針解説　第1章　総則

第78条において「社会福祉事業の経営者は，自らその提供するサービスの質の評価を行うことその他の措置を講ずることにより，常に福祉サービスを受ける側の立場に立つて，良質かつ適切な福祉サービスを提供するように努めなければならない。」「国は，社会福祉事業の経営者が行う福祉サービスの質の向上のための措置を援助するために，福祉サービスの質の公正かつ適切な評価の実施に資するための措置を講ずるよう努めなければならない。」と規定されていることにある。評価に当たっては，各施設種別の評価基準ガイドラインが策定されており，保育所においてもこのガイドラインに基づいて評価項目等が定められ，第三者評価が実施されている。

　第三者評価の意義は，第三者評価を受ける前の自己評価に職員一人一人が主体的に参画することで，職員の意識改革と協働性が高められることや，第三者評価結果を保護者へ報告することによって協働体制を構築すること等にあるといえる。

【評価に関する保護者及び地域住民等の意見について】

　設備運営基準第36条において，「保育所の長は，常に入所している乳幼児の保護者と密接な連絡をとり，保育の内容等につき，その保護者の理解及び協力を得るよう努めなければならない。」と定められている。乳幼児期の保育は，子どもが生活や遊びの中で自ら環境に関わる経験を通して，ねらいが総合的に達成されることを目指して行われるものであることから，保育士等の意図や配慮を実践の場面のみから明確に捉えることは難しい面をもつ。一方で，保育所が自らの行う保育について明らかにし，保護者や地域にそれを示すことは，子どもの福祉を担うとともに幼児教育を行う公的な施設としての社会的責任といえる。

　保育の計画とそれに基づく実践に関する自己評価の公表を通して，保育所が自らの保育の内容について保護者や地域住民等から理解を得るとともに，評価に関して保護者や地域住民等の意見を聴くことによって，子どもの育ちに対する理解や考え方が相互に共有され，連携が一層深まることが求められている。

（5）評価を踏まえた計画の改善

> ア　保育所は，評価の結果を踏まえ，当該保育所の保育の内容等の改善を図ること。

　保育所が自らの保育の内容に関する評価を行う意義は，子どもの最善の利益を保障し，よりよい保育を展開していくために，計画に基づいて行った自らの保育を，多様な観点で振り返りながら，継続的に保育の質を向上させていくことにある。

第 I 部 「保育所保育指針」解説とポイント

　保育士等による自己評価により，それぞれが改善すべき点を具体的に把握し，それを次の指導計画の作成と保育の実践へとつなげていくという過程が一連のものとして定着することで，保育の専門性が高められていくとともに，職員間で行う保育の振り返りを通して，互いの理解や協働性が強まり，学び合いの基盤がつくられていくことが重要である。

　また，こうした保育士等による自己評価を踏まえて，保育所が組織として行う自己評価においては，それぞれの地域の特性や保育所として創意工夫し取り組んでいることを中心に，自らの特色や独自性とともに課題を明確化し，それに基づいて全体的な計画や指導計画及びその他の計画を見直して，具体的な改善を図っていくことが求められる。

　いずれも，自己評価が主体的な取組の下で行われ，またその結果が具体的に改善へとつながっていくものであることが重要である。

　イ　保育の計画に基づく保育，保育の内容の評価及びこれに基づく改善という一連
　　の取組により，保育の質の向上が図られるよう，全職員が共通理解をもって取り
　　組むことに留意すること。

　保育の計画から改善に至る一連の取組に当たり，施設長や主任保育士等の管理職をはじめ，経験のある保育士等が中心となって，保育所の職員全体がその方向性や基本的な考え方について理解を共有することは，保育の質の向上を図っていく上で欠かすことができない。

　職場内の研修や会議などに，自分たちの保育の振り返りを位置付けながら，職員が語り合う機会を設ける。この際，保育の経験や立場，職種等に関わらず，それぞれの意見が尊重されることが大切である。保育の計画や記録，個々の自己評価，保護者や地域住民からの要望等などを基にテーマを設定するなど進め方を工夫し，できるだけ職員がそれぞれに意見を述べられるよう配慮する。その上で，自分たちの保育に関する現状についての認識や保育の理念，方針などを確認するとともに，課題となっていることや改善のために必要なことを整理し，今後に向けた取組の方向性を明らかにしていく。

　こうした過程を経て，保育所としての改善の目標とそれに向けた具体的な方法や体制を検討し，実行に移す。その結果は更にその後評価され，再び研修や会議の場で職員間に共有される。必要に応じて外部からの評価や意見を受け，より客観的な

視点を加えて評価結果を見直す場合もある。そして，これらは次の改善に向けた課題や目標へ生かされる。

このように，全職員が評価の過程に関わりながら改善に向けた取組が進められていくことによって，その意義や目的についての理解が共有されることが重要である。

4　幼児教育を行う施設として共有すべき事項

（1）育みたい資質・能力

> ア　保育所においては，生涯にわたる生きる力の基礎を培うため，1の（2）に示す保育の目標を踏まえ，次に掲げる資質・能力を一体的に育むよう努めるものとする。
> 　（ア）豊かな体験を通じて，感じたり，気付いたり，分かったり，できるようになったりする「知識及び技能の基礎」
> 　（イ）気付いたことや，できるようになったことなどを使い，考えたり，試したり，工夫したり，表現したりする「思考力，判断力，表現力等の基礎」
> 　（ウ）心情，意欲，態度が育つ中で，よりよい生活を営もうとする「学びに向かう力，人間性等」
> イ　アに示す資質・能力は，第2章に示すねらい及び内容に基づく保育活動全体によって育むものである。

　保育所においては，保育所の生活の全体を通して，子どもに生きる力の基礎を培うことが求められている。そのため，1の（2）に示す保育の目標を踏まえ，小学校以降の子どもの発達を見通しながら保育活動を展開し，保育所保育において育みたい資質・能力を育むことが大切である。

　保育所保育において育みたい資質・能力とは，「知識及び技能の基礎」「思考力，判断力，表現力等の基礎」「学びに向かう力，人間性等」である。

　「知識及び技能の基礎」とは，具体的には，豊かな体験を通じて，子どもが自ら感じたり，気付いたり，分かったり，できるようになったりすること，「思考力，判断力，表現力等の基礎」とは，具体的には，気付いたことや，できるようになったことなどを使い，考えたり，試したり，工夫したり，表現したりすること，「学びに向かう力，人間性等」とは，具体的には，心情，意欲，態度が育つ中で，より

115

第Ⅰ部 「保育所保育指針」解説とポイント

よい生活を営もうとすることである。

これらの資質・能力は，第2章に示すねらい及び内容に基づき，各保育所が子どもの発達の実情や子どもの興味や関心等を踏まえながら展開する保育活動全体によって育むものである。

実際の指導場面においては，「知識及び技能の基礎」「思考力，判断力，表現力等の基礎」「学びに向かう力，人間性等」を個別に取り出して指導するのではなく，遊びを通した総合的な指導の中で一体的に育むよう努めることが重要である。これらの資質・能力はこれまでも保育所で育んできたものではあるが，各保育所においては，実践における子どもの具体的な姿から改めて捉え，保育の充実を図ることが求められている。

小学校以降の教育は，各教科等の目標や内容を，資質・能力の観点から整理して示し，各教科等の指導のねらいを明確にしながら教育活動の充実を図っている。

一方，保育所保育では，遊びを展開する過程において，子どもは心身全体を働かせて活動するため，心身の様々な側面の発達にとって必要な経験が相互に関連し合い積み重ねられていく。つまり，乳幼児期は諸能力が個別に発達していくのではなく，相互に関連し合い，総合的に発達していくのである。

保育所保育において育みたい資質・能力は，こうした保育所保育の特質を踏まえて一体的に育んでいくものである。

（2）幼児期の終わりまでに育ってほしい姿

次に示す「幼児期の終わりまでに育ってほしい姿」は，第2章に示すねらい及び内容に基づく保育活動全体を通して資質・能力が育まれている子どもの小学校就学時の具体的な姿であり，保育士等が指導を行う際に考慮するものである。

「幼児期の終わりまでに育ってほしい姿」は，第2章に示すねらい及び内容に基づいて，各保育所で，乳幼児期にふさわしい生活や遊びを積み重ねることにより，保育所保育において育みたい資質・能力が育まれている子どもの具体的な姿であり，特に卒園を迎える年度の後半に見られるようになる姿である。なお，ここでいう卒園を迎える年度とは，小学校就学の始期に達する直前の年度を指すものである。

保育所の保育士等は，遊びの中で子どもが発達していく姿を，「幼児期の終わりまでに育ってほしい姿」を念頭に置いて捉え，一人一人の発達に必要な体験が得ら

保育所保育指針解説　第1章　総則

れるような状況をつくったり必要な援助を行ったりするなど，指導を行う際に考慮することが求められる。

　実際の指導では，「幼児期の終わりまでに育ってほしい姿」が到達すべき目標ではないことや，個別に取り出されて指導されるものではないことに十分留意する必要がある。もとより，保育所保育は環境を通して行うものであり，とりわけ子どもの自発的な活動としての遊びを通して，一人一人の発達の特性に応じて，これらの姿が育っていくものであり，全ての子どもに同じように見られるものではないことに留意する必要がある。また，「幼児期の終わりまでに育ってほしい姿」は卒園を迎える年度の子どもに突然見られるようになるものではないため，卒園を迎える年度の子どもだけでなく，その前の時期から，子どもが発達していく方向を意識して，それぞれの時期にふさわしい指導を積み重ねていくことに留意する必要がある。

　さらに，小学校の教師と「幼児期の終わりまでに育ってほしい姿」を手がかりに子どもの姿を共有するなど，保育所保育と小学校教育の円滑な接続を図ることが大切である。その際，「幼児期の終わりまでに育ってほしい姿」は保育所の保育士等が適切に関わることで，特に保育所の生活の中で見られるようになる子どもの姿であることに留意が必要である。保育所と小学校では子どもの生活や教育の方法が異なっているため，「幼児期の終わりまでに育ってほしい姿」からイメージする子どもの姿にも違いが生じることがあるが，保育士等と小学校教師が話し合いながら，子どもの姿を共有できるようにすることが大切である。（第2章の4の（2）小学校との連携［編集部注：p. 270］を参照）

　「幼児期の終わりまでに育ってほしい姿」は，保育所保育を通した子どもの成長を保育所保育関係者以外にも，分かりやすく伝えることにも資するものであり，各保育所での工夫が期待される。

　ア　健康な心と体
　　保育所の生活の中で，充実感をもって自分のやりたいことに向かって心と体を十分に働かせ，見通しをもって行動し，自ら健康で安全な生活をつくり出すようになる。

　健康な心と体は，領域「健康」などで示されているように，他者との信頼関係の下で，自分のやりたいことに向かって伸び伸びと取り組む中で育まれていく。なお，健康な心と体は，領域「健康」のみで育まれるのではなく，第2章に示すねらい及

第Ⅰ部 「保育所保育指針」解説とポイント

び内容に基づく保育活動全体を通して育まれることに留意する必要がある。

　子どもは，保育所の生活において，安定感をもって環境に関わり，自己を十分に発揮して遊びや生活を楽しむ中で，体を動かす気持ちよさを感じたり，生活に必要な習慣や態度を身に付けたりしていく。卒園を迎える年度の後半には，こうした積み重ねを通して，充実感をもって自分のやりたいことに向かって，繰り返し挑戦したり諸感覚を働かせ体を思い切り使って活動したりするなど，心と体を十分に働かせ，遊びや生活に見通しをもって自立的に行動し，自ら健康で安全な生活をつくり出す姿が見られるようになる。

　この頃の子どもは，保育所の生活の中で，ある程度時間の流れを意識したり，状況の変化を予測したりして，見通しをもって行動するようになる。

　例えば，「今日の片付けの時間までに，全部の段ボール箱の色を塗っておけば，明日の遊園地づくりに間に合う」とか，「ここは，小さいクラスの子が通るので，ぶつかると危ないから場所を変えよう」など，遊びの目的に沿って，時間をうまく使ったり，場所を選んだりして，自分たちで遊びを進めていく。時には，夢中になって，あらかじめ決めたことを忘れたりすることもあるが，そのようなことを重ねながら，声をかけ合ったり自分で気を付けたりして見通しをもって行動しようとするようになる。保育所内の様々な場所で遊具等を活用しながら，思い切り体を動かしたり様々な動きを楽しんだりするとともに，必要な時に休息をとるようにもなる。また，衣服の着脱，食事，排泄などの生活行動を自分で行うことの必要性や，いつどのように行うかなどが分かり，病気にならないように手洗いやうがいを丁寧にしたり，健康のために大切だと感じて，食べ物などのことにも関心をもちつつ，友達と楽しく食事をしたりするなど，体を大切にする活動を進んで行うようになる。さらに，避難訓練を行う中で，災害などの緊急時の適切な行動が分かり，状況に応じて安全な方法で行動をとろうともする。

　保育士等は，保育所の生活の流れ，保育所内の様々な場所や遊具，保育士等や友達など，それぞれが子どもにどのように受け止められ，いかなる意味をもつのかについて捉え，子どもの主体的な活動を促す環境をつくり出すことが必要である。その上で，子どもが自ら体を動かし多様な動きを楽しむことや，よりよい生活のために必要な行動を子どもの必要感に基づいて身に付けていくことなど，発達に即して子どもが必要な体験を得られるよう工夫していくことが求められる。その際，健康で安全な生活のために必要なことを，クラスで話題にして一緒に考えてやってみた

保育所保育指針解説　第1章　総則

り，自分たちでできたことを十分に認めたりするなど，自分たちで生活をつくり出している実感をもてるようにすることが大切である。また，交通安全を含む安全に関する指導については，日常的な指導を積み重ねることによって，自ら行動できるようにしていくことが重要である。

　こうした幼児期の経験は，小学校生活において，時間割を含めた生活の流れが分かるようになると，次の活動を考えて準備をしたりするなどの見通しをもって行動したり，安全に気を付けて登下校しようとしたりする姿につながる。また，自ら体を動かして遊ぶ楽しさは，小学校の学習における運動遊びや，休み時間などに他の子どもと一緒に楽しく過ごすことにつながり，様々な活動を十分に楽しんだ経験は，小学校生活の様々な場面において伸び伸びと行動する力を育んでいく。

　イ　自立心
　　身近な環境に主体的に関わり様々な活動を楽しむ中で，しなければならないことを自覚し，自分の力で行うために考えたり，工夫したりしながら，諦めずにやり遂げることで達成感を味わい，自信をもって行動するようになる。

　自立心は，領域「人間関係」などで示されているように，保育所の生活において，保育士等との信頼関係を基盤に自己を発揮し，身近な環境に主体的に関わり自分の力で様々な活動に取り組む中で育まれる。なお，自立心は，領域「人間関係」のみで育まれるのではなく，第2章に示すねらい及び内容に基づく保育活動全体を通して育まれることに留意する必要がある。

　子どもは，身近な環境に主体的に関わり様々な活動を楽しむ中で，信頼する保育士等に支えられながら，物事を最後まで行う体験を重ね，自分の力でやろうとする気持ちをもったり，やり遂げた満足感を味わったりするようになる。卒園を迎える年度の後半には，遊びや生活の中で様々なことに挑戦し，失敗も繰り返す中で，自分でしなければならないことを自覚するようになる。保育士等や友達の力を借りたり励まされたりしながら，難しいことでも自分の力でやってみようとして，考えたり，工夫したりしながら，諦めずにやり遂げる体験を通して達成感を味わい，自信をもって行動するようになる。

　例えば，生き物の世話などの当番の日は，片付けを早めに済ませて当番活動をするなど，自分がしなければならないことを自覚して行動するようになる。また，「自分もこまをうまく回したい」と思うと，始めはうまくいかなくても諦めずに繰

第Ⅰ部 「保育所保育指針」解説とポイント

り返し挑戦するようになる。その過程では，友達がこまにヒモを巻く様子を見たりうまく回すやり方を聞いたりして，考え工夫して何度も取り組んだり，保育士等や友達からの応援や頑張りを認められることを支えにしたりして，できるまで続けることにより達成感を味わう。子どもはそこで得た自信を基に，大きな板で坂道を作って回しながら滑らせたりするなど，更に自分で課題を設定しもっと難しいことに挑戦していく。こうしたことを保育士等や友達から認められることで意欲をもち，自信を確かなものにしていく。なお，こうした姿は卒園を迎える年度の後半に急に現れるものではなく，いろいろな遊びから自分がやりたいことを自分で選んで行動し，少し難しいと思うこともやってできた満足感を味わうなどの体験の積み重ねの中で育まれることに留意する必要がある。

保育士等には，子ども一人一人が，自分で活動を選びながら保育所の生活を主体的に送ることができるように，その日に必要なことなどをどの子どもも分かりやすいように視覚的に提示するなどの工夫が必要である。その際，子どもが自分で考えて行動できるよう，ゆとりをもった保育所の生活の流れに配慮するとともに，子ども一人一人の発達の実情に応じて，その日の流れを意識できるように個別に援助していくことも必要である。また，卒園を迎える年度の後半には，友達から認められることで更に自信をもつようになることを踏まえ，一人一人の子どものよさが友達に伝わるように認めたり，クラス全体の中で認め合える機会をつくったりするなどの工夫が重要になる。

幼児期に育まれた自立心は，小学校生活において，自分でできることは自分でしようと積極的に取り組む姿や，生活や学習での課題を自分のこととして受け止めて意欲的に取り組む姿，自分なりに考えて意見を言ったり，分からないことや難しいことは，教師や友達に聞きながら粘り強く取り組んだりする姿など，日々の生活が楽しく充実することにつながっていく。

> ウ　協同性
>
> 　友達と関わる中で，互いの思いや考えなどを共有し，共通の目的の実現に向けて，考えたり，工夫したり，協力したりし，充実感をもってやり遂げるようになる。

協同性は，領域「人間関係」などで示されているように，保育士等との信頼関係を基盤に他の子どもとの関わりを深め，思いを伝え合ったり試行錯誤したりしなが

保育所保育指針解説　第1章　総則

ら一緒に活動を展開する楽しさや，共通の目的が実現する喜びを味わう中で育まれていく。なお，協同性は，領域「人間関係」のみで育まれるのではなく，第2章に示すねらい及び内容に基づく保育活動全体を通して育まれることに留意する必要がある。

　子どもは，友達と関わる中で，様々な出来事を通して，嬉しい，悔しい，悲しい，楽しいなどの多様な感情体験を味わい，友達との関わりを深めていく。その中で互いの思いや考えなどを共有し，次第に共通の目的をもつようになる。卒園を迎える年度の後半には，その目的の実現に向けて，考えたことを相手に分かるように伝えながら，工夫したり，協力したりし，充実感をもって子ども同士でやり遂げるようになる。

　例えば，卒園が間近になり，子どもから年下の子どもやお世話になった人を招いて楽しい会をしたいという意見が出されると，クラスの皆で活動するよい機会なので保育士等も積極的に参加して，どんな会にするか皆で相談したりする。子どもは，それまでの誕生会などの体験を思い出しながら，いつどこで何をしようか，来てくれた人が喜んでくれるために飾り付けやお土産はどうするか，会のお知らせをどうするか，会の進行はどう分担するかなど，必要なことを保育士等や友達と話し合い，互いの得意なことを生かすなど工夫して楽しみながら進め，やり遂げた充実感を味わうことができるだろう。

　協同性が育まれるためには，単に他の子どもと一緒に活動できることを優先するのではない。他の子どもと一緒に活動する中で，それぞれの持ち味が発揮され，互いのよさを認め合う関係ができてくることが大切である。保育士等は，子どもたちの願いや考えを受け止め，共通の目的の実現のために必要なことや，困難が生じそうな状況などを想定しつつ，子ども同士で試行錯誤しながらも一緒に実現に向かおうとする過程を丁寧に捉え，一人一人の自己発揮や友達との関わりの状況に応じて，適時に援助することが求められる。相手を意識しながら活動していても，実際にはうまくいかない場面において，子どもは，援助する保育士等の姿勢や言葉がけなどを通して，相手のよさに気付いたり，協同して活動することの大切さを学んだりしていく。

　幼児期に育まれた協同性は，小学校における学級での集団生活の中で，目的に向かって自分の力を発揮しながら友達と協力し，様々な意見を交わす中で新しい考えを生み出しながら工夫して取り組んだりするなど，教師や友達と協力して生活した

第Ⅰ部 「保育所保育指針」解説とポイント

り学び合ったりする姿につながっていく。

> **エ　道徳性・規範意識の芽生え**
> 　友達と様々な体験を重ねる中で，してよいことや悪いことが分かり，自分の行動を振り返ったり，友達の気持ちに共感したりし，相手の立場に立って行動するようになる。また，きまりを守る必要性が分かり，自分の気持ちを調整し，友達と折り合いを付けながら，きまりをつくったり，守ったりするようになる。

　道徳性・規範意識の芽生えは，領域「人間関係」などで示されているように，保育所の生活における他の子どもとの関わりにおいて，自分の感情や意志を表現しながら，時には自己主張のぶつかり合いによる葛藤などを通して互いに理解し合う体験を重ねる中で育まれていく。なお，道徳性・規範意識の芽生えは，領域「人間関係」のみで育まれるのではなく，第2章に示すねらい及び内容に基づく保育活動全体を通して育まれることに留意する必要がある。

　子どもは，他の子どもと様々な体験を重ねる中で，してよいことや悪いことがあることを分かり，考えながら行動するようになっていく。卒園を迎える年度の後半には，いざこざなどうまくいかないことを乗り越える体験を重ねることを通して人間関係が深まり，友達や周囲の人の気持ちに触れて，相手の気持ちに共感したり，相手の視点から自分の行動を振り返ったりして，考えながら行動する姿が見られるようになる。また，友達と様々な体験を重ねることを通して人間関係が深まる中で，きまりを守る必要性が分かり，友達と一緒に心地よく生活したり，より遊びを楽しくしたりするために，自分の気持ちを調整し，友達と折り合いを付けながら，きまりをつくったり，守ったりするようにもなる。

　この頃の子どもは，遊びの中で起きるいざこざなどの場面において，友達の気持ちに共感したり，より楽しく遊べるように提案したりなどして，自分たちで解決したり遊びを継続したりするようになる。

　例えば，大勢でルールのある遊びを楽しんでいる中で，ルールを守っていても負け続けることに不満を感じた子どもが，気持ちが高じて相手をたたいたことからけんかになり，ゲームが中断する。参加している子どもが集まってきて，それぞれの言い分を聞いている。「負けてばっかりだと嫌だよね」「だけど，たたいたらだめだよ。今のは痛かったと思うよ。」「そっちのチームに強い人が多いから，負けてばっかりだと思う」「じゃあ，3回やったらチームを変えるのはどう」などと，それぞ

保育所保育指針解説　第1章　総則

れの子どもが自分の体験を基に，友達の気持ちに共感したり，状況を解決するために提案したりすることにより続ける遊びは，今までよりも楽しくなっていく。その過程では，自分の行動が正しいと思っていても，話し合いの中で友達の納得できない思いを受け止めたり，友達に気持ちを受け止めてもらったことで，自分の行動を振り返って相手に謝ったり，気持ちを切り替えたりするなどの姿が見られる。このような出来事を交えながら更に遊び込む中で，より面白くなるようにルールをつくり替えたり，年下の子どもが加われば，仲間として一緒に楽しめるように特例をつくったりするようになる。

　保育士等はそれまでの子どもの経験を念頭に置き，相手の気持ちを分かろうとしたり，遊びや生活をよりよくしていこうとしたりする姿を丁寧に捉え，認め，励まし，その状況などをクラスの子どもにも伝えていくことが大切である。同時に子どもが自分の言動を振り返り納得して折り合いを付けられるように，問いかけたり共に考えたりし，子どもが自分たちで思いを伝え合おうとする姿を十分に認め，支えていく援助も必要である。遊びや生活の中で，子ども同士の気持ちのぶつかり合いや楽しく遊びたいのにうまくいかないといった思いが生じた場面をとらえて適切な援助を行うことが，子どもの道徳性・規範意識の芽生えを育んでいくのである。

　こうした幼児期の経験は，小学校生活において，初めて出会う人の中で，幼児期の経験を土台にして，相手の気持ちを考えたり，自分の振る舞いを振り返ったりなどしながら，気持ちや行動を自律的に調整し，学校生活を楽しくしていこうとする姿へとつながっていく。

オ　社会生活との関わり

　家族を大切にしようとする気持ちをもつとともに，地域の身近な人と触れ合う中で，人との様々な関わり方に気付き，相手の気持ちを考えて関わり，自分が役に立つ喜びを感じ，地域に親しみをもつようになる。また，保育所内外の様々な環境に関わる中で，遊びや生活に必要な情報を取り入れ，情報に基づき判断したり，情報を伝え合ったり，活用したりするなど，情報を役立てながら活動するようになるとともに，公共の施設を大切に利用するなどして，社会とのつながりなどを意識するようになる。

　幼児期の社会生活との関わりは，領域「人間関係」などで示されているように，保育所の生活において保護者や周囲の人々に温かく見守られているという安定感や，保育士等との信頼関係を基盤に，クラスの子どもとの関わりから保育所全体へ，更

第Ⅰ部　「保育所保育指針」解説とポイント

に地域の人々や出来事との関わりへと，次第に広がりをもっていく。なお，社会生活との関わりは，領域「人間関係」のみで育まれるのではなく，第2章に示すねらい及び内容に基づく保育活動全体を通して育まれることに留意する必要がある。

　子どもは，初めての集団生活の場である保育所の生活を通して，保育士等との信頼関係を基盤としながら保育所内の子どもや職員，他の子どもの保護者などいろいろな人と親しみをもって関わるようになる。その中で，家族を大切にしようとする気持ちをもつとともに，小学生や中学生，高齢者や働く人々など地域の身近な人と触れ合う体験を重ねていく。卒園を迎える年度の後半になると，こうした体験を重ねる中で人との様々な関わり方に気付き，相手の気持ちを考えて関わり，自分が役に立つ喜びを感じ，地域に親しみをもつようになる。

　例えば，保育所に小学生や地域の人々を招いて一緒に活動する中で，相手に応じた言葉や振る舞いなどを感じ，考えながら行動しようとする。また，地域の商店に買い物に出かけたり，保育所の周りを掃除したりするなどの機会を通して，地域の人と会話をしたり，「大きくなったね」とか「ありがとう」などの言葉をかけてもらったりすることで，子どもは自分が見守られている安心感や役に立つ喜びを感じたり，地域に対する親しみをもったりする。

　保育士等は，子どもが相手や状況に応じて考えて行動しようとする姿などを捉え，認めたり，クラスの話題にして共有したりするとともに，そこでの体験が，保育所内において年下の子どもや保育所に在籍していない地域の子ども，保護者などとの関わりにもつながっていくことを念頭に置き，子どもの姿を細やかに捉えていくことが必要である。

　また，卒園を迎える年度の後半には，好奇心や探究心が一層高まり，関心のあることについて，より詳しく知りたいと思ったり，より本物らしくしたいと考えて遊びの中で工夫したりする中で，身近にあるものから必要な情報を取り入れる姿が見られるようになる。

　例えば，地域の祭りなどに家族で参加し，それを保育所で再現して遊ぶことがある。その過程で，クラスの子どもとそれぞれが体験したことや知っていることを伝え合ったり，その祭りに関係する事物の写真を見て，自分たちで作りたいものを決めたり，より本物らしく工夫する際に活用したりする。時には実際に見せてもらったり，地域の人から話を聞いたりすることもある。そうしたことを通して，子どもは，自分だけでは気付かなかったことを知ることで遊びがより楽しくなることや，

124

保育所保育指針解説　第1章　総則

情報を伝え合うことのよさを実感していく。また，地域の公共の施設などを訪れることで，その場所や状況に応じた行動をとりながら大切に利用することなどを通して，社会とのつながりなどを意識するようにもなっていく。

　保育士等は子どもの関心に応じて，絵本や図鑑や写真，新聞やインターネットで検索した情報，地域の掲示板から得られた情報などを，遊びに取り入れやすいように見やすく保育室に設定するなどの工夫をし，子どもの情報との出会いをつくっていく。その際，家族から聞いたり自分で見付けたりするなど子どもなりに調べたことを加えたり，遊びの経過やそこで発見したことなどを，子どもが関わりながら掲示する機会をもったりすることも考えられる。時には保育士等がモデルとなり，情報を集める方法や集めた情報の活用の仕方，そのことを周囲に伝える方法などがあることに気付かせ，子どもが楽しみながら体験できるようにすることが大切である。

　こうした幼児期の身近な社会生活との関わりは，小学校生活において，相手の状況や気持ちを考えながらいろいろな人と関わることを楽しんだり，関心のあることについての情報に気付いて積極的に取り入れたりする姿につながる。また，地域の行事や様々な文化に触れることを楽しんで興味や関心を深めることは，地域への親しみや地域の中での学びの場を広げていくことにつながっていく。

カ　思考力の芽生え

　　身近な事象に積極的に関わる中で，物の性質や仕組みなどを感じ取ったり，気付いたりし，考えたり，予想したり，工夫したりするなど，多様な関わりを楽しむようになる。また，友達の様々な考えに触れる中で，自分と異なる考えがあることに気付き，自ら判断したり，考え直したりするなど，新しい考えを生み出す喜びを味わいながら，自分の考えをよりよいものにするようになる。

　思考力の芽生えは，領域「環境」などで示されているように，周囲の環境に好奇心をもって積極的に関わりながら，新たな発見をしたり，もっと面白くなる方法を考えたりする中で育まれていく。なお，思考力の芽生えは，領域「環境」のみで育まれるのではなく，第2章に示すねらい及び内容に基づく保育活動全体を通して育まれることに留意する必要がある。

　子どもは，身近な事象に積極的に関わる中で，物の性質や仕組みなどを感じ取ったり，気付いたりするようになる。卒園を迎える年度の後半になると，遊びや生活の中で，物の性質や仕組みなどを生かして，考えたり，予想したり，工夫したりす

125

第Ⅰ部 「保育所保育指針」解説とポイント

るなど，身近な環境との多様な関わりを楽しむようになる。また，友達の様々な考えに触れる中で，自分と異なる考えがあることに気付き，自ら判断したり，考え直したりするなど，新しい考えを生み出す喜びを味わいながら，自分の考えをよりよいものにしようとする姿が見られるようにもなる。

例えば，数人の子どもたちが友達と砂場でゆるやかなⅤ字型に樋をつなげて遊んでいる時に，片方の樋の端からバケツで水を流すと，水がもう一方の樋の方に上って流れ込むことを発見する。いつもと違う水の流れ方に興味をもち，空のペットボトルをロケットに見立てて手前の樋に置き，水を流して反対側の樋から飛び出させるという遊びに発展する。なかなかうまくいかないが，「もっとたくさん水がいるんじゃない」「ああ，今度は強すぎだ」「じゃあ，少しずつ流してみる」などと友達と考えを出し合い，水の量や流す勢いを変えながら，繰り返し試す。しばらく試した後，バケツ一杯に汲んだ水を，始めはゆっくりと流し出し，半分ほど流したところで，勢いをつけて一気に全部流すとうまくいくことを発見する。ペットボトルは水の勢いに合わせて，始めはゆっくりと手前の樋から流れ出し，最後は勢いよく反対側の樋の先端から飛び出す。子どもたちは「やったあ」「大成功」と言って喜び合い，遊びが続いていく。

保育士等は，子どもが不思議さや面白さを感じ，こうしてみたいという願いをもつことにより，新しい考えが生み出され，遊びが広がっていくことを踏まえる必要がある。このため，保育士等には，環境の中にあるそれぞれの物の特性を生かしつつ，その環境から子どもの好奇心や探究心を引き出すことができるような状況をつくるとともに，それぞれの子どもの考えを受け止め，そのことを言葉にして子どもたちに伝えながら，更なる考えを引き出していくことが求められる。また，子どもが他の子どもとの意見や考えの違いに気付き，物事をいろいろな面から考えられるようにすることやそのよさを感じられるようにしていくことが大切である。

幼児期の思考力の芽生えは，小学校生活で出会う新しい環境や教科等の学習に興味や関心をもって主体的に関わることにつながる。また，探究心をもって考えたり試したりする経験は，主体的に問題を解決する態度へとつながっていく。

126

保育所保育指針解説　第1章　総則

> キ　自然との関わり・生命尊重
> 　自然に触れて感動する体験を通して，自然の変化などを感じ取り，好奇心や探
> 究心をもって考え言葉などで表現しながら，身近な事象への関心が高まるととも
> に，自然への愛情や畏敬の念をもつようになる。また，身近な動植物に心を動か
> される中で，生命の不思議さや尊さに気付き，身近な動植物への接し方を考え，
> 命あるものとしていたわり，大切にする気持ちをもって関わるようになる。

　幼児期の自然との関わり・生命尊重は，領域「環境」などで示されているように，
保育所の生活において，身近な自然と触れ合う体験を重ねながら，自然への気付き
や動植物に対する親しみを深める中で育まれていく。なお，自然との関わり・生命
尊重は，領域「環境」のみで育まれるのではなく，第2章に示すねらい及び内容に
基づく保育活動全体を通して育まれることに留意する必要がある。

　子どもは，保育所内外の身近な自然の美しさや不思議さに触れて感動する体験を
通して，自然の変化などを感じ取り，関心をもつようになる。卒園を迎える年度の
後半には，好奇心や探究心をもって考えたことをその子どもなりの言葉などで素直
に表現しながら，身近な事象への関心を高めていく。子どもが身近な自然や偶然出
会った自然の変化を遊びに取り入れたり，皆で集まった時に保育士等がそれらにつ
いて話題として取り上げ，継続して関心をもって見たりすることなどを通して，新
たな気付きが生まれ，更に関心が高まり，次第に自然への愛情や畏敬の念をもつよ
うになっていく。この頃の子どもは，身近な自然事象などに一層好奇心や探究心を
もって関わり，気付いたことや考えたことを言葉などで表現しながら，更なる関心
をもって自然に触れて遊ぶようになる。

　例えば，冬に容器に入れた水が凍り，誰が一番厚い氷ができたかを比べる中で，
なぜある場所に置くと厚い氷ができるのだろうかと疑問が生まれる。子どもは実際
にそれぞれの場所に行き，「こっちの方が寒いよ。だからたくさん凍るんだ。」「こ
っちはお日様が当たるから凍らないんじゃない」「いろんな場所に入れ物を置いて，
調べてみよう」「水に葉っぱを入れておいたらどうなるかな」などと，それぞれの
子どもがいろいろな考えを言葉で表現しながら，予想を立てたり確かめたりして考
えを深め，身近な自然に多様に関わっていく。

　また，子どもは，身近な動植物に愛着をもって関わる中で，生まれてくる命を目
の当たりにして感動したり，時には死に接したりし，生命の不思議さや尊さに気付

127

第Ⅰ部 「保育所保育指針」解説とポイント

き，大切にする気持ちをもって関わるようにもなる。卒園を迎える年度の後半になると，動植物との関わりを積み重ねる中で，ただかわいがるだけではなく，命あるものとして大切に扱おうとする姿も見られるようになっていく。

例えば，クラスで飼育しているウサギの世話をしている時，ケージを掃除している間に年下の子どもにウサギを抱かせてあげている。掃除が終わると「あったかいでしょう」「ギュッとすると苦しいから，優しくね」「ずっと抱っこしてるとウサギが疲れちゃうから，そろそろお家に帰してあげようね」などと，日頃のウサギとの関わりから感じていることを，年下の子どもに伝える姿が見られる。

保育士等は，保育所内外の自然の状況を把握して積極的に取り入れるなど，子どもの体験を豊かにする環境をつくり出し，子どもが好奇心や探究心をもって見たり触れたりする姿を見守ることが大切である。時には，子どもの体験していることや気付いたことを保育士等が言葉にして伝えることによって，子どもがそのことを自覚できるようにしたりしながら，それぞれが考えたことを言葉などで表現し，更に自然との関わりが深まるようにすることが大切である。

また，保育士等は，飼育や栽培を通して単に世話をすることを教えるだけでなく，動植物への親しみや愛着といった子どもの心の動きを見つめ，時には関わり方の失敗や間違いを乗り越えながら，命あるものをいたわり大切にする気持ちをより育むように援助することが重要である。身近な動植物との関わりの中での様々な出来事に対して，それぞれの生き物に適した関わり方ができるよう，子どもと一緒に調べたり，子どもたちの考えを実際にやってみたり，そこで分かったことや適切な関わり方を，クラスの友達に伝えたりする機会をつくることも大切である。

こうした幼児期の経験は，小学校の生活や学習において，自然の事物や現象について関心をもち，その理解を確かなものにしていく基盤となる。さらに，実感を伴って生命の大切さを知ることは，生命あるものを大切にし，生きることの素晴らしさについて考えを深めることにつながっていく。

ク　数量や図形，標識や文字などへの関心・感覚
　　遊びや生活の中で，数量や図形，標識や文字などに親しむ体験を重ねたり，標識や文字の役割に気付いたりし，自らの必要感に基づきこれらを活用し，興味や関心，感覚をもつようになる。

子どもの数量や図形，標識や文字などへの関心・感覚は，領域「環境」などで示

128

保育所保育指針解説　第1章　総則

されているように，日常生活の中で，数量や文字などに接しながらその役割に気付き，親しむ体験を通じて育まれていく。なお，数量や図形，標識や文字などへの関心・感覚は，領域「環境」のみで育まれるのではなく，第2章に示すねらい及び内容に基づく保育活動全体を通して育まれることに留意する必要がある。

　子どもは遊びや生活の中で，身近にある数字や文字に興味や関心をもったり，物を数えることを楽しんだりする場面が見られるなど，保育士等や友達と一緒に数量や図形，標識や文字などに触れ，親しむ体験を重ねていく。卒園を迎える年度の後半になると，それまでの体験を基に，自分たちの遊びや生活の中で必要感をもって，多い少ないを比べるために物を数えたり，長さや広さなどの量を比べたり，様々な形を組み合わせて遊んだりすることなどを通して，数量や図形への興味や関心を深め，感覚が磨かれていく。また，遊びや生活の中で関係の深い標識や文字などに関心をもちながらその役割に気付いたり使ってみたりすることで，興味や関心を深め，感覚が磨かれていく。

　例えば，二手に分かれて行う鬼遊びを繰り返し楽しむ中で，チームの人数や陣地の広さを同じにする必要性に気付き，自分たちで人数を数えて調整したり，陣地を歩測して確かめたりする。また，遊びに必要なものを作る際に，空き箱や紙などの形や大きさ，長さなどを大まかに捉え，自分のイメージに合わせて選び，図形の特徴を生かして様々に組み合わせながら考えた通りに作り上げていく。

　また，保育所内の各部屋などの入り口にあるマークと文字を併せて見ながら標識がもつ機能を理解して，自分たちのクラスの標識や物を片付ける場所などの標識を工夫して作ったり，その過程で同じ形の文字を発見することを楽しんだりする。さらに，文字には人に思いなどを伝える役割があることに気付き，友達に「あしたもあそぼうね」と手紙を書きながら友達とのつながりを感じたりもする。

　保育士等は，子どもが関心をもったことに存分に取り組めるような生活を展開する中で，一人一人の数量や図形，標識や文字などとの出会いや関心のもちようを把握し，それぞれの場面での子どもの姿を捉え，その活動の広がりや深まりに応じて数量や文字などに親しめるよう，工夫しながら環境を整えることが大切である。その際，一人一人の発達の実情などに即して，関心がもてるように丁寧に援助するとともに，幼児期には，数量や文字などについて，単に正確な知識を獲得することを目的にするのではないことに十分留意する必要がある。

　こうした幼児期の数量や図形，標識や文字などへの関心や感覚は，小学校の学習

第Ⅰ部 「保育所保育指針」解説とポイント

に関心をもって取り組み，実感を伴った理解につながるとともに，学んだことを日常生活の中で活用する態度にもなるものである。

> ケ　言葉による伝え合い
> 　　保育士等や友達と心を通わせる中で，絵本や物語などに親しみながら，豊かな言葉や表現を身に付け，経験したことや考えたことなどを言葉で伝えたり，相手の話を注意して聞いたりし，言葉による伝え合いを楽しむようになる。

　言葉による伝え合いは，領域「言葉」などで示されているように，身近な親しい人との関わりや，絵本や物語に親しむ中で，様々な言葉や表現を身に付け，自分が経験したことや考えたことなどを言葉で表現し，相手の話に興味をもって聞くことなどを通して，育まれていく。なお，言葉による伝え合いは，領域「言葉」のみで育まれるのではなく，第2章に示すねらい及び内容に基づく保育活動全体を通して育まれることに留意する必要がある。

　子どもは保育士等や友達と心を通わせる中で，絵本や物語などに親しみながら，豊かな言葉や表現を身に付けていく。また，自分の気持ちや思いを伝え，保育士等や友達が話を聞いてくれる中で，言葉のやり取りの楽しさを感じ，そのやり取りを通して相手の話を聞いて理解したり，共感したりするようになっていく。このような体験を繰り返す中で，自分の話や思いが相手に伝わり，相手の話や思いが分かる楽しさや喜びを感じ，次第に伝え合うことができるようになっていく。卒園を迎える年度の後半になると，伝える相手や状況に応じて，言葉の使い方や表現の仕方を変えるなど，経験したことや考えたことなどを相手に分かるように工夫しながら言葉で伝えたり，相手の話を注意して聞いて理解したりし，言葉による伝え合いを楽しむようになる。

　例えば，保育士等が読み聞かせをした絵本の中に「こもれび」という言葉がある。遠足に行った時，皆で木立の間を散策していると，数名の子どもが木の下から空を見上げ，「わあ，きれい」「キラキラしてる」「まぶしいね」「目がチカチカする」などと話している。すると，一人の子どもが思い出したように「これ，こもれびだ」と言う。「ああ，こもれびね」「こもれびって，キラキラしてるね」と見上げながら会話が続く。近くに来た友達にも，「見て，こもれびだよ」と伝えて一緒に見る。地面に映ったこもれびを見付けると，「下もきれいだよ」「ほんとうだ」「あっちにもあるよ」などと気付いたことを伝え合いながら，散策が続いていく。

保育所保育指針解説　第1章　総則

　言葉による伝え合いを子どもが楽しむようになるためには，保育士等や友達と気軽に言葉を交わすことができる雰囲気や関係の中で，伝えたくなるような体験をすることや，遊びを一緒に進めるために相手の気持ちや行動を理解したいなどの必要性を感じることが大切である。

　保育士等は，子どもの状況に応じて，言葉を付け加えるなどして，子ども同士の話が伝わり合うように援助をする必要がある。また，絵本や物語の世界に浸り込むことで，豊かな言葉や表現に触れられるようにしたり，保育士等自身が豊かな表現を伝えるモデルとしての役割を果たすことで，様々な言葉に出会う機会をつくったりするなどの配慮をすることが必要である。

　こうした幼児期の言葉による伝え合いは，小学校の生活や学習において，学級の友達と互いの思いや考えを伝え，受け止めたり，認め合ったりしながら一緒に活動する姿や，自分の伝えたい目的や相手の状況などに応じて言葉を選んで伝えようとする姿などにつながっていく。特に，戸惑いが多い入学時に自分の思いや考えを言葉に表せることは，初めて出会う教師や友達と新たな人間関係を築く上でも大きな助けとなる。

> コ　豊かな感性と表現
> 　心を動かす出来事などに触れ感性を働かせる中で，様々な素材の特徴や表現の仕方などに気付き，感じたことや考えたことを自分で表現したり，友達同士で表現する過程を楽しんだりし，表現する喜びを味わい，意欲をもつようになる。

　幼児期の豊かな感性と表現は，領域「表現」などで示されているように，保育所の生活の様々な場面で美しいものや心を動かす出来事に触れてイメージを豊かにし，表現に関わる経験を積み重ねたり，楽しさを味わったりしながら，育まれていく。なお，豊かな感性と表現は，領域「表現」のみで育まれるのではなく，第2章に示すねらい及び内容に基づく保育活動全体を通して育まれることに留意する必要がある。

　子どもは，生活の中で心を動かす出来事に触れ，みずみずしい感性を基に，思いを巡らせ，様々な表現を楽しむようになる。子どもの素朴な表現は，自分の気持ちがそのまま声や表情，身体の動きになって表れることがある。また，保育士等や他の子どもに受け止められることを通して，動きや音などで表現したり，演じて遊んだりしながら，自分なりに表現することの喜びを味わう。卒園を迎える年度の後半

保育所保育指針解説

131

第Ⅰ部 「保育所保育指針」解説とポイント

になると，このような体験を基に，身近にある様々な素材の特徴や表現の仕方など
に気付き，感じたことや考えたことを必要なものを選んで自分で表現したり，友達
と工夫して創造的な活動を繰り返したり，友達同士で表現する過程を楽しんだりし
て，意欲をもつようになる。

この頃の子どもは，共通の目的に向けて，友達と一緒にそれまでの経験を生かし
ながら考えを出し合い，工夫して表現することを一層楽しむようになる。

例えば，グループで劇をつくる場面では，役に応じて話し方や動き方を工夫する，
必要な衣装や道具を身近な素材や用具などを使って作り上げる，効果音を考えるな
ど，表現すること自体を楽しむとともに，友達と一緒に工夫することで，新たな考
えを生み出すなど，より多様に表現できるようになっていく過程を楽しむようにな
る。

保育士等は，一人一人の子どもが様々に表現する楽しさを大切にするとともに，
多様な素材や用具に触れながらイメージやアイデアが生まれるように，環境を整え
ていく。また，子ども同士で表現を工夫しながら進める姿や，それぞれの表現を友
達と認め合い，取り入れたり新たな表現を考えたりすることを楽しむ姿を十分に認
め，更なる意欲につなげていくことも大切である。

こうした幼児期の経験は，小学校の学習において感性を働かせ，表現することを
楽しむ姿につながる。これらは，音楽や造形，身体等による表現の基礎となるだけ
でなく，自分の気持ちや考えを一番適切に表現する方法を選ぶなど，小学校以降の
学習全般の素地になる。また，臆することなく自信をもって表現することは，教科
等の学習だけではなく，小学校生活を意欲的に進める基盤ともなっていく。

第2章　保育の内容

　本章では，第1章を踏まえ，保育所の「保育の内容」について述べる。保育所において，子どもが自己を十分に発揮し，生活と遊びが豊かに展開される中で乳幼児期にふさわしい経験が積み重ねられるよう，保育の内容を充実させていくことは極めて重要であり，それは保育所の第一義的な役割と責任である。特に保育の専門性を有する保育士は，子どもと共に保育環境を構成しながら，保育所の生活全体を通して保育の目標が達成されるよう努めなければならない。そのためには，子どもの実態とこの章で示す保育の内容とを照らし合わせながら，具体的な保育の計画を作成し，見通しをもって保育することが必要である。

　本章では，第1章の4の（1）に示された資質・能力が，保育所における生活や遊びの中で一体的に育まれていくよう，保育の「ねらい」「内容」「内容の取扱い」を，乳児，1歳以上3歳未満児，3歳以上児に分け，各時期における発達の特徴や道筋等を示した「基本的事項」と併せて示している。保育所は，これらを基本に，それぞれの時期の育ちは連続性をもつものであることを意識しながら，第1章の3に示された保育の計画及び評価に関する事項を踏まえ，保育の内容をつくり出していくことが求められる。その際，各々の保育所の理念や方針，地域性などを反映させ，創意工夫の下，保育の内容を構成することが重要である。

　この章に示す「ねらい」は，第1章の1の（2）に示された保育の目標をより具体化したものであり，子どもが保育所において，安定した生活を送り，充実した活動ができるように，保育を通じて育みたい資質・能力を，子どもの生活する姿から捉えたものである。また，「内容」は，「ねらい」を達成するために，子どもの生活やその状況に応じて保育士等が適切に行う事項と，保育士等が援助して子どもが環境に関わって経験する事項を示したものである。

　保育における「養護」とは，子どもの生命の保持及び情緒の安定を図るために保育士等が行う援助や関わりであり，「教育」とは，子どもが健やかに成長し，その活動がより豊かに展開されるための発達の援助である。本章では，保育士等が，「ねらい」及び「内容」を具体的に把握するため，主に教育に関わる側面からの視点を示しているが，実際の保育においては，養護と教育が一体となって展開されることに留意する必要がある。

保育所保育指針解説

第Ⅰ部 「保育所保育指針」解説とポイント

　本章に示される事項は，主に教育に関わる側面からの視点として，各時期の保育が何を意図して行われるかを明確にしたものである。すなわち，子どもが生活を通して発達していく姿を踏まえ，保育所保育において育みたい資質・能力を子どもの生活する姿から捉えたものを「ねらい」とし，それを達成するために保育士等が子どもの発達の実情を踏まえながら援助し，子どもが自ら環境に関わり身に付けていくことが望まれるものを「内容」としたものである。また，乳幼児期の発達を踏まえた保育を行うに当たって留意すべき事項を，「内容の取扱い」として示している。

　ただし，保育所保育において，養護と教育は切り離せるものではないことに留意する必要がある。子どもは，保育士等によりその生命の保持と情緒の安定が図られ，安心感や信頼感の得られる生活の中で，身近な環境への興味や関心を高め，その活動を広げていく。保育の目標に掲げる「望ましい未来をつくり出す力の基礎」は，子どもと環境の豊かな相互作用を通じて培われるものである。乳幼児期の教育においては，こうした視点をもちながら，保育士等が一方的に働きかけるのではなく，子どもの意欲や主体性に基づく自発的な活動としての生活と遊びを通して，様々な学びが積み重ねられていくことが重要である。

　したがって，第１章の２の（２）に示された養護に関わるねらい及び内容と，本章に示す教育に関わるねらい及び内容は，日々の保育における子どもの生活や遊びの中で，相互に関連をもち，重なりながら一体的に展開されていくものとして捉える必要がある。

　発達過程の最も初期に当たる乳児期には，養護の側面が特に重要であり，養護と教育の一体性をより強く意識して保育が行われることが求められる。その上で，この時期の教育に関わる側面については，発達が未分化な状況であるため，生活や遊びが充実することを通して子どもたちの身体的・社会的・精神的発達の基盤を培うという考え方に基づき，ねらい及び内容を「健やかに伸び伸びと育つ」「身近な人と気持ちが通じ合う」「身近なものと関わり感性が育つ」の三つの視点からまとめている。保育に当たっては，これらの育ちはその後の「健康・人間関係・環境・言葉・表現」からなる保育のねらい及び内容における育ちにつながっていくものであることを意識することが重要である。

　１歳以上３歳未満児の時期においては，短期間のうちに著しい発達が見られることや発達の個人差が大きいことを踏まえ，一人一人の子どもに応じた発達の援助が適時，適切に行われることが求められる。その際，保育のねらい及び内容を子ども

134

保育所保育指針解説　第2章　保育の内容

の発達の側面からまとめて編成した「健康・人間関係・環境・言葉・表現」の五つの領域に関わる学びは，子どもの生活や遊びの中で，互いに大きく重なり合い，相互に関連をもちながら育まれていくものであることに留意が必要である。

　3歳以上児の保育は，こうした乳児から2歳にかけての育ちの積み重ねが土台となって展開される。子どもの実態を踏まえ，発達を援助することを意図した主体的な遊びを中心とする活動の時間を設定したり，環境の構成について検討したりするなど，五つの領域のねらいと内容をより意識的に保育の計画等において位置付け，実施することが重要である。特に，小学校就学に向かう時期には，保育所における育ちがその後の学びや生活へとつながっていくという見通しをもって，子どもの主体的で協同的な活動の充実を図っていくことが求められる。

　また，第1章の4の（2）に示した「幼児期の終わりまでに育ってほしい姿」が，ねらい及び内容に基づく保育活動全体を通して資質・能力が育まれている子どもの卒園を迎える年度の後半における具体的な姿であることを踏まえ，指導を行う際には考慮することが必要である。

1　乳児保育に関わるねらい及び内容

（1）基本的事項

　ア　乳児期の発達については，視覚，聴覚などの感覚や，座る，はう，歩くなどの運動機能が著しく発達し，特定の大人との応答的な関わりを通じて，情緒的な絆が形成されるといった特徴がある。これらの発達の特徴を踏まえて，乳児保育は，愛情豊かに，応答的に行われることが特に必要である。

　イ　本項においては，この時期の発達の特徴を踏まえ，乳児保育の「ねらい」及び「内容」については，身体的発達に関する視点「健やかに伸び伸びと育つ」，社会的発達に関する視点「身近な人と気持ちが通じ合う」及び精神的発達に関する視点「身近なものと関わり感性が育つ」としてまとめ，示している。

　ウ　本項の各視点において示す保育の内容は，第1章の2に示された養護における「生命の保持」及び「情緒の安定」に関わる保育の内容と，一体となって展開されるものであることに留意が必要である。

　乳児期は，心身両面において，短期間に著しい発育・発達が見られる時期である。

135

第Ⅰ部 「保育所保育指針」解説とポイント

生後早い時期から，子どもは周囲の人やものをじっと見つめたり，声や音がする方に顔を向けたりするなど，感覚を通して外界を認知し始める。生後4か月頃には首がすわり，その後寝返りがうてるようになり，さらに座る，はう，つたい歩きをするなど自分の意思で体を動かし，移動したり自由に手が使えるようになったりしていくことで，身近なものに興味をもって関わり，探索活動が活発になる。生活においても，離乳が開始され，徐々に形や固さのある食べ物を摂取するようになり，幼児食へと移行していく。

　人との関わりの面では，表情や体の動き，泣き，喃語などで自分の欲求を表現し，これに応答的に関わる特定の大人との間に情緒的な絆が形成されるとともに，人に対する基本的信頼感を育んでいく。また，6か月頃には身近な人の顔が分かり，あやしてもらうと喜ぶなど，愛情を込めて受容的に関わる大人とのやり取りを楽しむ中で，愛着関係が強まる。その一方で，見知らぬ相手に対しては，人見知りをするようにもなる。

　言葉の発達に関しては，9か月頃になると，身近な大人に自分の意思や欲求を指差しや身振りで伝えようとするなど，言葉によるコミュニケーションの芽生えが見られるようになる。自分の気持ちを汲み取って，それを言葉にして返してもらう応答的な関わりの中で，子どもは徐々に大人から自分に向けられた気持ちや簡単な言葉が分かるようになる。

　このように，乳児期は，主体として受け止められ，その欲求が受容される経験を積み重ねることによって育まれる特定の大人との信頼関係を基盤に，世界を広げ言葉を獲得し始める時期であり，保育においても愛情に満ちた応答的な関わりが大切である。

　またこの時期は，心身の様々な機能が未熟であると同時に，発達の諸側面が互いに密接な関連をもち，未分化な状態である。そのため，安全が保障され，安心して過ごせるよう十分に配慮された環境の下で，乳児が自らの生きようとする力を発揮できるよう，生活や遊びの充実が図られる必要がある。その中で，身体的・社会的・精神的発達の基盤が培われていく。

　こうした乳児の育つ姿を尊重する時，その保育の内容として「健やかに伸び伸びと育つ」「身近な人と気持ちが通じ合う」「身近なものと関わり感性が育つ」という視点が導き出される。乳児の保育は，これらの視点とともに，養護及び教育の一体性を特に強く意識して行われることが重要である。

136

保育所保育指針解説　第2章　保育の内容

（2）ねらい及び内容

ア　身体的発達に関する視点「健やかに伸び伸びと育つ」

　健康な心と体を育て，自ら健康で安全な生活をつくり出す力の基盤を培う。

⑦　ねらい

①　身体感覚が育ち，快適な環境に心地よさを感じる。

②　伸び伸びと体を動かし，はう，歩くなどの運動をしようとする。

③　食事，睡眠等の生活のリズムの感覚が芽生える。

　人が健康で安全な生活を営んでいくための基盤は，まず環境に働きかけることで変化をもたらす主体的な存在としての自分という感覚を育むことからつくられる。自ら感じ，考え，表現し，心地よい生活を追求していく健やかな自己の土台は，安全に守られ，保育士等による愛情のこもった応答的な関わりによって心身共に満たされる，穏やかで安定した生活を通じて築かれる。

　この時期の子どもは最初，自身と外界の区別についての意識が混沌としている状態の中で，身近な環境との関わりを通して身体感覚を得ていく。例えば，機嫌よく目覚めている時，自らの手をかざして眺めたりして手を発見する。その手で周囲を探索して，人やものの感触の違いを感覚的に理解する。さらに，抱き上げて優しく言葉をかけられたり，清潔で肌触りのよい寝具や衣類に触れたりした時に，心身両面の快適さを感じ，満足感を得る。身体の諸感覚が育つ中で，子どもが自分の働きかけを通して心地よい環境を味わう経験を重ねることが重要である。

　こうした生活の中で，周りの人やものに触ってみたい，関わってみたいという気持ちが膨らみ，子どもは対象に向かって盛んに自分の体を動かそうとする。保育士等に気付いて手足をばたつかせたり，興味を引かれたものをつかもうと懸命に体を起こそうとしたりして，体を動かすことを楽しみながら，保育士等の温かいまなざしや身体の発育に支えられ，次第に行動範囲を広げていく。安心して伸び伸びと動ける環境は，探索への意欲を高め，心身の両面を十分に働かせる生活をつくり出す。

　また，この時期の生理的な欲求が，保育士等による愛情豊かな応答とともにほどよく満たされる生活は，子どもに安心感と充足感をもたらす。眠い時に寝て，空腹の時にミルクを飲ませてもらう。空腹が満たされて周囲に働きかければ，それに相手をしてもらう。日常生活におけるこの心地よい繰り返しが，生活のリズムの感覚

137

第Ⅰ部　「保育所保育指針」解説とポイント

を培うのである。

(イ)　内容

> ①　保育士等の愛情豊かな受容の下で，生理的・心理的欲求を満たし，心地よく生活をする。

　この時期の初めの頃，子どもの欲求は，そのほとんどが生きていくための基本的な欲求，すなわち生理的欲求である。この生理的な欲求が，ほどよく満たされることが第一義的には重要である。しかし，健康で安全な生活をつくり出す力の基盤を培うには，例えば，食欲が満たされるだけでは不十分である。保育士等に不快な状態を空腹と汲み取ってもらい，子ども自身のペースがほどよく尊重されながらタイミングよく温かい言葉とともに食べさせたり飲ませたりしてもらって，お腹が満たされ心地よくなっていく経験を重ねることで，人や周囲に対する信頼感が育つ。こうした保育士等の関わりのあり方は，食事だけではなく，他の生理的な欲求に対しても同様である。保育士等には，子どもを独立した人格をもつ存在として受け止め，子どもに対して信頼と思いやりをもって応答することが要求される。こうした関わりの延長線上に，子どもの人と関わりたい，認めてほしいといった心理的欲求が育つ。

> ②　一人一人の発育に応じて，はう，立つ，歩くなど，十分に体を動かす。

　この時期の子どもの発達は，個人差が大きい。そして，心身の発達は未分化な状態で互いに影響し合いながら発達していく。例えば，座ることが可能になった子どもは，周囲に注意や興味を引かれるものや遊具があれば，それに触発されて手を伸ばし，引いたり，転がしたり，なめたりして遊び出す。その注意や興味の対象となるものが，手を伸ばしても届かないところにある時，手に入れようと試行錯誤するうちに，はうなどして近づき，それを手に入れるという経験が生じる。それは，自分の体が動く感覚と求めたものが手に入る経験とが，同時に起こるということである。このように保育士等が一人一人の子どもの発達過程を踏まえ，遊びの内容を意図して構成した環境の下，子どもは遊びの中で，はう，立つ，歩くなど体を動かすことの楽しさを経験する。こうした経験を豊かに重ねていくために，十分に体を動かすことのできる空間を確保するとともに，子どもの個人差や興味，関心に沿った保育室の環境を整えることが重要である。

保育所保育指針解説　第2章　保育の内容

> ③　個人差に応じて授乳を行い，離乳を進めていく中で，様々な食品に少しずつ慣れ，食べることを楽しむ。

　この時期の子どもの生活は，それぞれの生理的なリズムに基づいて営まれる。個々の子どもの食事に対する欲求を受け入れながら，子どもに合わせてゆったりとした環境の中で授乳を行うなど，生理的な欲求が一人一人に応じて満たされることは，子どもに安心感をもたらす。

　離乳の開始は，それぞれの家庭の状況や発育状況を考慮して慎重に取り組む。その上で，離乳食を提供する際も，子どものペースや食事への向かい方を尊重し，落ち着いた環境の下，保育士等も子どもと一緒に食事を味わうような気持ちで関わることが大切である。初めて口にする食品を提供する際には，そのおいしさが経験できるよう気持ちを添えた言葉をかける。苦手そうな味や食品に関しては，形や食べる順番を変えてみるなど工夫するとともに，食事の時間が子どもにとって楽しいものとなるよう心がけることが重要である。

> ④　一人一人の生活のリズムに応じて，安全な環境の下で十分に午睡をする。

　この時期の子どもの生活は，一人一人の生理的なリズムが尊重され，十分に寝て，よく飲み，食べ，そして目が覚めたらしっかりと遊んで，起きている時間が充実したものとなることが重要である。

　午睡の時間には個人差があることから，ゆるやかに隔離され，静かで安心して眠れる場所などが必要になる。睡眠中の安全には，保育士等が細心の注意を払わなくてはならない。

　生理的なリズムが尊重され，しっかりと寝て起きた子どもの情緒は安定する。安定した情緒は，子どもの探索活動を活発にする。活発な探索活動は意識をより覚醒させ，目覚めている時間を長くする。よく動き遊んだ子どもは，ほどよい空腹を感じる。これに保育士等が応答的に関わりながら提供される食事の時間は，食事への意欲を高める。楽しい食事の時間を過ごして，お腹が満ち足りてくると，その心地よさは子どもを眠りに誘う。以上のような個別的なリズムに応じた生活を十分に経験した後に，子どもたちの目覚めている時間が次第にそろってきて，概ね同じ時間帯に食事や睡眠を取るようになっていく。こうして，保育所における一日の生活の流れが，徐々に出来上がっていく。

第Ⅰ部 「保育所保育指針」解説とポイント

> ⑤ おむつ交換や衣服の着脱などを通じて，清潔になることの心地よさを感じる。

　清潔になる心地よさは，経験を通して学習されるものである。おむつが濡れているのを感じている時に，「気持ち悪いね」という気持ちの伴った言葉がけとともにおむつを交換してもらい，その結果，濡れていた時とは異なる乾いてさらさらした感覚を「さっぱりしたね」というやはり気持ちの伴った言葉とともに経験する。この経験が毎日何度も繰り返されることで，清潔に対する心地よさの感覚が育っていく。衣服の着脱や食事時に手や顔を拭いてもらうといった経験も，同様である。

　このような人としての根源的な部分に，心を込めて丁寧に対応され心地よさを味わう経験は，他者に自分の存在を肯定的に受容される経験であり，それは子どもが自身の存在を肯定的に受け入れることへとつながる経験でもある。

(ウ)　内容の取扱い

> ①　心と体の健康は，相互に密接な関連があるものであることを踏まえ，温かい触れ合いの中で，心と体の発達を促すこと。特に，寝返り，お座り，はいはい，つかまり立ち，伝い歩きなど，発育に応じて，遊びの中で体を動かす機会を十分に確保し，自ら体を動かそうとする意欲が育つようにすること。

　子どもの健やかな発達は，喜びや驚きなど様々な思いを共有し，状況に応じて慰めや励ましを与える保育士等からの温かく共感的な関わりをはじめ，身近な人との心の通い合う日々の温かな触れ合いを通じて，心身両面が深く結び付きをもちながら促されていく。

　そうした育ちの姿は，例えば次のような日常の保育の場面に見られる。ある子どもが保育士等のそばで輪投げの輪をなめて遊んでいたが，その輪がはずみで手から離れて転がり出す。輪が止まって倒れると，子どもはそれをめがけてはって行き，手に取って今度は床に打ち付けたり，「あーあー」と声をあげながら振り回したりしている。保育士等が「面白いもの見付けたね」と声をかけ，輪に向かって子どもがはっていくのに合わせて「まてまて」と後に続いて，一緒に遊び出す。

　また他のある子どもは，低い柵の間から，玩具を柵の中に入れている。次々と入れて周囲に玩具がなくなると，今度は手を伸ばせば届きそうなところに下がっている鈴をつかもうとするが，なかなか届かない。お尻を浮かせるようにして，何度も試みているうちに柵につかまり立ちをすることができ，鈴に手が届いたので，揺ら

保育所保育指針解説　第2章　保育の内容

して音を出している。その様子を見守っていた保育士等が，「立てたの」とか「いい音がするね」と喜んで声をかけると，子どもも嬉しそうに一緒に笑う。

このように，日常の生活や遊びの中で，それぞれの子どもの発達の状態に即して様々に体を動かす機会や環境が確保されるとともに，保育士等の援助に支えられて，自ずと体を動かそうとする意欲が子どもの内に育まれることが重要である。

> ②　健康な心と体を育てるためには望ましい食習慣の形成が重要であることを踏まえ，離乳食が完了期へと徐々に移行する中で，様々な食品に慣れるようにするとともに，和やかな雰囲気の中で食べる喜びや楽しさを味わい，進んで食べようとする気持ちが育つようにすること。なお，食物アレルギーのある子どもへの対応については，嘱託医等の指示や協力の下に適切に対応すること。

乳児期の摂食機能は，乳汁を吸うことから，食物を噛みつぶして飲み込むことへと発達していく。これに伴い，母乳又は育児用ミルクなどの乳汁栄養から，なめらかにすり潰した状態の食べ物を経て，徐々にある程度固さや形のある幼児食へと離乳が進んでいく。この時期には，摂取することのできる食品の量や種類が次第に増えていくとともに，食べる楽しみを体験したり，日々の食事のリズムが整っていったりする中で，食べることへの意欲が育まれ，健康な心や体を育てる上で重要な食習慣の形成の第一歩が始まる。

エネルギーや栄養素の大部分を乳汁以外の食物から摂れるようになり，離乳食が完了期を迎える頃の子どもたちは，食事の時間がある程度そろってくるので，同じタイミングで用意の整った友達と一緒に食べ始める場面も現れてくる。

例えば，ある子どもがテーブルに着いて，エプロンをつけてもらうと，嬉しそうにテーブルを両手でバタバタと打ち，音を出して笑っている。それを見た別の子どもがにこにこしながら同じように音を出す。そこで保育士等が「食事の時間ですよ。一緒に食べようね，楽しいね。」と声をかけながら席に着き，「いただきます」と手を合わせると，子どもたちもそれに続いて手を合わせたり声を出したりしながら，それぞれに手やスプーンを使って食べようとする。保育士等は，一人一人に応じて食べやすいように手に持たせてあげたり，食が進まない子どもには食べさせてあげたりしている。初めて見る食品に手をつけようとしない子どもに，保育士等が「おいしいよ」と声をかけると，子どもはそれを手にして眺めている。そこで保育士等に「おいしいから食べようよ」と再び励まされて，口に入れると，それにまた「お

141

いしいね」と保育士等の声が添えられる。このように，和やかで温かい雰囲気の下，保育士等が一人一人に丁寧に関わり，子どもと保育士等の感情が共有されるような状況の下，子どもの食べることへ向かう気持ちが促されていくことが大切である。

　また，食物アレルギーのある子どもの食事に当たっては，第3章の1の（3）のウに示された事項に留意し，職員間で細心の注意を払い合いながらも，他の子どもと一緒に食べているという気持ちがもてるように配慮する。

イ　社会的発達に関する視点「身近な人と気持ちが通じ合う」

　　受容的・応答的な関わりの下で，何かを伝えようとする意欲や身近な大人との信頼関係を育て，人と関わる力の基盤を培う。
　㋐　ねらい
　　①　安心できる関係の下で，身近な人と共に過ごす喜びを感じる。
　　②　体の動きや表情，発声等により，保育士等と気持ちを通わせようとする。
　　③　身近な人と親しみ，関わりを深め，愛情や信頼感が芽生える。

　社会の中で生きていく人間として，子どもの発達において特に大切なのは，人との関わりである。乳児期において，子どもは身近にいる特定の保育士等による愛情豊かで受容的・応答的な関わりを通して，相手との間に愛着関係を形成し，これを拠りどころとして，人に対する基本的信頼感を培っていく。また自分が，かけがえのない存在であり，周囲の大人から愛され，受け入れられ，認められていることを実感し，自己肯定感を育んでいく。さらに，安心できる安定した関係の下で，自分の気持ちを相手に表現しようとする意欲が生まれる。こうした育ちは，生涯にわたって重要な，人と関わり合いながら生きていくための力の基盤となるものである。

　身近な人とそうでない人が区別できるようになってくると，子どもは，普段自分のそばにいて関わってくれる人を安心，信頼できる存在と感じ，その人にあやしてもらったり，自分の声や動きに優しく応えてもらってやり取りをしたりすることを盛んに楽しむ。愛着の対象である特定の保育士等が視界の範囲内にいることで子どもの情緒は安定し，そうした相手と関わりながら共に過ごすことに喜びを感じる。

　そして，自分の思いや欲求を伝えようと，相手に向かって手を伸ばしながら声をあげたり，顔を見て笑いかけたりと，体の動きや表情，声や喃語等で働きかける。それに対して，保育士等が応答的に触れ合ったり，言葉を添えて関わったりするこ

保育所保育指針解説　第2章　保育の内容

とで，子どもは次第に相手の言っていることを理解するようになり，自分も言葉で
伝えようとする意欲を高めていく。

　このように日々の温かく丁寧な触れ合いを重ねる中で，子どもは身近な保育士等
に親しみをもち，より気持ちを通わせ，関わりを深めることを求める。こうして乳
児期に特定の保育士等との間に芽生えた愛情や信頼感が，子どもが周囲の大人や他の
子どもへと関心を抱き，人との関わりの世界を次第に広げていく上での基盤となる。

(イ)　内容

---

①　子どもからの働きかけを踏まえた，応答的な触れ合いや言葉がけによって，欲
　求が満たされ，安定感をもって過ごす。

　誕生間もない子どもは，人の声に最もよく反応し，話しかける大人の顔をじっと
見つめる。こうした子どもの姿に応え，ゆったりと笑顔で働きかけたり，触れ合っ
たり，子どもの声や行為に言葉を添えていくことで，子どもは自分の欲求を泣き声
で表したり，感情を込めて様々な泣き方をするようになる。

　保育士等は，こういった子どもの声や表情，体の動きなどから，子どもの欲求を
汲み取り，タイミングよく応えていくことが大切である。子どもは，自分のしてほ
しいことが受け止められ，心地よくかなえられると安心する。欲求をかなえてくれ
た人に対する信頼感も育まれる。また，特にスキンシップは心の安定につながる。
肌の触れ合いの温かさや心地よさを実感すると，子どもは自ら手を伸ばし，スキン
シップを求めるようになる。こうした温かなやり取りを保育士等と積み重ねること
によって，子どもは安定感をもって過ごすことができるようになる。

---

②　体の動きや表情，発声，喃語等を優しく受け止めてもらい，保育士等とのやり
　取りを楽しむ。

　首がすわり，手足の動きが活発になると，子どもは対面で相手をしてくれる保育
士等に対して，目を見つめて微笑んだり，手足をバタバタと動かしたり，声を出し
たりするようになる。また，自分の意思や欲求を，声や喃語，身振りなどで，伝え
ようとするようにもなる。

　保育士等は，こうした声や動き，表情などから，子どもの気持ちを汲み取り，十
分に受け止めながら，応答的に関わることが重要である。子どもの微笑みに目を合
わせて優しく微笑み返したり，喃語の語りかけに表情豊かに言葉で返すなど，丁寧

143

第Ⅰ部　「保育所保育指針」解説とポイント

に子どもの心を受け止めることが大切である。こうした保育士等の関わりによって，子どもは大人の声ややり取りを心地よいものと感じるようになる。次第に，声や表情での感情表現も豊かになり，積極的に保育士等との関わりを求めるようにもなる。また，このような保育士等とのやり取りの心地よさが，人に対する基本的信頼感の育ちにもつながり，コミュニケーションの土台となる。

> ③　生活や遊びの中で，自分の身近な人の存在に気付き，親しみの気持ちを表す。

　子どもは，6か月頃には身近な人の顔が分かるようになり，あやしてもらうと喜んだり，声を出して笑いかけたりするようになる。愛情を込めて受容的に関わる大人とのやり取りを盛んに楽しむようになり，そうした大人との間に形成された愛着関係が更に強まる。子どもは，この絆を拠りどころとして，徐々に周囲の大人に働きかけていくようになる。一方で，特定の大人との愛着関係が育まれている現れとして，初めて会った人や知らない人に対して泣くなど，人見知りをするようになる。

　また，子どもは特定の保育士等との安定した関係を基盤にして，次第に他の子どもに対しても関心をもつようになる。乳児同士であっても，自分とよく似た子どもの存在を認め，表情を模倣したり，はって追ったりするなど，互いに興味を示す姿が見られる。同じ物を見つめたり，同じ遊具を手にしたりするなど，物を介したやり取りも見られるようになり，そうした際に保育士等が声をかけて仲立ちをすることで，その後の子ども同士の関わり合いの育ちへとつながっていく。

> ④　保育士等による語りかけや歌いかけ，発声や喃語等への応答を通じて，言葉の理解や発語の意欲が育つ。

　子どもは，保育士等の優しい語りかけやゆったりとした歌いかけに，心地よさを感じる。また，保育士等が，子どもの言葉にならない思いや欲求を発声や喃語などから汲み取り，それを言葉に置き換えながら対応することで，子どもは自分の思いが受け止められる喜びと安心感，そして優しい言葉が返ってくるやり取りの心地よさを感じる。こうした体験を重ねる中で，子どもは保育士等に信頼感をもつようになり，伝えたい，分かってもらいたいという，表現することへの意欲を高めていく。同時に，言葉にならない思いの意味と言葉の音声とがつながりをもち，言葉を理解することにもつながっていく。

　また，子どもは，応答的に関わる保育士等に「ほら，見てごらん」と注意を促さ

144

保育所保育指針解説　第2章　保育の内容

れて同じものを見つめ，共有する経験を経て，9か月頃になると自身も盛んに指差しをするようになる。自分の欲求や気付いたことを保育士等に伝えようと指し示したりしながら，興味や関心を共有するようになる。保育士等がそのものの名前や，欲求の意味を伝えることで，子どもは徐々にそれらを理解するようになり，それが子どもの言葉となる。このように，身近な大人と感覚や感情を共有する経験を重ねることは，言葉の理解や子ども自身の言葉を発したいという意欲を育んでいく。

⑤　温かく，受容的な関わりを通じて，自分を肯定する気持ちが芽生える。

　自分を肯定する気持ちは，保育士等が子ども一人一人を尊重し，温かい雰囲気の中で，その思いや欲求をありのままに受け止めるという関わりを重ねることで，子どもの中に芽生えていく。それと同時に，子どもと特定の保育士等との間に情緒的な絆が形成され，基本的信頼感も育まれる。またその過程で，子どもは自分がかけがえのない存在であることを感じ取り，愛されていることを実感するようにもなる。このように自分の存在を無条件に認めてもらえる，またうまくいかない場合も支えてもらえるといった安心できる関係の中でこそ，子どもは自己を十分に発揮し，自信を育むことができる。

　乳児期において，保育士等による受容的で応答的な関わりを通して芽生え，育まれていく自分を肯定する気持ちは，生涯にわたって人との関わりの中で生きていく力の基盤となるものである。

(ウ)　内容の取扱い

①　保育士等との信頼関係に支えられて生活を確立していくことが人と関わる基盤となることを考慮して，子どもの多様な感情を受け止め，温かく受容的・応答的に関わり，一人一人に応じた適切な援助を行うようにすること。

　まだ言葉で自分の思いや欲求を十分に表現することができない子どもにとって，泣くことは，自分の思いや欲求を保育士等に訴える手段である。子どもが泣いていると，「泣き止ませなければならない」と考えてしまいがちだが，大切なのは，泣かずにいられない子どもの思いを汲み取り，受け止めて，適切に応えていくことである。

　例えば，乳児期前半の子どもの泣きは，眠い，おむつが濡れた，お腹が空いた等の生理的欲求に基づく不快から生じることが多い。汗をかいて服が湿っていれば，

145

第Ⅰ部　「保育所保育指針」解説とポイント

「汗かいたね」「さっぱりしようね」などと優しく言葉をかけながら，体を拭き，服を着替えさせて，不快さを心地よさに変えていく。

　一方で，生理的欲求以外の要因から生じる不快が，泣きの原因になることもある。寝付きがよくない子どもに，生活リズムを整えようと試行錯誤する中で，子どもの泣きを全て「眠い」ことが原因だと捉えてしまうと，泣きがおさまらないことがある。そうした場合，寝る時間以外の泣きや，それまでの生活を振り返る中で，保育士等との関わりを求めて泣くことがあると分かることもある。そうであれば，目覚めた直後の泣きには「まだ眠いのかな」ではなく，「目が覚めたのね。起きたよって教えてくれたのね。」と言葉をかけ，子どもと触れ合う時間をもつことが必要になる。

　このように，子ども一人一人の思いや欲求，感情を受け止めながら，応答的に関わることが，子どもの生活をつくり，保育士等との信頼関係を築くことにもつながっていく。

> ②　身近な人に親しみをもって接し，自分の感情などを表し，それに相手が応答する言葉を聞くことを通して，次第に言葉が獲得されていくことを考慮して，楽しい雰囲気の中での保育士等との関わり合いを大切にし，ゆっくりと優しく話しかけるなど，積極的に言葉のやり取りを楽しむことができるようにすること。

　子どもは，生後2，3か月頃から，機嫌のよい時には「アー」「ウー」など，喉の奥からクーイングと呼ばれる柔らかい声を出すようになる。こうした声に，保育士等も笑顔で同じような声を出して返事をすると，子どももまたそれに応え，やり取りが始まる。4か月頃になると，保育士等があやすと微笑み返すようになり，「アーアー」「バー」などの喃語を発するようになる。こうした喃語に，保育士等が音を真似て返したり，「ご機嫌ね」「お話し上手ね」などと優しく語りかけたりして，応えることで，子どもは自分の要求に応じてもらえるという喜びを感じ，声などで自分を表現する意欲が高まる。言葉になる前の子どもの表現に，丁寧に関わり応えていくことが，子どもが人とやり取りする心地よさと意欲を育むのである。

　9か月を過ぎる頃になると，子どもは，親しみをもつ保育士等が見ているものを一緒に見たり，自分の持っているものを見せたり，興味があるものを指差したりするようになる。保育士等が「ワンワンいるね」など，子どもが指差す対象を言葉に換えて応えていくことで，目の前の「犬」と「ワンワン」という音声が結び付いて，

146

保育所保育指針解説　第2章　保育の内容

ものには名前があることが分かり，それが言葉を獲得していくことにつながる。保育士等が，何かを見付け，それを喜ぶ子どもの思いに共感することで，子どもは人に思いを伝える楽しさを感じ，積極的に伝えようとするようになる。

　この時期，子どもの喃語や指差しなどを，保育士等が受け止め，共感し，言葉に置き換え伝えていくことが，子どもの言葉を育て，人とやり取りすることの喜びと意欲を育むことになる。

　保育士等と一緒に絵本を楽しむことは，こうした経験を重ねていくことでもある。絵本は，絵に描かれた状況や感情を共有することを通して子どもと保育士等のやり取りを生み出し，子どもの言葉に応じて，保育士等が言葉を補いながら楽しく言葉のやり取りを展開していくことを可能にする。

　例えば，ゆったりとした雰囲気の中で，子どもと保育士等が一対一で絵本を開くと，子どもは犬の絵を指差し「ワンワン」と言葉を発する。保育士等がそれに応えて「ワンワンだね。しっぽをフリフリしているね。」と状況を丁寧に語ると，子どもは保育士等の顔を見上げて「フリフリ」と言う。保育士等はさらに，「フリフリしているね。ワンワン，嬉しいのかな。」と言葉を続ける。

　また，こうした絵本を読んだ後散歩に出かけた時，犬に出会うと，子どもが「ワンワン」と指差すことがある。そこで保育士等が「ワンワンだね。絵本のワンワンと一緒かな。」「しっぽ，フリフリしているかな」と実際の体験と絵本をつなぐ言葉をかけてみる。保育所に戻ると，子どもは先の絵本を手に取り，犬のページを開き喜々としてまた「ワンワン」と言う。このように絵本と言葉，そして実際の体験を重ね合わせる保育士等の援助は，子どもの言葉の獲得を促すとともに，子ども自身が言葉を獲得していくことを喜びとする感覚を育んでいく。

ウ　精神的発達に関する視点「身近なものと関わり感性が育つ」

> 　身近な環境に興味や好奇心をもって関わり，感じたことや考えたことを表現する力の基盤を培う。
>
> ⑺　ねらい
> ①　身の回りのものに親しみ，様々なものに興味や関心をもつ。
> ②　見る，触れる，探索するなど，身近な環境に自分から関わろうとする。
> ③　身体の諸感覚による認識が豊かになり，表情や手足，体の動き等で表現する。

第Ⅰ部 「保育所保育指針」解説とポイント

　子どもは，自分を取り巻く環境にその体を通して触れ，様々な外界の刺激を感じ取る。保育士等との安定した関係を拠りどころに，そうした刺激を驚きや喜びをもって受け止め，更にいろいろなものに触れたり関わったりすることへの興味や好奇心を高めていく。同時に，自分が感じ取り受け止めたことを表情や声など体全体を使って表し，それに対する保育士等からの共感的な関わりを得ることで，他者に自分の思いを伝えたい，表したいという気持ちも膨らんでいく。これらは，子どもが環境との豊かな関わり合いを通して，自分の生きる世界を広げたり深めたりしていく上での基盤となるものである。

　乳児期は，身近な人やものとの直接的な関わりを通して，その意味や性質，特徴などを感覚によって捉えている時期である。眺めたり，触ったり，なめたりと様々に試しながら対象に親しみ，満足感や面白さを味わって，更に周囲への興味や関心を高める。

　また，子どもは何かをじっと見つめたり，手にしたものを何度もあれこれと試してみたりする中で，その変化や反応する様子から，自分と環境の関係にも感覚的に気付いていく。そして，そうした様子に不思議さや楽しさ等を感じ，更に自分から関わろうとする意欲が育まれていく。

　こうして体の諸感覚を十分に働かせながら遊び込む経験を重ねて，子どもの認識する世界は豊かさを増していく。その過程に保育士等が寄り添い，「きれいだね」「なんだろう，不思議だね」と子どもが捉えたものを一緒に受け止め，意味付けをする。このように自分の感じ取ったものを身近な人と共有する喜びと体の育ちに支えられて，子どもが自ら思いを表現しようとする意欲と力も培われていくのである。

(イ)　内容

> ①　身近な生活用具，玩具や絵本などが用意された中で，身の回りのものに対する興味や好奇心をもつ。

　身の回りの環境に対する子どもの興味や好奇心は，その生活を豊かにするとともに，この時期の心身の発達を促す。例えば，手の届くところに興味を引く玩具などがあると，子どもはそれを目指してはって行ったり伝い歩きをしたりして近づき，つかもうとする。そして手に入ると，それを振ったり，床に打ちつけたり，手から離れて転がっていくのを追いかけるなどして，物との新しい関わりを発見し，さらにそこで偶然生じた音や形の変化などに驚いたり，面白さを感じたりして，次はこ

148

保育所保育指針解説　第2章　保育の内容

うしてみよう，こうしたらどうなるだろうと，その子どもなりの遊びを発展させていく。

　また，保育士等に絵本を読んでもらっている時，知っているものの絵を見付け，指差してその喜びを保育士等に伝える。また，気に入ったページを何度もめくって前後の展開を繰り返し楽しんだり，語りの声の調子やフレーズに耳を傾け，その音の響きやリズムに合わせて体を揺らしたり自分も声を出したりする。そうした子どもの様子に，保育士等も温かく応答し，その味わっている世界を共有する。このように，諸感覚を使いながらものを介して身近な人と心を通い合わせる経験が，更に身の回りの様々な環境への興味や好奇心を旺盛にかきたてる上での支えにもなる。

　このように　子どもの主体性を尊重した生活や遊びは，子どもが身近なものに興味をもち，自らで行動しようとする意欲を育て，同時に，人との関わりの力や体の諸感覚をも育てているということに留意する。

> ②　生活や遊びの中で様々なものに触れ，音，形，色，手触りなどに気付き，感覚の働きを豊かにする。

　子どもは，例えば雨の音，風に揺れる木々の音や動き，天井に映る光と影，虫の声など，自然現象をはじめとして感覚を刺激する有形無形の様々なものや事象に囲まれて生活している。心が安定し，静かで落ち着いた環境の下では，子どもたちはわずかな音やささやかな動きであっても敏感にそれらに気付き，何かを感じて保育士等に知らせる。これらの発見に，保育士等が共感的に応え意味を付与することで，子どもの細やかで敏感な感性が育つ。

　子どもは感じ取ったものを保育士等と一緒に味わうことで，その美しさや不思議さ，魅力に気付いていく。日々の生活の中でこうした経験が蓄積されていった先に，子どもの豊かな情感は育ち，更に周囲のいろいろなものや事象に気付いていく。そして，保育士等と一緒に，あるいは自らそれらに浸ることで，身近な環境に目を留め，心をひかれ，愛おしんだり慈しんだりする気持ちが育つ。

　保育所の生活や遊びを繰り広げる中で，様々につくり出されたり生み出されたりする音や動き，ものの形，色，手触りなどは，子どもの気付きを促し，感覚の働きを豊かにする環境として重要である。保育士等は，この時期の子どもが受け止められる程度のほどよい複雑さをもった環境を構成することが求められる。

第Ⅰ部 「保育所保育指針」解説とポイント

> ③ 保育士等と一緒に様々な色彩や形のものや絵本などを見る。

　この時期に保育士等と一緒に絵本を見たりする場面は，基本的に一対一の関わりである。保育士等と一緒に絵本を見ることは，その絵や話の内容そのものだけでなく，保育士等のその子どもに対する愛情に基づいた願いや気遣いなどを，子どもが絵本の世界と一体的に受け止める経験でもある。

　気持ちが不安定な時に，保育士等の膝に乗せてもらい，落ち着いた優しい声とともに絵本に触れ，不安を受け止めてもらうことで，子どもの気持ちは安定していく。また，別の時には，同じ絵本でも，一緒に色や形などを楽しみながらその感覚の世界に浸り，自らの感覚を研ぎ澄ましていくこともある。

　絵本の中に身の回りのものを見付けて，絵本のイメージの世界と日常の世界を行ったり来たりする経験は，ふりや見立てを楽しむその後の象徴遊びにもつながっていく。保育の環境を構成するに当たっては，一人一人の子どもの発達過程や興味を考慮した絵本やものなどを選ぶよう心がけたい。

> ④ 玩具や身の回りのものを，つまむ，つかむ，たたく，引っ張るなど，手や指を使って遊ぶ。

　子どもは身の回りのものに「触ってみたい」と向かっていき，うまくつかんだり落としたりなど様々な経験を重ねながら，手指の操作が次第に巧みになっていく。積み木などを見付けるとそれに手を伸ばし，次第に両手に持って打ち付けたりたたき合わせたりするようになる。また，手のひら全体でものを包み込むように握る状態から，全ての指で握る状態を経て，乳児期の終わり頃には，親指と他の指を向かい合わせて握る状態へと変わってくる。

　そして，手指を使い身の回りのものを引っかいたり，つまんだり，握ったりする中で，様々に変化するものの面白さに気付き，ものに働きかけ，じっくりと関わる喜びを経験する。

　このような遊びの中で行われる保育士等の言葉がけは，感覚的な理解と言葉による理解の橋渡しをするものとなる。手や指を使って玩具などでじっくりと遊び込むことを通して，子どもは具体的な対象を介して人とやり取りをしたり，試行錯誤を重ねたりする経験をしていくのである。

　保育士等は，一人一人の子どもの発達過程や興味，関心を理解し，それに沿って

保育所保育指針解説　第2章　保育の内容

子どもの探索活動が盛んになるような環境を構成するよう心がけ，遊びをどのように発展させていくかを考えることが重要である。

---

⑤　保育士等のあやし遊びに機嫌よく応じたり，歌やリズムに合わせて手足や体を動かして楽しんだりする。

子どもは，あやし遊びを通して，保育士等による表情豊かな関わりの中で，心地よい気持ちのやり取りを楽しむ。その心地よさを体全体で表すようになり，体や手足が動くことの喜びを体験する。

よく動く手足や体は，自らの欲求を自らの行動で充足できるという意味で，自立の基礎でもある。活発に体を動かす経験を十分にすることは，体や手足がある程度思いのままに動くことへの喜びを伴うものであり，それは1，2歳頃の「自分でしようとする意欲」につながるものである。

保育士等の歌やリズムに合わせて，体を動かすことを楽しみ，近くで同じ動作をする他の子どもと共鳴し合って楽しさを分かち合うことは，自分の気持ちを他の子どもに伝えようとすることへとつながる経験ともなる。

このように，体をよく動かすことは，子どもが人と関わり合うことや自分を表現することとも密接に関連している。自分の意思でよく動く体は，生活や遊びの中で，寝返り，腹ばい，はいはい，つたい歩き，立つなどの基本的な運動機能を獲得することと並行して育っていく。

(ウ)　内容の取扱い

---

①　玩具などは，音質，形，色，大きさなど子どもの発達状態に応じて適切なものを選び，その時々の子どもの興味や関心を踏まえるなど，遊びを通して感覚の発達が促されるものとなるように工夫すること。なお，安全な環境の下で，子どもが探索意欲を満たして自由に遊べるよう，身の回りのものについては，常に十分な点検を行うこと。

個人差や月齢の違いによる発達差の大きいこの時期の子どもの探索意欲を満たすために，保育士等は一人一人の子どもが今どのようなものに興味をもっているのかを理解することが重要である。そして，子どものこれまでの経験やこの先の発達の見通しを踏まえ，子どもが興味や関心をもってその遊びを継続したり発展させたりしていくことが期待される環境とはどのようなものかということを考える必要があ

第Ⅰ部 「保育所保育指針」解説とポイント

る。その上で，その時その子どもにふさわしい玩具などを適切に選び，子どもが落ち着いて遊びに気持ちを注ぐことのできる環境を構成することが求められる。そのため，この時期の子どもにふさわしい玩具を選ぶ際には，その音の大きさや質，形や手触り，色合い，大きさや重さ，持ちやすさなど，子どもの感覚や動きに照らして吟味する。

また，一人一人が充実して遊べるように，場所の広さや動線，他者の存在の気配など，空間のつくり方にも配慮する。例えば，保育室の遊びのコーナーを，一人一人に合わせて遊べるよう更に小さなコーナーに分け，玩具やものを用意する。コーナーは保育士等からは全体が見えるように背の低い安定した家具で仕切るなどして，圧迫感を感じさせないよう考慮しながら，子どもにとって落ち着ける空間にする。さらに，保育士等は連携をとりながら，子どもの生活のリズムに合わせてゆったりとそこにいることで，子どもも安定して遊び込むことができるようにし，子どもの欲求に応えて一緒に遊んだり，見守ったりする。コーナーの玩具等は，破損や衛生に気を配り，怪我や事故などが起きないように留意する。日頃から状態の点検や確認を心がけるとともに，素材の強度や手入れのしやすさなどに配慮して用意することも大切である。

> ② 乳児期においては，表情，発声，体の動きなどで，感情を表現することが多いことから，これらの表現しようとする意欲を積極的に受け止めて，子どもが様々な活動を楽しむことを通して表現が豊かになるようにすること。

乳児期のコミュニケーションは，表情や仕草，泣き，発声などによる感情の表出を通してなされる。子どもの細やかな感情の表出は，例えば担当制などを通して，ある程度特定の保育士等が継続的に関わることでより細やかに理解しやすくなる。

このような体制の下で，一人一人の覚醒と睡眠のリズムを知り，しっかりと眠り，目覚めることに配慮することで，目覚めている時間を充実して過ごせるようにする。例えば，授乳や離乳食の時間に，子どもの欲求に応え，保育士等が優しく短い言葉でゆったりと関わることで，子どもも盛んに相手からの働きかけに応える。また，保育士等と一緒に玩具などで遊び，その思いがけない動きに手足を動かして驚いたり喜んだりするなど，感情を全身で表現しようとする。いないいないばあなどの遊びで，子どもの予想通りに保育士等の顔が出てきたり，反対に予想を裏切る動きがあったりして，乳児は期待感を膨らませたり驚いたりと，様々な感情の揺れ動きを

保育所保育指針解説　第2章　保育の内容

経験する。子どもが感性や感情を豊かにもち，表現する力を身に付けていくために，生活や遊びの全般を通して，保育士等がその時々に合わせて表情豊かに関わることが重要になる。

（3）保育の実施に関わる配慮事項

> ア　乳児は疾病への抵抗力が弱く，心身の機能の未熟さに伴う疾病の発生が多いことから，一人一人の発育及び発達状態や健康状態についての適切な判断に基づく保健的な対応を行うこと。

抵抗力が弱く，感染症などの病気にかかりやすい乳児の保育の環境については，最大限の注意を払うことが必要である。特に，産後休業明けから入所する子どもについては，生命の保持と情緒の安定に配慮した細やかな保育が必要である。

乳児にとって，清潔で衛生面に十分留意された生活や遊びの場となるよう，日々環境を整えることが求められる。

また，一人一人の発育及び発達の状態，通常の健康状態をよく把握した上で，常に心身の状態を細かく観察し，疾病や異常は早く発見し，速やかに適切な対応を行うことが必要である。観察に当たっては，機嫌・顔色・皮膚の状態・体温・泣き声・全身症状など様々な視点から，複数の職員の目で行うことも大切である。

> イ　一人一人の子どもの生育歴の違いに留意しつつ，欲求を適切に満たし，特定の保育士が応答的に関わるように努めること。

乳児期の子どもが成長する上で，最も重要なことは，保育士をはじめとした特定の大人との継続的かつ応答的な関わりである。

保育士等は，生育歴の違いを踏まえ，一人一人の現在のありのままの状態から子どもの生活や発達過程を理解し，必要な働きかけをすることが大切である。

また，子どもの欲求に応答して，人と関わることの心地よさを経験できるようにすること，すなわち，子どもが声や表情，仕草や動きなどを介して表出する要求に，タイミングよく共感的に応えていくことが大切である。子どもは，保育士等からの心地よいと感じられる行為によって，人への信頼感を得る。さらに，安心できる人との相互的な関わりの中で，情緒が安定し，ものや出来事の意味，言葉，人との関係，運動機能，感情の分化などが混然一体となった経験を積み重ねる。こうした経

153

第Ⅰ部 「保育所保育指針」解説とポイント

験を通して，この時期の発達は心身の諸側面が特に密接に関連し合いながら促されていく。この時期に人に対する基本的な信頼感を獲得することが，生きていく基盤となることの重要性を十分に認識しながら，保育していくことが求められる。

> ウ　乳児保育に関わる職員間の連携や嘱託医との連携を図り，第3章に示す事項を踏まえ，適切に対応すること。栄養士及び看護師等が配置されている場合は，その専門性を生かした対応を図ること。

　第3章に示されているように，健康及び安全に関する事項は，乳児期における子どもの生活の基底をなすものである。朝の受け入れ時の視診から引渡し時まで，保育所の全職員がその専門性を発揮して関わることが重要である。

　授乳や離乳については，必要に応じて嘱託医や栄養士，看護師などと連携し，子どもの健康状態などを見ながら，一人一人の状態に合わせて進めていく。

　睡眠時には，子どもが安心して眠ることができるよう，窒息リスクの除去（子どもの顔が見える仰向けに寝かせる，一人にしない等）を行うなど，安全な環境を整えることが重要である。

　また，健康の増進が図られるよう，気温や天候などの状況や乳児の体調に留意しながら，外気浴や保育室外での遊びを多く取り入れることも必要である。その際，窒息・誤飲・転倒・転落・脱臼等，予想される危険や事故に対し，それぞれの職種の専門性を生かして予防のための対策や配慮，確認に取り組む必要がある。

（参考）
○授乳・離乳の支援ガイド（平成19年3月14日厚生労働省）

> エ　保護者との信頼関係を築きながら保育を進めるとともに，保護者からの相談に応じ，保護者への支援に努めていくこと。

　乳児保育においては，特に保護者との密接な連携が重要である。保育士等は，成長や発達が著しいこの時期の子どもの様子や日々の保育について，温かい視点をもって捉えたことを詳しく伝えながら，発達過程において必要な活動，すなわち生活や遊びの意味や大人の役割を伝えていく。また，各保護者にそれぞれの生活の状況や保育所とは環境の異なる家庭における食事や排泄，睡眠等の様子を丁寧に聴きとっていくことは，子どもを理解する上でも必要である。保護者の就労や子育てを支

保育所保育指針解説　第2章　保育の内容

え，保護者の気持ちに配慮して対応し，送迎時には気持ちよい挨拶や励ましの言葉がけを行う。

　子育てを始めた当初は，育児に不安を抱き，悩みを抱えるなど，保護者一人一人の状況は様々である。第4章の2の保育所を利用している保護者に対する子育て支援に係る事項を踏まえ，保護者と信頼関係を築きながら，子どもの成長や発達の喜びを共に味わっていくことが大切である。

> オ　担当の保育士が替わる場合には，子どものそれまでの生育歴や発達過程に留意し，職員間で協力して対応すること。

　年度替わりあるいは年度途中で，担当の保育士が替わる場合，特に乳児保育では特定の保育士等との密接な関わりが重要であることから，子どもが安定して過ごすことができるための配慮が大切である。生育歴や発達過程等における個人差だけでなく，それまでの家庭やクラスにおける生活や遊びの中での子どもの様子や，一人一人が好きな遊びや玩具，絵本などについても，担当者の間で丁寧に引き継いでいくようにすることが必要である。一人一人への働きかけや対応が急激に変わることのないよう，職員間で協力し，子どもにとって心地よいと感じる環境や保育士等との関係に即した対応が必要である。

　周囲の職員は子どもと新しい担当の保育士との信頼関係を築くことができるよう配慮するとともに，子どもがそれまでの経験の中で培ってきた人と関わる力を信じることも大切である。担当の保育士を心の拠りどころとして，様々な人と関わり，多くの人の温かいまなざしの中で子どもが成長していくことを理解し，全職員で見守っていくことが大切である。

2　1歳以上3歳未満児の保育に関わるねらい及び内容

（1）基本的事項

> ア　この時期においては，歩き始めから，歩く，走る，跳ぶなどへと，基本的な運動機能が次第に発達し，排泄の自立のための身体的機能も整うようになる。つむ，めくるなどの指先の機能も発達し，食事，衣類の着脱なども，保育士等の援助の下で自分で行うようになる。発声も明瞭になり，語彙も増加し，自分の意思

第Ⅰ部　「保育所保育指針」解説とポイント

や欲求を言葉で表出できるようになる。このように自分でできることが増えてくる時期であることから，保育士等は，子どもの生活の安定を図りながら，自分でしようとする気持ちを尊重し，温かく見守るとともに，愛情豊かに，応答的に関わることが必要である。

イ　本項においては，この時期の発達の特徴を踏まえ，保育の「ねらい」及び「内容」について，心身の健康に関する領域「健康」，人との関わりに関する領域「人間関係」，身近な環境との関わりに関する領域「環境」，言葉の獲得に関する領域「言葉」及び感性と表現に関する領域「表現」としてまとめ，示している。

ウ　本項の各領域において示す保育の内容は，第1章の2に示された養護における「生命の保持」及び「情緒の安定」に関わる保育の内容と，一体となって展開されるものであることに留意が必要である。

　この時期は，歩行の開始をはじめ，走る，階段を上がる，両足で跳ぶなど，徐々に基本的な運動機能が発達し，自分の体を思うように動かすことができるようになってくる。生活習慣においても，手を使ってできることが増え，身の回りのことを自分でしようとする。

　言葉の発達においては，言葉の理解が進み，自分の意思を親しい大人に伝えたいという欲求も高まる。指差し，身振り，片言などを盛んに使い，応答的な大人とのやり取りを重ねる中で，この時期の終わり頃には，自分のしたいこと，してほしいことを言葉で表出できるようになる。また，玩具等を実物に見立てるなどの象徴機能が発達し，言葉を交わす喜びを感じながら，大人と一緒に簡単なごっこ遊びを楽しむようにもなる。

　自我が芽生え，1歳半ば頃から強く自己主張することも多くなる。自分の思いや欲求を主張し，受け止めてもらう経験を重ねることで，他者を受け入れることができ始める。また，友達や周囲の人への興味や関心も高まり，自発的に働きかけていくようにもなる。子ども同士の関わりが徐々に育まれていく時期である。

　一方で，自分の思う通りにはできずもどかしい思いをしたり，寂しさや甘えたい気持ちが強くなって不安定になったりと，気持ちが揺れ動くこともある。保育士等は，子どものまだ十分には言葉にならない様々な思いを丁寧に汲み取り，受け入れつつ，子どもの「自分でしたい」という思いや願いを尊重して，その発達や生活の自立を温かく見守り支えていくことが求められる。

　こうした発達の特徴を踏まえて，本節ではこの時期の保育の内容を「健康」「人

保育所保育指針解説　第2章　保育の内容

間関係」「環境」「言葉」「表現」の五つの領域によって示している。子どもの発達
は諸側面が密接に関連し合うものであるため，各領域のねらいは相互に結び付いて
いるものであり，また内容は子どもの実際の生活と遊びにおいて総合的に展開され
ていく。

　これら五つの領域に関わる保育の内容は，乳児保育の内容の三つの視点及び3歳
以上児の保育の内容における五つの領域と連続するものであることを意識し，この
時期の子どもにふさわしい生活や遊びの充実が図られることが重要である。

　また，著しい発達の見られる時期であるが，その進み具合や諸側面のバランスは
個人差が大きく，また家庭環境を含めて，生まれてからの生活体験もそれぞれに異
なる。生活や遊びの中心が，大人との関係から子ども同士の関係へと次第に移って
いく時期でもある。保育においては，これらのことに配慮しながら，養護と教育の
一体性を強く意識し，一人一人の子どもに応じた発達の援助が求められる。

（2）ねらい及び内容

ア　心身の健康に関する領域「健康」

> 健康な心と体を育て，自ら健康で安全な生活をつくり出す力を養う。
>
> （ア）　ねらい
>
> ①　明るく伸び伸びと生活し，自分から体を動かすことを楽しむ。
>
> ②　自分の体を十分に動かし，様々な動きをしようとする。
>
> ③　健康　安全な生活に必要な習慣に気付き，自分でしてみようとする気持ちが
> 育つ。

　身近な大人から一人の人間として自分の意思が尊重され，安心して様々な物事に
取り組むことができる環境の下，子どもは今の自分がもっている心身の力を存分に
発揮して，自分でしてみようとする気持ちを強くしていく。健康で安全な生活を送
るための基盤は，この時期のこうした自分の日常を自ら支えていくことへの意欲が
あってつくられていくものである。

　乳児期を経て，歩行の開始など心身共に様々な力をつけてきた子どもは，旺盛な
好奇心を周囲の環境に向けて積極的に関わろうとする。一人で遊んだり，保育士等
と一緒に遊んだりする中で，伸び伸びと十分に体を動かし，思いを実現する体を獲
得していく。

157

第Ⅰ部 「保育所保育指針」解説とポイント

　そして，様々な遊びを楽しむ中で，走る，登る，跳ぶ，蹴る，投げる，もぐる，くぐるなど，体の様々な動きや姿勢を伴う遊びを繰り返し楽しむ。そうした遊びは子どもの行動範囲を拡大し，身体や運動の機能を高めるとともに，人やものとの関わりを更に広げていく。

　一方，食事や着替えなど日常の基本的な生活習慣にも興味や関心を向け，それらを自分でしようとする。最初はできないことも多いが，保育士等による子どもの思いやペースを尊重した丁寧な関わりを通して，子どもは健康で安全な生活を維持するための日々の習慣の意味に気付いていく。また，試行錯誤を重ねながら自分でできた時の達成感や心地よさを味わうことで，主体的に生活を営むことへの意欲が高まる。

(イ)　内容

> ①　保育士等の愛情豊かな受容の下で，安定感をもって生活をする。

　子どもの安定感は，愛情豊かで子どもにとって心地よい保育士等の関わりの下，一人一人の子どもが受け入れられていると感じる時に得られるものである。そのため，保育士等はその時々の子どもの欲求や興味，関心を理解し，応答的に関わることが重要になる。このような応答的な関わりを基本にしながら，子どもたちが慣れ親しんでいる遊具などを通して一緒に遊び，子どもの発達過程に必要な人との関わりやものを通じた感覚の育ちを意識して環境を構成する。また，保育士等は，時に仲立ちをしながら，子ども同士が一緒にいて心地よいと感じ，楽しく遊べるように遊びを展開する。

　長時間の保育所での生活において，保育士等が交代する時には，子どもに関する情報を伝え合うなど，子どもが一日を通して安定感をもって過ごせるようにすることも大切である。

> ②　食事や午睡，遊びと休息など，保育所における生活のリズムが形成される。

　子どもは，身体的な成熟とともに，日々の生活の中で心地よさを感じ充実感を伴う様々な経験を積み重ねることで，生活のリズムが次第に整ってくる。家庭環境や個人差による違いもあるが，午睡が1回となり，その時間もある程度一定になってきて，遊びの時間がより充実してくる。

　低年齢の子どもの保育や集団での生活に慣れない時期の保育では，原則として，

保育所保育指針解説　第2章　保育の内容

空腹を感じた時に食べ，眠い時に寝て，すっきりと目覚めて遊ぶという個々の子どもの生理的なリズムに沿った生活が，子どもに心身両面の安定感をもたらすことへの配慮が求められる。

　安定した生活のリズムがつくられてくると，子どもは，一日の生活の流れをおおよそ見通すことができるようになる。例えば，園庭で遊ぼうと声をかけられると，自分から帽子を取りに行ったり，靴を履こうとしたりするようになる。このように，生活のリズムを獲得することによって，子どもは，これから起こる出来事を自分なりに期待や予測をもって迎えるようになっていく。

③　走る，跳ぶ，登る，押す，引っ張るなど全身を使う遊びを楽しむ。

　歩行を開始し，ある程度思うように体が動くようになってくる時期には，身体を使って動くことが心地よさや喜びをもたらすような活動や環境が大切である。高いところやでこぼこ道，坂道，トンネルなど多様な環境に合わせて，様々な身体の動きを獲得していく。

　保育士等は，この時期の子どもが様々に身体を動かすことを体験するために必要な環境を構成する。子どもの興味や関心に合わせて，段差のあるところから飛び降りる，傾斜のあるところを歩いて上ったり下りたりする，力を入れて遊具を引いたり押したりしながら往復するなど，全身を使ういろいろな遊びを一緒に楽しみたい。体全体を使う喜びを伴った遊びは，運動に関わる諸機能を発達させるとともに，子どもが自分の体で様々感覚を体験することをもたらす。

④　様々な食品や調理形態に慣れ，ゆったりとした雰囲気の中で食事や間食を楽しむ。

　保育士等は，子どもが，それまでに家庭や保育所等でそれぞれに異なる生活体験をしていることを理解した上で保育を行う必要がある。

　おいしさや食べることの心地よさ，満足感などを表現する保育士等の気持ちや雰囲気を感じながら，子どもの感覚と行為，言葉が一致していく。保育士等を模倣しながら，初めて口にする素材や調理方法の食べ物にも次第になじんでいく。こうして知っている食品の味や形態の種類が増えていくと，食べることが楽しみになる。食事を取る時に，「初めての味だけど，さっぱりしていて食べやすいよ」「トロトロに煮込んであるからおいしいよ」といった快の気持ちを伴う言葉を保育士等からか

159

第Ⅰ部 「保育所保育指針」解説とポイント

けられることによって，子どもにもそうした感覚が育っていく。

　このように食べることそのものを楽しむ経験を重ねるとともに，保育士等や友達とテーブルを囲み，食べ物の形を何かに見立てたり，話をしたりしながら，子どもは食事の時間を楽しく過ごす。穏やかでくつろいだ雰囲気の下，保育士等や友達と一緒に食事を楽しむ経験は，子どもたちに安心感をもたらし，同時に生活を共にする子ども同士の関係を心地よいものにしていく。

⑤　身の回りを清潔に保つ心地よさを感じ，その習慣が少しずつ身に付く。

　子どもは，日常生活における保育士等からの援助や関わりを通して，身辺を清潔にすることに関わる様々な状況の意味や理由を体験的に理解し，自ら清潔を保つために行う習慣を身に付けていく。

　例えば，トイレから出てきて石けんで手を洗う時や，外遊びの後に服が汗や泥で汚れている時などに，保育士等が「きれいにしようね」「さっぱりしたね」と子どもに分かりやすい言葉で意味を添えながら根気よく関わり続けていくことで，子どもは行為に伴う心地よさの感覚と意味を結び付けて，その必要性を理解する。

　同じように，「外に行く時は靴を履こう」と言葉をかけることは，子どもに，靴を履くという具体的な行為とともに内と外の区別などを一緒に伝えることになる。

　保育士等は，保育の環境を整え清潔に保つとともに，子どもたちが清潔に関わる行為の意味を感じ取るような言葉がけをすることが重要である。

⑥　保育士等の助けを借りながら，衣類の着脱を自分でしようとする。

　この時期の子どもは，毎日繰り返されることについては，その流れや手順について「こうすればこうなる」とある程度の予想ができるようになってきており，自分なりに工夫して取り組もうとする姿が見られることも多い。保育士等は，こうした子どもの「自分でしよう」という気持ちを尊重して見守ることが重要である。

　例えば，保育士等が子どもに「散歩に行くよ」と声をかけると，自分の帽子を取りに行ってかぶろうとしたり，靴を自分で履こうとしたりする。このように子どもが衣類の着脱を自らしようとする時には，保育士等はゆとりをもってその様子を見守り，できないところを「こうしたらよいよ」と行為を言葉にしながら援助する。

　また，衣類の着脱に気持ちが向かわない子どもには，例えば手を電車に，袖をトンネルに見立てて，「電車がトンネルを通るよ」などと働きかけながら，その子ど

保育所保育指針解説　第2章　保育の内容

もの興味からつなげていくようにする。できた時には，それが喜びになるような言葉がけをすることも重要である。

> ⑦　便器での排泄に慣れ，自分で排泄ができるようになる。

　身体の諸機能の発育・発達に伴い，子どもが自分で排泄することが可能となってくる。排泄の自立に向かう時期には，子どもの「自分でできる」「自分でしたい」という自信や意欲を育むことも重要である。

　おむつが濡れている時には「きれいにしようね」と声をかけながら交換し，清潔になる心地よさを子どもが経験するようにする。排尿の素振りが見られる時には，タイミングよく優しい言葉でトイレに誘う。

　また，ぐっすりと眠った後など，おむつが濡れていない時がある。そうした時に，声をかけてトイレに誘ってみる。子どもが嫌がった場合にはその気持ちを受け入れるが，トイレに行ってみようという気持ちが起きた場合には一緒に付き添う。そして，気持ちを込めて排泄を促すような言葉をかける。便器で排泄ができた時には，一緒に喜ぶ。トイレに行っても出ない時には，適度な頃合いで「おやつの後にしようか」など優しく対応する。

　このように，保育士等が焦らずに一人一人の子どものペースを尊重して対応することで，子どもは次第に必要に応じて自分からトイレに行けるようになっていく。

(ウ)　内容の取扱い

> ①　心と体の健康は，相互に密接な関連があるものであることを踏まえ，子どもの気持ちに配慮した温かい触れ合いの中で，心と体の発達を促すこと。特に，一人一人の発育に応じて，体を動かす機会を十分に確保し，自ら体を動かそうとする意欲が育つようにすること。

　歩行が開始されると，周囲のあちこちに次々と興味を向け，そこへ行きたがるようになる。歩く時の姿勢も次第に安定し，手を自由に使えるようになって，様々な遊具で遊ぶようになる。また，興味をもったものや遊具で保育士等に一緒に遊んでもらい，遊ぶ楽しさを経験することを通して，子どもは自分から遊び出し，遊びに夢中になり，より意欲的に遊ぶようになる。このように，遊びにおいて子どもの心と体は密接に関わり合っており，保育士等の関わりに支えられて遊び込む経験は，心身両面の発達を促していく。

161

第Ⅰ部 「保育所保育指針」解説とポイント

　子どもが伸び伸びと体を動かし，この時期の遊びが充実したものとなるようにするためには，発達の個人差などを踏まえて，一人一人の子どもの興味や関心に沿った環境を構成するとともに，その行動範囲や動線を視野に入れて空間の取り方や区切り方を工夫することが重要である。また，それぞれに親しんでいる遊具などを仲立ちにして子ども同士で遊ぶこともあるが，言葉でのやり取りがうまくいかずに遊びが成立しないことも多いので，保育士等が仲立ちになって，その遊びが発展するように関わる。

　こうした保育士等の配慮が，子どもが自ら体を動かそうとする意欲を育てる。

> ②　健康な心と体を育てるためには望ましい食習慣の形成が重要であることを踏まえ，ゆったりとした雰囲気の中で食べる喜びや楽しさを味わい，進んで食べようとする気持ちが育つようにすること。なお，食物アレルギーのある子どもへの対応については，嘱託医等の指示や協力の下に適切に対応すること。

　保育所における一日の生活の流れにおいて，充実した遊びの時間を過ごし，規則正しいリズムで生活することにより，自然に子ども自身の食習慣が形成されていく。例えば，遊んでいる時に，園庭までおいしそうな給食のにおいが漂ってくる。夢中で遊んでいた子どもが，においにつられて保育室に入ろうとする。保育士等は，状況に応じて「お腹が空いたね。お昼にしよう。」などと言って子どもを食事に誘ったりする。

　ただし，発達の個人差やそれぞれの家庭における生活の状況や習慣の違いなどもあり，食事を始めるタイミングや食事にかかる時間は，子どもによって違いもある。ゆったりと落ち着いた雰囲気の中で，友達と一緒に食べる楽しさを経験しつつ，急かされたり待たされたりせず一人一人のペースが尊重されることで，それぞれにとって食事が心身両面において心地よく満たされた気持ちを味わう時間となるようにする。

　そのために，例えば，保育室における食事と午睡や休息の空間の分け方を工夫し，遊び，食事から午睡に至る一連の流れが一人一人のペースに応じたものとなりやすいようにすることが考えられる。また，食事の提供に当たって，個々の子どもの空腹の具合や食べたい気持ち，もう少し遊んでからという気持ちなどに配慮することも大切である。

　食物アレルギーのある子どもに対しては，第3章の1の（3）のウに示された事

162

保育所保育指針解説　第2章　保育の内容

項に留意し，医師の診断・指示の下，保護者や調理員等との連携を図り，食材や調理の仕方などを工夫することが必要である。また，保育所での食事の時間に満足が得られるよう，職員間での連携体制や子どもの席の位置，周辺の環境などに配慮することが求められる。

> ③　排泄の習慣については，一人一人の排尿間隔等を踏まえ，おむつが汚れていないときに便器に座らせるなどにより，少しずつ慣れさせるようにすること。

　排泄の間隔やタイミングは，家庭での生活や子どもの身体面の発達によっても異なる。一人一人の状況を把握して，子ども自身がトイレに行くことに興味をもったり，排尿の素振りが見られたりした時に，優しく言葉をかけて誘い，便器に座ってみるよう促す。失敗することもあるが，そのことを殊更に叱ったり，気持ちがのらない様子の時に長い間便器に座らせたりするのではなく，子どもが自分で伝えることができたり，うまくいった時に一緒に喜び，自信や達成感を味わうことを大切にする。

　こうした保育所での取組や対応の仕方などについては，連絡帳などで家庭にも伝え，無理のない範囲で家庭と共に取り組めるようにする。保育士等は，子どもがどうすれば無理なく心地よさを得られるかということを考え，子どもの気持ちを理解しタイミングよく誘うことを心がける。他の子どもと比べたり便器に座ることが苦痛に感じられる体験となったりすることがないよう，焦らずゆったりとした気持ちで見守りながら，子どもの状況に合わせて援助することが重要である。

> ④　食事，排泄，睡眠，衣類の着脱，身の回りを清潔にすることなど，生活に必要な基本的な習慣については，一人一人の状態に応じ，落ち着いた雰囲気の中で行うようにし，子どもが自分でしようとする気持ちを尊重すること。また，基本的な生活習慣の形成に当たっては，家庭での生活経験に配慮し，家庭との適切な連携の下で行うようにすること。

　この時期の「自分でしようとする」気持ちは，子どもの身近な事柄に向かう。生活習慣の形成は，子どもの自分でやりたいという気持ちを受け入れて，急がずに子どものペースに合わせて，子どものできないところを援助することが重要である。

　このような関わりの下で少しずつできることが増えて，自分ですることに自信をもつようになり，子どもは「自分でする」「一人でしたい」と主張するが，実際に

保育所保育指針解説

163

第Ⅰ部 「保育所保育指針」解説とポイント

してみるとまだまだ思うようにいかないこともある。そこで，保育士等によって励まされたり，具体的な助言を得たり，一部手伝ってもらったりしながら，簡単には諦めず試行錯誤を続ける。それは，基本的な生活習慣に関わる行動が，試行錯誤の中で少しずつ修正されてできるようになっていく過程である。

　自分の思うことを自分で試みようとしている姿は，この時期の自立へ向かう大切な姿である。家庭には，子どもが自分でしようとすることの意味とともに，保育所での対応とその意図も丁寧に伝えていくことが望ましい。自分でやりたいという子どもの気持ちに共感し，温かく，長い目で見守ることを，家庭とも共有していくことが重要である。

イ　人との関わりに関する領域「人間関係」

> 　他の人々と親しみ，支え合って生活するために，自立心を育て，人と関わる力を養う。
> 　(ア)　ねらい
> 　　①　保育所での生活を楽しみ，身近な人と関わる心地よさを感じる。
> 　　②　周囲の子ども等への興味や関心が高まり，関わりをもとうとする。
> 　　③　保育所の生活の仕方に慣れ，きまりの大切さに気付く。

　この時期の子どもは，身近な保育士等との愛着を拠りどころにして，少しずつ自分の世界を拡大していく。人への基本的信頼感に支えられ，また生活や遊びへの気持ちが高まる中で，周囲の同年代の子ども等に興味を示し，自ら関わりをもとうとするようになる。こうした意欲が，この時期の豊かな生活や遊びを支え，その中で子どもは人と関わり合うことの楽しさや一緒に過ごすことの喜び，安心感といったものを味わう。こうした経験が，人と関わる力の基礎を培っていく。

　子どもは保育士等の存在によって，次第に保育所の生活に慣れ，楽しく充実した生活や遊びの中で，周囲の人との関わりを深めていく。例えば，保育士等が日々温かく迎えてくれる笑顔や挨拶に気付き，それらを自らも試してみながら，身近な人と関わりをもとうとする。そういった関わりを通じて，他の人々と関わることへの心地よさや楽しさを感じ，更に自ら周囲の人と関わりをもとうとするようになる。

　またこの時期，同じものに興味を示した子ども同士の間に，ものを介したやり取りが生じたり，近くにいる子ども同士が同じ表情や動作をして，それを面白がって

保育所保育指針解説　第2章　保育の内容

互いに顔を見合わせて笑ったりするなど，子どもが他の子どもと関わって楽しむ様子が見られる。このような場面は意図せず生じることも多いが，こうした経験を重ねる中で，子どもは周囲の子どもに対する興味や関心を高め，自分から働きかけて関わろうとするようになっていく。

　子ども同士の関わりにおいては，双方の思いがぶつかり合うこともあるが，そうした時に保育士等が自分の気持ちを温かく受け入れつつ援助してくれる態度を見ることで，子どもは徐々に自分と他者の気持ちの違いに気付くようになる。そういった経験を通じて，他の人々との生活に慣れていき，人と共に過ごしていくためのきまりがあることにも少しずつ気付くようになる。

(イ)　内容

> ①　保育士等や周囲の子ども等との安定した関係の中で，共に過ごす心地よさを感じる。

　子どもは，自分を温かく受け入れてくれる保育士等との信頼関係に支えられて自分の居場所を確保し，安心感をもってやりたいことに取り組むようになる。保育士等は，子ども一人一人の内面に思いを寄せ，保育所の生活の何に心地よさを感じているのか理解しようとすることが大切である。

　例えば，自分のクラスの保育士等や子ども等との関係の中で安定する子ども，職員室で施設長等と過ごすことで安定する子ども，兄弟姉妹等のそばにいることで安定する子どもなど，子どもによって，誰と，どのように過ごすことで安定するかは異なる。それぞれに心地よさを感じられる相手との関係性を拠りどころに，保育所での生活に親しみをもつようになり，他の人とも関わりを広げていく。

　子どもが，保育所の生活を通して，周囲の人と共に過ごす心地よさを感じるためには，まず保育士等がこうした子ども一人一人の状況をよく捉え，その思いを受け入れながら関わっていくことが大切である。

> ②　保育士等の受容的・応答的な関わりの中で，欲求を適切に満たし，安定感をもって過ごす。

　子どもは，生理的欲求，知的刺激や人との関わりに対する欲求など，様々な欲求をもって生活している。そして，それらが満たされることで充実感や満足感を味わい，自分なりにしたいことを見付け，そのことに取り組もうとする意欲をもつよう

165

第Ⅰ部 「保育所保育指針」解説とポイント

になる。保育士等は，子どもが興味や関心をもったことに対して，自分なりに考え
て自分の力でしてみようとする態度を育てることが大切である。

そのため，保育士等は，子ども一人一人の行動や思いをありのまま認め，期待を
もって見守ることや，子ども一人一人の発達の違いを考慮した上で保育士等の考え
や気持ちを表情や言葉などで伝える。こうした受容的・応答的な関わりを通して，
子どもは自分の考えや思いが受け止められた喜びを感じると同時に，保育士等の思
いに次第に気付くようになる。こういった体験を通して，自分で考えて自分でしよ
うとする意欲や諦めずにやり遂げようとする気持ちの芽生えが培われる。

> ③　身の回りに様々な人がいることに気付き，徐々に他の子どもと関わりをもって
> 遊ぶ。

保育所は同年代の子どもが集団で共に過ごす生活の場であり，子どもが様々な人
と出会う場である。子どもは，保育所における生活の中で，それぞれに異なる個性
をもった他の子どもや保護者をはじめ，同じ地域に暮らす高齢者など多様な年代の
人や障害のある人，外国人などと接する。

保育士等は，子どもがこれらの人と関わって様々に心を動かす時に，その出来事
を通して感じたことや考えたことを共有し，それぞれの人の特性や多様性に気付く
ように関わって，人には皆違いがあるということを子どもが実体験として感じ取れ
るように支えることが重要である。

また，子どもは，遊びを通して自分とは異なる思いや感情をもつ他の子どもの存
在に気付き，徐々に子ども同士の関わりをもつようになる。保育士等は，遊びの中
で互いのよさなどが生かされ，一緒に遊ぶ楽しさをもてるよう，それぞれの友達の
よいところを伝えるようにする。保育士等が，子ども一人一人のよさや可能性を見
いだし，その子どもらしさを損なわず，ありのままを受け入れる姿勢をもつことが
大切である。

> ④　保育士等の仲立ちにより，他の子どもとの関わり方を少しずつ身につける。

子どもは，幼い頃から他者の気持ちに共感したり，苦痛を示す相手を慰めたりす
る行動を示すことがある。しかし，自分と他者の気持ちの区別はできにくいため，
他の子どもと関わりを深めていく中で，自己主張し合ったり，いざこざが起きたり
することも多くなる。

保育所保育指針解説　第2章　保育の内容

　保育士等は，子ども一人一人が十分に自己を発揮しながら，保育所の生活における様々な場面で他の子どもと多様な関わりがもてるようにする。そして，子どもが他の子どもと一緒に生活する中で，自分の思いを相手に伝えることができるようにするとともに　相手にも思いがあることに気付くことができるように仲立ちすることが大切である。時には保育士等が具体的な関わり方の見本を実際にしてみたり言ってみたりして示すことで，子どもが対人的な場面でその状況に応じた適切な行動や言い方があることに気付くようにする。

⑤　保育所の生活の仕方に慣れ，きまりがあることや，その大切さに気付く。

　子どもは，一人一人の家庭環境や生活経験が異なる中で，保育士等にありのままを受け止められ，認められつつ，保育所での生活の仕方に次第に慣れていく。保育士等は，子どもが日々の生活や遊びの中で楽しさを感じ，保育所での生活に充実感を得られるようにすることが必要である。子どもは保育所での充実した生活を過ごす中で，戸外に出る時に靴を履くことやトイレの使い方等を繰り返し経験しながら，きまりがあることに気付くようになる。

　また，子どもは楽しい遊びをする中で他者との間に生じる葛藤などの体験を通じて，きまりの大切さを子どもなりに感じる。例えば，遊具を使って十分に遊び，楽しかったという経験を積み重ねると，その遊具へのこだわりや愛情をもつようになり，他の子どももそれを使いたい時に，その遊具を巡っていざこざが起きることがある。こういった時，保育士等は直ちにきまりを伝えたり，守らせたりするのではなく，まずは子どもの思いを十分に受け止め，相手の思いもあることに気付くようにする。このように，子どもが充実した生活や遊びの中で経験を積み重ねることで，自らきまりの大切さに気付くよう援助することが大切である。

⑥　生活や遊びの中で，年長児や保育士等の真似をしたり，ごっこ遊びを楽しんだりする。

　この時期の子どもは，能動的に身近な人の真似をする行動が見られる。保育所は，幅広い年齢の子どもが互いに関わり合いながら共に生活している。そういった環境の中で，周囲の身近な人への関心が高まると，年長児や保育士等の仕草や行動の真似をすることがある。例えば，年長児との関わりの中で，憧れの気持ちを抱いて遊びの真似をしたり，自分が困っている時に保育士等が助けてくれたことを他の子ど

167

第Ⅰ部 「保育所保育指針」解説とポイント

もに対して同じように行ったりすることがある。また，生活や遊びの中で経験した
ことを，ごっこ遊びで再現して楽しむ姿も見られるようになる。

このように，この時期の子どもは，年長児や保育士等の真似やごっこ遊びを通じ
て，保育所での生活の仕方に気付くことがある。保育士等は，子どもが他の年齢の
子どもの存在を感じ，互いに関わりを楽しめるように援助することが大切である。

(ｳ) 内容の取扱い

> ① 保育士等との信頼関係に支えられて生活を確立するとともに，自分で何かをし
> ようとする気持ちが旺盛になる時期であることに鑑み，そのような子どもの気持
> ちを尊重し，温かく見守るとともに，愛情豊かに，応答的に関わり，適切な援助
> を行うようにすること。

子どもの発達の状態や内面に即した適切な援助を行うためには，まず保育士等が
子ども一人一人のよさを認めて信頼関係をつくり出すことが必要である。そのため，
保育士等は，まだ言葉が十分でないことを理解し，子どもの何気ない仕草や表情か
ら，感じていることや実現したいと思っていることをありのままに受け止めること
が大切である。そして，子どもの気持ちを尊重し，期待をもって見守ることで，子
どもが生活や遊びの様々な場面で，自分でしようとする気持ちをもつことができる
よう援助する。

子どもが自分で何かをしようとする過程で，時にはどうしたらよいか分からず戸
惑ったり，不安を覚えてためらったりすることもある。保育士等は，こうした子ど
もの揺れ動く心の動きに対して，共感的に心を動かしたり，一緒に考えたりするな
ど，その時々で柔軟に応答することが大切である。保育士等のこのような援助によ
って，子どもは安心を得て自らやろうとする気持ちを旺盛にし，自立心の芽生えを
育てていくのである。

> ② 思い通りにいかない場合等の子どもの不安定な感情の表出については，保育士
> 等が受容的に受け止めるとともに，そうした気持ちから立ち直る経験や感情をコ
> ントロールすることへの気付き等につなげていけるように援助すること。

子どもは思い通りにいかない場合，悲しんだり，怒ったり，不安になったり，諦
めたり，恥ずかしさを感じたりするなど，様々に不安定な感情を表出する。保育士
等は，安易に気持ちの切り替えを促すのではなく，子どもの感情に対して「悲しい

保育所保育指針解説　第2章　保育の内容

ね」「悔しいね」などと十分に時間をかけて受容的に受け止めるとともに，子ども
なりに取り組んでいる姿を認めたり，時には一緒に行動しながら励ましたりするこ
とが大切である。

　こうした援助によって，子どもは安心して自分の素直な感情を表出し，保育士等
と共に自分の気持ちに向き合いながら，不安定な気持ちから立ち直るようになる。
このように，子どもは，保育士等からの受容的な援助の下，自己を発揮しながら現
実の状況と折り合いを付ける経験を重ねることで，自己肯定感を高めると同時に，
自分の感情をコントロールすることへの気付きが生まれるのである。

③　この時期は自己と他者との違いの認識がまだ十分ではないことから，子どもの
　自我の育ちを見守るとともに，保育士等が仲立ちとなって，自分の気持ちを相手
　に伝えることや相手の気持ちに気付くことの大切さなど，友達の気持ちや友達と
　の関わり方を丁寧に伝えていくこと。

　この時期の子どもは，保育所での生活を重ねる中で，共に過ごす同年代の子ども
の存在に興味を抱き，関わろうとし始める。そして，友達との関わりを深めていく
ことで，自分と他者の気持ちの違いに次第に気付くようになる。

　保育士等は，子どもの自我の育ちを見守りつつ，友達の気持ちや友達との関わり
方に気付いていくよう援助する。例えば，友達に自己主張をする中で互いの主張が
ぶつかり，手が出てしまったり，泣いて訴えたりしているような場合，それぞれの
子どもの思いをしっかりと認め，受け止めた上で，相手が何を求めていたのか，何
が嫌だったのかといったことを言葉にして伝え，仲立ちをする。

　こうした関わりを丁寧に繰り返しながら，どうすればそれぞれの思いや願いが満
たされて一緒に気持ちよく過ごせるのか考えてみるということに，子ども自身の気
持ちが向くように援助していく。葛藤が生じた時に，保育士等がまず事態を収める
ことを優先した関わりをするのではなく，双方の思いを大切にしながら納得のいく
解決の方法を提案してみるなど，状況に応じて具体的な対処の仕方を伝えていくこ
とで，子ども自身はまだなかなか実行には移せなくても，自ら考えてみようとする
気持ちを育んでいくことが大切である。

保育所保育指針解説

第Ⅰ部 「保育所保育指針」解説とポイント

ウ 身近な環境との関わりに関する領域「環境」

> 周囲の様々な環境に好奇心や探究心をもって関わり，それらを生活に取り入れて
> いこうとする力を養う。
> (ア) ねらい
> ① 身近な環境に親しみ，触れ合う中で，様々なものに興味や関心をもつ。
> ② 様々なものに関わる中で，発見を楽しんだり，考えたりしようとする。
> ③ 見る，聞く，触るなどの経験を通して，感覚の働きを豊かにする。

　行動範囲の拡大とともに，子どもが見たり触れたり感じたりするものは増えていく。保育士等や他の子どもなど生活や遊びの中で出会い，関わる様々な人を含め，子どもにとって，自分を取り巻く全てが成長や発達を促す環境である。身近なものに目を留め，飽きもせずじっと様子を眺めたり，納得のいくまで同じ動きを加えたりしながら，対象のもつ性質や動きの特徴，物と物の違いや関係性，仕組みなどを経験的に理解し，更に自ら新しい遊び方を発見することに面白さや喜びを見いだす。こうした姿は，好奇心をもって周囲の環境に関わり，自分なりにいろいろな方法や視点から探求して，生活や遊びに取り入れ自分のものとしていく力へとつながるものである。

　この時期の子どもは，日頃から慣れ親しみ安心できる環境の中で，旺盛な探索意欲を発揮し，注意を引かれたものへ自ら近づいていく。身近なものの何気ない動きなどを一心に見つめ，手を伸ばしてその動きを止めたり変えたりしようとし，それによって生じる反応をまたじっと眺めたりする。音やにおい，衝撃，光など，自分と環境の関わり合いがもたらすあらゆるものに感性を働かせ，その感覚を味わう。こうした経験を幾度も繰り返しながら，子どもは更に興味や関心の幅を広げていく。

　このような子どもの発見や感動に周囲の大人が共感することで，子どもは自信をもって遊びを発展させていくことができる。保育士等は，安心してじっくりと興味の対象に関わることのできる環境を整え，子どもの見いだしたことや感じ取ったことに，思いの寄り添った言葉をかける。驚きや喜びを人と共有する経験は，子どもが期待をもって環境に関わり，発見を楽しんだり，更にいろいろと試行錯誤してみようとしたりする気持ちを支えるものとなる。

　子どもが自ら感じ取る世界を豊かなものとしていくためには，直接的な経験を通して，様々感覚を十分に働かせることが必要である。小さな音にも耳を澄ました

保育所保育指針解説　第2章　保育の内容

り，脆いものをそっと扱ったり，一方で思い切り木の枝を揺らして落ちてくる水滴
の冷たさや感触を楽しんだりと，体全体を使って環境に触れる経験を通して，子ど
もにとって身近な世界が魅力に満ちたものになっていく。

(イ)　内容

> ①　安全で活動しやすい環境での探索活動等を通して，見る，聞く，触れる，嗅ぐ，
> 味わうなどの感覚の働きを豊かにする。

　子どもの豊かな感覚や感性は，子どもの行動や手の届く範囲などを踏まえて安全
や活動のしやすさに配慮された環境の下，安心できる保育士等の存在を拠りどころ
にして，活発な探索活動が促される中で培われていく。何か困ったことや怖いこと
があった時には慰めたり助けたりしてくれる安全基地のような存在として信頼を寄
せる保育士等が近くにいることによって，子どもの情緒は安定し，好奇心をもって
周囲の人やものに関わってみようとする。周囲の様々な環境に興味や関心を広げ，
見る，聞く，触れる，嗅ぐ，味わうなど様々な感覚を働かせながら対象に関わる。
行動範囲が広がるにつれて，目に入ってくるものに次々と興味を引かれ，身近な環
境に対する興味が強くなっていく。

　旺盛な好奇心を発揮して身近な環境に能動的に関わろうとする子どもの姿は，時
には，しまってあるものを全て取り出してしまったり，ものを放り投げたりするな
ど，大人にとっては困った行動のように映ることもある。保育士等は，子どもの活
発な探索活動が豊かな感覚や感性を促していくことに留意し，安全で活動しやすい
環境を整えるとともに，自らも感受性を豊かにし，子どもの思いを受け止めて丁寧
に関わることが求められる。

> ②　玩具，絵本，遊具などに興味をもち，それらを使った遊びを楽しむ。

　この時期の子どもは，手を巧みに使えるようになってくることで，例えば積み木
を重ねて高くしたり，横に並べて四角く囲いを作ったりするなど，興味をもった玩
具等を自分なりの目的や方法でいろいろと工夫しながら扱って楽しむ姿が見られる。
さらに，成長に従ってそれらを塔に見立てたり，「ここが駅なの」と言いながら別
の積み木を「電車が出発します」と床の上で動かしたりと，イメージを用いた遊び
も盛んになる。

　このように，心身の発達に支えられてものを使った遊びの幅が大きく広がりを見

171

第Ⅰ部 「保育所保育指針」解説とポイント

せる中で，子どもは身の回りに用意された玩具や絵本，遊具などに興味や関心をもち，いろいろなものに自分から触れ，それらで繰り返し遊ぶ。保育所や家庭，地域での日常生活において実際に経験したことと，玩具や遊具等で見立てたり絵本で読んだりしたイメージとを結び付け，自分なりの遊びの世界を豊かに広げていく。

また，他の子どもの遊んでいる様子や保育士等の「これは何のお店なの」といった言葉などに触発され，それまでとは違う遊び方やイメージを取り入れて，遊びが発展していくこともある。後に，ものやイメージを介して人と一緒に遊ぶことへとつながっていく姿である。

> ③ 身の回りの物に触れる中で，形，色，大きさ，量などの物の性質や仕組みに気付く。

この時期の子どもは，身の回りで見付けた物を手にとり，ひっくり返していろいろな角度から眺めたり，壁や床に打ちつけたり，足で踏みしめたりと，物と様々な関わり方をして遊ぶ。同じ形をしているが大きさの違う箱やカップを重ねてみたり，小さな玩具を色ごとに分けて並べたりして，物と物を組み合わせて楽しむ姿も見られる。こうした経験を重ねながら，形や色，持ってみた時の重みや硬さ，柔らかさ，ぶつけてみた時の音の大きさや響き方など，それぞれの違いを通して，物の様々な性質に気付いていく。

また，こうした遊びの中で偶発的に思いがけない動きを発見すると，それを繰り返しながら，「こうするとどうなるだろう」「どうしたらうまくいくだろう」「どうしてこうなるんだろう」など，物の関係や仕組みについての探究心が芽生える。例えば，凹凸のあるブロックを重ねようとした瞬間に形が崩れ，上にのせようとしたブロックが転がり落ちていく様子に興味が向き，意図的に重ねては崩すことを繰り返すことで，崩すこと自体の面白さに気付いたり，崩れないようにバランスをとる積み方を見付け出したりするようになる。

保育士等は，予想される遊びに限定することなく，子どもの好奇心をもって遊ぶ姿を認め，豊かに遊びが展開されるよう共感的に関わるとともに，探求するための時間と空間を保障することが大切である。そのためには様々な遊具や用具，素材などを用意するとともに，衛生面や安全面への配慮がなされた環境を整えることが大切である。

保育所保育指針解説　第2章　保育の内容

④　自分の物と人の物の区別や，場所的感覚など，環境を捉える感覚が育つ。

　この時期の子どもは，自我の芽生えとともに「自分の物」という所有の意識も明確になってくる。自分が先に遊んでいる玩具を他の子どもが持って行こうとすると取り返そうとしたり，外に出る時には自分の帽子や靴を自分で棚から持ってきたりする姿が見られる。同じように，他の子どもの持ち物も分かるようになってきて，友達のコップを取ってきて渡してあげたりする。

　物だけでなく場所についても，愛着や親しみの気持ちを育てる。保育室にある自分のロッカーや椅子，自分のクラスの保育室など，保育所での生活における自分の拠点や居場所をもって，活動の範囲を広げていく。保育室内の食事や着替えをする場所，トイレや手を洗う場所など，日常の生活に関わる場所について，そこに何があるか，そこで何をするのかを把握し，生活の流れに合わせて行動する。遊びの場面でも，じっくり集中して玩具や絵本を楽しみたい時，園庭やテラス，廊下など空間の構成やそこにあるものを活用して遊びたい時など，自分のしたいことや今興味のあることをするのに適したお気に入りの場所を自分なりに見付けて，遊び込む姿がある。

　このように自分が日々過ごす環境を，自分の活動と結び付けて捉える感覚が育っていく中で，子どもは主体的に自らの生活をつくり出していく。また，そこで保育士等が人やものに対して愛着をもって関わる姿に触れることで，自分も身近な人やものを大切にしようとする気持ちが芽生える。保育士等は，居心地のよさや「ここは自分の居場所である」という感覚を子どもがもつことができるよう，保育の環境を整えていくことが必要である。

⑤　身近な生き物に気付き，親しみをもつ。

　子どもは，保育士等と共に身近な動植物を実際に見たり，触ったりすることを通して，それらに親しみや興味をもつ。手触り，重さ，大きさ，におい，動き，鳴き声などの様々な感覚を直接的に体験し，命をもつものの存在を実感する。姿かたちなどの特徴的な部分をはじめ，絵本や映像などを通して見知っていた生き物のイメージが，実物に触れることで更に鮮明になり，その生き物に対する認識が具体的で豊かなものになる。

　初めて接する生き物に対して，最初はその扱い方などが分からず，いきなり触ろ

第Ⅰ部 「保育所保育指針」解説とポイント

うとして逃げられてしまったり，相手から思いがけない反応が返ってきたりすることもある。それらは，生きた存在を相手にするからこその経験である。

　生き物との様々な触れ合いを重ねてそれぞれの特性が分かってくると，子どももそれに合わせた関わり方をするようになってくる。そして，こうした動植物の美しさや力強さ，はかなさ，可愛らしさなどに驚きや感動を味わい，心を動かされる。また，日常的に目にしたり，保育士等や年上の子どもたちが行う世話を手伝ったりしていく中で，慣れ親しんだ生き物に愛着を感じるようにもなっていく。

> ⑥　近隣の生活や季節の行事などに興味や関心をもつ。

　子どもは，家庭での生活や保育所での保育士等と保護者のやり取りなど，自分の日常の生活における様々な人の営みを見て，それらに興味や関心を示す。そして，様々な場面での大人の様子を観察し，そのイメージを取り込んで，口調や動作，行動を模倣したり，ままごとやお店屋さんごっこなどのごっこ遊びを楽しんだりする。これは，身近な生活のいろいろな場面における物事や人の行動を真似て，子どもが自らの知識として取り入れ，身に付けることができるようになりつつあることの現れである。この時期のこうした姿は，やがて自分の生活を支える家庭及び社会の仕組みや人々の働き，役割などを理解しようとする態度の育ちへとつながっていく。

　また，子どもは，友達や保育士等と共に季節や折々の文化，行事に触れて，その雰囲気を味わったり，楽しんだりする。行事に合わせて彩りの添えられた保育室の飾りや食事，わくわくするような活動，少しだけ改まって特別感を味わう体験など，普段の生活とは違う環境の中で，子どもなりに保育士等や友達との一体感，季節や自身の成長の節目などを感じる。こうした経験を通して，子どもは日常の遊びにも自分の体験したことを取り入れたりしながら，自分を取り巻く地域の自然や伝統文化などに興味を向けるようになってくる。

　保育においては子どもが季節の変化を感じ取ることができるようにするとともに，保育士等が季節感を取り入れた生活を楽しむ取組が求められる。また，子どもが季節の行事などに興味をもって発する言葉に共感し，適切に働きかけていくことが大切である。

保育所保育指針解説　第2章　保育の内容

(ウ)　内容の取扱い

> ①　玩具などは，音質，形，色，大きさなど子どもの発達状態に応じて適切なもの
> を選び，遊びを通して感覚の発達が促されるように工夫すること。

　子どもにとっての玩具は，乳児期から育ちつつある豊かな感性を養うものである。
子どもは，自分なりに興味のある玩具を集め，遊び込むことでその玩具のもつ面白
さを理解していくものである。例えば，積み木遊びの初期では，保育士等が積んだ
積み木を崩したり，積んでもらったりする遊びを楽しむことから，徐々に自分で積
み木を積んだり崩したり，並べたりを繰り返して楽しむようになる。手や指先の力
を調整し，そっと置いたり力強く押し込んだりすることは，子どもの身体的機能の
発達を促すことにもつながる。

　こうしたことを踏まえて，子どもが自分なりの発想や工夫で楽しむことができる
よう，子どもの発達の状態に即した形や大きさの玩具等を用意する。また，音の出
る玩具の場合はその音質や音量が子どもにとって心地よいと思われるものであるこ
と，色についても，色合いなどに配慮したものを選ぶことが大切である。

　この時期における一人一人の子どもの発達や興味，関心について，現状を把握す
るとともに見通しをもち，その玩具を通して子どもの今育ちつつある力が十分に発
揮されるような玩具を選ぶようにすることが求められる。

> ②　身近な生き物との関わりについては，子どもが命を感じ，生命の尊さに気付く
> 経験へとつながるものであることから，そうした気付きを促すような関わりとな
> るようにすること。

　この時期，行動範囲が広がり，屋外での活動も活発となる。園庭や保育所外へ散
歩に出かけ，そこで様々な生き物に出会い，その姿に興味や関心を抱く。例えば，
草花，小枝，実などを見付けて集めてみたり，アリの行列を見付けて忙しく動き回
る姿をじっと見入ったりする。また，ダンゴムシを触ってみて，その瞬間的な形状
の変化に驚くようなこともある。このように身近な生き物に対する「見たい，触り
たい」という欲求から，更に「その生き物のことをもっと知りたい」という好奇心
へと高まっていく。

　しかし，まだどのように扱ってよいか分からず，乱暴な扱いをしてしまうことも
ある。こうした場面で，保育士等は，子どもが生命の尊さに触れる機会と捉え，根

175

第Ⅰ部 「保育所保育指針」解説とポイント

気強く丁寧に対応することが求められる。そのためには，保育士等自身が生命に対する畏敬の念をもち，身近にいる様々なものの生きる姿を尊重する姿勢を示すことが重要である。

　保育士等は，子どもが好奇心から思わず身を乗り出し，手を伸ばしたくなるような園庭や保育室などの自然環境を整備したり，散策したりするなどして，日常の生活の中で子どもが身近な生き物と触れ合う機会をもつようにすることが大切である。その際，身近な生き物に触れた後に，手洗いをするなど衛生面に留意する。その上で，身近な生き物やそれに関連する教材などを通して，生きているものに対する温かな感情が子どもの内に芽生えるよう，生き物との関わり方を具体的・実践的に伝えていく。

> ③　地域の生活や季節の行事などに触れる際には，社会とのつながりや地域社会の文化への気付きにつながるものとなることが望ましいこと。その際，保育所内外の行事や地域の人々との触れ合いなどを通して行うこと等も考慮すること。

　子どもは，その地域のつながりの中で育っていくものである。保育所周辺の散策中に出会った近隣の住民から声をかけられ言葉を交わしたり，商店にあるものを見せてもらったりと，家庭での生活ではあまり得られない，地域に暮らす人と触れ合って受け入れられる経験を通して，地域の様々な世代や立場の人の存在を知る。

　また，毎日の保育の中でも，わらべうたや昔話などを通してその季節や文化を取り入れた遊びを楽しんだり，行事食を体験したりすることで，伝統的な文化に触れるきっかけを得る。年長の子どもたちのお祭りごっこなどを見たり，参加したりすることも，行事に親しみをもつ機会となる。

　保育士等は，その地域の伝統的な生活習慣を子どもと一緒に楽しむなど，地域の文化に子どもが親しむ体験をもつことができるようにしていくことが大切である。保育所が子どもと地域をつなぐ存在となり，子どもが地域に見守られながら育つ喜びを味わえるよう，子どもなりに楽しんだり取り組めたりするような体験を計画することが求められる。

　保育士等は，自らがその地域の生活に触れたり文化の由来に関心をもったりして，地域の人々と積極的に関わりをもつようにすることが重要である。保育士等がその地域に愛着をもって関わろうとする態度をもつことで，保育所と地域の交流の機会が生まれ，子どもが地域に受け入れられていく。

保育所保育指針解説　第2章　保育の内容

エ　言葉の獲得に関する領域「言葉」

> 　経験したことや考えたことなどを自分なりの言葉で表現し，相手の話す言葉を聞
> こうとする意欲や態度を育て，言葉に対する感覚や言葉で表現する力を養う。
> (ア)　ねらい
> 　①　言葉遊びや言葉で表現する楽しさを感じる。
> 　②　人の言葉や話などを聞き，自分でも思ったことを伝えようとする。
> 　③　絵本や物語等に親しむとともに，言葉のやり取りを通じて身近な人と気持ち
> 　　を通わせる。

　言葉を使うためには，他者と感情や物事を分かち合える温かな関係を基盤として，
指し示す対象と言葉との対応に気付き，理解することと，それを相手に伝えようと
する気持ちが育つことが必要である。意思をもつ主体としての自我の育ちと，自分
の思いを分かってほしい，共有したいと願う身近な大人との関係の育ちを土台に，
言葉を用いて他者と伝え合う力が培われていく。

　そうした発達を支えていく上で，この時期は，言葉のもつ響きやリズムの面白さ
や美しさ，言葉を交わすことの楽しさなどを感じ取り，十分に味わえるようにして
いくことが重要である。保育士等は，絵本や詩，歌など，子どもが興味や関心をも
って言葉に親しむことのできる環境を整えるとともに，子どもに対して，日常の挨
拶をはじめとして生活や遊びの中で丁寧に温かく言葉をかけながら関わるよう心が
ける。また，子どもが表情や言葉などで表した気持ちを丁寧に受け止め，応えてい
くことが大切である。その際，保育士等の表情，声色，身振りなども，言葉と一体
となり，重要な役割を果たす。そうした豊かな言葉の世界に触れる経験や，保育士
等の温かい語りかけに心地よさや嬉しさを感じる経験を通して，子どもは大人の言
うことを模倣したり，耳にした言葉を遊びの中に取り込んだりして，自分も言葉を
使うことを楽しむ。

　保育士等が子どもの発する言葉に耳を傾け，応答的なやり取りを重ねていくこと
は，子どもが自分の気持ちを伝えようとする意欲を育むことにつながる。また，保
育士等の話や言葉に面白さや魅力を感じたり，保育士等の仲立ちを通して友達との
やり取りを楽しんだりすることを通して，保育士等や友達の言うことを分かりたい
という気持ちも膨らむ。このように，日々の生活や遊びにおいて人との関わりが充
実する中で，子どもの話すこと，聞くことへの意欲が高まっていく。

177

第Ⅰ部 「保育所保育指針」解説とポイント

　また，子どもは，絵本や物語などに登場する事物や話の展開，言葉の響きなどを保育士等と一緒に楽しんだり，ごっこ遊びなどの中で保育士等と言葉のやり取りをしたりする経験を通して，言葉の意味するものや話されたことの内容を徐々に理解するようになり，言葉で伝え合うことの喜びや言葉により心を通わせる楽しさを味わう。こうした経験を積み重ねることによって，様々な語彙や表現に出会い，言葉を話したり，相手の言うことを聞いたりする態度が育まれるのである。

(イ)　内容

> ①　保育士等の応答的な関わりや話しかけにより，自ら言葉を使おうとする。

　子どもの言葉は，自分の欲求や気持ちを伝えたいと思い，かつ分かってもらえると感じられる，信頼できる人の存在があって初めて生まれる。子どもは，応答的な大人との関わりによって，自ら相手に呼びかけたり，承諾や拒否を表す片言や一語文を話したり，言葉で言い表せないことは指差しや身振りなどで示したりして，親しい大人に自分の欲求や気持ちを伝えようとする。

　保育士等は，言葉を獲得する前の子どもの表情や姿をよく観察し，その場面に適した言葉をかけたり，子どもの発声を真似たりしながら，声や身振りを介した関わりを楽しいものにしていくことが必要である。こうした応答的な関わりが，子どもと保育士等の関係を深め，言葉によるやり取りの基礎にもなる。また，子どもは保育士等の声や言葉をよく聞き，口元や表情をじっと見て，適切な発音への準備をしていく。そうして，子どもは，信頼できる相手に伝えたい，分かってもらいたいという気持ちの下に，自分も言葉を使おうとするのである。

> ②　生活に必要な簡単な言葉に気付き，聞き分ける。

　子どもは，保育所での集団生活を送る中で，様々な生活に必要な言葉に出会う。例えば「マンマ」や「ネンネ」など，生活習慣や慣れ親しんだ活動内容を表す言葉がある。これらの言葉に気付くことは，生活に見通しをもち，安定感をもって過ごすことにつながる。また「はい」といった返事や，「かして」「ちょうだい」などの要求語，「どうぞ」「ありがとう」など，人と一緒に気持ちよく生活するために必要となる言葉もある。こうした言葉への気付きは，人との関わりを促し，互いに心を通わせることにつながる。

　「バイバイ」と手を振るなど，生活に密着した身振りを伴う言葉は，子どもが身

178

保育所保育指針解説　第2章　保育の内容

近な人と一緒に過ごす中で，自らも相手に合わせて体を動かしながら，比較的早い時期に獲得されていく。一方，「散歩」「着替える」などのように，毎日の同じ生活場面で繰り返し耳にすることで，次第に気付くようになる言葉もある。保育士等は，子どもが生活の中で日常使う言葉を十分に理解できるように，その意味するところを場面をとらえて丁寧に伝えるとともに，それらの言葉に親しみ，言葉によって人との関わりが豊かになる経験ができるよう援助していくことが大切である。

> ③　親しみをもって日常の挨拶に応じる。

　保育所で日常的に交わされる挨拶には，朝の挨拶や，帰りの挨拶，食事の時の挨拶，物を借りたり，何かをしてもらったりした時の御礼の挨拶などがある。挨拶を交わすことは，相手と心を通わせることであり，喜びや楽しみ，感謝の気持ちなどを伝え合うことでもある。また，挨拶を交わすことによって，互いの親しみが増し，共に過ごす生活が心地よいものにもなる。

　子どもは，保育士等や友達と共に生活する中で，同じ場面で繰り返し聞く挨拶の言葉を理解するようになる。毎日の生活の中で，温かく安心できる雰囲気の中で交わされる，明るく親しみを込めた挨拶に，自分も応じようとするようになる。

　保育士等は，子どもが言葉を交わしたくなるような信頼関係を築くとともに，子どもが挨拶の心地よさを感じたり，挨拶に応じたくなったりするような，明るく和やかな雰囲気となるよう心がけることが重要である。同時に，保育士等が，日常的に自ら率先して子どもや保護者を含めた周囲の人に挨拶をしている姿を示すことも大切である。

> ④　絵本や紙芝居を楽しみ，簡単な言葉を繰り返したり，模倣をしたりして遊ぶ。

　絵本や紙芝居は，子どもに新たな言葉との出会いをつくり，言葉の感覚や語彙を豊かにするとともに，子どものイメージの世界を広げる。この時期の子どもは，言葉の意味を理解して楽しむというよりも，言葉そのものの音やリズムの響きがもつ面白さを繰り返し楽しむことが多い。気に入った絵本や紙芝居は，保育士等に何度でも繰り返し読んでもらうことを求め，そこに出てくる簡単な言葉を自分から口ずさむようになる。読んでもらって耳にした言葉を自分の中に取り込み，自分もその言葉を使うことを楽しむようになるのである。

　繰り返し読んでもらうことで，子どもは登場人物の真似をしたり，身体で表現し

保育所保育指針解説

179

たりして遊ぶようになる。例えば、「ぴょーん　ぴょーん」と言いながらカエルの真似をして跳んだり、「三びきのこぶた」をイメージし子どもたちが子ブタになって逃げ出し、保育士等がオオカミになって追いかけたりして、ごっこ遊びを楽しむこともある。このように、友達と一緒に絵本や紙芝居のイメージをもって、ごっこ遊びを共に楽しむ経験は、子ども同士の心を通い合わせることにもつながる。

⑤　保育士等とごっこ遊びをする中で、言葉のやり取りを楽しむ。

　子どもは、自分の体を使って身の回りのものに関わる中で、様々なものや場面へのイメージを膨らませ、そのイメージしたものを遊具などで見立てて遊ぶようになる。また、保育士等や友達のしぐさを真似たりする中で、簡単なごっこ遊びを楽しむようになり、保育士等と簡単な言葉を交わしたり、やり取りを重ねたりするようになる。

　ごっこ遊びの場面で、保育士等が挨拶を交わしたり、返事をしたり、擬音語や擬態語を口にしたり、場面や役に合わせた言葉を話したりすることは、子どもの言葉に対する感覚や語彙を豊かにする。また、子どもが「だったらいいな」という憧れの世界を思い描き、ふりやなりきることを楽しみながら、自らこうした言葉を使おうとする意欲を高める。

　実際に目の前にはない場面や事物を頭の中でイメージして、遊具などを別のものに見立てたり、何かのふりをしたりするという象徴機能の発達は、言葉の習得と重要な関わりがある。子どもは、ごっこ遊びの中で、思いを言葉で表現し、言葉を交わすことの楽しさを味わう。布や箱のような様々なものに見立てられる素材や、エプロンやままごとの遊具などのイメージを支える小道具などを用意したり、保育士等も子どもと一緒に遊び込んだりしながら、子どもが膨らませたイメージに応答的に関わり、広げていく援助が大切である。

⑥　保育士等を仲立ちとして、生活や遊びの中で友達との言葉のやり取りを楽しむ。

　この時期の子どもは、保育士等を仲立ちにして、次第に子ども同士の関わりを楽しむようになる。年齢や月齢が近い子どもたちは、共通のものに興味をもったり心地よさを感じたりすることが多い。例えば、丸くなったダンゴムシを、数人でじっと見つめたり、手のひらにのせて保育士等に見せた後、違う友達にも見せたりするなど、同じ興味の対象を介して友達との関わりが広がる時期である。保育士等は

保育所保育指針解説　第2章　保育の内容

「ダンゴムシさん，丸くなってるね。お昼寝しているのかな。」など，子どもの気持ちを代弁したり，更にやり取りが引き出されるような応答をしたりして，他の子どもとの仲立ちをすることが大切である。そうすることで，子どもたちは言葉で思いをやり取りする喜びを経験する。

　また，子どもたちは，友達と同じことをすることを喜び，互いの動きを模倣し合うことも楽しむようになる。「○○くんの電車が来るよ。ガタンゴトン，ガタンゴトン。」などと保育士等が言葉をかけることで，他の子どもたちも「ガタンゴトン，ガタンゴトン」と電車になり，皆で一緒に電車ごっこを楽しむこともある。このように，保育士等の言葉が，子どもの言葉を生み，遊びの楽しさを広げるのである。

---

⑦　保育士等や友達の言葉や話に興味や関心をもって，聞いたり，話したりする。

　保育士等に名前を呼んでもらったり，友達同士で名前を呼び合ったり，子どもにとって人と言葉を交わすことは楽しく嬉しい経験であることが大切である。こうした楽しさや嬉しさを味わうには，保育士等や友達との間に安心して話せるような雰囲気があることや，言葉を交わす相手への安心感と信頼感が必要である。この信頼関係を基盤として，子どもは，保育士等や友達の話す言葉に興味や関心をもち，自分の思ったことや感じたことを言葉に表し，言葉のやり取りを楽しむようになる。

　保育士等は，子どもが安心して自分を表現することができるよう，温かな雰囲気で子どもの気持ちを受け止める必要がある。子どもの言葉がたどたどしかったり，発音や発声が不明瞭であったりしても，まず何よりも子どもが自ら話そうとする意欲を見守りながら，親しみをもって接する。その上で，温かなまなざしで子どもと視線を合わせて，子どもの話にゆったりと耳を傾け，受容的に応じるようにすることが大切である。

(ウ)　内容の取扱い

---

①　身近な人に親しみをもって接し，自分の感情などを伝え，それに相手が応答し，その言葉を聞くことを通して，次第に言葉が獲得されていくものであることを考慮して，楽しい雰囲気の中で保育士等との言葉のやり取りができるようにすること。

　初めて意味のある言葉を発するようになる時期にはかなり個人差があるものの，1歳以上3歳未満の時期は，少しずつ言葉が出始め，増えていく時期である。この

頃の子どもの言葉は一語文と言われるように，一語の中に様々な思いが込められている。例えば「マンマ」という言葉は，母親などへの呼びかけであるとともに，「マンマ食べたい」という欲求を表す場合もある。保育士等は，一語に込められた子どもの思いを丁寧に汲み取り，伝えたい，聞いてもらいたいという子どもの思いに応えて，「お腹空いたね。マンマ食べようね。」など，言葉を補って返していくことが重要である。そうすることによって，子どもは，言葉で思いが通じ合う喜びを感じ，伝えたい，聞いてもらいたいと表現する意欲を高めていくのである。

　こうした一語文での関わりを重ねる中で，子どもは「マンマ欲しい」などの二語文を獲得していく。話したい気持ちはあっても，まだはっきりと言葉にするのは難しい時期である。保育士等は，急かさず，ゆっくりと子どもの話を聞き，「いっぱい遊んだから，お腹空いたね。おいしいごはん，食べようね。」など，状況を説明する言葉などを補って，子どもに返していくようにする。言葉は気持ちや思いを伝えるものである。言葉の奥にある子どもの思いを汲み取って，保育士等の思いを込めた言葉を，子どもに返すことが大切である。

---

　②　子どもが自分の思いを言葉で伝えるとともに，他の子どもの話などを聞くことを通して，次第に話を理解し，言葉による伝え合いができるようになるよう，気持ちや経験等の言語化を行うことを援助するなど，子ども同士の関わりの仲立ちを行うようにすること。

　言葉を獲得し始め，自我が芽生える時期の子どもは，自他の区別が明確に付くようになり，友達や周囲の人への関心も高まる。しかし，まだ相手の気持ちに気付けなかったり，所有の意識が不確かだったりする場面も多いため，他の子どもが使っていても，目に留まり興味をもった物にはさっと手を伸ばし，物の取り合いになることもある。

　こうした時は，「取り合いはだめ」「貸してあげなさい」などと単に行動を制止したり望ましい行動を指示したりして子どもの思いを抑えるのではなく，まずは双方が思いや感情を出し合う様子を見守り，解決が難しいようであれば，保育士等が互いの思いを伝え合う仲立ちをすることが大切である。「どうしたの？」「二人とも困ったね」と子どもたちの思いを察しつつ，それを聞き出しながら，物を取られた子どもに対しては「遊んでいたのを取られて，悲しかったね。まだ使いたかったよね。」と子どもの気持ちに共感し，「でも，○○ちゃんもこれが欲しいんだって」と

保育所保育指針解説　第2章　保育の内容

相手の思いを伝える。物を取った子どもに対しても「楽しそうだったから，○○ちゃんも欲しくなったんだね」と共感し受け止めた後，「でも今は，△△ちゃんが使ってたんだって。急に取られて，悲しかったんだって。」と相手の思いを伝えたり，「貸してほしい時は『貸して』って言おうね」「急に取ったらびっくりして，悲しくなっちゃうんだよ」と，言葉で思いを伝えたりする大切さを知らせていくことが必要である。

　このように，保育士等が子どもの気持ちや思い，経験等を言葉にして，双方に伝えていくことが大切である。自分の主張を受け止めてもらい，相手にも思いがあることを受け止める経験を丁寧に積み重ねていくことで，子どもの自我が育つ。また，友達にも思いがあることに気付き，自分の思いを伝えるだけではなく，相手の思いも聞こうとするようになり，言葉による気持ちの伝え合いが芽生えるのである。

> ③　この時期は，片言から，二語文，ごっこ遊びでのやり取りができる程度へと，大きく言葉の習得が進む時期であることから，それぞれの子どもの発達の状況に応じて，遊びや関わりの工夫など，保育の内容を適切に展開することが必要であること。

　片言を話し始める時期，子どもの一言には，いろいろな思いが込められている。子どもは，事実を伝えるだけではなく，信頼できる保育士等に自分の思いを共有してもらいたいと思って言葉を発する。「ワンワン」という一言にも「犬がいた」という事実だけではなく，「かわいい」「大きい」など，犬を見た時の子どもの思いや驚きが込められている。「ほんとだね。ワンワン，白い毛がふわふわしていて，かわいいね。」などと言葉を補いながら伝え，言葉をやり取りする喜びを感じられるようにすることが大切である。

　象徴機能が発達し，イメージする力が育って，単語数も増加してくると，子どもは「ワンワン，イタ」「ワンワン，ネンネ」など，二語文を話し始める。たった二語ではあるが，単語を組み合わせることによって，子どもは様々な思いを言葉で表現できるようになる。また「コレ，ナーニ？」などと，盛んにものの名前を尋ねるようになる。言葉で周りの世界を捉え始めるのである。この時期，子どもと一緒に絵本を開けば，子どもが犬の絵を指差しながら「ワンワン」と言ったり，象の絵を指差しながら「コレ，ナーニ？」と尋ねたりする。「ワンワンだね。しっぽ，フリフリしているね。」「象さんだね。お鼻が長いね。」と，子どもの言葉に，保育士等

183

第Ⅰ部　「保育所保育指針」解説とポイント

が丁寧に言葉を補いながら返すことで，子どもの言葉は豊かになり，言葉で捉える
世界も広がる。

　体験した出来事や，絵本などの物語を記憶し，それをイメージとして再現できる
ようになると，子どもは，ごっこ遊びを盛んに楽しむようになる。生活の中で身近
な大人がすることに興味をもち，自分でもやってみたくなる。例えば，バスの運転
手さんになるなど，現実の生活ではできないことをイメージの中で体験できるよう
なごっこ遊びを楽しむようになる。段ボール箱で作ったバスや，車掌さんの帽子な
ど，イメージを支える小道具を準備し，保育士等も一緒に遊びに入り，「発車しま
ーす」「次は，ドングリ公園です」などとモデルになって，言葉のやり取りをして
見せることで，子どももよりイメージをもちやすくなる。また，子どもの言葉に対
しても，丁寧に受け止め，返していくことで，子どもは言葉を使って遊ぶことの楽
しさを感じ，保育士等の言葉を自分も真似て使ってみたりしながら，言葉を豊かに
していく。

オ　感性と表現に関する領域「表現」

> 　感じたことや考えたことを自分なりに表現することを通して，豊かな感性や表現
> する力を養い，創造性を豊かにする。
> ㈦　ねらい
> 　①　身体の諸感覚の経験を豊かにし，様々な感覚を味わう。
> 　②　感じたことや考えたことなどを自分なりに表現しようとする。
> 　③　生活や遊びの様々な体験を通して，イメージや感性が豊かになる。

　子どもは，環境に関わりながら身近にある様々な人や物，自然の事象などについ
て感じ取ったことを基に，それらのイメージを自分の中につくっていく。そうした
イメージを蓄積していくことで，目の前にない物も別の物で見立てたり，大人の行
動を後で真似て場面や状況を再現したりすることができるようになる。心の中にあ
るイメージを，自分なりに表現しようとするようになるのである。このように身近
な環境と関わり，感じ取り，イメージを形成する力が，表現する力や創造性の発達
の基礎となる。

　この時期は，歩行の開始に伴い，自分で移動できる範囲が広がり，手を使って
様々なものを扱うこともできるようになる。乳児期よりも更に多様なものに出会い，

184

保育所保育指針解説　第2章　保育の内容

触れ合うことで，形や色，音，感触，香りなど，それぞれがもつ性質や特徴を様々な感覚によって捉えるようになる。このように自分の身体を通した経験を豊かに重ねていくことが，諸感覚の発達を促し，子どもの世界を広げていくことになる。

　また，例えば，園庭で見慣れない虫を発見して，おそるおそる近づいてみたところ急に動き出してびっくりしたというような場面で，保育士等がタイミングよく声をかけると，子どもは自らの知っていることに照らしてイメージを膨らませながら，一緒にいた友達とそれぞれに感じたことを表現して保育士等に伝えようとする。このように子どもが感じ取ったことを保育士等が共感をもって受け止め，子どもがどのように捉えたかということに興味や関心を示して関わることで，子どもは自分の思いを表現して伝えることへの意欲を高める。

　子どもが環境と関わり様々な感覚を味わう際に，保育士等もその感覚を一緒に楽しんだり，「真っ白で，雪みたいだね」などと感覚とイメージを結ぶ言葉を添えたり，「こっちの砂は，サラサラだね」と気付きを促したりすることで，子どものイメージは更に膨らみ，感性も豊かになっていく。このように，子どもの感性や表現力は，保育士等が自身の感性によって捉え，表現したことを取り入れながら育まれていく。保育士等自身が感性を豊かにもち，共感をもって子どもの気付きを受け止めていくことが大切である。

(イ)　内容

> ①　水，砂，土，紙，粘土など様々な素材に触れて楽しむ。

　子どもは，水の冷たさや砂のざらざら感，泥のぬめりなど，水や土といった様々な素材に触れて，全身でその感触を楽しむ。こうした感触を十分に味わい，諸感覚を働かせていくことが，子どもの感性を育む。

　子どもが何かに触れている時，その対象と，触れている子ども自身の体と心と，さらにはそれらを取り巻いている環境全体とは，それぞれが互いに結び付いて一つの経験となっている。例えば，水の冷たさは暑い夏には心地よく，寒い冬には避けたいものとして感じられる。同じ温度の水でも，手を浸して涼しさを味わい，気持ちが安らぐこともあれば，触れた瞬間に思わず身をすくめてしまうこともある。あるいは，同じ土でも，湿り具合によってしっとりと柔らかかったり，ぬるぬるしていて手からしたたり落ちたりと，その感触や性質は様々な条件によって異なるものとなる。そしてそれを，時には気持ちよいと感じ，またある時には汚れて困ると感

185

第Ⅰ部　「保育所保育指針」解説とポイント

じる。身近にある様々なものを自分の体と心の両方で感じ取る経験を一つ一つ重ねて，子どもは自分を取り巻いている世界を自分のものとしていく。

　触れるということは，この時期の子どもにとって，周囲の環境と関わり外界を知るための重要な手段である。そのため，子どもは「触って確かめる」ことを盛んにする。乳児期からしばらくの間はものを口に入れるなどなめて触れることが多く，その後は手指や体全体を使って確かめることが中心になってくる。様々な状態の様々な素材に自らの体で直接触れ，そのものの感触などを十分に味わい，楽しむ経験を通して，子どもは自らの感覚や感性を豊かにしていくのである。

---

②　音楽，リズムやそれに合わせた体の動きを楽しむ。

　この時期の子どもは，自分の体を思うように動かすことができるようになり，心地よい音楽や楽しいリズムを耳にすると，その調子や自分の楽しい気持ちに合わせて，思い思いに体を揺らしたり飛び跳ねたり，手や足で自分もリズムをとろうとするようになる。また，保育士等が音楽やリズムに合わせて歌いながら，手や足を伸ばしたり体を左右に揺らしたりすると，その様子を見ながら，自分も一緒に歌ったり，動きを真似ようとしたりする。年上の子どもたちが音楽やリズムに合わせて楽しそうに踊っている姿をじっと見ているうちに，思わず自分の体も動いているといったこともある。

　音楽やリズムに合わせて体を動かすという経験を通して，子どもは，楽しい気持ちをこうした方法で表現することの喜びを味わう。また，保育士等や友達など身近な他者と一緒に楽しむ中で，同じリズムで体を動かしているうちに自ずと心が共鳴し，一体感を味わうことの喜びも感じるようになる。高揚感や充実感，安心感や穏やかで優しい気持ちなど，音楽やリズムの多様性とともに，子どもの味わう感情も様々である。何となく寂しさを感じていたり，少し嫌なことがあって気持ちがふさいだりしている時に，音楽によって気持ちが自然と切り替わり，また遊びへと気持ちが向かうきっかけになるようなこともある。子どもが，自分の思いや体の動きと音楽やリズムのつながりを，心から楽しむ経験を重ねることが重要である。

---

③　生活の中で様々な音，形，色，手触り，動き，味，香りなどに気付いたり，感じたりして楽しむ。

　子どもは生活の中で，風が木々を揺らす音や雨粒が傘に当たる音，摘んだ花の色

合いや香り，拾った葉の形，土や砂の手触り，地面をはう小さな虫の動き，食事の味や香りなど，身の回りにある様々な音や形，色などに気付く。そして，その心地よさを感じたり，面白さや不思議さ，美しさなどに心を動かされたりする。聴覚や嗅覚など，外界を知覚するための感覚は，誕生の時点である程度発達した状態にあるが，その後，実際に外界と関わる経験を通して，それらはより発達していく。

赤く色付いた葉を拾って，「見て見て」と保育士等や友達のもとへ持ってくるなど，この時期の子どもは，感じ取ったことや心を動かされたことを，身近な人と一緒に楽しんだり，伝え合ったりするようにもなる。「きれいね。真っ赤だね。」などと保育士等が子どもの発見や感動を受け止め，「どこで見付けたの？　私も探してみよう。」と一緒に集めるなど，共感的に関わることで，子どもは喜びや自信を得て，もっとたくさん落ち葉を集めようとしたり，他の場所でも違う形や色の葉を見付けようとしたりする。

このように　日常の生活で身体の感覚を伴う様々な体験を積み重ねる中で，子どもはその性質や不思議さ，面白さに気付き，更に興味を膨らませる。また，それらの体験を身近な人と共有しながら，情緒を安定させたり，生活を楽しんだり，遊びに取り入れたりしていく。

保育士等は，身近な環境に関わって，直接聞いたり，見たり，触れたり，味わったり，嗅いだりする子どもの感覚に心を傾け，子どもの感動や発見に寄り添いながら，子どもの感性が豊かに育つよう働きかけていく。

---

④　歌を歌ったり，簡単な手遊びや全身を使う遊びを楽しんだりする。

子どもは，保育士等の歌うわらべうたなどの耳になじみやすい音の響きやゆったりとした調べに安らぎを感じる。また簡単な手遊びなどを通して，保育士等とのやり取りを楽しむ。こうした経験を日常的に繰り返しながら，歌や手遊び等に慣れ親しみ，興味をもつようになる中で，子どもも保育士等の歌や動きに合わせて体を動かしたり，一緒に歌おうとしたりする。そして，自然と歌や動作などを覚えて，心が解放されている時や，絵本や散歩で見かけた風景や動物などが歌のイメージと重なっている時に，自ら口ずさむこともある。そうした姿を保育士等が温かく受け止め，子どもの感じている楽しさを共有することで，子どもは歌を通して心が通い合う喜びを感じ，更に自分の思いを表現したいという気持ちをもつようになっていく。

保育士等が子どもにとって安心の得られる心の拠りどころとなることで，子ども

第Ⅰ部 「保育所保育指針」解説とポイント

は今持ち合わせている力を十分に発揮して遊ぶ。この時期，歌うことに親しみ，また歌に合わせてよく体や手指を動かすことで，楽しみながらそれらを自分のものとして身に付けていく。同時に，保育所や保育室が子どもにとって更に安心して自分を表現できる場所となる。

> ⑤ 保育士等からの話や，生活や遊びの中での出来事を通して，イメージを豊かにする。

　保育所において，毎日同じように繰り返される活動などを，楽しく充実した時間として経験していると，保育士等の動きから，子どもはその先をイメージして行動する。例えば，おやつの時間に保育士等がテーブルを出すなど準備をする姿を見て，子どもは，何も言われなくても自ら椅子を出すのを手伝ったり，手を洗いに行こうとしたりする。遊びの中でも，玩具などをおやつに見立てて，保育士等が普段しているのと同じように「はい，どうぞ」と皿にのせたりする。また，保育士等を仲立ちとして友達と一緒に楽しく遊ぶ経験を積み重ねると，後日，その楽しく遊んだ場面で使った遊具を見付けた時に，その遊びを再現しようと保育士等を誘うなどするようになる。

　経験した出来事を記憶する力やイメージする力の育ちは，この時期の子どもの生活や遊びを豊かなものにする。そして，充実した生活や遊びの中で周囲に注意を向け，子どもなりに観察したり，大人が話していることを聞いたりして，自分の中にそれらを取り込んでいく。新たに得た様々な情報や印象に残った出来事などから，イメージする力もまた更に豊かになっていく。

　イメージする力が育ってくると，この時期の言葉の育ちにも支えられて，保育士等に簡単なストーリーの絵本を読んでもらいながら，現実の世界を絵本の中に見いだしたり，絵本の世界を現実の世界で再現したりもし始める。また，繰り返しのパターンなどから話の展開をある程度予測し，先を楽しみにしながら聞くといった姿も見られるようになる。

> ⑥ 生活や遊びの中で，興味のあることや経験したことなどを自分なりに表現する。

　この時期は，身近に経験した出来事や日常の生活の中で興味のあるものなどを題材にして遊ぶ姿が見られる。保育室の一角で「ここはお風呂です」と保育士等に声をかけられると，髪や体を洗うような動作をしたり，人形やぬいぐるみに布をかけ

保育所保育指針解説　第2章　保育の内容

て優しく寝かしつけたりと，見立てやふりを保育士等と楽しむ。

　また，クレヨンなどを手にして，思いのままに画用紙になぐりがきをして遊ぶこともある。最初のうちはクレヨンを握って手を動かすことや紙にその跡が残ること自体が面白い様子だが，やがてクレヨンの持ち方や手首の動かし方などに慣れてきて，かく時の筆圧が安定し線になめらかさが出てくる。この時期はかいた線や点がまとまった形にはなっておらず，何かを意図してかいたようには見えないが，後で「これは？」と聞くと「ママ」と答えたりすることもある。また，経験した出来事の思い出と結び付けて「ぺったん，ぺったん，おもちつき」とつぶやきながら点を打ったりする。子どもなりに，かくという行為やかいたものに，意味が伴い始めている姿といえる。

　保育士等は，こうした子どもの表現する世界を一緒に楽しみながら，そのイメージを広げるような関わりをすることで，更にその表現が豊かになっていくよう援助する。また，それぞれの子どもの表現する世界を大切にしながら，保育士等が仲立ちし子ども同士の世界をつなげることで，それらが共有され，ごっこ遊びなど友達とイメージを共有した遊びへと発展していく。

(ウ)　内容の取扱い

> ①　子どもの表現は，遊びや生活の様々な場面で表出されているものであることから，それらを積極的に受け止め，様々な表現の仕方や感性を豊かにする経験となるようにすること。

　この時期の子どもは，自分の経験の中で触れた事物を手がかりに様々なイメージを膨らませていくので，一人一人の子どもの現在の興味，関心を理解して，環境を構成することが重要になる。また，子どもは，豊かな環境に触れ，心揺さぶられる経験を重ねると，それを表現せずにはいられなくなる。

　例えば，普段よく散歩に出かける近くの公園の桜は，いつも同じ場所にあって，季節の移ろいとともに葉のない木，花が咲き乱れ散る木，若葉の木，色付く木，葉を落とす木と様々に変化する。そこで，子どもは花びらを追いかけ，どこからくるのかを探して，見上げた空の青さに気が付く。夏には，そよ風に揺れる葉の隙間から漏れる光の環を追いかけることに夢中になる。葉の散る頃は，「葉っぱの雪だー」と思わず声をあげたりする。落ち葉の上に寝転んで，カサコソという音を聞き，枯れた葉のにおいを嗅いで秋を感じる。これらの子どもの活動を保育士等は一緒に経

第Ⅰ部 「保育所保育指針」解説とポイント

験しながら，自身の心の内側から出てくる言葉を発する。子どもは無意識のうちに，その場面における自らの心の動きと保育士等の発する言葉を結び付けていく。こうした経験は，やがて言葉，体，音，絵といった様々な手段で豊かに表現する土台となる。

> ②　子どもが試行錯誤しながら様々な表現を楽しむことや，自分の力でやり遂げる充実感などに気付くよう，温かく見守るとともに，適切に援助を行うようにすること。

　この時期は，目の前にないものをイメージすることが可能になってくる時期である。日常的に経験していることであれば，「こうやればこうなる」というように，少し先を見通すこともできるようになってくる。

　例えば，いつも遊んでいるブロックを自分も他の子がしているようにつなげたいと試みるが，うまくいかない。それでも，飽きずにつなげようと試みているうちに，ブロックの引っ込んでいるところと，でっぱりのあるところを見付けて，そこにはめこもうとする。しかし，指先が思うように動かず，また何回も試みる。偶然にもブロックがつながると，次も同じように試行錯誤する。今度はすぐに引っ込みとでっぱりを見付け，うまくはまると，ようやく，引っ込みとでっぱりの関係が分かり，保育士等のところへつなげたものを得意げに見せに来る。保育士等の「ぴったりはまったね。よかったね。」とこれまでの過程や子どもの喜びを認め，受け止める言葉に，子どもは更に意欲を得て，またブロックをつなぎ続ける。

　子どもが自らの興味や関心に基づいて，自分の力で取り組み，表現しようとする過程に対する見守りと適切な援助が，子どもの充実感につながり，試行錯誤を重ねて自分なりに表現したり，物事を探求しやり遂げたりすることへの意欲を培っていく。

> ③　様々な感情の表現等を通じて，子どもが自分の感情や気持ちに気付くようになる時期であることに鑑み，受容的な関わりの中で自信をもって表現をすることや，諦めずに続けた後の達成感等を感じられるような経験が蓄積されるようにすること。

　この時期は，何でも自分でやってみようとするが，まだそれを実現する力が十分には追い付かないことが多い。

保育所保育指針解説　第2章　保育の内容

　例えば，衣服を着替える時にボタンをはめようとする場面で，ボタンホールにボタンを入れるという動作のイメージはできるので，見えるところにあるボタンは，何回か失敗を繰り返しながらもはめていく。意識を集中して取り組むので，1個はめるたびに思うようにできた安心からため息をつく。次のボタンに，息を詰めるようにして再び意識を集中し，とりかかる。しかし，見えないところにあるボタンは，何回試してもうまくホールにはまらない。できるはずと思っているので，保育士等の援助の手を払いのけるが，やはりどうしてもはめることができずに，「こんなはずじゃない」とかんしゃくを起こしてしまう。そこで，保育士等に「頑張ったね。もう少しだったね。」と集中しながら何度も挑戦した過程の姿や思いを受け止められ，慰めてもらうことで，次の日もボタンはめに取り組む意欲を持続させる。そして，全部自分ではめられるようになると，「できた」と満足して嬉しそうに保育士等に告げるようになる。

　保育士等は，こうした生活や遊びの中で子どもが様々なことに取り組む様子を，思いや願いの表現された姿として捉え，そこで子どもが味わう悔しさや戸惑い，嬉しさや誇らしさを丁寧に受け止め，思いに沿った言葉をかけながら，意欲を支えていくことが求められる。

> ④　身近な自然や身の回りの事物に関わる中で，発見や心が動く経験が得られるよう，諸感覚を働かせることを楽しむ遊びや素材を用意するなど保育の環境を整えること。

　安心できる保育士等の存在が感じられる環境で，落ち着いて遊び込める比較的小さな空間に，子ども一人一人の興味，関心や発達過程に応じた遊具が，子どもから見えるように，そして手に取れるように用意されている。また，テラスや園庭には，季節の変化を感じられるような草花が植えられていたり，年上の子どもたちが世話をする小動物が飼われていたりする。こうした環境に触発されるようにして，子どもは様々な感覚を働かせながら周囲のものと関わり，そこで発見したことや心を動かされるような出来事を保育士等に告げ，共感や励ましを得て，更に好奇心や感性を豊かにしていく。

　水などのように，ある程度子どもの思うように自由に変化させることができ，時に想像を超えた動きをする物質は，子どもにとって思わぬ発見をもたらす遊びの素材である。例えば，水道で水を流して，そこに手を伸ばすと，手の位置で水のはね

第Ⅰ部 「保育所保育指針」解説とポイント

方が変化する。その水が，土を濡らして模様ができると，そこから連想して保育士等と一緒に様々な物語をつくっていく。また，光の当たり方で小さな虹ができたりすることを発見し，その美しさに見とれたり，友達に知らせたりする。

保育士等は，子どもがいろいろな方法で主体的に関わり，その変化や手応えを楽しめるような保育の環境を用意することが望ましい。また，子どもがじっくりとものと関わり，様々な気付きや発見の喜びを経験するためには，時間がしっかりと確保されていることも重要である。保育所や保育室の全体的な環境の構成や，一日の流れを見通した生活や遊びの時間のとり方に配慮することが求められる。

（3）保育の実施に関わる配慮事項

> ア　特に感染症にかかりやすい時期であるので，体の状態，機嫌，食欲などの日常の状態の観察を十分に行うとともに，適切な判断に基づく保健的な対応を心がけること。

この時期の子どもの保育では，不機嫌な状態や食欲不振，急な発熱や嘔吐など，わずかな体調の変化に注意を払い，感染症の早期発見に努めなければならない。普段と比べ，過度に水分を欲しがり，だるそうに生あくびが出る場合は，注意が必要である。症状により必要があれば他の子どもから離し，嘱託医や看護師等の指導の下で，保護者と連携をとりながら対応策を考える必要がある。

保育士等は，普段から，室内の気温や湿度及び換気に注意を払い，手洗いや消毒等，衛生面にも十分に注意を払わなければならない。また，感染症に関する知識を習得し，流行状態を把握しておくことも大切である。

> イ　探索活動が十分できるように，事故防止に努めながら活動しやすい環境を整え，全身を使う遊びなど様々な遊びを取り入れること。

歩行の開始に伴い子どもの行動範囲が広がり，探索活動が活発になる。また，大人にとって思いがけない行動をとることも多くなる。そのため，保育士等は，子どもの活動の状態，子ども相互の関わりなどに十分注意を払い，事故防止に努めなければならない。

子どもの手が届く範囲の物はその安全性などを点検し，危険な物は取り除き，安全な環境を確保するとともに，歩行や遊びの障害にならないようにしていく必要が

192

保育所保育指針解説　第2章　保育の内容

ある。また，十分に全身を動かして活動できるよう，子どもの興味，関心に沿った
遊具の置き場所や，空間の構成とそこにいる保育士等や子どもの人数，子どもの生
活や遊びの流れなどを発達に即して考えるとともに，子どもの動きやすい服装を保
護者に準備してもらうことも大切である。

> ウ　自我が形成され，子どもが自分の感情や気持ちに気付くようになる重要な時期
> であることに鑑み，情緒の安定を図りながら，子どもの自発的な活動を尊重する
> とともに促していくこと。

　自我が育ってきて，自己主張をする場面が多くなってくるが，思い通りにいかな
かったり，言葉で十分に自分の気持ちを相手に伝えることが難しいことも多く，思
わず手が出てしまったり，泣いてしまったりすることがある。子どもにとって，保
育所が安心して自分の気持ちを表すことができる場であることは重要である。保育
士等は子どもの気持ちを十分に受け止め，触れ合いや語りかけを多くし，情緒の安
定を図ることが必要である。そして，子どもが適切な方法で自己主張することがで
きるように，その主体性を尊重しつつ，言葉を補いながら対応する。

　子どもは気持ちが安定すると，好奇心が高まり，新たに気付いたことや，自分で
できたことを保育士等に伝えたりする。このような子どもの姿を十分に認め，共感
していくことが，子どもの自発的な活動を支えることになる。子どもが安心感，安
定感を得て，身近な環境に自ら働きかけ，好きな遊びに熱中し，やりたいことを繰
り返し行うことは，主体的に生きていく上での基盤となるものでもある。

> エ　担当の保育士が替わる場合には，子どものそれまでの経験や発達過程に留意し，
> 職員間で協力して対応すること。

　新しい年度を迎えるなどして担当の保育士が替わる場合には，子どもが不安にな
らないよう，職員間で子ども一人一人のそれまでの経験や発達の状態などに関する
情報を共有し，関わり方が大きく変わらないように注意することが大切である。発
達の過程における個人差が大きな時期であることから，特に配慮を必要とする点や
その対応等については，適切に伝わるよう十分に話し合うことが必要である。また，
担当が替わることを保護者にも伝え，保育所と家庭が互いの情報を交換することで，
保護者の不安にも配慮することが大切である。

　子どもが，それまでの保育を通して育ってきた自我や人への信頼感などを基盤に，

193

第Ⅰ部 「保育所保育指針」解説とポイント

人と関わる力を発揮しながら，新しい担当の保育士との関係を築くことができるよう，全職員で配慮することが大切である。

3 3歳以上児の保育に関するねらい及び内容

（1）基本的事項

> ア この時期においては，運動機能の発達により，基本的な動作が一通りできるようになるとともに，基本的な生活習慣もほぼ自立できるようになる。理解する語彙数が急激に増加し，知的興味や関心も高まってくる。仲間と遊び，仲間の中の一人という自覚が生じ，集団的な遊びや協同的な活動も見られるようになる。これらの発達の特徴を踏まえて，この時期の保育においては，個の成長と集団としての活動の充実が図られるようにしなければならない。
> イ 本項においては，この時期の発達の特徴を踏まえ，保育の「ねらい」及び「内容」について，心身の健康に関する領域「健康」，人との関わりに関する領域「人間関係」，身近な環境との関わりに関する領域「環境」，言葉の獲得に関する領域「言葉」及び感性と表現に関する領域「表現」としてまとめ，示している。
> ウ 本項の各領域において示す保育の内容は，第1章の2に示された養護における「生命の保持」及び「情緒の安定」に関わる保育の内容と，一体となって展開されるものであることに留意が必要である。

　この時期の子どもは，運動機能がますます発達し，全身を巧みに使いながら様々な遊びに挑戦して，活発に遊ぶようになる。生活習慣においても，一日の生活の流れを見通しながら，自分から進んで行うようになる。

　言葉の発達においては，話し言葉の基礎ができ，日常生活での言葉のやり取りが不自由なくできるようになる。知的興味や関心も高まり，身近な環境に積極的に関わる中で，様々な物の特性を知り，それらとの関わり方や遊び方を体得し，思考力や認識力も高まっていく。

　自我が育ち，仲間とのつながりが深まる中で，自己主張をぶつけ合い，葛藤を経験することも増える。しかし，共通の目的の実現に向かって，話し合いを繰り返しながら互いに折り合いを付ける経験を重ねる中で，自分たちで解決しようとする姿も見られるようになる。また，仲間の一員として役割を分担しながら，協同して粘

保育所保育指針解説　第2章　保育の内容

り強く取り組むようにもなる。このように，他の子どもと思いや考えを出し合いな
がら，協力してやり遂げ，達成感を味わうことは，子どもに自信や自己肯定感を育
むことにもなる。

　この時期は，子ども一人一人の自我の育ちを支えながら，集団としての高まりを
促す援助が必要になる。こうした発達の特徴を踏まえて，本節では，3歳以上児の
保育の内容を「健康」「人間関係」「環境」「言葉」「表現」の五つの領域によって示
している。個の成長と集団としての活動の充実を図ることを基本とし，遊びや生活
などの子どもが身近な環境に主体的に関わる具体的な活動を通して，各領域の内容
を総合的に展開し，幼児期にふさわしい経験と学びを生み出すように援助すること
が必要である。

　3歳以上児のねらい及び内容は，それまでの発達の積み重ねの上にあるものであ
ることを理解し，保育を展開することが重要である。3歳以上児の保育における五
つの領域のねらい及び内容は，乳児保育の「健やかに伸び伸びと育つ」「身近な人
と気持ちが通じ合う」「身近なものと関わり感性が育つ」という三つの視点，1歳
以上3歳未満児の保育の五つの領域のねらい及び内容と，発達的な連続性をもった
ものである。したがって，乳児から3歳未満までの時期における様々な経験とそれ
を通しての育ちの姿を踏まえて，3歳以上児のねらい及び内容を具体的な指導計画
の中に位置付け，実践するようにする。

　なお，3歳以上児の保育に関するねらい及び内容もまた，乳児保育，3歳未満児
の保育と同様に，第1章の2に示された養護に関する基本的事項と一体となって展
開するものである。基本的な生活習慣を確立しつつあり，身辺自立の進む3歳以上
児であっても，「生命の保持」及び「情緒の安定」に関わる保育の内容が，子ども
一人一人に応じて保障されることが不可欠である。特に，初めて家庭から離れて入
所する場合や，別の保育所等から転入する場合には，一人一人の状態に応じた丁寧
な関わりが必要となる。また，同じ保育所内の子どもでも，年度が替わって子ども
同士の関わり合いや協同的な活動が多くなってくるなど，遊びや生活の環境や状況
がそれまでと大きく異なるものへと変化することになる場合には，同様に配慮が必
要である。

　こうしたことを踏まえ，養護の行き届いた環境の下，五つの領域の内容に示す経
験が遊びや生活の中で一体的に展開することを通じて，第1章の4の（1）に示さ
れた資質・能力が育まれ，「現在を最も良く生き，望ましい未来をつくり出す力の

第Ⅰ部 「保育所保育指針」解説とポイント

基礎」が培われていく。

（2）ねらい及び内容

ア　心身の健康に関する領域「健康」

健康な心と体を育て，自ら健康で安全な生活をつくり出す力を養う。

(ｱ)　ねらい
① 明るく伸び伸びと行動し，充実感を味わう。
② 自分の体を十分に動かし，進んで運動しようとする。
③ 健康，安全な生活に必要な習慣や態度を身に付け，見通しをもって行動する。

　生涯を通じて健康で安全な生活を営む基盤は，幼児期に愛情に支えられた安全な環境の下で，心と体を十分に働かせて生活することによって培われていくものである。健康な子どもを育てることとは，単に身体を健康な状態に保つことを目指すことではなく，他者との信頼関係の下で情緒が安定し，その子どもなりに伸び伸びと自分のやりたいことに向かって取り組めるようにすることである。

　保育所においては，一人一人の子どもが保育士等や他の子どもなどとの温かい触れ合いの中で楽しい生活を展開することや自己を十分に発揮して伸び伸びと行動することを通して充実感や満足感を味わうようにすることが大切である。明るく伸び伸びということは，単に行動や言葉などの表面的な活発さを意味するものだけではなく，保育所の生活の中で解放感を感じつつ，能動的に環境と関わり，自己を表出しながら生きる喜びを味わうという内面の充実をも意味するものであり，自己充実に深く関わるものである。

　このような健康な心は，自ら体を十分に動かそうとする意欲や進んで運動しようとする態度を育てるなど，身体の諸機能の調和的な発達を促す上でも重要なことである。特に幼児期においては，自分の体を十分に動かし，子どもが体を動かす気持ちよさを感じることを通じて進んで体を動かそうとする意欲などを育てることが大切である。

　同時に自分の体を大切にしたり，身の回りを清潔で安全なものにしたりするなどの生活に必要な習慣や態度を，保育所の生活の自然な流れの中で身に付け，次第に生活に必要な行動について，見通しをもって自立的に行動していくようにすることも重要なことである。

保育所保育指針解説　第2章　保育の内容

(イ)　内容

① 保育士等や友達と触れ合い，安定感をもって行動する。

　子どもは周囲の大人から受け止められ，見守られているという安心感を得ると，活動への意欲が高まり，行動範囲も広がっていく。子どもが安定感をもって行動し，生き生きと活動に取り組むようになるためには，保育所の生活の様々な場面で，子どもが自分は受け止められているという確かな思いをもつことが大切である。特に，生活の環境が大きく変化した時，その当初は緊張や不安が大きい。保育士等は一人一人の子どもと関わりながら，子どもがどのようにして安定感をもつようになっていくのかを捉え，子どもの心の拠りどころとなるようしっかりと子どもを受け止めなければならない。保育士等との信頼関係を結ぶことができた子どもは，自分から興味や関心のあるものに関わり，次第に友達と共に過ごす楽しさや喜びを味わうようになる。

　このようにして得た安定感は，心の健康を育てる上で重要であり，子どもが自立の方向に向かっていく上でも欠くことができないものである。心と体の調和をとりながら健康な生活が営まれていくことに留意しつつ，一人一人の子どもとの信頼関係を築いていかなければならない。

② いろいろな遊びの中で十分に体を動かす。

　幼児期は身体の諸機能が著しく発達する時期であるが，子どもは自発的にその時発達していく機能を使って活動する傾向があると言われている。そして，その機能を十分に使うことによって更に発達が促されていく。したがって，子どもの興味や能力などに応じた遊びの中で，自分から十分に体を動かす心地よさを味わうことができるようにすることが大切である。

　そのためには，走ったり跳んだり投げたりといった運動的な遊びはもとより，これにとどまらずいろいろな遊びをすることが大切である。例えば，室内で友達とイメージを広げながら大型積み木で遊ぶ子どももいるだろう。偶然出会った自然の変化に関心をもち，それらに触れながら遊ぶ子どももいるだろう。砂場でのダム作りに集中し，水を汲みに水場との往復を繰り返す子どももいるだろう。このように子どもがその活動に興味や関心をもち，自ら心を弾ませて取り組んでいる場合には，体も弾むように動き，そこには生き生きとした姿が見られる。

197

第Ⅰ部 「保育所保育指針」解説とポイント

子どもの興味の広がりに沿って展開する様々な活動を通して，十分に全身を動かし，活動意欲を満足させる体験を積み重ねることが，身体の調和的な発達を促す上で重要な意味をもつものであることに留意しなければならない。

> ③ 進んで戸外で遊ぶ。

室内とは異なり，戸外では，子どもは解放感を味わいながら思い切り活動することができる。さらに，戸外では子どもの興味や関心を喚起する自然環境に触れたり，思いがけない出来事と出会ったりすることも多く，子どもは様々な活動を主体的に展開する。近年，地域や家庭において戸外で遊ぶ経験が不足していることから，戸外での遊びの面白さに気付かないまま，室内の遊びに偏りがちの子どもも少なくない。保育所では，子どもの関心を戸外に向けながら，戸外の空気に触れて活動するようにし，その楽しさや気持ちよさを味わえるようにすることが必要である。

その場合，子どもの興味や関心が自然な形で戸外に向けられるようにし，子どもが進んで戸外の生活を楽しむようにしていくことが大切であり，そのために保育士等の果たす役割は大きい。生活の環境が大きく変化した時，その当初は保育士等と共に行動しようとする気持ちが強いので，保育士等と一緒に遊びながら，戸外で様々な事柄に出会ったり，気付いたりして，遊び方や動き方が分かり，次第に安定して活動ができるようになってくる。さらに，保育所の生活に慣れ，気持ちが安定してくると，子どもは自分から周囲の人やものと積極的に関わるようになる。子どもは，戸外で走り回ったり，飛び跳ねたりして，全身を思い切り使って自らの運動欲求を満たしたり，身近な自然の事物や事象と関わって好奇心を満足させたりして活動するようになる。

特に，子どもの年齢や生活経験などを考慮し，安全に配慮しながら，子どもが取り組んでみたいと思えるように保育所内の遊具や用具を配置したり，自然環境の整備をしたりすることが大切である。また，園庭ばかりではなく，近隣の公園や広場，野原や川原などの保育所の外に出かけることも考えながら，子どもが戸外で過ごすことの心地よさや楽しさを十分に味わうことができるようにすることが大切である。

> ④ 様々な活動に親しみ，楽しんで取り組む。

心と体の発達を調和的に促すためには，特定の活動に偏ることなく，様々な活動に親しみ，それらを楽しむことで心や体を十分に動かすことが必要である。そのた

保育所保育指針解説　第2章　保育の内容

めには，子どもの発想や興味を大切にして自分から様々な活動に楽しんで取り組む
ようにすることが大切である。

　子どもは気に入った活動に出会うと生き生きと繰り返し取り組もうとする。しか
し，次第に興味や関心が薄れてきても他にやることが見つからずにその活動を繰り
返している場合もある。子どもの活動への取組の様子を見極めつつ，必要に応じて，
子どもが取り組んでみたいと思えるような意欲を喚起する環境を構成したり，取り
組んで楽しかったという充実感や満足感が味わえるようにしたりすることが大切で
ある。このことにより，子どもの興味や関心が広がり，多様な活動をするようにな
る。

　子どもが楽しみながら取り組む活動には，身近な環境に関わり，試したり，工夫
したりしながら作って遊ぶこと，自分が思ったことや考えたことを表現して遊ぶこ
と，また，戸外で友達と体を十分に動かして遊ぶことなど様々なものがある。様々
な遊びの面白さに触れ，いろいろな経験を通して，子ども自らが積極的，主体的に
選択して遊ぶようにすることが大切である。

　また，子どもがこれらの活動に取り組むに当たっては，一人で取り組む，あるい
は，友達と一緒に取り組む，クラス全体で取り組むなど様々である。それぞれの活
動の特質を生かし，子どもがその活動の楽しさを味わうことができるよう，保育士
等が配慮することが大切である。

　このように，子どもが行う活動は，その内容，活動の場所，遊具の有無やその種
類，一緒に活動する子どもの人数など，様々である。子どもは，様々な活動に取り
組み，それぞれの活動を楽しむことで，心や体を十分に動かし，心と体の調和のと
れた発達をしていく。

---

⑤　保育士等や友達と食べることを楽しみ，食べ物への興味や関心をもつ。

　本来，食べることは，人が生きていくために必要なことである。子どもは，十分
に体を動かして遊び，空腹感を感じるからこそ，食べ物を食べた時に，満足感を心
と体で味わう。さらに，気持ちが安定し，活力がわき，積極的にいろいろな活動を
するようになる。このような体験を繰り返すことは，子どもが，食べることの楽し
さや喜びに気付き，子どもらしい充実した生活をつくり出す上で重要である。

　子どもは，保育所で家族以外の人と一緒に食べることを体験する。そのため，こ
の時期の初めは，家庭と保育所での食事風景が異なることに戸惑う子どももいるか

199

第Ⅰ部 「保育所保育指針」解説とポイント

もしれない。しかし，自分に温かく接してくれる保育士等と一緒に食べることで，子どもは，くつろぎ，安心して食べるようになっていく。その中で，時には保育士等や友達と会話を交わしたりしながら，一緒に食べるという雰囲気に慣れていき，保育士等や友達と一緒に食べることが楽しめるようになっていく。また，保育士等や友達との関わりが深まるにつれて，食べる時も一緒に食べたいと思うようになり，一層食べることを楽しむようになっていく。

また，自分たちでつくったり，地域の人々が育ててくれたりした身近な食べ物の名前や味，色，形などに親しみながら食べ物への興味や関心をもつようにすることが，日常の食事を大切にしたりする態度を育むことにつながる。

子どもは，食事の時間以外でも空腹になると食べ物を食べたりすることがあるが，保育所の生活では子どもの好きな時に食べることができるわけではない。生活の環境が大きく変化した時，その当初には，子どもは食事が楽しみで待ちきれないこともある。保育士等は，子どもの食べたいという気持ちを受け止め，子どもの心に寄り添いながら，同じ気持ちをもつ友達とも一緒に昼食の時間を楽しみにする気持ちを共有することが大切である。そのことが，保育士等や友達と一緒に食べた時の喜びにつながっていき，このような保育士等や友達との気持ちのやり取りの体験を重ねる中で，子どもは保育士等や友達と一緒に食べることに期待をもつようになっていく。

⑥ 健康な生活のリズムを身に付ける。

本来，子どもには自立に向けて大切にされなければならない生活のリズムがある。子どもにとって健康な生活は，十分な睡眠やバランスのよい食事，全身を使った活動と休息などの生活の流れの中で営まれていく。そして，子どもは健康な生活のリズムを身に付け，自立の基礎が培われていく。

保育所の生活では，子どものもつ生活のリズムに沿いながら，活動と休息，緊張感と解放感，動と静などの調和を図ることが大切である。その際，子どもの活動意欲が十分に満たされるようにすることも大切である。また，家庭での生活の仕方が子どもの生活のリズムに大きく影響するので，生活の環境が大きく変化した時，その当初は一人一人の生活のリズムを把握し，それらに応じながら，遊ぶ時間や食事の時間などに配慮することも必要である。特に，この時期の初めは，一人一人のもつ生活のリズムが異なることに配慮し，きめ細かな指導が必要である。

200

保育所保育指針解説　第2章　保育の内容

　さらに，保護者に子どもが健康な生活のリズムを身に付けることの大切さを伝え，家庭での生活の仕方などについての理解を促し，家庭と十分な連携を図ることも必要である。

> ⑦　身の回りを清潔にし，衣服の着脱，食事，排泄（せつ）などの生活に必要な活動を自分でする。

　保育所の生活の中では食事をする前に汚れた手を洗ったり，汗をかいた時に服を着替えたりする。このような保育所の生活の自然な流れの中で機会をとらえて，例えば手が汚れたまま食事をすると不潔なので手を洗おうというように，子ども自身が必要性に気付き，自分でしようとする気持ちがもてるように援助することが大切である。子どもは，保育士等との温かいつながりの中で，適切な援助を受けることによって，生活に必要な活動を次第に自分でしようとするようになり，自立へと向かう。その際，毎日繰り返し行うことによって習慣化し，心地よさや満足感がもてるようにすることも大切である。

　特に，生活の環境が大きく変化した時，その当初は戸惑いが大きく，一人一人の子どもの実情に応じたきめ細かな対応が必要である。

　子どもは，友達との関わりが深まると，友達の行う姿を見たり，一緒に行ったりして，生活に必要な様々な習慣や態度を身に付けていくので，一人一人の行動が他の子どもにとっても意味のあるものとなるよう，よりよい集団での関係を育てることも大切である。

　なお，子どもは，一度身に付けたと思われる基本的な生活行動が崩れることがある。これらは，多くの場合，必要な行動であることが分かっていても，遊びに熱中するあまり，その行動を省略してしまうからであり，必ずしも全く生活行動が崩れたわけではない。このような時には，その都度，状況に応じた保育士等の適切な関わりが必要であり，このような過程を経ていくことで，子どもは着実に基本的な生活行動を身に付けていく。

　このようにして形成された習慣や態度は，健康な体を育てる上で重要であるばかりでなく，自信や意欲につながるものである。一人一人の子どもが家庭でどのような生活をしているのか実態を捉え，家庭との連携を密にしながら実情に応じて指導していくことが大切である。

第Ⅰ部 「保育所保育指針」解説とポイント

> ⑧ 保育所における生活の仕方を知り，自分たちで生活の場を整えながら見通しを
> もって行動する。

　保育所の生活には，所持品の管理をしたり，遊んだ後を片付けたりするなど，皆
が一緒に過ごすために身に付けることが必要な生活の仕方がある。これらについて，
そのやり方や必要性に気付き，自分たちの生活の場を生活しやすいように整える体
験を繰り返しながら，次第に見通しをもって行動できるようになっていくことが大
切である。

　生活の環境が大きく変化した時，その当初は，子どもは，保育士等と一緒に行動
したり，保育士等をモデルにしたりして，生活に必要な行動を一つ一つ獲得してい
く。やがて，友達と一緒に活動するという経験を通して，集団の中で生活する楽し
さや充実感を感じながら進んで準備をしたり，片付けたりするようになり，保育所
の生活を自立的に送ることができるようになっていく。

　これらの生活行動を獲得していくためには，保育所の生活全体が子どもにとって，
楽しく脈絡のあるものでなければならない。例えば，十分に遊んだ後の満足感が次
の活動への期待感を生み出し，片付けなどの必要性が子どもに無理なく受け止めら
れる。子どもの活動が子ども自身の必要感に基づき自発的に展開されるものであれ
ば，子どもの意識の中でつながりが芽生え，保育所の生活の大まかな予測をもてる
ようになり，子どもは，時間の流れや場の使い方などを予測して生活できるように
なっていく。そして，子ども自身が，次第に生活に必要な行動について見通しをも
ち，自立的に行動できるようになっていく。そのためには，子どもがゆとりをもっ
て保育所の生活を送れるようにすることが大切である。

　片付けなどの基本的な生活行動は，まず家庭の中で獲得されるものであり，子ど
も一人一人の家庭での生活経験を捉えて指導を考えるなど家庭との連携を図ること
が大切である。同時に保育所でも，例えば，子どもの動線に配慮した手洗場や遊具
の収納など保育所の生活環境に十分配慮することも必要である。

> ⑨ 自分の健康に関心をもち，病気の予防などに必要な活動を進んで行う。

　日常生活の中で起こる怪我や病気，健康診断など様々な機会をとらえて，子ども
なりに自分の体を大切にしなければならないことに気付かせ，手洗い，歯みがき，
うがいなど病気にかからないために必要な活動を自分からしようとする態度を育て

202

保育所保育指針解説　第2章　保育の内容

ることが必要である。

　この時期の初めは，自分に温かく接してくれる保育士等と一緒に行動することによって，子どもは，汚れた手を洗ったり，汗の始末をしたりするようになり，その気持ちよさを感じ取っていく。さらに，健康診断や身体測定などの機会を通して，自分の成長を喜びながら自分の体に関心をもつように働きかけることにより，病気の予防に必要な活動に気付き，これらの活動を進んで行うようになっていく。

　また，健康への関心や態度は，子どもの生活に関係の深い身近な人々と触れ合うことや新聞やテレビなどの社会情報を話題にすることから身に付けていく場合もある。保育所の生活の中で医師など健康な生活に関わりの深い人々と接したり，社会の情報などを取り入れたりする機会を工夫していくことも大切である。

　健康な心と体の状態は，一人一人の子どもによって異なる。一人一人の子どもの実情を捉え，家庭との連携を図りながら，健康への関心を高め，病気を予防する態度を身に付けていくようにすることが重要である。

---

⑩　危険な場所，危険な遊び方，災害時などの行動の仕方が分かり，安全に気を付けて行動する。

　保育所の生活の中で，危険な遊び方や場所，遊具などについてその場で具体的に知らせたり，気付かせたりし，状況に応じて安全な行動がとれるようにすることが重要である。さらに，交通安全の指導や避難訓練などについては，長期的な見通しをもち，計画的に指導すると同時に，日常的な指導を積み重ねることによって，安全な交通の習慣や災害などの際の行動の仕方などについて理解させていくことも重要である。

　保育所の生活が子どもにとって安全であるように，施設設備の安全点検に努めることは言うまでもない。その上で，子どもが保育所内のいろいろな場所や遊具に関わって生み出す様々な遊びの状況を想定しながら，安全に落ち着いて遊ぶことができるように環境を工夫していくことが大切である。特に，入所当初や年度替わりの際は，保育士等との信頼関係を基盤に安定した情緒の下で生活できるようにすることが大切である。環境に自ら関わり，十分に体を動かして遊ぶ中で，子どもは，次第に危険な場所や遊び方などを知り，どう行動したらよいのかを体験を通して身に付けていく。

　特に，この時期の初めは大人が予期しない行動をとる場合もあり，様々な状況を

第Ⅰ部　「保育所保育指針」解説とポイント

予測して安全の確保に配慮することが必要であるとともに，保育士等と一緒に行動しながら個々の状況の中で，子どもなりに安全について考え，安全に気を付けて行動することができるようにする必要がある。

　また，子どもにとって，交通安全の習慣を身に付けること，災害時の行動の仕方や様々な犯罪から身を守る対処の仕方を身に付けることは，安全な生活を送る上で是非とも必要なことである。安全な交通の習慣や災害，あるいは不審者との遭遇などの際の行動の仕方などについては，保育所のある地域の特徴を理解し，それに対応した内容を計画的に指導するとともに，保育所全体の職員の協力体制や家庭との連携の下，子どもの発達の特性を十分に理解し，日常的な指導を積み重ねていくことが重要である。((ウ)内容の取扱い⑥［編集部注：p. 209］を参照)

(ウ)　内容の取扱い

> ①　心と体の健康は，相互に密接な関連があるものであることを踏まえ，子どもが保育士等や他の子どもとの温かい触れ合いの中で自己の存在感や充実感を味わうことなどを基盤として，しなやかな心と体の発達を促すこと。特に，十分に体を動かす気持ちよさを体験し，自ら体を動かそうとする意欲が育つようにすること。

　心と体の健康は相互に密接な関連をもち，一体となって形成されていく。幼児期において，心の安定を図る上で大切なことは，子ども一人一人が，保育士等や友達との温かい触れ合いの中で，興味や関心をもって積極的に周囲の環境と関わり，自己の存在感や充実感を味わっていくことである。子どもは，自分の存在が保育士等や友達に肯定的に受け入れられていると感じられる時，生き生きと行動し，自分の本心や自分らしさを素直に表現するようになり，その結果，意欲的な態度や活発な体の動きを身に付けていく。反対に，自分の存在を否定的に評価されることが多いと心を閉ざし，屈折した形で気持ちを表現するようになる。保育士等の関わりが重要であるとともに，子どもが一日を送るクラス集団のあり方も重要である。

　子どもは様々な環境に取り組んで活動を展開することを通して，様々な場面に対応できるしなやかな心の働きや体の動きを体得していく。さらに，自己の存在感や充実感を味わうことなどを基盤として，しなやかな心と体を育てることは，困難な状況において，その子どもなりにやってみようとする気持ちをもつことにつながる。

　また，保育士等や友達との温かい触れ合いの中で，遊びを通じて体を思い切り動かす気持ちよさを味わうことを繰り返し体験し，次第にいろいろな場面で進んで体

保育所保育指針解説　第2章　保育の内容

を動かそうとする意欲が育つように，保育士等は子どもが自然に体を動かしたくなるような環境の構成を工夫することが大切である。

> ②　様々な遊びの中で，子どもが興味や関心，能力に応じて全身を使って活動することにより，体を動かす楽しさを味わい，自分の体を大切にしようとする気持ちが育つようにすること。その際，多様な動きを経験する中で，体の動きを調整するようにすること。

　保育所の生活の中では，様々な遊びや生活を通して，体を動かす楽しさを味わい，子どもが自分の体を大切にしようとする気持ちが育つようにすることが大切である。

　子どもが興味や関心，能力に応じて全身を使って伸び伸びと活動できるように保育士等が配慮することにより，子どもは十分に体を動かす楽しさを実感する。

　子ども自身が自分の体に関心をもち，大切にしようという気持ちをもつためには，子どもが自分から十分に体を動かす心地よさを味わえるようにし，活動欲求を満たす体験を重ねる中で，適当な休息をとる，汗をかいたら着替えるなど，自分の体を大切にしようとする気持ちをもつような働きかけが必要である。

　さらに，自分の体を大切にするという気持ちをもつことは，やがて友達の体を気遣ったり，大切にしたりする気持ちをもつことにもつながることに配慮して指導する必要がある。また，様々な遊びの中で，多様な動きに親しむことは幼児期に必要な基本的な動きを身に付ける上で大切である。例えば，鬼遊びでは走るだけでなく，止まったりよけたり，跳ぶ動作をすることもあるし，大型積み木を用いた遊びでは押したり積んだり，友達と一緒に運んだりといった動きをすることがある。保育士等は，遊びの中で子どもが多様な動きが経験できるよう工夫することが大切である。

> ③　自然の中で伸び伸びと体を動かして遊ぶことにより，体の諸機能の発達が促されることに留意し，子どもの興味や関心が戸外にも向くようにすること。その際，子どもの動線に配慮した園庭や遊具の配置などを工夫すること。

　子どもは一般に意欲的に活動する存在であり，魅力的な環境に出会えば，生き生きとそれに関わる。室内の活動に偏り，戸外に関心を示さない傾向があるとすれば，戸外の環境の見直しをしなければならない。自然に触れ，その自然を感じながら伸び伸びと体を動かすことにより，体の諸機能の発達が促されることに留意し，子どもの興味や関心が戸外にも向くように，次の点から子どもの動線に配慮するように

205

第Ⅰ部　「保育所保育指針」解説とポイント

することが大切である。

　第一に，子どもの遊びのイメージ，興味や関心の広がりに応じて行動範囲が広がることを考慮することである。例えば，室内でままごとをしている子どもがイメージの広がりとともに，「ピクニックに行こう」と戸外に出ていくことがある。この場合，戸外にもままごとのイメージを実現できるような空間や遊具が必要になろう。また，逆に，戸外での刺激を室内の活動に反映させることもある。室内と戸外が分断された活動の場としてではなく，子どもの中でつながる可能性があることに留意する必要がある。

　第二に，園庭全体の空間や遊具の配置を子どもの自然な活動の流れに合わせるということである。戸外の活動に必要な環境としては，イメージを実現する面白さを味わおうとする子どもには遊びの拠点となるような空間や遊具が，友達とルールのある運動的な遊びを展開しようとする子どもには比較的広い空間が，木の葉や虫に触れて遊ぼうとする子どもにはその季節に応じた自然環境が必要である。保育士等は，子どもが実現したいと思っていることを理解し，空間のあり方やそれに応じた遊具の配置を考えなければならない。

　第三に，園庭は年齢の異なる子どもなど多くの子どもが同じ場所で活動したり，交流したりする場であり，それぞれの子どもが安定して自分たちの活動を展開できるように園庭の使い方や遊具の配置の仕方を必要に応じて見直すことである。例えば，ルールのある活動に取り組む活発な5歳の子どもの動線が，3歳の子どもの砂場の水汲みの動線と交差するような場合には危険を伴うので，保育所全体で園庭の使い方について話し合い，見直す必要があるだろう。室内環境に比して，戸外の環境は年間を通して同じ遊具が配置され，空間が固定的になっている傾向がある。子どもの興味や関心に即したものになるように配慮しなければならない。

　なお，子どもの主体的な活動を大切にするようにし，特定の運動に偏った指導を行うことのないようにしなければならないことはもとよりである。

---

④　健康な心と体を育てるためには食育を通じた望ましい食習慣の形成が大切であることを踏まえ，子どもの食生活の実情に配慮し，和やかな雰囲気の中で保育士等や他の子どもと食べる喜びや楽しさを味わったり，様々な食べ物への興味や関心をもったりするなどし，食の大切さに気付き，進んで食べようとする気持ちが育つようにすること。

保育所保育指針解説　第2章　保育の内容

　食べることは健康な心と体に欠くことのできないものであり，生涯にわたって健康な生活を送るためには望ましい食習慣の形成が欠かせない。幼児期には，食べる喜びや楽しさ，食べ物への興味や関心を通じて，自ら進んで食べようとする気持ちが育つようにすることが大切である。

　保育士等や友達と食べるとより一層楽しくなることを感じるためには，和やかな雰囲気づくりをすることが大切である。例えば，保育所では遊びと同じ場で食事を摂り，同じ机を使うことが多い。机を食卓らしくしたり，子どもが楽しく食べられるような雰囲気づくりをしたりなど，落ち着いた環境を整えて食事の場面が和やかになるようにすることが大切である。また，保育所では通常の食事のほか，時には誕生会のお祝いや季節の行事にふさわしい食べ物を食べることもあろう。保育所の生活での様々な機会を通して，子どもが皆で食べるとおいしいという体験を積み重ねていけるようにすることが大切である。

　また，自ら進んで食べようとする気持ちが育つようにするためには，食べ物への興味や関心を高める活動も大切である。例えば野菜などを育てる中で，親しみを感じ，日頃口にしようとしないものでもおいしそうだと感じたりする。保育士等と共に簡単な料理をしたり，保育士等の手伝いをしたりすることにより，その食べ物を食べたいと思うこともある。あるいは，農家などの地域の人々との交流によって食べ物への関心が高まることもある。このように，子どもの身近に食べ物があることにより，子どもは食べ物に親しみを感じ，興味や関心をもち，食べてみたい物が増え，進んで食べようとする気持ちが育つ。さらには，地域や保護者の協力を得ながら食べることに関わる体験をすることが，子どもなりに食べ物を大切にする気持ちや，用意してくれる人々への感謝の気持ちが自然に芽生え，食の大切さに気付いていくことにつながる。

　なお，食生活の基本はまず家庭で育まれることから，家庭との連携は大切である。特に，食物アレルギーなどをもつ子どもに対しては，家庭との連携を図り，医師の診断など必要な情報を得て，適切な対応を行うなど，十分な配慮をする必要がある。また，同じ物を食べる活動を取り入れる場合，その食べ物を食べることについて配慮を要する子どももその活動を楽しいと感じることができるよう工夫することが大切である。

207

第Ⅰ部 「保育所保育指針」解説とポイント

> ⑤ 基本的な生活習慣の形成に当たっては，家庭での生活経験に配慮し，子どもの
> 自立心を育て，子どもが他の子どもと関わりながら主体的な活動を展開する中で，
> 生活に必要な習慣を身に付け，次第に見通しをもって行動できるようにすること。

　生活に必要な習慣の形成の第一歩は，家庭において行われる。保育所は，それぞれの家庭で子どもが獲得した生活上の習慣を保育士等や他の子どもと共に生活する中で，社会的にも広がりのあるものとして再構成し，身に付けていく場である。

　保育士等は，家庭との情報交換などを通じて，子どもの家庭での生活経験を知った上で，一人一人の子どもの実情に応じた適切な援助をすることが大切である。その際，保育所と家庭が連携し，基本的な生活習慣の形成に当たって必要な体験や適切な援助などについて共通理解を図ることが大切である。

　また，基本的な生活習慣の形成に当たっては，保育所の生活の流れの中で，子どもが一つ一つの生活行動の意味を確認し，必要感をもって行うようにすることが大切である。生活習慣の形成という言葉から，単にある行動様式を繰り返して行わせることによって習慣化させようとする指導が行われがちであるが，生活に必要な行動が本当に子どもに身に付くためには，自立心とともに，自己発揮と自己抑制の調和のとれた自律性が育てられなければならない。それが，次第に見通しをもって，安全に気を付けることも含め，一日の生活の流れの中で行動できるようになることにつながっていく。

　幼児期は，周囲の行動を模倣しながら自分でやろうとする気持ちが芽生えてくる時期である。保育士等は，子どもが自分でやろうとする行動を温かく見守り，励ましたり，手を添えたりしながら，自分でやり遂げたという満足感を味わわせるようにして，自立心を育てることが大切である。また同時に，健康や安全に気を付けることを含め，基本的な生活習慣，例えば，気持ちのよい挨拶をすることや食事の前に手を洗うことなどを身に付けさせたり，他の子どもと関わりながら生活を展開することの楽しさや充実感を通して，自分たちの生活にとって必要な行動やきまりがあることに気付かせたりすることなどにより，子ども自身に生活に必要な習慣を身に付けることの大切さに気付かせ，自覚させるようにして，自律性を育てることが大切である。

　このように，自立心，自律性を育てることは，ひいてはよいこと悪いことが存在することに気付かせたり，社会生活上のきまりを守ろうとしたりする道徳性の芽生

保育所保育指針解説　第2章　保育の内容

えの育成につながるのである。

> ⑥　安全に関する指導に当たっては，情緒の安定を図り，遊びを通して安全についての構えを身に付け，危険な場所や事物などが分かり，安全についての理解を深めるようにすること。また，交通安全の習慣を身に付けるようにするとともに，避難訓練などを通して，災害などの緊急時に適切な行動がとれるようにすること。

　子どもは保育所の中で安心して伸び伸びと全身を使って遊ぶ中で，保育士等からの安全について気付くような適切な働きかけの下，安全についての構えを身に付けることができるようになっていく。安全についての構えを身に付けるとは，子どもが自分で状況に応じて機敏に体を動かし，危険を回避するようになることであり，安全な方法で行動をとろうとするようになることである。子どもは，日常の生活の中で十分に体を動かして遊ぶことを楽しみ，その中で危険な場所，事物，状況などを知ったり，その時にどうしたらよいか体験を通して身に付けたりしていく。安全を気にするあまり過保護や過介入になってしまえば，かえって子どもに危険を避ける能力が育たず，怪我が多くなることがあるということにも留意することが必要である。子どもの事故は情緒の安定と関係が深いので，保育士等や友達と温かいつながりをもち，安定した情緒の下で保育所の生活が展開されていることが大切である。

　また，保育所の生活の中では安全を確保するために，場合によっては，厳しく指示したり，注意したりすることも必要である。その際，子ども自身が何をしてはいけないか，なぜしてはいけないかを考えるようにすることも大切である。

　交通安全の習慣を身に付けさせるために，保育士等は日常の生活を通して，交通上のきまりに関心をもたせるとともに，家庭と連携を図りながら適切な指導を具体的な体験を通して繰り返し行うことが必要である。また，地域にある道路や横断歩道の映像などの視覚教材を活用した指導や，警察などの専門機関の協力を得た模擬訓練などの指導の工夫が考えられる。

　さらに，災害時の行動の仕方や不審者との遭遇など様々な犯罪から身を守る対処の仕方を身に付けさせるためには，子どもの発達の実情に応じて，基本的な対処の方法を確実に伝える必要がある。

　特に，火事や地震等の自然災害を想定した避難訓練は，災害時には保育士等の下でその指示に従い，一人一人が落ち着いた行動がとれるように，避難訓練を行うことが重要である。また，避難訓練は，非常時に保育士等が落ち着いて現状を把握，

第Ⅰ部　「保育所保育指針」解説とポイント

判断し，子どもを避難誘導できるかの訓練であることも自覚して行うことが重要である。

イ　人との関わりに関する領域「人間関係」

> 他の人々と親しみ，支え合って生活するために，自立心を育て，人と関わる力を養う。
> (ア)　ねらい
> ①　保育所の生活を楽しみ，自分の力で行動することの充実感を味わう。
> ②　身近な人と親しみ，関わりを深め，工夫したり，協力したりして一緒に活動する楽しさを味わい，愛情や信頼感をもつ。
> ③　社会生活における望ましい習慣や態度を身に付ける。

　人と関わる力の基礎は，自分が保護者や周囲の人々に温かく見守られているという安定感から生まれる人に対する信頼感をもつこと，さらに，その信頼感に支えられて自分自身の生活を確立していくことによって培われる。

　保育所の生活においては，何よりも保育士等との信頼関係を築くことが必要であり，それを基盤としながら様々なことを自分の力で行う充実感や満足感を味わうようにすることが大切である。

　また，子どもは，保育所の生活において多くの他の子どもや保育士等と触れ合う中で，自分の感情や意志を表現しながら，自己の存在感や他の人々と共に活動する楽しさを味わい，時には子ども同士の自己主張のぶつかり合いによる葛藤などを通して互いに理解し合う体験や，考えを出し合ってよりよいものになるよう工夫したり，一緒に活動したりする楽しさを味わう体験を重ねながら関わりを深め，共感や思いやりなどをもつようになる。

　さらに，このような生活の中で，よいことや悪いことに気付き，考えながら行動したり，きまりの大切さに気付き，守ろうとしたりするなど，生活のために必要な習慣や態度を身に付けていくことが，人と関わる力を育てることになるのである。

(イ)　内容

> ①　保育士等や友達と共に過ごすことの喜びを味わう。

　子どもにとって保育所の生活は，家庭から離れて集団での生活を経験する場であ

210

保育所保育指針解説　第2章　保育の内容

る。子どもは，そこで自分を温かく受け入れてくれる保育士等との信頼関係を基盤
に自分の居場所を確保し，安心感をもってやりたいことに取り組むようになる。そ
して，初めは同じ場にいるだけだった他の子どもと言葉を交わしたり，物のやり取
りをしたりするなど，関わりが生まれてくる。その関わりの中で様々な自己主張の
ぶつかり合いによる葛藤，保育士等や友達と共にいる楽しさや充実感を味わい，次
第に皆と生活をつくり出していく喜びを見いだしていくのである。

　しかし，一人一人の子どもの発達する姿はそれぞれ異なっている。生活の環境が
大きく変化した時，その当初から安定して活動し始める子どももいれば，居場所が
なかなか見つからず保育士等のそばにいることで安定する子どももいる。また，友
達と関わりを楽しむ子どもの傍らで，それをじっと見て過ごす子どももいる。その
場合，どのように関わるか戸惑ったり，見ていることで参加したつもりになったり
して，心の中に自分の思いをため込んでいる状態もある。いずれも，今後，保育所
の生活を通して友達と共に過ごす喜びを味わうための大切な姿として，まず保育士
等が受け入れることが大切である。

　保育士等は，一人一人の子どもに思いを寄せ，子どもの生活の仕方や生活のリズ
ムを共にすることによって，子どもの気持ちや欲求などの目に見えない心の声を聴
き，その子どもの内面を理解しようとすることが必要である。さらに，子どもが周
囲の人々を少しずつ確かめながら自分なりの目当てや期待をもって登所するように
なるよう，温かな関心をもって関わるようにすることが求められる。このように，
保育士等や友達と十分触れ合うことを通して親しみをもち，安心して保育所の生活
を過ごすことができるように援助することが重要である。

---

② 自分で考え，自分で行動する。

　生活の様々な場面で自分なりに考えて自分の力でやってみようとする態度を育て
ることは，生きる力を身に付け，自らの生活を確立していく上で大切である。その
ためには，まず自分がやりたいことをもち，自分から興味や関心をもって環境に関
わり，活動を生み出すことが大切である。さらに，その活動を楽しみながら展開し，
充実感や満足感を味わう中で，次第に目当てをもったり，自分の思いが実現するよ
うに工夫したりして，そのような課題を自分で乗り越えることが極めて大切である。

　保育士等は，子どもの行動や思いをありのままに認め，期待をもって見守りなが
ら，子どもの心の動きに沿って，子どもに伝わるように保育士等の気持ちや考えを

第Ⅰ部 「保育所保育指針」解説とポイント

素直に言葉や行動，表情などで表現していくことが必要である。子どもにとって自分の考えや思いが受け止められた喜びを味わいながら，保育士等と一緒にじっくり考える時間を過ごすという体験が，自分で考え，行動しようとする気持ちをもつための基盤となっていくのである。子どもが試行錯誤をしながら考えを巡らせている時間を十分認めることなく，やるべきことのみ与えてしまうことによって，他者に追随し，自分のやりたいことがもてなくなってしまうことのないようにしなければならない。また，嫌なことを嫌と言い，自分の考えで行動することそれ自体のみに目を向け，もっぱらそれを追求するのであれば，それは自ら勝手な行動に終始するであろう。

　幼児期においては，子どもが友達と関わる中で，自分を主張し，自分が受け入れられたり，あるいは拒否されたりしながら，自分や相手に気付いていくという体験が大切である。このような過程が自我の形成にとって重要であり，自分で考え，自分の力でやってみようとする態度を育てる指導の上では，子どもが友達との葛藤の中で自分と異なったイメージや考え方をもった存在に気付き，やがては，そのよさに目を向けることができるように援助しながら，一人一人の子どもが存在感をもって生活する集団の育成に配慮することが大切である。

> ③　自分でできることは自分でする。

　子どもが自分の身の回りのことなど，できるだけ自分の力でやろうとする意欲を育てることは大切なことである。この場合，単に何かを「できる」，「できない」ということのみが問題ではなく，あくまでも自分でやりたいことを意識し，自分が思ったことができたということを喜ぶ気持ちが大切である。自分でやってみたいという意欲をもったり，やったらできたという充実感や満足感を味わったりすることが自立の第一歩である。

　そのためには，それぞれの子どもの発達に即した適切な受容や励ましなどによって，子どもが自分でやり遂げることの満足感を十分に味わうことが必要である。

　子どもは一般に何でもやりたがる傾向にあり，何でも一人でやりたがるあまり，自分でこうと決めたらそれにこだわり，頑固に貫き通そうとする姿も目立つ。それは，一見わがままのように見えるが，自我が芽生えている姿であり，自分の力でやろうとする意欲の表れである。しかし，必ずしも思い通りに実現できるわけではないので，困ったことが起きると，再び保護者や保育士等などの援助を求めてくるこ

保育所保育指針解説　第2章　保育の内容

とが多い。

　このように，依存と自立は対立するものでなく，子どもは保護者や保育士等を心の拠りどころとしながら，行きつ戻りつする過程の中で，次第に自立へと向かっていくのである。それゆえ，身の回りのことについて先を急ぐあまり，型にはめ込み，大人の手がかからなくなることばかりを求めてしまうと，言われた通りにしか行動することができないことになり，かえって子どもの自立を妨げる結果になってしまうことがあるので，十分に配慮することが必要である。

> ④　いろいろな遊びを楽しみながら物事をやり遂げようとする気持ちをもつ。

　子どもが，いろいろな遊びを心ゆくまで楽しみ，その中で物事をやり遂げようとする気持ちをもつことは，子どもの自立心を育む上で大切である。子どもは，保育所の生活の中で様々な環境に触れ，興味や関心をもって関わり，いろいろな遊びを生み出す。この遊びを持続し発展させ，遊び込むことができれば，子どもは楽しさや達成感を味わい，次の活動に取り組んだ際にもやり遂げようとする気持ちをもつようになる。しかし，子どもは，興味や目当てをもって遊びを始めても，途中でうまくいかなくなったり，やり続ける気持ちがなくなって止めてしまったりすることがある。このような時，子どもは，信頼する保育士等に温かく見守られ，支えられていると感じることができ，必要に応じて適切な援助を受けることができれば，諦めずにやり遂げることができる。このような体験を重ねることで，子どもは難しいことでも諦めずにやり遂げようという粘り強く取り組む気持ちをもったり，前向きな見通しをもって自分で解決しようとする気持ちをもったりして，自立心や責任感も育まれていく。

　保育士等は，子どものやり遂げたいという気持ちを大切にし，子どもが自分なりの満足感や達成感を感じることができるように援助をすること，やり遂げたことを共に喜ぶことが必要である。保育士等はその時々の子どもの心の動きを感じ取り，子どもがその物事をやり遂げなければならないという重圧を感じるのではなく，楽しみながらやり遂げることができるようにすることが大切である。特に，この時期の初めの頃には，大人から見ると一見やり遂げていないように見えても，子どもなりにやり遂げたと思っていることもある。そのような場合，保育士等は，子どもの心に寄り添って，そのやり遂げたという気持ちを受け止め，その喜びに共感するとともに，子どもがその達成感を味わうことができるようにすることが大切である。

213

第Ⅰ部 「保育所保育指針」解説とポイント

　さらに，子どもは友達と共に遊ぶ楽しさを経験するうちに，友達と一緒に物事を
やり遂げたいという気持ちが強まっていく。物事をやり遂げる喜びは一人でも生じ
るが，皆でやったということやその成果を共に喜ぶことの方が子どもにとってより
大きな意味をもつ。また，一人ではやり遂げられなくても，皆と一緒であれば，励
まし合ったりして，くじけずに目標を目指してやり続けようという気持ちをもつこ
とができる。このような気持ちは，やがて，協同して遊ぶことにもつながっていく。
(内容⑧［編集部注：p. 216］及び(ウ)内容の取扱い③［編集部注：p. 223］を参照)

> ⑤　友達と積極的に関わりながら喜びや悲しみを共感し合う。

　幼児期は，人との関わりの中で様々な出来事を通して，嬉しい，悔しい，悲しい，
楽しいなどの多様な感情体験を味わうようになる時期である。子どもは，嬉しい時
や悲しい時，その気持ちに共感してくれる相手の存在が，大きな心の支えとなり，
その相手との温かな感情のやり取りを基に，自分も友達の喜びや悲しみに心が向く
ようになっていく。

　生活の環境が大きく変わった時，その当初は自分だけの世界にいる子どもも，次
第に友達に目が向き始めると，隣で泣いている子どものそばにいるだけで自分も泣
きたいような気持ちになるなど，相手の存在を感じつつ，同じ場で同じような感情
をもつことを体験していく。さらに，面白いことを見付け，顔を見合わせて笑う，
一緒に製作していた物が完成し，喜びを分かち合う，また，それが壊されてしまっ
たり，友達と考えが合わなくなってしまったりして悔しさや悲しさも味わうなど，
友達と一緒に様々な体験を重ねていく。このような体験を通して，様々な心を動か
す出来事を友達と共有し，相手の感情にも気付いていくことができるようになる。
また，ごっこ遊びに見られるように，いろいろな役になって遊びながら自分とは異
なる立場に立つことで，いつもの自分とは異なる感情を味わうこともできるように
なっていく。

　人と関わる力を育む上では，単にうまく付き合うことを目指すだけではなく，保
育所で安心して自分のやりたいことに取り組むことにより，友達と過ごす楽しさを
味わったり，自分の存在感を感じたりして，友達と様々な感情の交流をすることが
大切である。

> ⑥　自分の思ったことを相手に伝え，相手の思っていることに気付く。

214

保育所保育指針解説　第2章　保育の内容

　子どもは，相手に親しみを感じると，その相手に思ったことを伝えようとする。初めは，互いに一方的に自分の思っていることを伝えることが多いが，相手に対する興味や親しみが増してくると，自分中心の主張をしながらも，少しずつ，相手に分かるように伝えようとする。親しみをもつ，相手に伝えようとする，また，伝わることで親しみをもつという循環の過程を経て，次第に相手の思っていることに気付くようになり，子ども同士の関わりが深まる。

　そのためには，保育士等は，子どもが友達と一緒に生活する中で，自分の思っていることを相手に伝えることができるように，また，徐々に相手にも思っていることや言いたいことがあることに気付いていくことができるようにすることが大切である。

　子どもは生活の中の様々な出来事の中で，その時々の思いが相手に伝わらずに困ったり，うまく伝わったことで遊びがより楽しくなったりするなどの体験を通して，相手の思いを感じられるようになっていく。特に，この時期の初めの頃は，それまで大人が気持ちを汲み取ってくれていたようには自分の思いが伝わらないことが多い。「あれ」とか「これ」と言っても何を指しているのか理解されなかったり，「三輪車」とだけ言ってもどうしたいのか理解されず，無視されたりすることも多いであろう。このような時は，保育士等が仲介役となり，その思いを伝えることも必要となる。また，一緒に遊ぶようになっても，自分のイメージや考えをうまく言葉で表現することができなかったために互いの思いが伝わらず，それを無理に実現しようとしていざこざが生じることもあるので，状況に応じた適切な保育士等の関わりが求められる。

　子どもの自己発揮と自己抑制の調和のとれた発達の上で，自己主張のぶつかり合う場面は重要な意味をもっていることを考慮して保育士等が関わることが必要である。例えば，いざこざの状況や子どもの様々な体験を捉えながら，それぞれの子どもの主張や気持ちを十分に受け止め，互いの思いが伝わるようにしたり，納得して気持ちの立て直しができるようにしたりするために，援助をすることが必要になる。

---

⑦　友達のよさに気付き，一緒に活動する楽しさを味わう。

　保育所は集団での生活の場であり，様々な人々と出会う場である。そこで，子どもは自分と異なる様々な個性をもった友達と接することになる。

　保育士等や友達と共に生活する中で，初めは「○○ちゃんは鉄棒が上手」「○○

215

第 I 部　「保育所保育指針」解説とポイント

ちゃんは歌が好き」といった表面的な特性に気付くことから，次第に，「○○ちゃんならいい考えをもっていると思う」「気持ちの優しい○○ちゃんならこうするだろう」など，次第に互いの心情や考え方などの特性にも気付くようになり，その特性に応じて関わるようになっていく。そして，遊びの中で互いのよさなどが生かされ，一緒に活動する楽しさが増してくる。

　そのためには，友達と様々な心を動かす出来事を共有し，互いの感じ方や考え方，行動の仕方などに関心を寄せ，それらが行き交うことを通して，それぞれの違いや多様性に気付いていくことが大切である。また，互いが認め合うことで，より生活が豊かになっていく体験を重ねることも必要である。

　さらに，子どもは周囲の人々に自分がどう見られているかを敏感に感じ取っており，よき理解者としての保育士等の存在は大きい。自分に愛情をもって温かい目で見守ってくれる保育士等との生活では，安心して自分らしい動きができ，様々な物事への興味や関心が広がり，自分から何かをやろうとする意欲や活力も高まる。そして，一人一人のよさや可能性を見いだし，その子どもらしさを損なわず，ありのままを受け入れる保育士等の姿勢により，子ども自身も友達のよさに気付いていくようになるのである。

> ⑧　友達と楽しく活動する中で，共通の目的を見いだし，工夫したり，協力したりなどする。

　保育所の生活の中で，子どもは他の子どもと一緒に楽しく遊んだり活動したりすることを通して，互いのよさや特性に気付き，友達関係を形成しながら，次第に人間関係が広がり深まっていく。人間関係が深まるにつれて，子ども同士がイメージや思いをもって交流し合いながら，そこに共通の願いや目的が生まれる。そして，それに向かって遊びや活動を展開する中で，子ども同士が共に工夫したり，協力したりなどするようになっていく。

　このようなことは，保育所の生活の中で友達との様々な関わりを体験しながら次第に可能になっていくものである。初めのうちは，他の子どもと一緒にいることや同じことをすることで，人と共にいることの喜びや人とつながる喜びを体験する。その後，自分らしさを十分に発揮し，次第に仲の良い友達と思いを伝え合いながら，遊びを進めるようになる。その中で，自分の世界を相手と共有したいと願うようになる。そして，イメージや目的を共有し，それを実現しようと，子どもたちが，時

保育所保育指針解説　第2章　保育の内容

には自己主張がぶつかり合い，折り合いを付けることを繰り返しながら，工夫したり，協力したりする楽しさや充実感を味わうようになっていく。このような経験を重ねる中で，仲の良い友達だけではなくいろいろな友達と一緒に，さらには，クラス全体で協同して遊ぶことができるようになっていく。クラス全体で行う活動の場合，子どもは，小さなグループでは味わえない集団での遊びの楽しさや醍醐味を感じることができる。

　友達と楽しく遊ぶようになる上で大切なことは，単に友達と一緒に活動しているということにとどまらず，一緒に活動する子ども同士が，目的を共有し，一人では得られないものに集中していく気分を感じたり，その中で工夫し合ったり，力を合わせて問題を解決したりして，自分も他の子どもも生き生きするような関係性を築いていくことである。そのため，保育士等は，一緒に遊ぶ人数に関わらず，一人一人の子どもが十分に自己発揮しながら，他の子どもと多様な関わりがもてるように援助し，子どもが遊ぶ中で，共通の願いや目的が生まれ，工夫したり，協力したりする楽しさを十分に味わえるようにすることが大切である。

⑨　よいことや悪いことがあることに気付き，考えながら行動する。

　子どもは，他者と関わる中で，自他の行動に対する様々な反応を得て，よい行動や悪い行動があることに気付き，自分なりの善悪の基準をつくっていく。特に信頼し，尊敬している大人がどう反応するかは重要であり，子どもは大人の諾否に基づいて善悪の枠をつくり，また，それを大人の言動によって確認しようとする。したがって，保育士等は子どもが何をしなければならなかったのか，その行動の何が悪かったのかを考えることができるような働きかけをすることが必要である。そして，人としてしてはいけないことは「悪い行為である」ということを明確に示す必要がある。

　ただし，子どもであっても，友達とのやり取りの中で，自分の行動の結果，友達が泣いたり，怒ったり，喜んだりするのを見て，自分が何をやったのか，それがよいことなのか悪いことなのか自分なりに考えることはできる。保育士等は，ただ善悪を教え込むのではなく，子どもが自分なりに考えるように援助することが重要である。そして，子どもが自分で気付かないことに気付くようにすることが大切である。例えば，物を壊してしまったというような物理的な結果は分かっても，相手の心を傷つけたという心理的・内的側面には気付かない子どもに相手の意図や気持ち，

第Ⅰ部 「保育所保育指針」解説とポイント

そして，自分の行動が相手にもたらした心理的な結果に気付くように働きかけることが必要である。また，自分の視点からしか物事を捉えられない子どもには，自分の行動がどのような結果をもたらしたのかを自分の視点とは異なった視点，特に，他者の立場から考えるように，子ども一人一人に応じて繰り返し働きかけることが重要である。

　こうした保育士等からの働きかけを受け入れられるかどうかは，子どもとの関係の有り様が深く関わる。信頼関係があれば，子どもは保育士等の言うことを受け入れ理解して，よい行動を行ったり悪い行動を抑えたりする気持ちになれる。また，自分で考えようとする気持ちをもち，自分の考え方をより適切なものにしていこうとするためにも，子どもが基本的に安定感をもち，保育士等や他の子どもから受け入れられている安心感をもっている必要がある。

---

⑩　友達との関わりを深め，思いやりをもつ。

　他者の気持ちに共感したり，苦痛を示す相手を慰めたり，助けようとしたりする行動は，かなり幼い頃から見られる。ただし，幼い頃は自分と他者の気持ちの区別ができず，自分にとってよいことは他者にとってもよいことと思ってしまうため，直ちに適切な行動をとるようにすることは困難である。他者と様々なやり取りをする中で，自他の気持ちや欲求は異なることが分かるようになっていくにつれて，自分の気持ちとは異なった他者の気持ちを理解した上での共感や思いやりのある行動ができるようになっていく。自己中心的な感情理解ではなく，相手の立場に立って考えられるようになるためには，友達と関わり，感情的な行き違いや自他の欲求の対立というような経験も必要である。

　子どもは次第に気の合う友達や一緒にいたいと思う友達ができ，そうした友達に対して，共感し，思いやりのある行動をする傾向があるので，共によく遊ぶ仲の良い友達をもつことが思いやりをもつ上で重要である。また，肯定的な気分の時の方が他者に対して思いやりのある行動をしやすいので，保育士等や友達に受け入れられ，自分が発揮されていることも必要である。

　このように，子どもが友達との関わりを深められるように援助するとともに，保育士等が子ども一人一人を大切にし，思いやりのある行動をするモデルになることや他者の感情や相手の視点に気付くような働きかけをすることも重要である。

保育所保育指針解説　第2章　保育の内容

⑪　友達と楽しく生活する中できまりの大切さに気付き，守ろうとする。

　保育所の生活には，生活上の様々なきまりがある。子どもは，集団生活や友達との遊びを通して，これらのきまりがあることに気付き，それに従って自分を抑制するなどの自己統制力を徐々に身に付けていく。しかし，なぜそのきまりが必要なのかが子どもには分からない場合もある。この場合，保育士等に言われたから，決まっているから，守らないと叱られるからという形できまりは守られるようになっていくこともある。一方で，きまりによってはなぜ守る必要があるのか，守らないとどうなるのかが子どもに容易に分かるものもある。例えば，順番を守らない子どもがいると守っている子どもは待たされてしまうといったことである。日々の遊びや生活の中できまりを守らなかったために起こった問題に気付き，きまりの必要性を子どもなりに理解できるようにし，単にきまりを守らせることだけでなく，必要性を理解した上で，守ろうとする気持ちをもたせることが大切である。

　特に，遊びの中で，ルールを守ると友達との遊びが楽しくなるという実感をもてるようにすることが大切である。他者と共に遊ぶということは，自他に共有された何らかのルールに従うということであり，ルールを守らない子どもがいると楽しい遊びにならず，その遊びも継続しない。友達と一緒に遊ぶ中で，楽しく遊ぶためには参加者がルールに従うことが必要であることや，より楽しくするために自分たちでルールをつくったり，つくり変えたりすることもできることが分かっていくことは，生活上のきまりを理解し，守ろうとする力の基盤になっていく。

⑫　共同の遊具や用具を大切にし，皆で使う。

　物を大切にするという気持ちの根底には，それが大切だと思える経験が重要である。したがって，最初から皆の物ということだけを強調するのではなく，初めは遊具や用具を使って十分に遊び，楽しかったという経験を積み重ねることによって，その物へのこだわりや愛着を育てることが必要である。

　さらに，次第にそれを自分も使いたいが，友達も使いたいということで起こる衝突やいざこざ，葛藤などを体験することを通して，個人の物と皆の物とがあることに気付かせていくことが大切である。例えば，共同の物は初めに使い始めた者に優先権があることが多いが，場合によっては相手の使いたい気持ちにも気付き，徐々に交替で譲り合って使う必要のあることも知らせていく。しかし，そのような際も，

219

第Ⅰ部 「保育所保育指針」解説とポイント

その時々の状況や子どもの気持ちを無視して，保育士等が一方的に順番を指示したり機械的にじゃんけんなどで決めたりするような安易なやり方ではなく，自分たちの生活を豊かにしていくために，自分の要求と友達の要求に折り合いを付けたり，自分の要求を修正したりする必要があることを理解していくようにすることが大切である。

---

⑬　高齢者をはじめ地域の人々などの自分の生活に関係の深いいろいろな人に親しみをもつ。

近年は，家庭においても地域においても人間関係が希薄化し，子どもたちの人と関わる力が弱まってきている。そのような状況の中で保育所において，地域の人たちと積極的に関わる体験をもつことは，人と関わる力を育てる上で大切である。すなわち，地域の人たちとの関わりを通して，人間は一人だけで孤立して生きているのではなく，周囲の人たちと関わり合い，支え合って生きているのだということを実感することが大切である。そのためには，日常の保育の中で，地域の人々との交流の機会を積極的に取り入れることも必要である。とりわけ，高齢社会を生きていく子どもにとって，高齢者と実際に交流し，触れ合う体験をもつことは重要である。このため，地域の高齢者を保育所に招き，例えば，運動会や発表会を一緒に楽しんだり，昔の遊びを教えてもらったり，昔話や高齢者の豊かな体験に基づく話を聞いたりするとともに，高齢者福祉施設を訪問して交流したりするなど，高齢者と触れ合う活動を工夫していくことが大切である。

なお，地域の人々との交流を図る上で重要なことは，それが子どもの発達にとって有意義であることはもとより，子どもと関わる地域の人たちにとっても，子どもに接することによって人との関わりが豊かになり，夢と希望が育まれるなどの点で有意義なものとなることである。

㋑　内容の取扱い

---

①　保育士等との信頼関係に支えられて自分自身の生活を確立していくことが人と関わる基盤となることを考慮し，子どもが自ら周囲に働き掛けることにより多様な感情を体験し，試行錯誤しながら諦めずにやり遂げることの達成感や，前向きな見通しをもって自分の力で行うことの充実感を味わうことができるよう，子どもの行動を見守りながら適切な援助を行うようにすること。

220

保育所保育指針解説　第2章　保育の内容

　子どもの行動を見守りながら，適切な援助を行うためには，保育士等と一人一人の子どもとの間に信頼関係をつくり出し，同時に，子どもの言動や表情から，その子どもが今何を感じているのか，何を実現したいと思っているのかを受け止め，子どもが試行錯誤しながら自分の力で課題を乗り越えられるようにしていくことが必要である。このような援助をするには，保育士等は子どもと向き合い，子どもが時間をかけてゆっくりとその子どもなりの速さで心を解きほぐし，自分で自分を変えていく姿を温かく見守るというカウンセリングマインドをもった接し方が大切である。ここでいうカウンセリングマインドとは，カウンセリング活動そのものではない。カウンセリングの基本的な姿勢を保育の場に生かしていくことである。

　子どもが自分自身の生活を確立し，自分の力で行うことの充実感を味わうようになるために，保育士等は次の点に配慮することが大切である。

　第一は，子どもの行動に温かい関心を寄せることである。それは，やたらに褒めたり，励ましたり，付きまとったりすることではない。大人がもっている判断の基準にとらわれることなく，子どものありのままの姿をそのまま受け止め，期待をもって見守ることである。このような肯定的な保育士等のまなざしから，子どもは，自分が保育士等に見守られ，受け入れられていることを感じ取っていく。しかし，「待つ」とか「見守る」ということは，子どものすることをそのまま放置して何もしないことではない。子どもが他者を必要とする時に，それに応じる姿勢を保育士等は常にもつことが大切なのである。それは，子どもの発達に対する理解と自分から伸びていく力をもっている存在としての子どもという見方に支えられて生まれてくる保育士等の表情やまなざし，あるいは言葉や配慮なのである。

　第二は，心の動きに応答することである。子どもが多様な感情を体験し，試行錯誤しながら自分の力で行うことの充実感や満足感を味わうことができるようにするには，その心の動きに対して柔軟な応じ方をすることが重要である。保育士等が答えを示すのではなく，子どもの心の動きに沿って共に心を動かしたり，知恵を出し合ったりする関わり方が求められる。心の動きに沿った保育士等の応答は，子どもと生活を共にしながら心の動きを感じ取ろうとする過程の中で生まれてくる。保育士等の応じ方は全て子どもの内面を理解することと表裏一体となり，切り離せないものなのである。

　第三は，共に考えることである。それは，言葉だけで意見や知恵を出し合うことではない。相手の立場に立って，相手の調子に合わせて考えようとする姿勢が必要

第Ⅰ部 「保育所保育指針」解説とポイント

となる。相手と同じことをやってみることや，そばに寄ったり，手をつないだりすることなどによって，体の動かし方や視線といった言葉にならないサインを感じ取っていくことが大切であり，結果よりも，むしろ，子どもと一緒に過ごし，その心に寄り添いながらその子どもらしい考え方や思いを大切にすることが重要である。あわせて子ども一人一人の発達に応じて，思いや考えを引き出したり，考えが広がるようなきっかけを与えたりするなどの関わりも大切である。

第四は，子どもなりの達成感を味わう経験を支えることである。子どもが何かをやろうとしている過程では，うまくいかずにくじけそうになることもある。また，「やりたくない」と言っていても，自分には難しいと思えて諦めていることもある。保育士等は，子どもの表情や仕草，体の動きから子どもの気持ちを読み取り，見通しがもてるように共に考えたり，やり方を知らせて励ましたりしながら，子どもが自分の力でやり遂げることができるよう子どもの心に寄り添いながら支えることが大切である。また，やり遂げた達成感を子どもが十分に味わえるよう，共に喜び言葉にして伝えるなどのことも大切である。これらのことが，子どもが前向きな見通しをもちながら，自信をもって取り組む姿へつながっていく。

> ② 一人一人を生かした集団を形成しながら人と関わる力を育てていくようにすること。その際，集団の生活の中で，子どもが自己を発揮し，保育士等や他の子どもに認められる体験をし，自分のよさや特徴に気付き，自信をもって行動できるようにすること。

一人一人の子どもの発達は，同年代の子どもと保育士等が共に生活する中で促されていく。集団生活の中で子ども同士がよい刺激を受け合い，相互にモデルになるなど影響しながら育ち合うのである。このような育ち合いがなされるためには，その集団が一人一人の子どもにとって安心して十分に自己を発揮できる場になっていなければならない。

子どもは，周囲の人々に温かく見守られ，ありのままの姿を認められている場の中で，自分らしい動き方ができるようになり，自己を発揮するようになる。保育士等の重要な役割の一つは，保育士等と子ども一人一人との信頼関係を基盤に，さらに，子ども同士の心のつながりのある温かい集団を育てることにある。

このような互いの信頼感で結ばれた温かい集団は，いわゆる集団行動の訓練のような画一的な指導からは生まれてこない。集団の人数が何人であろうとも，その一

保育所保育指針解説　第2章　保育の内容

人一人がかけがえのない存在であると捉える保育士等の姿勢から生まれてくるのである。

　様々な活動を思い思いに展開しながら、子どもは絶えず保育士等にいろいろなサインを送り、メッセージを発している。保育士等がその思いを受け止めることにより、どの子どもも受け止められる喜びを味わうと同時に、子どもは受け止める保育士等の姿勢をも無意識のうちに自分の中に取り入れていくのである。

　どの子どもに対しても集団の一員としてこのような姿勢で接する保育士等と生活を共にする中で、子どもは互いを大切にする姿勢を身に付けていく。そのことがやがて、心のつながりをもった温かい集団をつくり出すことにつながっていくのである。

　一人一人のよさや特徴が生かされた集団を形成するためには、まず保育士等が、子どもの心に寄り添い、その子どものよさを認めることが大切である。子どもは、自己発揮する中で、時にはうまく自己を表出できなかったり、失敗を繰り返し「うまくできないかもしれない」と不安になったりすることがある。このような場面では、保育士等が、その子どもなりに取り組んでいる姿を認めたり、時には一緒に行動しながら励ましたりして、子どもが、安心して自分らしい動き方ができるような状況をつくっていく必要がある。子どもは、ありのままの自分が認められているという安心感や、日々の遊びや生活の中でその子どもなりのよさを捉える保育士等のまなざしに支えられ、自分のよさや特徴に気付き、自分に力があると信じて取り組み、自信をもって行動することができるようになっていくだろう。また、他の子どもからもその子どものよさを認められることにより、更に子どもは活力を得て、自信を高めていく。この自信を基盤として、人と関わる力も育っていく。さらに、子どもは自分が認められることで友達のよさも認められるようになっていく。

　このように、子どもは集団の生活を通して、相互に影響し合い、育ち合っていく。子どもが集団の中で自信をもって行動できるようになるためには、一人一人が集団の中で認められ、そのよさや特徴が生かされるクラス集団のあり方を考えることが必要である。

> ③　子どもが互いに関わりを深め、協同して遊ぶようになるため、自ら行動する力を育てるとともに、他の子どもと試行錯誤しながら活動を展開する楽しさや共通の目的が実現する喜びを味わうことができるようにすること。

　子どもが協同して遊ぶようになるためには、まず一人一人がその子らしく遊ぶこ

223

第 I 部 「保育所保育指針」解説とポイント

とができるように，自発性を育てることが基盤に置かれなければならない。子ども
は，保育士等や他の子どもとの関わりの中で自発性を獲得していく。例えば，子ど
もは，他の子どもが作った物やしていることに憧れて，自分もそのような物を作ろ
うとしたり，知らず知らずのうちに他の子どもの動きを真似したりする中で，周囲
のものや遊具などとの多様な関わり方を学んだり，新たな感覚を体感したりして，
自分の中に取り込み，自ら行動するようになる。このように，子どもは，他の子ど
もとの関わりの中で自発性を獲得し，この自発性を基盤として，より生き生きとし
た深みのある人間関係を繰り広げていく。

　子どもが互いに関わりを深め，共に活動する中で，皆でやってみたい目的が生ま
れ，工夫したり，協力したりするようになっていく。この過程の中で，子どもは，
自分の思いを伝え合い，話し合い，新しいアイデアを生み出したり，自分の役割を
考えて行動したりするなど，力を合わせて協力するようになる。また，皆で一緒に
活動する中では，自分の思いと友達の思いが異なることもあり，時には自己主張が
ぶつかり合い，ある部分は互いに我慢したり友達の思いを受け入れたりしながら活
動を展開していくこともある。

　このように，子ども同士が試行錯誤して活動を展開していくようになるが，大切
なことは，子ども自身が活動自体を楽しむことである。共通の目的は実現したり実
現しなかったりする。実現しなかった場合でも，子どもが活動そのものを楽しんで
いれば，また皆で一緒に活動しようという気持ちになる。また，共通の目的が実現
した場合，その喜びを十分に味わうことが次の活動につながる。子どもの行う活動
は，子ども同士の小さな集団での活動から，小学校就学前にはクラス全体でも活動
するようになることを踏まえ，それぞれの時期にふさわしく展開されることが重要
である。

　さらに，このような経験を通して，集団の中で一人一人のよさが発揮され影響し
合って，一人ではできないことも力を合わせれば可能になるという気持ちが育つよ
うにすることが大切である。そのことを通じて，子ども自身が集団の中のかけがえ
のない一員であることを知り，同時に仲間への信頼感をもつことができるようにな
っていく。

　特に行事などでは，結果やできばえを重視し過ぎたりすることのないよう，共に
進める保育士等同士が，その行事を取り入れた意図などを共通に理解した上で，活
動の過程での子どもの変容を読み取ることが大切である。

224

保育所保育指針解説　第2章　保育の内容

　子ども一人一人のよさを生かしながら協同して遊ぶようになるためには，集団の中のコミュニケーションを通じて共通の目的が生まれてくる過程や，子どもが試行錯誤しながらも一緒に実現に向かおうとする過程，いざこざなどの葛藤体験を乗り越えていく過程を大切に受け止めていくことが重要である。その際，保育士等は，子ども一人一人の人との関わりの経験の違いを把握しておく必要がある。子どもによっては，自分に自信がもてなかったり，他者に対して不安になったり，人への関心が薄かったりすることもあることを踏まえて，適切な援助を行うようにすることが大切である。

> ④　道徳性の芽生えを培うに当たっては，基本的な生活習慣の形成を図るとともに，子どもが他の子どもとの関わりの中で他人の存在に気付き，相手を尊重する気持ちをもって行動できるようにし，また，自然や身近な動植物に親しむことなどを通して豊かな心情が育つようにすること。特に，人に対する信頼感や思いやりの気持ちは，葛藤やつまずきをも体験し，それらを乗り越えることにより次第に芽生えてくることに配慮すること。

　子どもは保育所の生活において，他の子どもと関わりながら生活する中で，生活に必要な行動の仕方を身に付け，また，友達と楽しく過ごすためには，守らなければならないことがあることに気付いていく。子どもは基本的には他律的で，大人の言うことが正しく，言われたから，叱られるから従うという傾向がある。一方，幼児期から繰り返し経験する生活の中で規則性や秩序に気付いたり，物を壊したり，相手を泣かしたりすると顔色を変えたり，あるいは泣いている子を慰めようとしたりするなど，道徳性の芽生えは存在している。

　子どもは他者と様々なやり取りをする中で，自分や他者の気持ち，自他の行動の結果などに徐々に気付くようになり，道徳性の芽生えをより確かなものにしていく。特に，仲間と楽しく過ごす一方で，いざこざや葛藤の体験を重ね，それについて考えたり，保育士等や仲間と話し合ったりすることは，自他の気持ちや欲求は異なることに気付かせ，自分の視点からだけでなく相手の視点からも考えることを促して，他者への思いやりや善悪の捉え方を発達させる。葛藤の体験は子どもにとって大切な学びの機会であるが，いざこざや言葉のやり取りが激しかったり，長い間続いたりしている場合には仲立ちをすることも大切である。さらに，子どもがなかなか気持ちを立て直すことができそうにない場合には，保育士等が子どもの心の拠りどこ

225

第Ⅰ部 「保育所保育指針」解説とポイント

ろとなり，適切な援助をする必要もある。

子どもは信頼し，尊敬している大人の言葉や行動に基づいて何がよくて何が悪いのかの枠をつくっており，保育士等の言動の影響は大きい。特に，生命や人権に関わることなど人としてしてはいけないことに対しては，悪いと明確に示す必要がある。このように保育士等は，時には，善悪を直接的に示したり，集団生活のきまりに従うように促したりすることも必要になる。また，それだけでなく，他者とのやり取りの中で子どもが自他の行動の意味を理解し，何がよくて何が悪かったのか考えることができるように，それまで気付かなかったことに気付くように働きかけ，援助していくことが重要である。

さらに，他者とのやり取りだけでなく，自然の美しさに触れたり，身近な動植物に親しみ，世話をしたりする中で，生命あるものへの感性や弱いものをいたわる気持ちなど，豊かな心情を育てることも必要である。

言うまでもないが，基本的な生活習慣の形成において，自立心を育み，自己発揮と自己抑制の調和のとれた自律性を育てることは，道徳性の芽生えを培うことと深く関わることである。(3 (2) ア 心身の健康に関する領域「健康」(ウ)内容の取扱い⑤ [編集部注：p. 208] を参照)

---

⑤　集団の生活を通して，子どもが人との関わりを深め，規範意識の芽生えが培われることを考慮し，子どもが保育士等との信頼関係に支えられて自己を発揮する中で，互いに思いを主張し，折り合いを付ける体験をし，きまりの必要性などに気付き，自分の気持ちを調整する力が育つようにすること。

人と人とが尊重し合い，協調して社会生活を営んでいくためには，守らなくてはならない社会のきまりがある。しかし，社会のきまりを守ることは，初めからできるわけではなく，日々，繰り返される生活や人との関わりを通して徐々に規範意識が形成され，きまりを守ることができるようになっていく。特に，幼児期では，保育士等や友達と共にする集団の生活を通して，体験を重ねながら規範意識の芽生えを培うことが重要である。

このため，初めての集団の生活となる保育所では，子どもが保育士等との信頼関係に支えられて自己を発揮するとともに，友達と関わりを深め，互いに思いを主張し合う中で，自分の思いが受け入れられないこともあり，相手と折り合いを付けながら遊ぶ体験を重ねていくことが重要である。これらの体験を通して，子どもが，

226

保育所保育指針解説　第2章　保育の内容

きまりを守ると友達と楽しく過ごせることに気付き，それを守ろうとして行動する中で，規範意識の芽生えを培っていくことが大切である。

しかし，子どもは，きまりが大事であると思っても，必ずしもきまりを守ることができるとは限らない。例えば，遊びのルールを分かっていても，興奮すると忘れてしまったり，時間がかかると嫌になってしまい守らなかったりすることがある。この場合，保育所の生活では自分の欲求を無理に通してきまりを守らなかったために，友達との遊びが壊れてしまったり，仲間関係が崩れてしまったりすることを体験するだろう。しかし，こうした体験を通して，子どもは，次第に自分の気持ちを調整することの必要性を理解していくようになる。子どもが保育士等や友達と関わりを深め，楽しい体験を積み重ねるにつれ，自分の気持ちを調整しつつ周囲との関係をつくることができるようになる中で，次第に自分の思いを大切にしながら，きまりを守ることができるように，保育士等は適切な援助をする必要がある。

> ⑥　高齢者をはじめ地域の人々などの自分の生活に関係の深いいろいろな人と触れ合い，自分の感情や意志を表現しながら共に楽しみ，共感し合う体験を通して，これらの人々などに親しみをもち，人と関わることの楽しさや人の役に立つ喜びを味わうことができるようにすること。また，生活を通して親や祖父母などの家族の愛情に気付き，家族を大切にしようとする気持ちが育つようにすること。

子どもは，限られた人間関係の中で生活しているので，保育所の生活において，高齢者をはじめ，異年齢の子どもや働く人などの地域の人々で自分の生活と関係が深い人と触れ合ったり，交流したりすることは，人と関わる力を育てる上で重要である。特に，子どもが，日常の家庭や地域社会の生活とは立場が変わり相手の役に立つことをする経験も大切である。子どもは，「〇〇してあげる」という言葉を好んで使い，何かを手伝いたがる。そして，相手に喜ばれ，よくやってくれたと感謝されることによって，子どもは自分が有用な人間であることを自覚し，もっと人の役に立ついろいろなことができるようになろうと思うようになっていく。

将来のボランティア精神の基盤となる人の役に立つ喜びを幼児期に経験させるためには，このような自分のできる手伝いをすることなどにより，他者の役に立っているという満足感を得られるようにすることが大切である。

さらに，子どもは自分が信頼する大人のものの考え方や行動の仕方を素直に自分の中に取り入れ，生活の仕方や人間としての生き方などを学んでいくので，幼児期

227

第Ⅰ部 「保育所保育指針」解説とポイント

における家族との関わりが極めて重要である。このため，保育所の生活を送る中で，機会をとらえて改めて親や祖父母などの家族のことを話題にしたり，その気持ちを考えたりする機会を設け，子どもが，家族の愛情に気付き，自ずとその家族を大切にしようとする気持ちをもつように働きかけることも必要である。

また，子どもは，人に対する優しさや愛情を人間関係の中で学んでいくので，子どもの中に家族を大切にする心を育んでいくためには，子ども自身が家族から愛されているということを実感することも大切である。

このようなことについて，親や祖父母などの家族にも理解してもらうよう働きかけることが必要である。保育所での活動や家族への働きかけなどを通じて，子どもと家族とのよりよい関係を育み，子どもの情緒の安定を図り，保育所の生活の中で安心して自己発揮できるようにすることが大切である。

ウ　身近な環境との関わりに関する領域「環境」

> 周囲の様々な環境に好奇心や探究心をもって関わり，それらを生活に取り入れていこうとする力を養う。
>
> (ｱ)　ねらい
> ①　身近な環境に親しみ，自然と触れ合う中で様々な事象に興味や関心をもつ。
> ②　身近な環境に自分から関わり，発見を楽しんだり，考えたりし，それを生活に取り入れようとする。
> ③　身近な事象を見たり，考えたり，扱ったりする中で，物の性質や数量，文字などに対する感覚を豊かにする。

子どもの周囲には，保育所の内外に様々なものがある。人は暮らしを営み，また，動植物が生きていて，遊具などの日々の遊びや生活に必要な物が身近に置かれている。子どもはこれらの環境に好奇心や探究心をもって主体的に関わり，自分の遊びや生活に取り入れていくことを通して発達していく。このため，保育士等は，子どもがこれらの環境に関わり，豊かな体験ができるよう，意図的・計画的に環境を構成することが大切である。

子どもは身近な環境に興味をもち，それらに親しみをもって自ら関わるようになる。また，保育所内外の身近な自然に触れて遊ぶ機会が増えてくると，その大きさ，美しさ，不思議さに心を動かされる。子どもはそれらを利用して遊びを楽しむようになる。子どもはこのような遊びを繰り返し，様々な事象に興味や関心をもつよう

保育所保育指針解説　第2章　保育の内容

になっていくことが大切である。

　子どもは身近な環境に好奇心をもって関わる中で，新たな発見をしたり，どうすればもっと面白くなるかを考えたりする。そして，この中で体験したことを，更に違う形や場面で活用しようとするし，遊びに用いて新たな使い方を見付けようとする。子どもにとっての生活である遊びとのつながりの中で，環境の一つ一つが子どもにとってもつ意味が広がる。したがって，まず何より環境に対して，親しみ，興味をもって積極的に関わるようになることが大切である。さらに，ただ単に環境の中にあるものを利用するだけではなく，そこで気付いたり，発見したりしようとする環境に関わる態度を育てることが大切である。子どもは，気付いたり，発見したりすることを面白く思い，別なところでも活用しようとするのである。

　身近な事象を見たり，考えたり，扱ったりする中で，物の性質や数量，文字などに対しての関わりを広げることも大切である。子どもを取り巻く生活には，物については当然だが，数量や文字についても，子どもがそれらに触れ，理解する手がかりが豊富に存在する。それについて単に正確な知識を獲得することのみを目的とするのではなく，環境の中でそれぞれがある働きをしていることについて実感できるようにすることが大切である。

（イ）　内容

> ①　自然に触れて生活し，その大きさ，美しさ，不思議さなどに気付く。

　自然に触れて遊ぶ中で，子どもは全身で自然を感じ取る体験により，心が癒されると同時に，多くのことを学んでいる。特に，幼児期において，自然に触れて生活することの意味は大きい。保育所の生活の中でも，できるだけ身近な自然に触れる機会を多くし，子どもなりにその大きさ，美しさ，不思議さなどを全身で感じ取る体験をもつようにすることが大切である。

　自然と触れ合う体験を十分に得られるようにするためには，保育所内の自然環境を整備したり，地域の自然と触れ合う機会をつくったりして，子どもが身近に関わる機会をつくることが大切である。また，子どもが心を動かされる場面は，必ずしも大人と同じではないことにも留意しなければならない。例えば，クモの巣に光る露に心を動かされたり，自分で育てた花から取れた種をそっとポケットにしまい込んだりなど，子どもは日常の何気ない生活場面で心を揺り動かしている。このような子どもの自然との出会いを見逃さないようにすることが保育士等の関わりとして

229

第Ⅰ部 「保育所保育指針」解説とポイント

大切である。

自然と出会い，感動するような体験は，自然に対する畏敬の念，親しみ，愛情などを育てるばかりでなく，科学的な見方や考え方の芽生えを培う上で基礎となるものである。テレビやビデオなどを通しての間接体験の機会が増えてきている現代，保育所で自然と直接触れる機会を設けることは大きな意味をもってきている。

> ② 生活の中で，様々な物に触れ，その性質や仕組みに興味や関心をもつ。

子どもは，様々な物に囲まれて生活し，それらに触れたり，確かめたりしながら，その性質や仕組みなどを知っていく。初めは，感触を試し，物との関わりを楽しんでいるが，興味をもって繰り返し関わる中で，次第にその性質や仕組みに気付き，子どもなりに使いこなすようになる。物の性質や仕組みが分かり始めるとそれを使うことによって一層遊びが面白くなり，物との関わりが深まる。物の性質や仕組みに気付くことと遊びが面白くなることが循環していく。例えば，土の団子作りに興味をもっている子どもは，何度も作りながら，同じ土であっても，湿り気の具合によってその性質が異なることを体験的に理解し，芯にする土，芯の周囲を固める土，湿り気を取るための土など，うまく使い分けている。このように，遊びを通して，物の性質の理解が深まっていく。

さらに，遊びの深まりや仲間の存在は，子どもが物と多様な関わりをすることを促す。子どもが周囲にある様々な物に触発されて遊びを生み出し，多様な見立てを楽しむと，その遊びに興味をもった仲間が集まり，新しいアイデアが付加され，その物の性質や仕組みについて新たな一面を発見する。その発見を生かして更に遊びが広がり，深まるといった過程を繰り返す。このような流れの中で，子どもが自分のリズムで遊びを展開し，興味をもった物に自分から関わる，多様な見立てや関わりを楽しむ，試行錯誤をする，仲間と情報を交流するといったことを通して，物の性質や仕組みに興味をもち，物との関わりを楽しみ，興味や関心を深めていくことを踏まえることが大切である。

> ③ 季節により自然や人間の生活に変化のあることに気付く。

保育所内外の自然や地域社会の人々の生活に日常的に触れ，季節感を取り入れた保育所の生活を体験することを通して，季節により自然や人間の生活に変化があることに子どもなりに関心をもつようにすることが大切である。

保育所保育指針解説　第2章　保育の内容

　春の草花や木の芽，真夏の暑い日差し，突風にさらされて舞い散る落ち葉など，子どもは日々の生活の中で季節の変化を感じる場面に出会うことが多い。また，子どもが意識する，しないに関わらず，その変化に伴い，食べ物や衣服，生活の仕方などが変化している。大切なことは，日常的に自然に触れる機会を通して，子どもが季節の変化に気付いていくようにすることである。そのためには，保育所内の自然環境を整備したり，季節感のある遊びを取り入れたりするなどして，保育所の生活の自然な流れの中で，子どもが季節の変化に気付き，感じ取れるようにすることが大切である。

　季節により変化のあることに気付くということは，必ずしも，変化の様子を完全に理解したり，言葉に表したりするということではない。夏の暑い日に浴びるシャワーの水は心地よいが，冬の寒い日に園庭で見付けた氷混じりの水は刺すような冷たさを感じるなど，何気なく触れているものでも季節によって感触や感じ方が異なるといったように，子ども自身が全身で感じ取る体験を多様に重ねることが大切である。

　保育所の外に出かけると，季節による自然や生活の変化を感じる機会が多い。子どもが四季折々の変化に触れることができるように，園外保育を計画していくことも必要である。かつては，地域の人々の営みの中にあふれていた季節感も失われつつある傾向もあり，秋の収穫に感謝する祭り，節句，正月を迎える行事などの四季折々の地域や家庭の伝統的な行事に触れる機会をもつことも大切である。

---

④　自然などの身近な事象に関心をもち，取り入れて遊ぶ。

　子どもの身の回りにある自然などの様々な事象に触れる機会を多くもつようにし，それらを取り入れて遊ぶ楽しさを十分に味わうことが必要である。子どもは自然の様々な恵みを巧みに遊びに取り入れて，遊びを楽しんでいる。どんぐりなどの木の実はもちろん，それぞれの季節の草花，さらに，川原の石や土なども遊ぶための大切な素材である。

　また，子どもは，目に見えるものだけではなく，見えないものと対話し，子どもの遊びの中に取り入れている。例えば，風の動きを肌で感じ，自分で作った紙飛行機や凧などを少しでも高く，遠くに飛ばそうと高いところを見付け，飛ばしたり，風の向きを考えたりして遊んでいる。

　このような遊びが子どもの興味や関心に基づいて十分に繰り返されるように援助

第Ⅰ部　「保育所保育指針」解説とポイント

しながら，子どもの自然などの身近な事象への関心が高まるようにすることが大切
である。単に自然の事象についての知識を得ることではなく，自然の仕組みに心を
動かし，些細なことであってもその子どもなりに遊びの中に取り入れていくことが
大切である。

---

⑤　身近な動植物に親しみをもって接し，生命の尊さに気付き，いたわったり，大
　切にしたりする。

　親しみやすい動植物に触れる機会をもたせるとともに，保育士等など周囲の人々
が世話をする姿に接することを通して，次第に身近な動植物に親しみをもって接す
るようにし，実際に世話をすることによって，いたわったり，大切にしたりしよう
とする気持ちを育てることが大切である。

　保育所内で生活を共にした動植物は，子どもにとって特別な意味をもっている。
例えば，小動物と一緒に遊んだり，餌を与えたり，草花を育てたりする体験を通し
て，生きているものへの温かな感情が芽生え，生命を大切にしようとする心が育つ。
生命の誕生や終わりといったことに遭遇することも，子どもの心をより豊かに育て
る意味で大切な機会となる。幼児期にこのような生命の営み，不思議さを体験する
ことは重要である。

　時に子どもは小さな生き物に対して，物として扱うようなことがある。しかし，
このような時にも小さな生き物にも生命があり，生きているのだということを子ど
もに繰り返し伝えることが大切である。また，例えば，子どもが，初めはウサギを
人間の赤ちゃんのように抱き，語りかけることもある。生き物を擬人的に理解し，
扱ったりしている場合には，次第に人とは違うその生き物の特性が分かるようにな
り，その生き物が過ごしやすい飼い方にも目を向けるようにすることが大切である。

　このような体験を繰り返しながら，子どもは次第に生命の尊さに気付き，いたわ
ったり，大切にしたりするようになっていく。生命の大切さを伝えることは難しい
が，このことは幼児期から育んでいかなければならないことである。

---

⑥　日常生活の中で，我が国や地域社会における様々な文化や伝統に親しむ。

　子どもが，日常生活の中で我が国や地域社会における様々な文化や伝統に触れ，
長い歴史の中で育んできた文化や伝統の豊かさに気付くことは大切なことである。
　このため，例えば，保育士等と一緒に飾りを作りながら七夕の由来を聞くなどし

保育所保育指針解説　第2章　保育の内容

て，次第にそのいわれやそこに込められている人々の願いなどにも興味や関心をもつことができるようになることが大切である。

　また，保育所においては，例えば地域の祭りに合わせて，地域の人が保育所で太鼓のたたき方を見せてくれる機会をつくるなど，地域の人々との関わりを通して，自分たちの住む地域に親しみを感じたりすることが大切である。なお，身近な地域社会の文化や伝統に触れる際には，異なる文化にも触れるようにすることで，より豊かな体験にしていくことも考えられる。

　さらに，保育所の生活で親しんだ伝統的な遊びを家族や地域の人々と一緒に楽しむことなどにより子どもが豊かな体験をすることも大切である。

---

⑦　身近な物を大切にする。

　保育所の生活の中で，身近な物を大切にし，無駄なことをしないようにする気持ちを育てることが大切である。子どもは物に愛着をもつことから，次第にそれを大切にする気持ちが育つので，一つ一つの物に愛着を抱くことができるように援助することが大切である。子どもは物を使って遊ぶ中で，その物があることによって遊びが楽しくなることに気付き，その物に愛着をもつようになる。そのため，保育士等は，子どもが遊びを十分に楽しめるように援助することが大切である。また，保育士等自身が物に愛着をもち，大切に取り扱っている様子を子どもに示すことも大切である。

　子どもが自分と物と他者のつながりを自然に意識できるように，保育士等はそれぞれの状況に合わせて様々な関わり方をすることが大切である。

　また，保育士等が紙の切れ端などを利用して何かを作って見せたりするなど，工夫の仕方で活用することができることを知らせ，子どもの物への関わりをより豊かに発展させていくことも大切である。

　このように，日常的な子どもとのいろいろな関わりの中で，物を大切にしようとする心を育てるようにすることが大切である。

　さらに，物を用いて友達と一緒に遊ぶ中で，その物への愛着を共有し，次第に自分たちの物，皆の物であるという意識が芽生えてくる。また，友達との関わりが深まる中で，自分が大切にしている物だけでなく，友達が大切にしている物も大切にしようという気持ちをもつようにもなっていく。このように，集団の生活を通して，公共の物を大切にしようとする気持ちを育むことも大切である。

233

第Ⅰ部 「保育所保育指針」解説とポイント

⑧ 身近な物や遊具に興味をもって関わり，自分なりに比べたり，関連付けたりしながら考えたり，試したりして工夫して遊ぶ。

　身近にある物や遊具，用具などを使って試したり，考えたり，作ったりしながら，探究していく態度を育てることが大切である。身近にある物を使って工夫して遊ぶようになるためには，保育士等は，子どもが心と体を働かせて物とじっくりと関わることができるような環境を構成し，対象となるその物に十分に関わることができるようになることが大切である。子どもは，手で触ったり，全身で感じてみたり，あることを繰り返しやってみたり，自分なりに比べたり，これまでの体験と関連付けて考えたりしながら物に関わっていく。このような関わりを通して，子どもは物や遊具，用具などの特性を探り当て，その物や遊具，用具などに合った工夫をすることができるようになる。それゆえ，保育士等はこのような子どもの力を信頼し，その上でどのような援助が必要か考えていくことが大切である。

　大人には単調な繰り返しに見えることが，子どもにとっては重要な意味をもっている場合もある。このような子どもなりの物との関わりを十分に楽しむことが大切であるが，時には他の子どもが工夫していることに注目するよう促したり，また，時には保育士等自らが工夫の仕方を示したりするなど，いろいろな物に興味をもって関わる機会をつくることも必要である。

　子どもは物や遊具，用具などで遊びながら，その物や遊具，用具などの仕組みそのものに興味を示すことがある。その際，保育士等はそのような子どもの関心を大切にし，子どもがその仕組みについてより探究できるよう援助していくことも必要である。

⑨ 日常生活の中で数量や図形などに関心をもつ。

　子どもは日常生活の中で，人数や事物を数えたり，量を比べたり，また，様々な形に接したりすることを体験している。保育士等はこのような体験を子どもがより豊かにもつことができるようにして子どもが生き生きと数量や図形などに親しむことができるように環境を工夫し，援助していく必要がある。

　数量や図形についての知識だけを単に教えるのではなく，生活の中で子どもが必要感を感じて数えたり，量を比べたり，様々な形を組み合わせて遊んだり，積み木やボールなどの様々な立体に触れたりするなど，多様な経験を積み重ねながら数量

234

保育所保育指針解説　第2章　保育の内容

や図形などに関心をもつようにすることが大切である。

　子どもは，列えば，皆が席に座った際に，誰も座っていない椅子を数えて休みの子どもを確認したり，ごっこ遊びで友達が持っている棒より長い物を持ちたくて作ったりするなど，日常的に知らず知らずのうちに数や量に触れて生活している。また，保育士等や友達と一緒にグループの人数を確認してからおやつを配ったり，どちらの砂山が高いかを比べたりするなど，意識して数量を用いることもある。このような体験を通して，保育士等や友達との日常的なやり取りをしながら，数量に親しむ経験を多様に重ねていくことが大切である。

　さらに，花びらや葉，昆虫や魚の体形など，子どもの身の回りの自然界は多様な形に満ちている。子どもがこのような多様な形に触れたり，保育士等が注目を促すことを通して，様々な形に気付いたりして，次第に図形に関心をもつようになることが大切である。

　このように，日常生活の中で数えたり，量ったりすることの便利さと必要感に子どもが次第に気付き，また，様々な図形に関心をもって関わろうとすることができるよう援助していくことが重要である。

> ⑩　日常生活の中で簡単な標識や文字などに関心をもつ。

　子どもにとって，自分が話している言葉がある特定の文字や標識に対応しているのを知ることは新鮮な驚きである。例えば，日常で使っている「はさみ」という言葉が，整理棚などに書いてある「は」，「さ」，「み」という文字に対応していることを知った時の子どもの驚きと喜びを大切にしなければならない。このため，保育士等はまず子どもが標識や文字との新鮮な出会いを体験できるよう環境を工夫する必要がある。

　また，生活の中で様々な標識（交通標識など）に触れたり，自分たちで標識（クラスの標識，グループの標識，トイレの標識など）を作って生活したり，遊んだりする中で，標識が意味やメッセージをもっていることに気付くことも大切である。標識が人が人に向けたメッセージであり，コミュニケーションの手段の一つであることを感じ取れるよう環境を工夫していく必要がある。

　また，絵本や手紙ごっこを楽しむ中で自然に文字に触れられるような環境を構成することを通して，文字が様々なことを豊かに表現するためのコミュニケーションの道具であることに次第に気付いていくことができるよう，子どもの発達に沿って

235

第Ⅰ部 「保育所保育指針」解説とポイント

援助していく必要がある。

　子どもが文字を道具として使いこなすことを目的にするのではなく，人が人に何かを伝える，あるいは人と人とがつながり合うために文字が存在していることを自然に感じ取れるように環境を工夫し，援助していくことが重要である。

> ⑪　生活に関係の深い情報や施設などに興味や関心をもつ。

　保育所の生活の中で，身近に感じられる情報に接したり，それを生活に取り入れたりする体験を重ねる中で，次第に自分の生活に関係の深い情報に興味や関心をもつようにすることが大切である。

　特に，この時期の前半，あるいは保育所の生活に慣れていない時期には，様々な情報を断片的にしか理解できないことが多い。友達とのつながりが深まるにつれて，自分の得た情報を友達に伝えたり，友達のもっている情報に関心をもったりして，情報の交換を楽しむようになる。友達同士が目的をもって遊ぶようになると，遊びに必要な情報を獲得し，活用する姿が見られるようになり，生活の豊かさにつながっていく。

　子どもが周りの情報に関心をもつようになるためには，例えば，保育士等自身が興味深く見た放送の内容，地域の催しや出来事などの様々な情報の中から子どもの生活に関係の深い情報を適切に選択し，折に触れて提示していくなど，子どもの興味や関心を引き出していくことも大切である。

　また，図書館や高齢者福祉施設などの様々な公共の施設を利用したり，訪問したりする機会を設け，子どもが豊かな生活体験を得られるようにすることが大切である。公共の施設などを利用する際は，子どもの生活に関わりが深く，子どもが興味や関心をもてるような施設を選択したり，訪問の仕方を工夫したりする必要がある。その際，このような施設が皆のものであり，大切に利用しなければならないことを指導することにより，公共心の芽生えを培っていくことも大切である。

> ⑫　保育所内外の行事において国旗に親しむ。

　幼児期においては，保育所や地域の行事などに参加したりする中で，日本の国旗に接し，自然に親しみをもつようにし，将来の国民としての情操や意識の芽生えを培うことが大切である。保育所においては，国旗が掲揚されている運動会に参加したり，自分で国旗を作ったりして，日常生活の中で国旗に接するいろいろな機会を

保育所保育指針解説　第2章　保育の内容

もたせることにより，自然に日本の国旗に親しみを感じるようにさせることが大切
である。

また，そのようなことから，国際理解の芽生えを培うことも大切である。

(ウ)　内容の取扱い

> ①　子どもが，遊びの中で周囲の環境と関わり，次第に周囲の世界に好奇心を抱き，
> その意味や操作の仕方に関心をもち，物事の法則性に気付き，自分なりに考える
> ことができるようになる過程を大切にすること。また，他の子どもの考えなどに
> 触れて新しい考えを生み出す喜びや楽しさを味わい，自分の考えをよりよいもの
> にしようとする気持ちが育つようにすること。

子どもは，遊びを通して周りの環境の一つ一つに関わる。そこから何か特定のこ
とを分かろうとして関わるわけではなく，知りたいとか，面白く遊びたいから関わ
るのである。このため，保育士等は，環境の中にあるそれぞれのものの特性を生か
し，その環境から子どもの興味や関心を引き出すことができるような状況をつくら
なければならない。

子どもは初めからどう扱ったらよいか分かっていたり，必ず面白くなると分かっ
ていたりするものだけでなく，どうすれば面白くなるのかよく分からないものにも
積極的に関わっていく。つまり，子どもにとっては，周りにあるあらゆるものが好
奇心の対象となっていくのである。このため，子どもが扱いやすい遊具や用具，物
を用意することだけでなく，子どもの能動性を引き出す自由な空間や物を配置し，
あるいは子どもがどうしてよいか分からない時などに保育士等が援助することが大
切になる。

また，子どもは好奇心を抱いたものに対してより深い興味を抱き，探究していく。
そのものはどういう意味をもつのだろうか，どのように用いればよいのだろうかと
不思議に思い，探索する。さらに，試行錯誤を行う中でその動きや働きにある規則
性を見付けられるかもしれない。それが同じようなものにも同様に当てはまれば，
法則性と呼んでもよいものである。例えば，ボールを上に投げると落ちてくる，何
回投げても落ちてくる，力一杯投げても，大きさや重さを変えても落ちてくること
が分かってくる。幼児期において，物事の法則性に気付くということは，科学的に
正しい法則を発見することを求めることではない。その子どもなりに規則性を見い
だそうとする態度を育てることが大切である。

237

第Ⅰ部 「保育所保育指針」解説とポイント

　また，子ども一人一人によって環境との関わり方が異なっており，興味や関心，発想の仕方，考え方なども異なっている。保育所の生活の中で，子どもは，自分とは違った考え方をする友達が試行錯誤している姿を見たり，その考えを聞いたり，友達と一緒に試したり工夫したりする。その中で，子どもは友達の考えに刺激を受け，自分だけでは発想しなかったことに気付き，新しい考えを生み出す。このような体験を通して，子どもは考えることの楽しさや喜びに気付き，自分の考えをよりよいものにしようという気持ちが育っていく。そのため，保育士等は，子どもが自分なりに環境に関わる姿を大切にするとともに，場やものの配置を工夫したり，保育士等も一緒にやってみたりして，子どもが互いの考えに触れることができるような環境を構成することが大切である。

> ② 幼児期において自然のもつ意味は大きく，自然の大きさ，美しさ，不思議さなどに直接触れる体験を通して，子どもの心が安らぎ，豊かな感情，好奇心，思考力，表現力の基礎が培われることを踏まえ，子どもが自然との関わりを深めることができるよう工夫すること。

　自然は多彩でその折々に変化しつつも，なお変わらない姿は雄大であると同時に，繊細さに富み，人に感動と不思議の念を呼び起こす。しかし，子どもは，大人と違って，自然を目の前にすれば，自ずと自然の姿に目を留め，心を動かされるとは限らない。保育士等自らが感性を豊かに保ち，自然とその変化の素晴らしさに感動することや子どもがちょっとした折に示すささやかな自然への関わりに共鳴していくことが大切になる。さらに，例えば，どのような樹木を植えておくかといった保育所内の環境から，保育室内でどのような生き物を育てるのかといった環境の工夫が必要になる。つまり，子どもが身体的感覚を呼び覚まされ，心がわき立つような思いのできる出会いが大切である。

　自然との出会いを通して，子どもの心は安定し，安らぎを取り戻せる。そして，落ち着いた気持ちの中から，自然に繰り返し直接関わることによって自然への不思議さや自然と交わる喜びの感情がわき上がるだろう。主体的に自然のいろいろな面に触れることで好奇心が生まれ，探究心がわき出てくる。どうしてこうなっているのだろうと思いを巡らせ，思考力を働かせる。さらに，その考えや思いを言葉や動きに表し，音楽や造形的な表現にも表して，確認しようともする。

　このような自然との出会いは，豊かな感情や好奇心を育み，思考力や表現力の基

保育所保育指針解説　第2章　保育の内容

礎を形成する重要な役割をもっている。

> ③　身近な事象や動植物に対する感動を伝え合い，共感し合うことなどを通して自分から関わろうとする意欲を育てるとともに，様々な関わり方を通してそれらに対する親しみや畏敬の念，生命を大切にする気持ち，公共心，探究心などが養われるようにすること。

　身近な環境にある様々なものに対して積極的に関わろうとする態度は，身近な事物や出来事，自然などに対して子どもが思わず感動を覚え，もっと関わりたいと思う経験をすることから生まれる。このような感動を周りの友達や保育士等にも伝えたいと思い，共感してもらえることによってますます関わりたくなる。そして，共に遊んだり，世話をしたり，驚きをもって見つめたりするといった様々な身近な動植物などとの関わりを通して，命あるものに対して，親しみや畏敬の念を感じ，自分と違う生命をもった存在として意味をもってくる。そして，生命を大切にする気持ちをもち，生命の素晴らしさに友達や保育士等と共に感動するようになる。

　さらに，例えば，植物の栽培において，その植物が皆の世話によって徐々に生長していくにつれて，生命のあるものを大切にしようとする気持ちと同時に，皆と一緒に育てたから大切にしなければならないといった気持ちももつようになったりする。また，植物が生長する姿を通して，どんな花が咲くだろう，どんな実がなるだろうなど，探究心もわいてくる。

　このような様々な気持ちを引き起こすような豊かな環境の構成と身近な事象や動植物との関わりを深めることができるように援助することが大切である。

> ④　文化や伝統に親しむ際には，正月や節句など我が国の伝統的な行事，国歌，唱歌，わらべうたや我が国の伝統的な遊びに親しんだり，異なる文化に触れる活動に親しんだりすることを通じて，社会とのつながりの意識や国際理解の意識の芽生えなどが養われるようにすること。

　子どもは，地域の人々とのつながりを深め，身近な文化や伝統に親しむ中で，自分を取り巻く生活の有り様に気付き，社会とのつながりの意識や国際理解の意識が芽生えていく。

　このため，生活の中で，子どもが正月の餅つきや七夕の飾り付けなど四季折々に行われる我が国の伝統的な行事に参加したり，国歌を聞いたりして自然に親しみを

第Ⅰ部 「保育所保育指針」解説とポイント

感じるようになったり，古くから親しまれてきた唱歌，わらべうたの楽しさを味わったり，こま回しや凧揚げなど我が国の伝統的な遊びをしたり，様々な国や地域の食に触れるなど異なる文化に触れたりすることを通じて，文化や伝統に親しみをもつようになる。

　幼児期にこのような体験をすることは，将来の国民としての情操や意識の芽生えを培う上で大切である。

　このような活動を行う際には，文化や伝統に関係する地域の人材，資料館や博物館などとの連携・協力を通して，異なる文化にも触れながら子どもの体験が豊かになることが大切である。

---

⑤　数量や文字などに関しては，日常生活の中で子ども自身の必要感に基づく体験を大切にし，数量や文字などに関する興味や関心，感覚が養われるようにすること。

　数量や文字は，記号として表すだけに，その働きを幼児期に十分に活用することは難しい。しかし，例えば，数字や文字などに親しんだり，物を数えたり，長さや重さに興味をもったり，絵本や保育室にある文字表現に関心を抱いたりすることは，子どもにとって日常的なことである。数量や文字に関する指導は，子どもの興味や関心から出発することが基本となる。その上で，子どもの遊びや生活の中で文字を使ったり，数量を扱ったりする活動が生まれることがあり，このような活動を積み重ねることにより，ごく自然に数量や文字に関わる力は伸びていくものである。

　幼児期における数量や文字に関する指導は，確実に数を数えられたり，文字を正確に読めたり，書けたりすることを目指すものではない。なぜなら，個人差がなお大きいこともあるが，それ以上に，確実にできるために必要な暗記などの習熟の用意が十分に整っているとは言い難いからである。幼児期に大切にしたいことは，習熟の指導に努めるのではなく，子どもが興味や関心を十分に広げ，数量や文字に関わる感覚を豊かにできるようにすることである。このような感覚が，小学校における数量や文字の学習にとって生きた基盤となるものである。（3（2）エ 言葉の獲得に関する領域「言葉」(イ)内容⑩［編集部注：p. 248］及び(ウ)内容の取扱い⑤［編集部注：p. 253］を参照）

240

保育所保育指針解説　第2章　保育の内容

エ　言葉の獲得に関する領域「言葉」

　経験したことや考えたことなどを自分なりの言葉で表現し，相手の話す言葉を聞こうとする意欲や態度を育て，言葉に対する感覚や言葉で表現する力を養う。

(ア)　ねらい

① 　自分の気持ちを言葉で表現する楽しさを味わう。

② 　人の言葉や話などをよく聞き，自分の経験したことや考えたことを話し，伝え合う喜びを味わう。

③ 　日常生活に必要な言葉が分かるようになるとともに，絵本や物語などに親しみ，言葉に対する感覚を豊かにし，保育士等や友達と心を通わせる。

　言葉は，身近な人との関わりを通して次第に獲得されるものである。人との関わりでは，見つめ合ったり，うなずいたり，微笑んだりなど，言葉以外のものも大切である。子どもは気持ちを自分なりの言葉で表現した時，それに相手がうなずいたり，言葉で応答してくれたりすると楽しくなり，もっと話そうとする。保育士等は，子どもが言葉で伝えたくなるような経験を重ね，その経験したことや考えたことを自分なりに話すこと，また友達や保育士等の話を聞くことなどを通じ，言葉を使って表現する意欲や，相手の言葉を聞こうとする態度を育てることが大切である。また，子どものものの見方や考え方も，そのように言葉によって伝え合う中で確かなものになっていく。

　子どもは，保育所の生活の中で心を動かされる体験を通して，様々な思いをもつ。この思いが高まると，子どもは，その気持ちを思わず口に出したり，親しい相手に気持ちを伝えたりして，共感してもらうと喜びを感じるようになる。このような体験を通じて，自分の気持ちを表現する楽しさを味わうことが大切である。

　また，子どもは，自分の話を聞いてもらうことにより，自分も人の話をよく聞こうとする気持ちになる。人の話を聞き，自分の経験したことや考えたことを話す中で，相互に伝え合う喜びを味わうようになることが大切である。

　子どもは，保育士等や友達と一緒に行動したりやり取りしたりすることを通して，次第に日常生活に必要な言葉が分かるようになっていく。また，子どもが絵本を見たり，物語を聞いたりして楽しみ，言葉の楽しさや美しさに気付いたり，想像上の世界や未知の世界に出会い，様々な思いを巡らし，その思いなどを保育士等や友達と共有したりすることが大切である。

　このような経験は，言葉に対する感覚を養い，状況に応じた適切な言葉の表現を

241

第 1 部　「保育所保育指針」解説とポイント

使うことができるようになる上でも重要である。

(イ)　内容

> ①　保育士等や友達の言葉や話に興味や関心をもち，親しみをもって聞いたり，話
> したりする。

　言葉は，いつでも誰とでも交わすことができるわけではない。初めて出会う人に
は不安感から話す気持ちになれないこともあるし，緊張すると自分の思うことを言
葉でうまく表現できないこともある。相手との間に安心して言葉を交わせる雰囲気
や関係が成立して，初めて言葉で話そうとするのである。

　保育所において，子どもが周囲の人々と言葉を交わすようになるには，保育士等
や友達との間にこのような安心して話すことができる雰囲気があることや，気軽に
言葉を交わすことができる信頼関係が成立していくことが必要となる。このように，
言葉を交わすことができる基盤が成立していることにより，子どもは親しみを感じ
ている保育士等や友達の話や言葉に興味や関心をもち，自分から聞くようになり，
安心して自分の思いや意志を積極的に言葉などで表現しようとするのである。

　保育所においては，周囲の保育士等や友達が使う様々な言葉や表現に興味や関心
をもち，自分でもそれらを積極的に使ってみることによって，互いの思いや意志を
より的確に伝え合えるようになっていく過程が大切である。

> ②　したり，見たり，聞いたり，感じたり，考えたりなどしたことを自分なりに言
> 葉で表現する。

　子どもは，生活の中で心を動かされるような体験をした時に，それを親しい人に
言葉で伝えたくなる。心を動かされる体験には，自然の美しさや不思議さに触れた
時，楽しい活動に参加した時，面白い物語を聞いた時などの感動的な体験ばかりで
なく，友達ともめたり，失敗した時に悔しい思いをしたりするなどの感情的な体験
もある。また，遊びの中で新たなことを思い付いたり，何かに気付いたり，疑問を
感じたりした時に，それを保育士等や友達にも話したくなる。

　また，子どもが心を動かされる体験の場は，保育所だけとは限らない。家庭や地
域でのそのような体験を，保育所で親しい保育士等や友達に伝えることも次第に増
えていく。

　したこと，見たこと，聞いたこと，感じたこと，考えたことなどを伝えることは，

242

保育所保育指針解説　第2章　保育の内容

　この時期の初めの頃には，まだ言葉で表すことが難しい場合も多く，表情や動作などを交えて精一杯伝えていることもある。このようなその子どもなりの動きを交えた表現を保育士等が受け止め，積極的に理解することによって，相手に自分の思いを分かってもらいたいという気持ちが芽生えていく。そして，保育士等が的確にその思いを言葉で表現していくことによって，子どもが表現しようとする内容をどう表現すればよいかを理解させていくことも大切になる。保育士等や友達の言葉による表現を聞きながら，子どもは自分の気持ちや考えを言葉で人に伝える表現の仕方を学んでいくのである。

　子どもが様々な体験を言葉で表現できるようになっていくためには，自分なりの表現が保育士等や友達，さらには異なる年齢や地域の人々など，様々な人へと伝わる喜びと，自分の気付きや考えから新たなやり取りが生まれ，活動が共有されていく満足感を味わうようにすることが大切である。その喜びや満足感を基盤にして，子どもの言葉で表現しようとする意欲は更に高まっていく。そして相手に分かるように言葉で伝えようとすることで，自分の考えがまとまったり，深まったりするようになり，思考力の芽生えも培われていくのである。

---

③　したいこと，してほしいことを言葉で表現したり，分からないことを尋ねたりする。

　子どもは，他の子どもが使っている面白そうな遊具などを見付けると，自分でもそれらの遊具に触れたり，使ったりしてみたくなる。しかし，例えば，他の子どもの使っている遊具を自分も使いたいからといって，それを無断で使ったりすれば，相手から非難されたり，抗議されたりすることになる。このように，自分がこうしたいと思っても，相手にその気持ちを伝えることなく自分の欲求を満たそうとすれば，相手ともめることになるだろう。また，保育所における集団での遊びの中では，相手にこうしてほしいと思う場面がよくある。しかし，相手にこのような願いを抱いた時も，それを一方的に要求しても受け入れられないことがある。ごっこ遊びなどの中で，友達にある役をしてほしいと思っても，相手の気持ちを確かめることなく自分だけで一方的に役を決めてしまえば，友達ともめることになるだろう。

　このような集団生活の中での人との関わりを通して，子どもは，自分のしたいこと，相手にしてほしいことの言葉による伝え方や，相手の合意を得ることの必要性を理解していくのである。

243

第Ⅰ部 「保育所保育指針」解説とポイント

　さらに，初めて集団生活を体験する子どもにとっては，使い方が分からない遊具
や，どう行動したらよいのか分からない場面などに出会うこともある。その場合に
は，自分が分からないことや知りたいことなどを保育士等や友達に伝え，教えても
らうことが必要になる。このようにして，子どもは保育所での集団生活を通して，
自分の分からないことや知りたいことなどを，相手に分かる言葉で表現し，伝える
ことが必要であることを理解していくのである。

┌───┐
│ ④　人の話を注意して聞き，相手に分かるように話す。 │
└───┘

　保育所の生活では，人の話を聞いたり，自分の考えや気持ちを人に伝えたりする
場面がたくさんある。例えば，保育士等の説明を聞いたり，絵本を読むのを聞いた
り，遊びの中で友達の要求や考えを聞くこともある。時には，保育所を訪問してき
た人々の話を聞くこともある。

　このような場面で子どもが話を聞く時は，初めは静かに聞いたり，話の内容の全
てに注意を向けて聞いたりしているとは限らない。特に，この時期の初めの頃には，
話を聞いていても，自分に興味のある事柄にしか注意を向けないこともあったり，
関心のあることが話されるとすぐに反応し，静かにしていられなくなったりするこ
ともある。また，友達の話を聞かないで，友達ともめることもある。

　このような話を聞くことに関わる様々な体験を積み重ねることを通して，相手が
伝えようとしている内容に注意を向けることへの必要感をもち，次第に子どもは話
を聞けるようになっていくのである。

　また，自分では考えや要求などを伝えたつもりでも，それを相手に分かるように
言わずに，意味や内容が正しく伝わらないことから，相手ともめることもある。同
じ話でも相手に応じて異なる話し方が求められることがある。例えば，保育士等に
話す時と年下の者に話す時では，同じ話でも相手に応じてその言葉の使い方や表現
の仕方を変えた方がよい場合もある。子どもは，周囲の人々の会話の仕方や話し方
を聞きながら，自分も相手により分かるように話し方を変えていくことを学んでい
くのである。

┌───┐
│ ⑤　生活の中で必要な言葉が分かり，使う。 │
└───┘

　保育所の生活は，少人数の家族で過ごす家庭生活と異なり，保育士等や友達，異
年齢の子どもなどから成る集団で生活する場である。そのために，保育所の生活で

保育所保育指針解説　第2章　保育の内容

は，家庭生活ではあまり使わない言葉を使用することがある。例えば，子どもにとっては，「先生」，「クラス」という言葉は保育所に入園して初めて耳にする言葉かもしれない。また，「当番の仕事」という言葉を耳にしても初めは何をどうすることなのか理解できないだろう。子どもは，保育士等や友達と一緒に行動することを通して，次第にその言葉を理解し，戸惑わずに行動できるようになっていく。

また，保育所での友達との遊びの中では，役割や順番を決めたり，物の貸し借りなどをしたりする場面がある。このような時には，「順番」や「交替」というような言葉や「貸して」，「いいよ」という表現もよく用いられるが，このような言葉や表現が分からないと友達との遊びを楽しく展開できないこともある。

このように，集団で遊びや生活を進めていく上で必要な言葉は多くあるが，このような言葉の意味を理解していく上で，保育士等は，実際に行動する中でその意味に子ども自身が気付くように援助していくことが大切である。

特に，この時期の初めの頃は，生活に必要な言葉の意味や使い方が分からないことがよくある。「みんな」と言われた時に，自分も含まれているとはすぐには理解できないこともあったり，「順番」と言われても，まだどうすればよいのか分からなかったりすることもよくある。保育士等は，子どもの生活に沿いながらその意味や使い方をその都度具体的に分かるように伝えていくことにより，子どもも次第にそのような言葉の意味が分かり，自分でも使うようになっていくことから，一人一人の実情に沿ったきめ細かな関わりが大切である。

---

⑥　親しみをもって日常の挨拶をする。

集団生活の場では，親しい人や友達と交わす挨拶から，顔見知り程度の人と交わす挨拶，さらには，初めて出会う人と交わす挨拶まで，それぞれの親しさに応じて様々な挨拶が交わされる。子どもは，これまで家庭において家族との挨拶は経験しているが，保育所の生活においては，保育士等や友達，さらには，他のクラスの子どもや訪問者など，家庭とは比較にならないほど様々な人々と出会い，挨拶を交わすことになる。

保育所で日常的に交わされる挨拶としては，朝の挨拶のように出会いを喜び合うことや帰りの挨拶のように別れを惜しみ，再会を楽しみにする気持ちを伝え合うことなどが中心となる。また，名前を呼ばれた時に返事をすること，相手に感謝の気持ちやお礼を伝えること，さらには，相手のことを心配したり，元気になったこと

245

第Ⅰ部 「保育所保育指針」解説とポイント

を喜んだりすることなども含まれる。また，このような挨拶を交わすことにより，互いに親しさが増すことにもなる。

　子どもは，このような日常の挨拶を初めからできるわけではない。特に，初めのうちは，担任の保育士等やごく親しい友達にしか挨拶ができないことが多いであろうし，また，その挨拶の仕方も言葉よりも動作や表情が中心になることが多いであろう。保育所の生活に沿いながら，保育士等が朝や帰りに子どもたちに気軽に言葉をかけたり，また，保育士等同士や保護者や近隣の人々とも気軽に挨拶を交わしたり，感謝やお礼の気持ちを言葉で伝えたりする姿などを示すことにより，子どもも挨拶を交わす心地よさと大切さを学んでいく。

　このように，親しみをもっていろいろな挨拶を交わすことができるようになるためには，何よりも保育士等と子ども，子ども同士の間で温かな雰囲気のつながりがつくられていることが大切である。

> ⑦　生活の中で言葉の楽しさや美しさに気付く。

　言葉はただ単に，意味や内容を伝えるだけのものではない。声として発せられた音声の響きやリズムには，音としての楽しさや美しさがある。

　例えば，「ゴロゴロ　ゴロゴロ」というように言葉の音を繰り返すリズムの楽しさや「ウントコショ　ドッコイショ」というような言葉の音の響きの楽しさなどもある。また「サラサラ　サラサラ」というような言葉の音の響きの美しさもある。言葉を覚えていく幼児期は，このような言葉の音がもつ楽しさや美しさに気付くようになる時期でもある。

　子どもは，保育所の生活において絵本や物語などの話や詩などの言葉を聞く中で，楽しい言葉や美しい言葉に出会うこともある。保育士等や友達が言葉を楽しそうに使用している場面に出会い，自分でも同じような言い方をし，口ずさむことでその楽しさを共有することもある。また，保育士等の話す言葉に耳を傾けることにより，言葉の響きや内容に美しさを感じ，改めて言葉の世界の魅力にひかれることもある。さらに，同じ意味を表す言葉であっても，その表現の仕方を変化させることが必要な場合もある。例えば，友達を呼ぶ時にも名前を呼んだり，愛称を呼んだりするなど，様々な呼び方がある。相手や状況に応じて言葉を使い分けることが，言葉の楽しさや美しさに通じることがある。

　このように，幼児期においては，保育所の生活を通して言葉の様々な楽しさや美

保育所保育指針解説　第2章　保育の内容

しさに気付くことが，言葉の感覚を豊かにしていくことにつながるのである。

> ⑧　いろいろな体験を通じてイメージや言葉を豊かにする。

　子どもは，自分が感じたことや見たことの全てを言葉で表現できるわけではない。また，自分なりに想像して思い描いた世界を言葉でうまく表現できないこともある。しかし，言葉ではなかなかうまく表現できなくても，具体的なイメージとして心の中に蓄積されていくことは，言葉の感覚を豊かにする上で大切である。また同じ体験をした保育士等や友達の言葉を聞くことで，イメージがより確かなものになり，言葉も豊かになっていく。

　特に，子どもは，初めて出会い，体験したことを言葉でうまく表現できず，それは感覚的なイメージとして蓄積されることが多い。生き生きとした言葉を獲得し，その後の子どもの表現活動を豊かにしていくためには，保育所の生活はもとより，家庭や地域での様々な生活体験が具体的なイメージとして心の中に豊富に蓄積されていくことが大切であり，体験に裏付けされたものとして言葉を理解していくことが大切である。

　このような心に蓄積された具体的なイメージは，それに関連する情景やものなどに出会った時，刺激を受け，生き生きと想起され，よみがえってくることがある。特に，この時期の初めの頃には，例えば，「まぶしいこと」を「目がチクチクする」と感じたことをそのままに表現することがある。このような感覚に基づく表現を通して子どもがそれぞれの言葉にもつイメージが豊かになり，言葉の感覚は磨かれていく。したがって，保育士等は，このような子どもらしい表現を受け止めていくことが大切である。

　このように蓄積されたイメージをその意味する背景や情景などを理解した上で，徐々に言葉として表現することが，言葉の豊かさにつながっていくのである。つまり，子どものイメージの豊かさは，言葉の豊かさにつながっていくことになるのである。

> ⑨　絵本や物語などに親しみ，興味をもって聞き，想像をする楽しさを味わう。

　子どもは，絵本や物語などで見たり，聞いたりした内容を自分の経験と結び付けながら，想像したり，表現したりすることを楽しむ。一人で絵本を見て想像を巡らせて楽しむこともあれば，保育士等が絵本や物語，紙芝居を読んだり，物語や昔話

247

第Ⅰ部 「保育所保育指針」解説とポイント

を話したりすることもある。皆でビデオやテレビ，映画などを見ることもある。家庭でもこのような絵本や物語を保護者に読んでもらったり，テレビやビデオを見たりするが，保育所で保育士等や友達と一緒に聞いたり，見たりする時には，皆で同じ世界を共有する楽しさや心を通わせる一体感などが醸し出されることが多い。

　また，家庭ではどちらかというと自分の興味のあることを中心に見たり，読んだりすることになるが，保育所では保育士等や友達の興味や関心にも応じていくので幅の広いものとなる。家庭ではなかなか触れない内容にも触れるようになっていく。このようにして，保育士等や友達と共に様々な絵本や物語，紙芝居などに親しむ中で，子どもは新たな世界に興味や関心を広げていく。絵本や物語，紙芝居などを読み聞かせることは，現実には自分の生活している世界しか知らない子どもにとって，様々なことを想像する楽しみと出会うことになる。登場人物になりきることなどにより，自分の未知の世界に出会うことができ，想像上の世界に思いを巡らすこともできる。このような過程で，なぜ，どうしてという不思議さを感じたり，わくわく，どきどきして驚いたり，感動したりする。また，悲しみや悔しさなど様々な気持ちに触れ，他人の痛みや思いを知る機会にもなる。このように，幼児期においては，絵本や物語の世界に浸る体験が大切なのである。

> ⑩　日常生活の中で，文字などで伝える楽しさを味わう。

　子どもの日常生活の中にある文字，絵，標識などの記号には，名前などのように所属や所有を示すこと，看板や値札などのように内容を表示すること，さらには，書物や手紙などのように書き手の意志を伝達することなど様々な機能がある。幼児期は，大人と共に生活する中で文字などの記号のこのような機能に気付き，日常生活の中で使用する意味を学んでいく時期である。

　子どもは，家庭や地域の生活で，文字などの記号の果たす役割とその意味を理解するようになると，自分でも文字などの記号を使いたいと思うようになる。また，保育所の生活においては，複数のクラスや保育士等，さらには，多くの友達などがいるために，その所属や名前の文字を読んだり，理解したりすることが必要になる。このような様々な必要感を背景にして子どもは文字などの記号に親しんでいくのである。

　特に，友達と展開するごっこ遊びなどの中では，看板やメニュー，値段や名前などをそれぞれの子どもなりに読んだり，書いたりすることが少なくない。しかし，

保育所保育指針解説　第2章　保育の内容

まだ読み書きする関心や能力は個人差が大きいため，文字などの記号に親しむことができるように保育士等は子ども一人一人に対して配慮する必要がある。また，文字などの記号に関心を抱く子どもは，5，6歳頃にはある程度平仮名は読めるようになっていく。しかし，書くことはまだ難しく，自分なりの書き方であることが多い。そのような時においても，文字を使う喜びを味わうことができることを念頭に置いた指導をすることが大切である。

　保育所の生活の中で，名前や標識，連絡や伝言，絵本や手紙などに触れながら，文字などの記号の果たす機能と役割に対する関心と理解が，それぞれの子どもにできるだけ自然な形で育っていくよう環境の構成に配慮することが必要である。また，それぞれの子どもなりの文字などの記号を使って楽しみたいという関心を受け止めて，その子どもなりに必要感をもって読んだり，書いたりできるような一人一人への援助が大切である。

(ウ)　内容の取扱い

> ①　言葉は，身近な人に親しみをもって接し，自分の感情や意志などを伝え，それに相手が応答し，その言葉を聞くことを通して次第に獲得されていくものであることを考慮して，子どもが保育士等や他の子どもと関わることにより心を動かされるような体験をし，言葉を交わす喜びを味わえるようにすること。

　子どもは，保育所の生活の中で保育士等や友達と関わりをもち，親しみを感じると，互いに自分の気持ちを相手に伝えようとする。

　子どもは，そのような温かな人間関係の中で，言葉を交わす喜びを味わい，自分の話したことが伝わった時の嬉しさや相手の話を聞いて分かる喜びを通して，もっと話したいと思うようになる。しかし，心の中に話したいことがたくさんあっても，まだうまく言葉で表現できない子ども，友達には話せるが保育士等には話せない子どもなど，自分の思い通りに話せない場合も多い。そのような場合にも，保育士等や友達との温かな人間関係を基盤にしながら，子どもが徐々に心を開き，安心して話ができるように援助していくことが大切である。

　幼児期の言葉の発達は，個人差が大きく，表現の仕方も自分本位なところがあったりする。しかし，保育士等や友達との関わりの中で，心を動かされるような体験を積み重ね，それを言葉で伝えたり，保育士等や友達からの言葉による働きかけや様々な表現に触れたり，言葉でやり取りしたりすることによって，次第に自分なり

249

第Ⅰ部 「保育所保育指針」解説とポイント

の言葉から人に伝わる言葉になっていき，場面に応じた言葉が使えるようになっていくのである。

　保育士等は，このような子どもの言葉の発達や人との関わりを捉えそれに応じながら，正しく分かりやすく，美しい言葉を使って子どもに語りかけ，言葉を交わす喜びや豊かな表現などを伝えるモデルとしての役割を果たしていくことが大切である。

> ②　子どもが自分の思いを言葉で伝えるとともに，保育士等や他の子どもなどの話を興味をもって注意して聞くことを通して次第に話を理解するようになっていき，言葉による伝え合いができるようにすること。

　子どもは保育所の生活を楽しいと感じられるようになると，自分の気持ちや思いを自然に保育士等や友達に言葉や表情などで伝えるようになり，友達との生活の中で自分の思いを言葉にすることの楽しさを感じ始める。そして，保育士等や友達が話を聞いてくれることによって，言葉でのやり取りの楽しさを感じるようになる。やり取りを通して相手の話を聞いて理解したり共感したりして，言葉による伝え合いができるようになっていく。

　子どもは，相手に自分の思いが伝わり，その思いが共感できることで喜びを感じたり，自分の言ったことが相手に通じず，言葉で伝えることの難しさやもどかしさを体験したりする。また，相手に自分の思いを伝えるだけでなく，保育士等や友達の話を聞く中で，その思いに共感したり，自分のこととして受け止めたりしながら，熱心に聞くようにもなっていく。例えば，相手の話が面白いと，その話に興味をもち，目を輝かせて聞き入り，楽しい気分になることもある。また，時には友達とのいざこざなどを通じて，その時の相手の気持ちや行動を理解したいと思い，必要感をもって聞くこともある。このような体験を繰り返す中で，自分の話や思いが相手に伝わり，また，相手の話や思いが分かる楽しさや喜びを感じ，次第に伝え合うことができるようになっていく。

　その際，保育士等が心を傾けて子どもの話やその背後にある思いを聞き取り，友達同士で自由に話せる環境を構成したり，子ども同士の心の交流が図られるように工夫したりすることで，子どもの伝えたいという思いや相手の話を理解したいという気持ちを育てることが大切である。また，言葉が伝わらない時や分からない時に，状況に応じて保育士等が仲立ちをして言葉を付け加えたり，思いを尋ねたりするこ

250

保育所保育指針解説　第2章　保育の内容

とで，話が伝わり合うよう援助をすることも必要である。活動を始める前やその日
の活動を振り返るような日常的な集まり，絵本や物語などのお話を聞く場面などを
通して，皆で一緒に一つのまとまった話を集中して聞く機会をもつことで，聞くこ
との楽しさや一緒に聞くことで生まれる一体感を感じるようになる。子どもが集中
して聞けるようになっていくためには，話し手や話の内容に興味や関心をもつこと
ができるように，落ち着いた場を設定し，伝え合うための工夫や援助を行い，保育
士等も子どもと共に聞くことを楽しむという姿勢をもつことが大切である。

> ③　絵本や物語などで，その内容と自分の経験とを結び付けたり，想像を巡らせた
> りするなど，楽しみを十分に味わうことによって，次第に豊かなイメージをもち，
> 言葉に対する感覚が養われるようにすること。

　子どもは，その子どもなりの感じ方や楽しみ方で絵本や物語などの世界に浸り，
その面白さを味わう。絵本の絵に見入っている子ども，物語の展開に心躍らせてい
る子ども，読んでくれる保育士等の声や表情を楽しんでいる子どもなど様々である。
保育士等は，その子どもなりの感じ方や楽しみ方を大切にしなければならない。

　また，子どもは，絵本や物語などの中に登場する人物や生き物，生活や自然など
を自分の体験と照らし合わせて再認識したり，自分の知らない世界を想像したりし
て，イメージを一層豊かに広げていく。そのために，絵本や物語などを読み聞かせ
る時には，そのような楽しさを十分に味わうことができるよう，題材や子どもの理
解力などに配慮して選択し，子どもの多様な興味や関心に応じることが必要である。

　子どもは，絵本や物語などの読み聞かせを通して，子どもと保育士等との心の交
流が図られ，読んでもらった絵本や物語に特別な親しみを感じるようになっていく。
そして皆で一緒に見たり，聞いたりする機会では，一緒に見ている子ども同士も共
感し合い，皆で見る楽しさを味わっていることが多い。そうした中で，一層イメー
ジは広がっていくので，皆で一緒に見たり，聞いたりする機会にも，落ち着いた雰
囲気をつくり，一人一人が絵本や物語の世界に浸り込めるようにすることが大切で
ある。

　また，子どもは，保育士等に読んでもらった絵本などを好み，もう一度見たいと
思い，一人で絵本を開いて，読んでもらった時のイメージを思い出したり，新たに
イメージを広げたりする。このような体験を繰り返す中で，絵本などに親しみを感
じ，もっといろいろな絵本を見たいと思うようになっていく。その際，絵本が子ど

251

第Ⅰ部 「保育所保育指針」解説とポイント

もの目に触れやすい場に置かれ，落ち着いてじっくり見ることができる環境があることで，一人一人の子どもと絵本との出会いは一層充実したものとなっていく。そのために，保育室における子どもの動線などを考えて絵本のコーナーを作っていくようにすることが求められる。

> ④　子どもが生活の中で，言葉の響きやリズム，新しい言葉や表現などに触れ，これらを使う楽しさを味わえるようにすること。その際，絵本や物語に親しんだり，言葉遊びなどをしたりすることを通して，言葉が豊かになるようにすること。

　子どもは，遊びや生活の中で様々な言葉に出会い，その響きやリズムに興味をもったりする。やがて，その意味や使い方にも関心をもつようになり，いろいろな場面でその言葉に繰り返し出会う中で，徐々に自分が使える言葉として獲得していく。そして，考える時や，感じたり考えたりしたことを表現する時に，その言葉を使うようになる。

　子どもが言葉を使って表現することを楽しむようになるためには，単に言葉を覚えさせるのではなく，日常生活の中で見たり，聞いたりしたこととその時に聞いた言葉を重ね合わせながら，意味あるものとして言葉に出会わせていくことが望ましい。

　例えば，雨が降っている様子を表す時に「雨が降っている」と言うだけではなく，「雨がしとしと降っている」「今日は土砂降りだね」と雨の降り方を表す言葉を一言付け加えると，その様子をより細やかに表現することができる。そのような表現に出会うと，子どもは「雨が降る」にも，いろいろな言葉があることを感じることができる。

　また，絵本や物語，紙芝居の読み聞かせなどを通して，お話の世界を楽しみつつ，いろいろな言葉に親しめるようにすることも重要である。特に語り継がれている作品は，美しい言葉や韻を踏んだ言い回しなど子どもに出会わせたい言葉が使われていることが多い。繰り返しの言葉が出てきて，友達と一緒に声を出して楽しめるものもある。お話の世界を通していろいろな言葉と出会い親しむ中で，自然に言葉を獲得していく。言葉を獲得する時期である幼児期にこそ，絵本や物語，紙芝居などを通して，美しい言葉に触れ，豊かな表現や想像する楽しさを味わうようにしたい。

　また，幼児期の発達を踏まえて，言葉遊びを楽しむことも，いろいろな言葉に親しむ機会となる。例えば，リズミカルな節回しの手遊びや童謡を歌うことは，体で

保育所保育指針解説　第2章　保育の内容

リズムを感じながらいろいろな言葉を使って表現する楽しさにつながる。しりとりや，同じ音から始まる言葉を集める遊びをする中では，自分の知っている言葉を使うことや，友達の発言から新しい言葉に出会う楽しみが経験できる。短い話をつなげて皆で一つの物語をつくるお話づくりのような遊びでは，イメージを広げ，それを表現することを経験できる。子どもの言葉を豊かにしていくためには，このような言葉を使った遊びを楽しむ経験を積み重ねていくことも必要である。

> ⑤　子どもが日常生活の中で，文字などを使いながら思ったことや考えたことを伝える喜びや楽しさを味わい，文字に対する興味や関心をもつようにすること。

　子どもを取り巻く生活の中では，様々な形の記号が使われており，文字もその中の一つとして子どもの身近なところに存在している。したがって，子どもにとっては，文字も様々にある環境の一つであり，興味をもつと，分かる文字を周囲に探してみたり，真似して使ってみようとしたりするなど，自分の中に取り入れようとする姿が自然に見られる。第三者には読めないが，かなり早い時期から文字らしい形を書いたりすることもあり，年齢が進むにつれて，文字の読み方を保育士等や友達に聞いたり，文字を真似して書いたりする姿が多く見られるようになる。

　例えば，レストランごっこをしている子どもが，自分の体験からメニューには何か書いてあることに気付いて，それを遊びの中で表現したいと考えたり，店を閉める前に「おやすみ」と書いて，閉店を友達に伝えたいと思ったりするなど，遊びと密着した形で文字の意味や役割が認識されたり，記号としての文字を獲得する必要性が次第に理解されたりしていく。保育士等は，文字に関わる体験が保育所の生活の中に豊かにあることを認識し，子ども一人一人のこのような体験を見逃さず，きめ細かく関わる必要がある。もとより，子どもの興味や関心の状況は個人差が大きいことにも配慮し，生活と切り離した形で覚え込ませる画一的な指導ではなく，一人一人の興味に合わせ，遊びなどの中で，その子どもが必要に応じて文字を読んだり書いたりする楽しさを感じる経験を重ねていくことが大切である。

　このように，子どもは遊びの中で，文字を遊具のように見立て，使っていることもあり，このような姿を捉えて，その指導を工夫することが大切である。保育士等は，文字について直接指導するのではなく，子どもの，話したい，表現したい，伝えたいという気持ちを受け止めつつ，子どもが日常生活の中で触れてきた文字を使うことで，文字を通して何らかの意味が伝わっていく面白さや楽しさが感じられる

253

第Ⅰ部 「保育所保育指針」解説とポイント

ように，日頃の保育の中で伝える喜びや楽しさを味わえるようにすることが大切である。（3（2）ウ 身近な環境との関わりに関する領域「環境」(イ)内容⑩［編集部注：p. 235］及び(ウ)内容の取扱い⑤［編集部注：p. 240］を参照）

このような一人一人の子どもの文字に対する興味や関心，出会いを基盤にして，小学校以降において文字に関する系統的な指導が適切に行われることを保護者や小学校関係者にも理解されるよう更に働きかけていくことが大切である。

オ　感性と表現に関する領域「表現」

> 　感じたことや考えたことを自分なりに表現することを通して，豊かな感性や表現する力を養い，創造性を豊かにする。
> (ア)　ねらい
> 　①　いろいろなものの美しさなどに対する豊かな感性をもつ。
> 　②　感じたことや考えたことを自分なりに表現して楽しむ。
> 　③　生活の中でイメージを豊かにし，様々な表現を楽しむ。

子どもは，毎日の生活の中で，身近な周囲の環境と関わりながら，そこに限りない不思議さや面白さなどを見付け，美しさや優しさなどを感じ，心を動かしている。そのような心の動きを自分の声や体の動き，あるいは素材となるものなどを仲立ちにして表現する。子どもは，これらを通して，感じること，考えること，イメージを広げることなどの経験を重ね，感性と表現する力を養い，創造性を豊かにしていく。さらに，自分の存在を実感し，充実感を得て，安定した気分で生活を楽しむことができるようになる。

子どもの自己表現は，極めて直接的で素朴な形で行われることが多い。時には，泣くことや一見乱暴に見える行為などでその時の自分の気持ちを訴えることも見られる。自分の表現が他者に対してどのように受け止められるかを予測しないで表現することもある。あるいは，表す内容が，他者には理解しにくく，保育士等の推察や手助けで友達に伝わったりする場合もあるが，そのような場合にも子どもは，自分の気持ちを表したり，他者に伝えたりすることによって，満足していることが多い。

また，子どもは音楽を聴いたり，絵本を見たり，つくったり，かいたり，歌ったり，音楽や言葉などに合わせて身体を動かしたり，何かになったつもりになったりなどして，楽しんだりする。これらの表現する活動の中で，子どもは内面に蓄えら

保育所保育指針解説　第2章　保育の内容

れた様々な事象や情景を思い浮かべ、それらを新しく組み立てながら、想像の世界
を楽しんでいる。また、自分の気持ちを表すことを楽しんだり、表すことから友達
や周囲の事物との関係が生まれることを楽しんだりもする。

　豊かな感性や自己を表現する意欲は、幼児期に自然や人々など身近な環境と関わ
る中で、自分の感情や体験を自分なりに表現する充実感を味わうことによって育て
られる。したがって、保育所においては、日常生活の中で出会う様々な事物や事象、
文化から感じ取るものやその時の気持ちを友達や保育士等と共有し、表現し合うこ
とを通して、豊かな感性を養うようにすることが大切である。また、そのような心
の動きを、やがては、それぞれの素材や表現の手段の特性を生かした方法で表現で
きるようにすること、あるいは、それらの素材や方法を工夫して活用することがで
きるようにすること、自分の好きな表現の方法を見付け出すことができるようにす
ることが大切である。

　また、自分の気持ちを一番適切に表現する方法を選ぶことができるように、様々
な表現の素材や方法を経験させることも大切である。

(イ)　内容

> ①　生活の中で様々な音、形、色、手触り、動きなどに気付いたり、感じたりする
> などして楽しむ。

　子どもは、生活の中で、例えば、身近な人の声や語りかけるような調子の短い歌、
園庭の草花の形や色、面白い形の遊具、あるいは心地よい手触りのものなど、様々
なものに心を留め、それに触れることの喜びや快感を全身で表す。

　子どもは、生活の中で様々なものから刺激を受け、敏感に反応し、諸感覚を働か
せてそのものを素朴に受け止め、気付いて楽しんだり、その中にある面白さや不思
議さなどを感じて楽しんだりする。そして、このような体験を繰り返す中で、気付
いたり感じたりする感覚が磨かれ、豊かな感性が養われていく。

　豊かな感性を養うためには、何よりも子どもを取り巻く環境を重視し、様々な刺
激を与えながら、子どもの興味や関心を引き出すような魅力ある豊かな環境を構成
していくことが大切である。その際、保育士等は、子どもが周囲の環境に対して何
かに気付いたり感じたりして、その気持ちを表現しようとする姿を温かく見守り、
共感し、心ゆくまで対象と関わることを楽しめるようにすることが、豊かな感性を
養う上で重要である。

255

第Ⅰ部 「保育所保育指針」解説とポイント

> ② 生活の中で美しいものや心を動かす出来事に触れ，イメージを豊かにする。

　子どもが出会う美しいものや心を動かす出来事には，完成された特別なものだけではなく，生活の中で出会う様々なものがある。例えば，園庭の草花や動いている虫を見る，飼っている動物の生命の誕生や終わりに遭遇することなどである。それらとの出会いから，喜び，驚き，悲しみ，怒り，恐れなどといった情動が生じ，心が揺さぶられ，何かを感じ取り，子どもなりのイメージをもつことになる。

　子どもは，日常の生活の中でこのような自然や社会の様々な事象や出来事と出会い，それらの多様な体験を子どものもっている様々な表現方法で表そうとする。このような体験を通して，子どもは，具体的なイメージを心の中に蓄積していく。子どもが生き生きとこれらのイメージを広げたり，深めたりして，心の中に豊かに蓄積していくには，保育士等が子どもの感じている心の動きを受け止め，共感することが大切である。

　そのためには，柔軟な姿勢で一人一人の子どもと接し，保育士等自身も豊かな感性をもっていることが重要である。その際，保育士等のもつイメージを一方的に押し付けたりするのではなく，子どものイメージの豊かさに関心をもって関わりそれを引き出していくようにすることが大切である。

　子どもの心の中への豊かなイメージの蓄積は，それらが組み合わされて，やがてはいろいろなものを思い浮かべる想像力となり，新しいものをつくり出す力へとつながっていくのである。

> ③ 様々な出来事の中で，感動したことを伝え合う楽しさを味わう。

　様々な出来事と出会い，心を動かされる体験をすると，子どもはその感動を保育士等や友達に伝えようとする。その感動を相手と共有できることで，更に感動が深まる。しかし，その感動が保育士等や友達などに受け止められないと，次第に薄れてしまうことが多い。感動体験が子どもの中にイメージとして蓄えられ，表現されるためには，日常生活の中で保育士等や友達と感動を共有し，伝え合うことを十分に行えるようにすることが大切である。

　子どもが感動体験を表したり，伝えようとしたりするためには，何よりも安定した温かい人間関係の中で，表現への意欲が受け止められることが必要である。子どもは，その子どもなりに様々な方法で表現しているが，それはそばから見てすぐに

256

分かる表現だけではない。特にこの時期の初めの頃は，じっと見る，歓声を上げる，身振りで伝えようとするなど言葉以外の様々な方法で感動したことを表現しているので，保育士等はそれを受容し，共感をもって受け止めることが大切である。さらに，そのことを保育士等が仲立ちとなって周りの子どもに伝えながら，その子どもの感動を皆で共有することや伝え合うことの喜びを十分に味わえるようにしていくことが必要である。このような経験を積み重ねることを通して子ども同士が伝え合う姿が見られるようになる。

また，保育士等自身にも，保育所の生活の様々な場面で子どもが心を動かされている出来事を共に感動できる感性が求められる。例えば，絵の具の色の変化に驚いたり，悲しい物語に心を動かされたりするなど，子どもと感動を共有することが大切である。

---

④ 感じたこと，考えたことなどを音や動きなどで表現したり，自由にかいたり，つくったりなどする。

子どもは，感じたり，考えたりしたことをそのまま率直に表現することが多い。また，子どもは，感じたり，考えたりしたことを身振りや動作，顔の表情や声など自分の身体そのものの動きに託したり，音や形，色などを仲立ちにしたりするなどして，自分なりの方法で表現している。

その表現は，言葉，身体による演技，造形などに分化した単独の方法でなされるというより，例えば，絵をかきながらその内容に関連したイメージを言葉や動作で表現するなど，それらを取り混ぜた未分化な方法でなされることが多い。特にこの時期の初めの頃は，手近にある物を仲立ちにしたり，声や動作など様々な手段で補ったりしながら自分の気持ちを表したり，伝えたりしようとする。保育士等は，表現の手段が分化した専門的な分野の枠にこだわらず，このような子どもの素朴な表現を大切にして，子どもが何に心を動かし，何を表そうとしているのかを受け止めながら，子どもが表現する喜びを十分に味わえるようにすることが大切である。

このように，子どもは，自分なりの表現が他から受け止められる体験を繰り返す中で，安心感や表現の喜びを感じる。これらを基盤として，子どもの思いを音や声，身体の動き，形や色などに託して日常的な行為として自由に表現できるようにすることが大切である。子どもは，様々な場面でこのような表現する楽しみを十分に味わうことにより，やがて，より分化した表現活動に取り組むようになる。

第Ⅰ部 「保育所保育指針」解説とポイント

> ⑤ いろいろな素材に親しみ，工夫して遊ぶ。

　子どもは，思わぬものを遊びの中に取り込み，表現の素材とすることがある。また，例えば，木の枝や空き箱をいろいろに見立てたり，組み合わせを楽しんだりして，自分なりの表現の素材とすることもある。このような自分なりの素材の使い方を見付ける体験が創造的な活動の源泉である。このため，音を出したり，形を作ったり，身振りを考えたりして表現を楽しむ上で，子どもがイメージを広げたり，そのイメージを表現したりできるような魅力ある素材が豊かにある環境を準備することが大切である。

　子どもは，遊びの中で，例えば，紙の空き箱をたたいて音を出したり，高く積み上げたり，それを倒したり，並べたり，付け合わしたり，押し潰して形を変えたりして様々に手を加えて楽しむ。時には，それを頭にかぶり，何かのふりをして面白がることもある。また，身近な空き箱を工夫して，ままごとに使う器にしたり，周囲に綺麗な包装紙を貼って大切な物をしまっておく容器に利用したりする。このようにして一つの素材についていろいろな使い方をしたり，あるいは，一つの表現にこだわりながらいろいろな物を工夫して作ったりする中で，その特性を知り，やがては，それを生かした使い方に気付いていく。このような素材に関わる多様な体験は，表現の幅を広げ，表現する意欲や想像力を育てる上で重要である。

> ⑥ 音楽に親しみ，歌を歌ったり，簡単なリズム楽器を使ったりなどする楽しさを味わう。

　子どもは，一般に音楽に関わる活動が好きで，心地よい音の出るものや楽器に出会うと，いろいろな音を出してその音色を味わったり，リズムをつくったり，即興的に歌ったり，音楽に合わせて身体を動かしたり，時には友達と一緒に踊ったりしている。

　このように，子どもが思いのままに歌ったり，簡単なリズム楽器を使って遊んだりしてその心地よさを十分に味わうことが，自分の気持ちを込めて表現する楽しさとなり，生活の中で音楽に親しむ態度を育てる。ここで大切なことは，正しい発声や音程で歌うことや楽器を正しく上手に演奏することではなく，子ども自らが音や音楽で十分遊び，表現する楽しさを味わうことである。そのためには，保育士等がこのような子どもの音楽に関わる活動を受け止め，認めることが大切である。また，

258

保育所保育指針解説　第 2 章　保育の内容

必要に応じて様々な歌や曲が聴ける場，簡単な楽器が自由に使える場などを設けて，音楽に親しみ楽しめるような環境を工夫することが大切である。

　一方，保育士等と一緒に美しい音楽を聴いたり，友達と共に歌ったり，簡単な楽器を演奏したりすることも，子どもの様々な音楽に関わる活動を豊かにしていくものである。このような活動を通して，子どもは想像を巡らし，感じたことを表現し合い，表現を工夫してつくり上げる楽しさを味わうことができるようになる。

　さらには，保育士等などの大人が，歌を歌ったり楽器の演奏を楽しんだりしている姿に触れることは，子どもが音楽に親しむようになる上で，重要な経験である。このように，幼児期において，音楽に関わる活動を十分に経験することが将来の音楽を楽しむ生活につながっていくのである。

---

⑦　かいたり，つくったりすることを楽しみ，遊びに使ったり，飾ったりなどする。

　子どもは，生活の中で体験したことや思ったことをかいたり，様々なものをつくったり，それを遊びに使ったり，飾ったりして楽しんでいる。子どもの場合，必ずしも，初めにはっきりとした必要性があって，かいたり，つくったりしているのではない。身近な素材に触れて，その心地よさに浸っていることも多い。やがて線がかけることや形が組み合わされて何かに見立て，遊びのイメージをもち，それに沿ってかき加えたり，つくり直したりする場合もある。また，自分でかいたり，つくったりすることそのことを楽しみながら，次第に遊びのイメージを広げたりする場合もある。いずれの場合においても，その子どもなりの楽しみや願い，遊びのイメージを大切にして，子どもの表現意欲を満足させていくことが重要である。

　また，子どもが遊びの中で，かいたり，つくったりするものは，形や色にこだわらない素朴なものもあるが，その子どもなりの思いや願いが込められている。特にこの時期の初めの頃は，例えば，単に広告紙を巻いて棒をつくり，それを手に持って遊んでいるという姿は，その子どもなりの見立てやイメージの世界を楽しんでいる姿である。保育士等が，子どもの視点に立ち，その子どもがそれらに託しているイメージを受け止めることが大切である。

　さらに，友達と共通の目的をもって遊びを楽しめるようになってくると，遊びの中での必要性から，子ども自らが形や色にこだわり，工夫して，かいたり，つくったりする姿も見られるようになる。例えば，お店屋さんごっこでは，いろいろな品物を工夫してつくる姿が見られる。それは，遊びの中での必要性から生まれてきた

259

第Ⅰ部 「保育所保育指針」解説とポイント

ものであり，子どもの思いや願いを実現する行為であると同時に，形や色の変化や組み合わせを楽しむ行為でもある。子どもは，かいたり，つくったりすることを楽しみながら，同時に，自分の思いを表したり，伝えたりして遊んでいる。

　このように，それぞれの遊びの中で，子どもが自己表現をしようとする気持ちを捉え，必要な素材や用具を用意したり，援助したりしながら，子どもの表現意欲を満足させ，表現する喜びを十分に味わわせることが必要である。

> ⑧　自分のイメージを動きや言葉などで表現したり，演じて遊んだりするなどの楽しさを味わう。

　子どもは，家庭や保育所の生活の中で，体験を通して，心の中に様々なイメージを思い描いている。そして，身近な環境から刺激を受け，その心の内にあるイメージを様々に表現している。例えば，ままごとの道具を見ることから家庭生活を思い起こし，そのイメージに沿って母親や父親などの役になってままごとを楽しんだり，あるいは物語を聞いてその登場人物に対する憧れの気持ちからごっこ遊びを楽しんだり，自分たちの物語をつくって演じたりする。

　初めのうちは，一人一人がそれぞれの見立てを楽しんだり，自分が物語の登場人物になって振る舞うことによって一人で満足したりする姿が多く見られる。同じ場にいながらも，あるいは同じものに触れながらも，そこからイメージすることは一人一人異なっている。特に，この時期の初めの頃は一人一人の世界を楽しんでいることが多く，何かのつもりになってごっこ遊びをするというよりは，一本の棒を持っただけで何かになりきることさえできる。

　子どもが安心して自分なりのイメージを表現できるように，保育士等は，一人一人の発想や素朴な表現を共感をもって受け止めることが大切である。共感する保育士等や他の子どもがそばにいることにより，子どもは安心し，その子ども自身の動きや言葉で表現することを楽しむようになる。

　保育所の中で一緒に生活を重ね，共通の経験や感動を伝え合う中で，子どもは次第にイメージを共有し合い，そして，相手と一緒になって見立てをし，役割を相互に決めて，それらしく動くことを楽しむようになる。時にはそれが断片的な遊びから，目的やストーリーをもった遊び方へと変化することがある。さらに，それぞれのイメージを相手に分かるように表現し，共有して，共通のストーリーやルールをつくり出し，「○○ごっこをしよう」などと遊ぶことができるようになってくる。

260

保育所保育指針解説　第2章　保育の内容

　保育士等は，子どものもっているイメージがどのように遊びの中に表現されている
かを理解しながら，そのイメージの世界を十分に楽しめるように，イメージを表現
するための道具や用具，素材を用意し，子どもと共に環境を構成していくことが大
切である。
　なお，どのようなものを子どもの周りに配置するかは，多様な見立てや豊かなイ
メージを引き出すことと密接な関わりをもつ。それは必ずしも本物らしくなりきる
ことができるものが必要ということではない。むしろ，子どもは，一枚の布を身に
まといながらいろいろなものになりきって遊ぶ。さらに，子どもは，ものに触れて
イメージを浮かべ，そのものをいろいろに使うことからイメージの世界を広げると
いったように，ものと対話しながら遊んでいる。この意味で，多様なイメージを引
き出す道具や用具，素材を工夫し，それらに子どもが日常的に触れていく環境を工
夫することが，表現する楽しさを味わうことにつながるのである。

(ウ)　内容の取扱い

> ①　豊かな感性は，身近な環境と十分に関わる中で美しいもの，優れたもの，心を
> 動かす出来事などに出会い，そこから得た感動を他の子どもや保育士等と共有し，
> 様々に表現することなどを通して養われるようにすること。その際，風の音や雨
> の音，身近にある草や花の形や色など自然の中にある音，形，色などに気付くよ
> うにすること。

　子どもの豊かな感性は，子どもが身近な環境と十分に関わり，そこで心を揺さぶ
られ，何かを感じ，考えさせられるようなものに出会って，感動を得て，その感動
を友達や保育士等と共有し，感じたことを様々に表現することによって一層磨かれ
ていく。そのためには，子どもが興味や関心を抱き，主体的に関われるような環境
が大切である。このような環境としては，子ども一人一人の感動を引き出せる自然
から，絵本，物語などのような子どもにとって身近な文化財，さらに，心を弾ませ
たり和ませたりするような絵や音楽がある生活環境など幅広く考えられる。また，
保育士等を含めた大人自身が絵や歌を楽しんだりしている姿に触れることで憧れを
もち，心を揺さぶられることもある。
　子どもは，風の音や雨の音，身近にある草や花の形や色など，自然の中にある音，
形，色などに気付き，それにじっと聞き入ったり，しばらく眺めたりすることがあ
る。その時，子どもはその対象に心を動かされていたり，様々にイメージを広げた

261

第Ⅰ部 「保育所保育指針」解説とポイント

りしていることが多い。

　このように子どもは，あるものに出会い，心が揺さぶられて感動すると，感じていることをそのまま表そうとする。その表れを保育士等が受け止め，認めることによって，子どもは自分の感動の意味を明確にすることができる。また，自分と同じ思いをもっている子どもに出会うと自分の感性に自信をもち，違う思いをもっている子どもに出会うと違う感性を知ることになり，結果としていろいろな感性があることに気付く。このような友達との感動の共有が，子ども一人一人の豊かな感性を養っていくことになるのである。

> ②　子どもの自己表現は素朴な形で行われることが多いので，保育士等はそのような表現を受容し，子ども自身の表現しようとする意欲を受け止めて，子どもが生活の中で子どもらしい様々な表現を楽しむことができるようにすること。

　子どもの自己表現は，内容の面でも，方法の面でも，大人からは素朴に見える形で行われることが多い。子どもは，子どもなりに周囲の物事に興味や関心を抱く。大人からすると些細なことと思えるものでも，しばしば，すごいこと，大切なこととして受け止めている。また，子どもは，自分の気持ちを自分の声や表情，身体の動きそのもので表現することも多い。特にこの時期の初めの頃は，自分の気持ちを表現するというより，自分の気持ちがそのまま声や表情，身体の動きになって表れることが多い。独り言をつぶやいたり，一人で何かになりきっていたりする姿もよく見かける。

　そのような子どもの表現は，率直であり，直接的である。大人が考えるような形式を整えた表現にはならない場合や表現される内容が明快でない場合も多いが，保育士等は，そのような表現を子どもらしい表現として受け止めることが大切である。はっきりとした表現としては受け止められない子どもの言葉や行為でさえも，保育士等はそれを表現として受け止め共感することにより，子どもは様々な表現を楽しむことができるようになっていく。

　このように受け止めることによって，保育士等と子どもの間にコミュニケーションが図られ，信頼関係が一層確かなものになる。このことは，子ども同士が表現し，相互で受け止め合う場合についてもいえる。他の子どもの表現を受け止め，理解しようとする態度は，幼児期においては，その発達にふさわしい形で培われなければならない。子どもは，自分の素朴な表現が保育士等や他の子どもなどから受け止め

保育所保育指針解説　第2章　保育の内容

られる体験の中で，表現する喜びを感じ，表現への意欲を高めていく。

　その際，子どもが自分の気持ちや考えを素朴に表現することを大切にするためには，特定の表現活動のための技能を身に付けさせるための偏った指導が行われることのないように配慮する必要がある。

> ③　生活経験や発達に応じ，自ら様々な表現を楽しみ，表現する意欲を十分に発揮させることができるように，遊具や用具などを整えたり，様々な素材や表現の仕方に親しんだり，他の子どもの表現に触れられるよう配慮したりし，表現する過程を大切にして自己表現を楽しめるように工夫すること。

　子どもは，生活の中で感じたことや考えたことを様々に表現しようとする。その姿は，その子どもがこれまで家庭や保育所の生活の中で体験したことを再現して楽しんだり，友達や保育士等に伝えようとしたり，さらに，工夫を重ねてイメージを広げたりするもので，その子どもの生活経験によって様々である。また，同時に，その表現は，子どもの発達に応じて，その子どもなりの素朴なものから，友達と相談しながら相互に役割を決めて楽しむものなどまで幅広く展開する。

　そのような子どもの表現する楽しみや意欲を十分に発揮させるためには，特定の表現活動に偏るのではなく，子どもが保育所の生活の中で喜んで表現する場面をとらえ，表現を豊かにする環境としての遊具や用具などを指導の見通しをもって準備したり，他の子どもの表現に触れられるよう配慮したりすることが大切である。

　それぞれの遊具や用具などの特性により，子どもの表現の仕方や楽しみ方が異なるので，材質，形態，使いやすさなどを考慮し，子どもの発達，興味や関心に応じて様々な表現を楽しめるように整備することが重要である。また，保育士等が様々な素材を用意したり，多様な表現の仕方に触れるように配慮したりして，子どもが十分楽しみながら表現し親しむことで，他の素材や表現の仕方に新たな刺激を受けて，表現がより広がったりするようになることが考えられる。

　さらに，子どもが心に感じていることは，それを表現する姿を通して他の子どもにも伝わり，他の子どもの心に響き，子ども同士の中で広がっていく。このように，子ども同士の表現が影響し合い，子どもの表現は一層豊かなものとなっていく。保育士等は，子どもが互いの活動を見たり聞いたりして相手の表現を感じ取れるように，場や物の配置に配慮したり，保育士等も一緒にやってみたりして，相互に響き合う環境を工夫することが大切である。

263

第Ⅰ部 「保育所保育指針」解説とポイント

　このように，子どもは，遊具や用具に関わったり，他の子どもの表現などに触れ
て，心を動かされたりして，その感動を表現するようになる。保育士等は，子ども
が表現する過程を楽しみ，それを重ねていき，その子どもなりの自己表現が豊かに
なっていくように，子どもの心に寄り添いながら適切な援助をすることが大切であ
る。

（3）保育の実施に関わる配慮事項

> ア　第1章の4の（2）に示す「幼児期の終わりまでに育ってほしい姿」が，ねら
> い及び内容に基づく活動全体を通して資質・能力が育まれている子どもの小学校
> 就学時の具体的な姿であることを踏まえ，指導を行う際には適宜考慮すること。

　「幼児期の終わりまでに育ってほしい姿」は，本章に示すねらい及び内容に基づ
いて，乳幼児期にふさわしい生活や遊びを積み重ねることにより，保育所保育にお
いて育みたい資質・能力が育まれている子どもの具体的な姿であり，特に就学の始
期直前の卒園を迎える年度の後半に見られるようになる姿である。

　保育士等は，遊びの中で子どもが発達していく姿を「幼児期の終わりまでに育っ
てほしい姿」を念頭に置いて捉え，一人一人の発達や学びに必要な経験が得られる
ような状況をつくったり必要な援助を行ったりするなど，指導を行う際に考慮する
ことが求められる。

　実際の指導では，「幼児期の終わりまでに育ってほしい姿」が到達すべき目標で
はないことや，個別に取り出されて指導されるものではないことに十分留意する必
要がある。もとより，保育所保育は環境を通して行うものであり，とりわけ子ども
の自発的な活動としての遊びを通して，一人一人の発達の特性に応じて，これらの
姿が育っていくものであり，全ての子どもに同じように見られるものではないこと
に留意する必要がある。

　また，「幼児期の終わりまでに育ってほしい姿」は卒園を迎える年度の子どもに
突然見られるようになるものではないため，卒園を迎える年度の子どもだけでなく，
その前年度，前々年度の時期から，子どもが発達していく方向を意識して，それぞ
れの時期にふさわしい指導を積み重ねていくことに留意する必要がある。

　さらに，小学校の教師と「幼児期の終わりまでに育ってほしい姿」を手がかりに
子どもの姿を共有するなど，保育所保育と小学校教育の円滑な接続を図ることが大

264

保育所保育指針解説　第2章　保育の内容

切である。その際，「幼児期の終わりまでに育ってほしい姿」は保育所の保育士等が適切に関わることで，特に保育所の生活の中で見られるようになる子どもの姿であることに留意が必要である。保育所と小学校では子どもの生活や教育の方法が異なっているため，「幼児期の終わりまでに育ってほしい姿」からイメージする子どもの姿にも違いが生じることがあるが，保育士等と小学校教師が話し合いながら，子どもの姿を共有できるようにすることが大切である。（4（2）小学校との連携〔編集部注：p. 270〕を参照）

「幼児期の終わりまでに育ってほしい姿」は，保育所保育を通した子どもの成長を保育所保育関係者以外にも，分かりやすく伝えることにも資するものであり，各保育所での工夫が期待される。

> イ　子どもの発達や成長の援助をねらいとした活動の時間については，意識的に保育の計画等において位置付けて，実施することが重要であること。なお，そのような活動の時間については，保護者の就労状況等に応じて子どもが保育所で過ごす時間がそれぞれ異なることに留意して設定すること。

子どもの発達や成長の援助をねらいとした，主に教育に関わる側面の活動は，保育所における幼児期の教育の充実を図るために，意識的に保育の計画等に位置付けて実施することが重要である。子どもの発達過程や状況を踏まえながら，保育所において育みたい資質・能力と五つの領域のねらい及び内容に基づいて，子どもの主体的な遊びを中心とする活動が展開されていくよう長期，短期の指導計画を作成し，保育を行うことが求められる。その際，保育における振り返りや評価を次の指導計画の作成と保育実践に生かすという循環的な過程の中に，子どもの実態に即していて活動内容の充実が図られるような環境の構成や教材研究，評価の結果に基づく保育の内容の改善が伴っていることが重要となる。

また，保育の方法に関しては，第1章の1の（3）を踏まえ，子どもが主体的に身近な環境に関わりながら多様な活動を生み出す遊びを中心に据えながら，遊びや生活を通して総合的に保育することを基本とする。計画的な子どもの発達や成長の援助をねらいとした活動においても，小学校のように時間割に沿って教科ごとに指導する方法とは異なることに留意が必要である。

なお，子どもの発達や成長の援助をねらいとした活動の時間については，保護者の就労状況等に応じて子どもが保育所で過ごす時間が異なることに配慮する。具体

265

第Ⅰ部 「保育所保育指針」解説とポイント

的には，担当の保育士等による援助の下で，子ども全員が参加でき，かつ一日の生活リズムの中で活発に活動できる時間帯や場面が想定される。また，一部の子どもが夕方以降の保育時間帯において新たに興味をもった遊びの中で，指導計画に即して他の子どもにも共有してほしい遊びがあった場合には，翌日の保育の中で他の子どもにもその遊びを紹介する機会を設けるようにするといった工夫も考えられる。

> ウ　特に必要な場合には，各領域に示すねらいの趣旨に基づいて，具体的な内容を
> 　工夫し，それを加えても差し支えないが，その場合には，それが第1章の1に示
> 　す保育所保育に関する基本原則を逸脱しないよう慎重に配慮する必要があること。

　本章の各領域に示している事項は，保育士等が子どもの生活を通して総合的な指導を行う際の視点であり，子どもの関わる環境を構成する場合の視点でもあるといえる。

　その意味から，保育所保育の内容は，領域別に全体的な計画を作成したり，特定の活動と結び付けて指導したりするなどの取扱いをしないようにしなければならない。領域の「ねらい」と「内容」の取扱いに当たっては，このような保育所保育における「領域」の性格とともに，領域の意義付けを理解し，各領域の「内容の取扱い」を踏まえ，子どもの発達を踏まえた適切な指導が行われるようにしなければならない。

　その上で，「特に必要な場合には，各領域に示すねらいの趣旨に基づいて，具体的な内容を工夫し，それを加えても差し支えない」としつつも，「その場合には，それが第1章の1に示す保育所保育に関する基本原則を逸脱しないよう慎重に配慮する必要がある」としている。これは，各領域に示す「ねらい」の趣旨に基づいた上で，地域や保育所の実態に応じて，保育所保育指針に示した内容に加えて全体的な計画を作成，実施することができるようにしているものである。ただし，その場合には，第1章の1に示した保育所保育に関する基本原則を逸脱しないよう慎重に配慮する必要がある。つまり，幼児期の特性を踏まえ，環境を通して行うことを基本とし，遊びを中心とした生活を通して発達に必要な体験をし，幼児期にふさわしい生活が展開されるようにすることが重要である。

266

保育所保育指針解説　第2章　保育の内容

4　保育の実施に関して留意すべき事項

（1）保育全般に関わる配慮事項

> ア　子どもの心身の発達及び活動の実態などの個人差を踏まえるとともに，一人一人の子どもの気持ちを受け止め，援助すること。

　子どもが安定し，充実感をもって生活するために，保育士等は以下の三つの点に配慮する必要がある。

　一つ目は，乳幼児期の子どもの発達は心身共に個人差が大きいことに配慮することである。同じ月齢や年齢の子どもの平均的，標準的な姿に合わせた保育をするのではなく，一人一人の発達過程を踏まえた上で，保育を展開する必要がある。

　二つ目は，子どもの活動における個人差に配慮することである。同じ活動をしていても，何に興味をもっているか，何を求めてその活動をしているのかは，子どもによって異なる。そのため一人一人の活動の実態を踏まえて，その子どもの興味や関心に沿った環境を構成していく必要がある。

　三つ目は，一人一人の子どものその時々の気持ちに配慮することである。保育士等が様々に変化する子どもの気持ちや行動を受け止めて，適切な援助をすることが大切であり，常に子どもの気持ちに寄り添い保育することが求められる。

> イ　子どもの健康は，生理的・身体的な育ちとともに，自主性や社会性，豊かな感性の育ちとがあいまってもたらされることに留意すること。

　心と体の健康は，相互に密接な関連がある。大人との信頼関係を拠りどころに，子どもは安心感をもって自ら積極的に環境に関わっていくようになるが，このことが，生理的・身体的な発達を促し，子どもの心と体を更に育てていく。保育士等は，こうした子どもの心と体の関係を十分に理解した上で，子どもの存在を全体として受け止め，丁寧に関わることが大切である。

　また，子どもは，自分の感じたことや思いを自分なりに生き生きと表現し，その表現を保育士等に受け止めてもらい，認めてもらうことで，更に表現したい気持ちを高める。身近な他者と共感することにより更に自己発揮していくことが，子ども

267

第Ⅰ部　「保育所保育指針」解説とポイント

の心と体の健康につながっていくのである。

　さらに，子どもは，保育士等に受け止めてもらうだけではなく友達にも認めてもらいたい，一緒に活動したいと思うようになる。保育士等は，子どもが，様々なものを感じることができるような環境，また十分に体を動かして表現することができるような環境を構成するとともに，子ども同士の関係を仲立ちし，関わりが促されるよう配慮することが重要である。

> ウ　子どもが自ら周囲に働きかけ，試行錯誤しつつ自分の力で行う活動を見守りながら，適切に援助すること。

　子どもは周囲の環境に対して，自ら主体的に関わって生活している。保育士等は，子どもが遊びを通して積極的に環境に関わる中で，多様な経験が重ねられるよう配慮しなければならない。また，子どもにとって魅力的な環境を構成し，意欲的に取り組みたくなる活動を子どもと共に計画していくことが大切である。

　子どもの環境への関わり方は様々である。常に積極的に行動できる子どももいれば，関心を示さなかったり，保育士等や友達がすることを眺めたりしている子どももいる。保育士等は，子どもの気持ちを尊重し，一人一人の子どもに「自分でやってみたい」という気持ちが現れるのを待つことが大切であるが，子どもの興味や関心に沿って環境の構成を変えたりするなど，意欲が促されるような工夫をすることも必要である。

　また，活動に取り組む中で，子どもは，うまくできない悔しさを感じて様々に試行錯誤を重ねたり，自分でできたという達成感を味わったりする。保育士等は，子どもの気持ちを受け止めながら，自分で行うことの充実感が味わえるように，行動を見守り，適切に援助することが必要である。

> エ　子どもの入所時の保育に当たっては，できるだけ個別的に対応し，子どもが安定感を得て，次第に保育所の生活になじんでいくようにするとともに，既に入所している子どもに不安や動揺を与えないようにすること。

　入所時に子どもは，心の拠りどころとなる保護者からも，慣れ親しんだ家庭からも離れ，見知らぬ保育士等や友達と，慣れない場所で生活することになる。

　入所時の保育に当たっては，こうした子どもの不安な思いを理解して，特定の保育士等が関わり，その気持ちや欲求に応えるよう努める。また，保護者との連絡を

268

保育所保育指針解説　第2章　保育の内容

密にし，子どもの生活リズムを把握することも大切である。子どもは，保育士等との関係を基盤にして，徐々に保育室の環境になじんでいくが，保育士等は，子どもが自分の居場所を見いだし，好きな遊具で遊ぶなど，環境にじっくりと関わることができるよう積極的に援助することが大切である。

　既に入所している子どもにとっても，新しい友達との出会いは不安と期待が入り混じり，自分と保育士等と新しい友達との関係に敏感になることもある。保育士等は，既に入所している子どもと入所してきた子どもの双方と関わりながら，子ども同士が安定した関係を築けるよう援助していくことが必要である。

> オ　子どもの国籍や文化の違いを認め，互いに尊重する心を育てるようにすること。

　保育所では，外国籍の子どもをはじめ，様々な文化を背景にもつ子どもが共に生活している。保育士等はそれぞれの文化の多様性を尊重し，多文化共生の保育を進めていくことが求められる。

　例えば，外国籍の保護者に自国の文化に関する話をしてもらったり，遊びや料理を紹介してもらったりするなど，保育において子どもや保護者が異なる文化に触れる機会をつくるといったことが考えられる。文化の多様性に気付き，興味や関心を高めていくことができるよう，子ども同士の関わりを見守りながら，適切に援助していく。その際，外国籍の子どもの文化だけでなく，宗教や生活習慣など，どの家庭にもあるそれぞれの文化を尊重することが必要である。

　保育士等は，自らの感性や価値観を振り返りながら，子どもや家庭の多様性を十分に認識し，それらを積極的に認め，互いに尊重し合える雰囲気をつくり出すことに努めることが求められる。

> カ　子どもの性差や個人差にも留意しつつ，性別などによる固定的な意識を植え付けることがないようにすること。

　保育所において，「こうあるべき」といった固定的なイメージに基づいて子どもの性別などにより対応を変えるなどして，こうした意識を子どもに植え付けたりすることがないようにしなければならない。子どもの性差や個人差を踏まえて環境を整えるとともに，一人一人の子どもの行動を狭めたり，子どもが差別感を味わったりすることがないよう十分に配慮する。子どもが将来，性差や個人差などにより人を差別したり，偏見をもったりすることがないよう，人権に配慮した保育を心がけ，

第Ⅰ部　「保育所保育指針」解説とポイント

保育士等自らが自己の価値観や言動を省察していくことが必要である。

　男女共同参画社会の推進とともに，子どもも，職員も，保護者も，一人一人の可能性を伸ばし，自己実現を図っていくことが求められる。

（2）小学校との連携

> ア　保育所においては，保育所保育が，小学校以降の生活や学習の基盤の育成につながることに配慮し，幼児期にふさわしい生活を通じて，創造的な思考や主体的な生活態度などの基礎を培うようにすること。

　保育所においては，第1章の1の（2）に示す保育の目標に基づき，幼児期にふさわしい保育を行う。その保育を通して育まれた資質・能力が小学校以降の生活や学習の基盤ともなる。

　子どもは，保育所から小学校に移行していく中で，突然違った存在になるわけではない。発達や学びは連続しており，保育所から小学校への移行を円滑にする必要がある。しかし，それは，小学校教育の先取りをすることではなく，就学前までの幼児期にふさわしい保育を行うことが最も肝心なことである。つまり，子どもが遊び，生活が充実し，発展することを援助していくことである。

　保育所保育においては，在籍期間の全体を通して，乳幼児期の発達に応じて，いかにして子どもの生きる力の基礎を培うかを考えて，全体的な計画を作成しなければならない。特に，子どもなりに好奇心や探究心をもち，問題を見いだしたり，解決したりする力を育てること，豊かな感性を発揮したりする機会を提供し，それを伸ばしていくことが大切になる。子どもを取り巻く環境は様々なものがあり，そこでいろいろな出会いが可能となる。その出会いを通して，更に子どもの興味や関心が広がり，疑問をもってそれを解決しようと試みる。その子どもなりのやり方やペースで繰り返しいろいろなことを体験してみること，その過程自体を楽しみ，その過程を通して友達や保育士等と関わっていくことの中に子どもの学びがある。このようなことが保育所保育の基本として大切であり，小学校以降の教育の基盤となる。保育所は，このような基盤を充実させることによって，小学校以降の教育との接続を確かなものとすることができる。

　保育所保育において，子どもが小学校に就学するまでに，創造的な思考や主体的な生活態度などの基礎を培うことが重要である。創造的な思考の基礎として重要な

270

保育所保育指針解説　第2章　保育の内容

ことは，子どもが出会ういろいろな事柄に対して，自分のしたいことが広がってい
きながら，たとえうまくできなくても，そのまま諦めてしまうのではなく，更に考
え工夫していくことである。うまくできない経験から，「もっとこうしてみよう」
といった新たな思いが生まれ，更に工夫し自分の発想を実現できるようにしていく。
主体的な態度の基本は，物事に積極的に取り組むことであり，そのことから自分な
りに生活をつくっていくことができることである。さらに，自分を向上させていこ
うとする意欲が生まれることである。それらの基礎が育ってきているか，さらに，
それが小学校の生活や学習の基盤へと結び付く方向に向かおうとしているかを捉え
る必要がある。また，小学校への入学が近づく時期には，皆と一緒に保育士等の話
を聞いたり，行動したり，きまりを守ったりすることができるように指導を重ねて
いくことも大切である。さらに，共に協力して目標を目指すということにおいては，
幼児期の保育から見られるものであり，小学校教育へとつながっていくものである
ことから，保育所の生活の中で協同して遊ぶ経験を重ねることも大切である。

　一方，小学校においても，保育所から小学校への移行を円滑にすることが求めら
れる。低学年は，幼児期の保育を通じて身に付けたことを生かしながら教科等の学
びにつながる時期であり，特に，入学当初においては，スタートカリキュラムを編
成し，その中で，生活科を中心に合科的・関連的な指導や弾力的な時間割の設定な
ども行われている。

　このように，保育所と小学校がそれぞれ指導方法を工夫し，保育所保育と小学校
教育との円滑な接続が図られることが大切である。

> イ　保育所保育において育まれた資質・能力を踏まえ，小学校教育が円滑に行われ
> るよう，小学校教師との意見交換や合同の研究の機会などを設け，第1章の4の
> （2）に示す「幼児期の終わりまでに育ってほしい姿」を共有するなど連携を図
> り，保育所保育と小学校教育との円滑な接続を図るよう努めること。

　保育所では計画的に環境を構成し，遊びを中心とした生活を通して体験を重ね，
一人一人に応じた総合的な指導を行っている。一方，小学校では，時間割に基づき，
各教科の内容を教科書などの教材を用いて学習している。このように，保育所と小
学校では，子どもの生活や教育の方法が異なる。このような生活の変化に子どもが
対応できるようになっていくことも学びの一つとして捉え，保育士等は適切な指導
を行うことが必要である。

271

第Ⅰ部 「保育所保育指針」解説とポイント

小学校においては，幼児期の終わりまでに育ってほしい姿を踏まえた指導を工夫することにより，幼児期の保育を通して育まれた資質・能力を踏まえて教育活動を実施し，子どもが主体的に自己を発揮しながら学びに向かうことが可能となるようにすることとされている。

子どもの発達と学びの連続性を確保するためには，「幼児期の終わりまでに育ってほしい姿」を手がかりに，保育所の保育士等と小学校の教師が共に子どもの成長を共有することを通して，幼児期から児童期への発達の流れを理解することが大切である。すなわち，子どもの発達を長期的な視点で捉え，保育所保育の内容と小学校教育の内容，互いの指導方法の違いや共通点について理解を深めることが大切である。

また，保育所保育と小学校教育の円滑な接続を図るため，小学校の教師との意見交換や合同の研究会や研修会，保育参観や授業参観などを通じて連携を図るようにすることが大切である。その際，「幼児期の終わりまでに育ってほしい姿」を共有して意見交換を行ったり，事例を持ち寄って話し合ったりすることなどが考えられる。

例えば，固くてピカピカの泥団子を作りたいという思いをもった子どもは，これまでの経験から，砂場の砂よりも花壇の土を使う方がよいことや，粒の細かい砂をかけて磨いて仕上げることなどを発見しながら，思考力が芽生えていく。保育所内の様々な場所で砂の性質等に気付き工夫しながら，多様な関わりを楽しむ子どもの姿が見られるようになる。

このように具体的に見られる「幼児期の終わりまでに育ってほしい姿」を生かして，保育所の保育士等から小学校の教師に子どもの成長や保育士等の働きかけの意図を伝えることが，円滑な接続を図る上で大切である。

さらに，円滑な接続のためには，保育所と小学校の子ども同士の交流の機会を設け，連携を図ることが大切である。特に卒園を迎える年度の子どもが小学校就学に向けて自信や期待を高めて，極端な不安を感じないよう，就学前の子どもが小学校の活動に参加するなどの交流活動も意義のある活動である。

なお，近年，保育所と小学校の連携のみならず，幼稚園や認定こども園も加えた連携が求められている。保育所・幼稚園・認定こども園・小学校の合同研修，保育士等・幼稚園教師・保育教諭・小学校教師の交流，保育所・幼稚園・認定こども園の子どもと小学校の子どもの交流などを進め，幼児期の保育の成果が小学校につな

保育所保育指針解説　第 2 章　保育の内容

がるようにすることも大切である。

> ウ　子どもに関する情報共有に関して，保育所に入所している子どもの就学に際し，
> 市町村の支援の下に，子どもの育ちを支えるための資料が保育所から小学校へ送
> 付されるようにすること。

　保育所に入所している全ての子どもについて，保育所から就学先となる小学校へ，
子どもの育ちを支える資料を「保育所児童保育要録」（以下「保育要録」という。）
として送付する。

　これまで述べてきたように，保育所での子どもの育ちをそれ以降の生活や学びへ
とつなげていくことは，保育所の重要な役割である。保育所では保育の内容や方法
を工夫するとともに，小学校への訪問や教師との話し合いなど顔の見える連携を図
りながら，子どもの日々の保育を充実させ，就学への意欲を育てていくことが求め
られる。

　その上で，保育所の生活を通して一人一人の子どもが育ってきた過程を振り返り，
保育における援助の視点や配慮を踏まえ，その育ちの姿を的確に記録することが必
要である。こうした記録を基に，子どもの就学先に送付し，小学校において子ども
の理解を助け，育ちを支えるための資料として簡潔にまとめたものが保育要録であ
る。

　保育要録は，保育所や子どもの状況などに応じて柔軟に作成し，一人一人の子ど
ものよさや全体像が伝わるよう工夫して記す。また，子どもの最善の利益を考慮し，
保育所から小学校へ子どもの可能性を受け渡していくものであると認識することも
大切である。

　さらに，保護者との信頼関係を基盤として，保護者の思いを踏まえつつ記載する
とともに，保育要録の送付については，入所時や懇談会などを通して，保護者に周
知しておくことが望ましい。その際，個人情報保護や情報開示のあり方に留意する
ことも必要である。

保育所保育指針解説

第Ⅰ部 「保育所保育指針」解説とポイント

（3）家庭及び地域社会との連携

> 　子どもの生活の連続性を踏まえ，家庭及び地域社会と連携して保育が展開されるよう配慮すること。その際，家庭や地域の機関及び団体の協力を得て，地域の自然，高齢者や異年齢の子ども等を含む人材，行事，施設等の地域の資源を積極的に活用し，豊かな生活体験をはじめ保育内容の充実が図られるよう配慮すること。

　子どもの発達を支えるためには，保育所と家庭及び地域社会における生活経験が，それぞれに実感を伴い充実したものとなることはもちろん，相互に密接に結び付くことが重要である。

　保育所での遊びや活動の中で子どもたちが味わった様々な実体験が，家庭や地域での生活に生かされるとともに，家庭や地域社会において子どもが身近な環境に触れそれぞれ経験したことが，保育所での生活に生かされていくことが大切である。こうしたことにより子どもは，身の回りの事物に対する興味，関心を広げ，周囲の人々との関わりをより豊かなものにしながら，友達との関わりを深めていく。

　したがって，保育所保育に当たっては，家庭や地域社会を含めた子どもの生活全体を視野に入れながら，子どもの抱いている興味や関心，置かれている状況などに即して，必要な経験とそれにふさわしい環境の構成を考えることが求められる。

　そのためには，保育士等自身が地域における一人の生活者としての視点や感覚をもちながら毎日の生活を営む中で，家庭や地域社会と日常的に十分な連携をとり，一人一人の子どもの生活全体について互いに理解を深めることが不可欠となる。

　また，都市化や核家族化などが進む中で，日常生活において，地域の自然に接したり，幅広い世代の人々と交流したり，社会の様々な文化や伝統に触れたりする直接的な体験が不足しがちとなっている子どもも多い。

　保育所ではこれらのことを十分に踏まえて，保育所内外において子どもが豊かな体験を得る機会を積極的に設けることが必要である。その際，特に保育所外での活動においては，移動も含め安全に十分配慮することはもちろんのこと，子どもの発達やその時々の状態を丁寧に把握し，一人一人の子どもにとって無理なく充実した体験ができるよう指導計画に基づいて実施することが重要となる。

　様々な地域の資源から協力を得るためには，保育士等が日頃から身近な地域社会の実情を把握しておくと同時に，地域から保育所の存在やその役割が認知され，子

保育所保育指針解説　第 2 章　保育の内容

どもや保育について理解や親しみをもって見守られていることが前提となる。

　地域社会との積極的な交流や保育に関する情報の発信など，地域と密な連携を図りながら，子どもの生活がより充実したものとなるよう取り組むことが求められる。

第Ⅰ部 「保育所保育指針」解説とポイント

第3章 健康及び安全

保育所保育において，子どもの健康及び安全の確保は，子どもの生命の保持と健やかな生活の基本であり，一人一人の子どもの健康の保持及び増進並びに安全の確保とともに，保育所全体における健康及び安全の確保に努めることが重要となる。

また，子どもが，自らの体や健康に関心をもち，心身の機能を高めていくことが大切である。

このため，第1章及び第2章等の関連する事項に留意し，次に示す事項を踏まえ，保育を行うこととする。

子どもの生命と心の安定が保たれ，健やかな生活が確立されることは，日々の保育の基本である。そのためには，一人一人の子どもの健康状態や発育及び発達の状態に応じ，子どもの心身の健康の保持と増進を図り，危険な状態の回避等に努めることが大切である。保育は，子どもの健康と安全を欠いては成立しないことを，施設長の責務の下に全職員が共通して認識することが必要である。

また，保育所は，子どもが集団で生活する場であり，保育所における健康と安全は，一人一人の子どもに加えて，集団の子どもの健康と安全から成り立っているといえる。

子どもの健康と安全は，大人の責任において守らなければならないが，同時に，子ども自らが健康と安全に関する力を身に付けていくことも重要である。特に，保育における子どもの健康と安全については，疾病・異常や傷害への対応だけでなく，子どもの心身の健康増進と健やかな生活の確立を目指す視点に基づいた保育士等による関わりや配慮等の積極的な実践が望まれる。

保育所保育指針解説　第3章　健康及び安全

1　子どもの健康支援

（1）子どもの健康状態並びに発育及び発達状態の把握

> ア　子どもの心身の状態に応じて保育するために，子どもの健康状態並びに発育及び発達状態について，定期的・継続的に，また，必要に応じて随時，把握すること。

【心身の状態の把握の意義】

　子どもの健康状態や発育及び発達状態を的確に把握することは，心身の状態に即して適切な関わりや配慮を行うために欠かすことができない。また，定期的・継続的に把握することによって，慢性疾患や障害，不適切な養育等の早期発見につながることもある。

　乳幼児期の子ども同士が集団の中で生活を共にする保育所においては，一人一人の健康状態を把握することによって，保育所全体の子どもの疾病の発生状況も把握することができ，早期に疾病予防策を立てることにも役立つ。

【健康状態の把握】

　子どもの健康状態の把握は，嘱託医と嘱託歯科医による定期的な健康診断に加え，保育士等による日々の子どもの心身の状態の観察，更に保護者からの子どもの状態に関する情報提供によって，総合的に行う必要がある。

　保育士等による日々の健康観察では，子どもの心身の状態をきめ細かに確認し，平常とは異なった状態を速やかに見付け出すことが重要である。観察すべき事項としては，機嫌，食欲，顔色，活動性等のどの子どもにも共通した項目と，一人一人の子ども特有の疾病等に伴う状態がある。また，同じ子どもでも発達過程により症状の現れ方が異なることがあり，子どもの心身の状態を日頃から把握しておくことが必要である。

　なお，一人一人の子どもの生育歴に関する情報を把握するに当たっては，母子健康手帳等の活用が有効である。活用の際は，保護者の了解を求めるとともに，その情報の取扱いに当たっては，秘密保持義務があることに留意しなければならない。

【発育及び発達状態の把握】

277

第 I 部　「保育所保育指針」解説とポイント

　乳幼児期の最も大きな特徴は，発育，発達が顕著であることである。発育や発達
は，出生後からの連続した現象であり，定期的・継続的に，又は必要に応じて随時，
把握することが必要であり，それらを踏まえて保育を行わなくてはならない。発育，
発達の状態の把握は，健康状態の見極めだけでなく，家庭や保育所での生活の振り
返りにも有効である。

　発育状態の把握の方法としては，定期的に身長や体重等を計測し，前回の計測結
果と比較する方法が最も容易で効果的である。あわせて，肥満ややせの状態も調べ
ることが大切である。この結果を，個別に記録するとともに，各家庭にも連絡する
ことで，家庭での子育てに役立てられる。

　発達状態については，子どもの日常の言動や生活等の状態の丁寧な観察を通して
把握する。心身の機能の発達は，脳神経系の成熟度合や疾病，異常に加えて，出生
前及び出生時の健康状態や発育及び発達状態，生育環境等の影響もあり，更に個人
差も大きいことから，安易に予測や判断をすることは慎むべきである。

　イ　保護者からの情報とともに，登所時及び保育中を通じて子どもの状態を観察し，
　　何らかの疾病が疑われる状態や傷害が認められた場合には，保護者に連絡すると
　　ともに，嘱託医と相談するなど適切な対応を図ること。看護師等が配置されてい
　　る場合には，その専門性を生かした対応を図ること。

　保育中の子どもの心身の状態については，日々，必要に応じて保護者に報告する
とともに，留意事項などについても必要に応じて助言する。保育中に発熱などの異
常が認められた場合，また傷害が発生した場合には，保護者に連絡をするとともに，
状況に応じて，嘱託医やかかりつけ医等の指示を受け，適切に対応する必要がある。

　長期の観察によって，疾病や障害の疑いが生じた時には，保護者に伝えるととも
に，嘱託医や専門機関と連携しつつ，対応について話し合い，それを支援していく
ことが必要である。

　また，疾病や傷害発生時，虐待などの不適切な養育が疑われる時など，それぞれ
の状況に活用できるマニュアルを作成するなどして基本的な対応の手順や内容等を
明確にし，職員全員がこれらを共有して適切に実践できるようにしておくことが必
要である。この際，嘱託医や看護師，栄養士等の専門的機能が発揮されることが望
ましい。

278

保育所保育指針解説　第3章　健康及び安全

（参考）

○要支援児童等（特定妊婦を含む）の情報提供に係る保健・医療・福祉・教育等の連携の一層の推進について（平成28年12月16日付け雇児総発1216第2号雇児母発1216第2号厚生労働省雇用均等・児童家庭局総務課長，母子保健課長通知）

○児童福祉施設の設備及び運営に関する基準（昭和23年厚生省令第63号）

（衛生管理等）

第10条　（略）

2　児童福祉施設は，当該児童福祉施設において感染症又は食中毒が発生し，又はまん延しないように必要な措置を講ずるよう努めなければならない。

3・4　（略）

○保育所における感染症対策ガイドライン（平成24年11月厚生労働省）

○教育・保育施設等における事故防止及び事故発生時の対応のためのガイドライン（平成28年3月内閣府・文部科学省・厚生労働省）

ウ　子どもの心身の状態等を観察し，不適切な養育の兆候が見られる場合には，市町村や関係機関と連携し，児童福祉法第25条に基づき，適切な対応を図ること。また，虐待が疑われる場合には，速やかに市町村又は児童相談所に通告し，適切な対応を図ること。

【虐待対策の必要性】

　保育所では，子どもの心身の状態や家庭での生活，養育の状態等の把握に加え，送迎の機会等を通じて保護者の状況などの把握ができる。そのため保護者からの相談を受け，支援を行うことが可能である。そうした取組は虐待の発生予防，早期発見，早期対応にもつながる。

　虐待等の早期発見に関しては，子どもの身体，情緒面や行動，家庭における養育等の状態について，普段からきめ細かに観察するとともに，保護者や家族の日常の生活や言動等の状態を見守ることが必要である。それらを通して気付いた事実を記録に残すことが，その後の適切な対応へとつながることもある。

　子どもの身体の状態を把握するための視点としては，低体重，低身長などの発育の遅れや栄養不良，不自然な傷やあざ，骨折，火傷，虫歯の多さ又は急な増加等があげられる。

　子どもの情緒面や行動の状態を把握するための視点としては，おびえた表情，表情の乏しさ，笑顔や笑いの少なさ，極端な落ち着きのなさ，激しい癇癪，泣きや

279

第Ⅰ部 「保育所保育指針」解説とポイント

すさ，言葉の少なさ，多動，不活発，攻撃的行動，衣類の着脱を嫌う様子，食欲不振，極端な偏食，拒食・過食等があげられる。

子どもの養育状態を把握するための視点としては，不潔な服装や体で登所する，不十分な歯磨きしかなされていない，予防接種や医療を受けていない状態等があげられる。

保護者や家族の状態を把握するための視点としては，子どものことを話したがらない様子や子どもの心身について説明しようとしない態度が見られること，子どもに対する拒否的態度，過度に厳しいしつけ，叱ることが多いこと，理由のない欠席や早退，不規則な登所時刻等があげられる。

【虐待等が疑われる場合や気になるケースを発見した時の対応】

保育所では，保護者が何らかの困難を抱え，そのために養育を特に支援する必要があると思われる場合に，速やかに市町村等の関係機関と連携を図ることが必要である。

特に，保護者による児童虐待のケースについては，まずは児童相談所及び市町村へ通告することが重要である。その後，支援の方針や具体的な支援の内容などを協議し，関係機関と連携することが必要になる。児童虐待防止法では，第6条において，「児童虐待を受けたと思われる児童を発見した者は，速やかに，これを市町村，都道府県の設置する福祉事務所若しくは児童相談所又は児童委員を介して市町村，都道府県の設置する福祉事務所若しくは児童相談所に通告しなければならない。」としている。そして，この場合，同法第6条第3項において，「刑法（明治四十年法律第四十五号）の秘密漏示罪の規定その他の守秘義務に関する法律の規定は，第一項の規定による通告をする義務の遵守を妨げるものと解釈してはならない。」と規定し，通告が守秘義務違反には該当しないことを明記している。

（2）健康増進

> ア　子どもの健康に関する保健計画を全体的な計画に基づいて作成し，全職員がそのねらいや内容を踏まえ，一人一人の子どもの健康の保持及び増進に努めていくこと。

保育所の子どもの健康増進に当たっては，一人一人の子どもの生活のリズムや食習慣などを把握するとともに，全体的な計画に基づいて年間の保健計画を作成し，

保育所保育指針解説　第3章　健康及び安全

発育及び発達に適した生活を送ることができるよう援助する必要がある。また，健康診断など，保健の活動についての記録と評価及びこれに基づく改善という一連の取組により，子どもの健康の保持と増進が図られるよう，全職員が共通理解をもって取り組むことが重要である。

睡眠，食事，遊びなど一日を通した生活のリズムを整えることは，心身の健康づくりの基礎となる。保護者の理解と協力を得ながら，家庭と保育所を通じて生活のリズムがバランス良く整えられるよう配慮することが大切である。

また，日々の保育の中で，子どもたちが健康に関心をもち，健康の保持や増進のための適切な行動がとれるよう，発達過程に応じ，身体の働きや生命の大切さなどを伝え，基本的な清潔の習慣や健康な食生活が身に付くよう援助することが必要である。特に，排泄の自立の援助は，その生理的機能の発達の個人差や情緒面での配慮が重要であり，家庭との連携が必要である。

子どもの身体機能の発達を促すため，一人一人の発育及び発達の状態や日々の健康状態に配慮しながら，日常的な遊びや運動遊びなどを通して体力づくりができるよう工夫することが求められる。

さらに，保護者に日々の健康状態や健康診断の結果などを報告したり，疾病時の看護の方法や感染予防の対応などを伝えたり，保護者会などの機会を通して健康への理解を深める働きかけをしたりするなど，計画的に子どもの健康をめぐる家庭との連携を図ることが重要である。

> イ　子どもの心身の健康状態や疾病等の把握のために，嘱託医等により定期的に健康診断を行い，その結果を記録し，保育に活用するとともに，保護者が子どもの状態を理解し，日常生活に活用できるようにすること。

健康診断は　設備運営基準第12条の規定に基づき，学校保健安全法（昭和33年法律第56号）の規定に準じて，身長及び体重，栄養状態や脊柱及び胸郭の疾病及び異常の有無，四肢の状態等の項目について行われる。保育士等は，健康診断に際し，一人一人の子どもの発育及び発達の状態と健康状態とともに，保護者の疑問や不安などを嘱託医等に伝え，適切な助言を受けることが大切である。

健康診断の結果は，日々の健康管理に有効活用できるよう記録し，家庭に連絡する。特に受診や治療が必要な場合には，嘱託医等と連携しながら，保護者に丁寧に説明することが必要である。

281

第Ⅰ部 「保育所保育指針」解説とポイント

健康診断の結果によっては，嘱託医等と相談しながら適切な援助が受けられるよう，市町村，保健及び医療機関，児童発達支援センター等との連携を図る。

歯科健診についても，計画的に実施し，その結果を記録して保護者に伝えることが必要である。歯や口の健康は，生涯にわたる健康づくりの基盤であり，歯磨き指導についての計画を作成するなど，保護者や子どもが健康を維持するための方法や習慣について関心をもつことができるよう援助することが大切である。

（3）疾病等への対応

> ア　保育中に体調不良や傷害が発生した場合には，その子どもの状態等に応じて，保護者に連絡するとともに，適宜，嘱託医や子どものかかりつけ医等と相談し，適切な処置を行うこと。看護師等が配置されている場合には，その専門性を生かした対応を図ること。
> イ　感染症やその他の疾病の発生予防に努め，その発生や疑いがある場合には，必要に応じて嘱託医，市町村，保健所等に連絡し，その指示に従うとともに，保護者や全職員に連絡し，予防等について協力を求めること。また，感染症に関する保育所の対応方法等について，あらかじめ関係機関の協力を得ておくこと。看護師等が配置されている場合には，その専門性を生かした対応を図ること。
> ウ　アレルギー疾患を有する子どもの保育については，保護者と連携し，医師の診断及び指示に基づき，適切な対応を行うこと。また，食物アレルギーに関して，関係機関と連携して，当該保育所の体制構築など，安全な環境の整備を行うこと。看護師や栄養士等が配置されている場合には，その専門性を生かした対応を図ること。
> エ　子どもの疾病等の事態に備え，医務室等の環境を整え，救急用の薬品，材料等を適切な管理の下に常備し，全職員が対応できるようにしておくこと。

保育所における子どもの疾病等への対応は，保育中の体調不良のみならず，慢性疾患に罹患している子ども等を含めて，子どもの生命保持と健やかな発育，発達を確保していく上で極めて重要である。看護師等が配置されている場合には，その専門性を生かした対応を図ることが必要である。

① 保育中に体調不良や傷害が発生した場合

保護者に子どもの状況等を連絡するとともに，適宜，嘱託医やかかりつけ医と相談するなどの対応が必要である。特に，高熱，脱水症，呼吸困難，痙攣といった子どもの症状の急変や，事故など救急対応が必要な場合には，嘱託医やかかりつけ医

282

保育所保育指針解説　第3章　健康及び安全

又は適切な医療機関に指示を求めたり，受診したりする。また，必要な場合は救急車の出動を要請するなど，状況に応じて迅速に対応する。そのために，子どもの症状に対して，全職員が正しい理解をもち，基本的な対応等について熟知することが求められる。

　なお，平時から保護者の就労状況や家庭の事情などを踏まえ，あらかじめ連絡体制を確認しておくなど，様々な家庭の状況に配慮して適切に対応することも必要である。

② 感染症の集団発生予防

【保育所における感染症】

　保育所は，乳幼児期の子どもたちが毎日長時間にわたり集団生活をする場所であり，午睡や食事，遊びなど，子ども同士が濃厚に接触する機会が多い。抵抗力が弱く，身体の機能が未熟である乳幼児の特性等を踏まえ，感染症に対する正しい知識や情報に基づく感染予防のための適切な対応が求められる。

【感染経路対策】

　感染症の流行を最小限にするためには，飛沫感染対策として，換気をこまめに行う。また，咳やくしゃみなどを人に向けないようにする。マスクが無くて咳などが出そうな時はハンカチなどで口を覆う等の咳エチケットを，日常生活の中で子どもたちが身に付けられるようにしていく。

　空気感染対策としては，水痘，麻しん，結核といった空気感染する感染症が疑われる場合には，その子どもをすぐに他の子どもたちとは別保育とし，換気を行う。保護者に連絡して受診を勧める。

　接触感染対策としては適切な手洗いを行うことが最も重要であり，正しい手洗いの方法を身に付けさせる必要がある。

　人の血液などを介して感染する感染症の予防では，血液や汗を除く体液（喀痰，尿，糞便等）などに触れる時には，必ず使い捨て手袋を着用し，手袋を外した後には流水と石けんで手洗いを行い，血液等が触れた場所は消毒するといった「標準予防策」をとる必要がある。

【予防接種の勧奨】

　予防接種は，感染症予防にとって非常に重要なものである。特に保育所においては，嘱託医やかかりつけ医の指導の下に，年齢に応じた計画的な接種についての情報提供を行うことが重要である。

283

第Ⅰ部 「保育所保育指針」解説とポイント

【予防接種歴，感染症歴の把握】

　保育所に入所する際には，母子健康手帳等を参考に，一人一人の子どもの予防接種歴や感染症の罹患歴を把握し，その後，新たに接種を受けた場合や感染症に罹患した場合には，保護者から保育所に報告してもらい，情報を共有することが大切である。

【感染症の疑いのある子どもへの対応】

　保育所では，感染症の疑いのある子どもについて，嘱託医の指示を受けるとともに，保護者との連絡を密にし，医務室等にて他の子どもと接触することのないように配慮したり，消毒を行ったりするなど，適切な処置をすることが求められる。

　保護者に対しては，かかりつけ医等の診察，治療や指導を受けるように助言し，感染症に罹患していることが確定した時には，嘱託医やかかりつけ医の指示に従うよう協力を求める。また，嘱託医の指導の下に，他の保護者にも情報を提供し，感染の有無，経過観察等について理解を求めることが重要である。

　（参考）
　○感染症の予防及び感染症の患者に対する医療に関する法律（平成10年法律第114号）

【出席停止期間及び関係機関との連携】

　いわゆる学校感染症として定められた感染症に罹患した子どもが登所を再開する時期については，学校保健安全法に基づく出席停止期間を目安とすることを基本とする。

　感染症が発生した場合には，嘱託医などの指示に従うとともに，必要に応じて市町村，保健所等に連絡し，予防や感染拡大防止等について，その指示に従う。また，保育所や地域の感染症の発生状況等から，嘱託医が，感染症の予防上必要があり，臨時に保育所の全部又は一部の休業が望ましいと判断した場合も同様に，市町村，保健所等に連絡し，情報共有を行いながら，密接に連携し対応する。

　（参考）
　○保育所における感染症対策ガイドライン（平成24年11月厚生労働省）

③　アレルギー疾患への対応

【アレルギー疾患】

　子どものアレルギー疾患は，気管支喘息，アトピー性皮膚炎，食物アレルギー，

保育所保育指針解説　第3章　健康及び安全

アナフィラキシー，アレルギー性鼻炎，アレルギー性結膜炎等様々あり，保護者からその対応を求められることが非常に多い。なかでも食物アレルギーとアナフィラキシーに関しては，誤食等の事故などにより生命が危険に晒（さら）されるおそれがあるため，常に適切な対応を行うことが重要である。

　日頃の管理として，生活環境の整備（ダニ・ホコリの管理等）や与薬及び外用薬塗布管理，食物アレルギーであれば給食管理，緊急時対応等が求められる。

【アレルギー対応における体制の構築の原則】

　保育所におけるアレルギー対応は，組織的に行う必要がある。施設長の下に対応委員会を組織し，マニュアルを作成し，全職員がそれぞれに役割を分担し，対応の内容に習熟する必要がある。そのためにも，全職員は施設内外の研修に定期的に参加し，個々の知識と技術を高めることが重要である。エピペン®は，子どもの生命を守る観点から，全職員が取り扱えるようにする。また管理者は，地域医療機関や嘱託医，所在地域内の消防機関，市町村との連携を深め，対応の充実を図ることが重要である。

　アレルギー疾患をもつ子どもについては，医師の診断及び指示に基づいて，適切に対応する必要がある。対応に当たっては，生活管理指導表により，保育所と保護者等の間で情報を共有することが必須である。特に食物アレルギー対応は日々の食事管理が必要である。また，アレルギーの原因となる食物を摂取すると重篤な症状に至ることもあるため，生活管理指導表が提出された場合，それに基づいた対応について，必ず施設長，調理員や栄養士等の専門職，保育士等が保護者と面談を行い，子どもの現状を把握し，相互の共通理解及び連携を図る。特に看護師，栄養士等の専門職がいる場合，専門性を生かした対応の充実を図らなくてはならない。

（参考）
○保育所におけるアレルギー対応ガイドライン（平成23年3月厚生労働省）

【安全な給食提供環境の整備】

　食物アレルギーのある子どもの誤食事故は，注意を払っていても，日常的に発生する可能性がある。食器の色を変える，座席を固定する，食事中に保育士等が個別的な対応を行うことができるようにする等の環境面における対策を行う。その上で，安全性を最優先とした，人為的な間違いや失敗についての対策を講じることが重要である。事前の体制整備として，給食対応の単純化（完全除去か全解除かの二者択

第Ⅰ部　「保育所保育指針」解説とポイント

一の対応）を原則とし，頻度の多い食材（鶏卵・牛乳・小麦等）を給食に使用しない献立を作成する，指差し声出し確認を徹底する，あと一歩で事故になるところだったという，ヒヤリ・ハット報告の収集及び要因分析を行って事故防止のための適切な対策を講じるなどして，事故が発生する危険性の低減化に努める。

④　医務室等の整備

　体調不良の子どもが，安静を保ち，安心して過ごすことができるよう，また他の子どもへの感染防止を図ることができるよう，医務室等の環境を整備することが必要である。また，救急用の薬品や，包帯など応急処置用品を常備し，全職員が適切な使用法を習熟しておく必要がある。

⑤　与薬に関する留意点

　保育所において子どもに薬（座薬等を含む。）を与える場合は，医師の診断及び指示による薬に限定する。その際は，保護者に医師名，薬の種類，服用方法等を具体的に記載した与薬依頼票を持参させることが必須である。

　保護者から預かった薬については，他の子どもが誤って服用することのないように施錠のできる場所に保管するなど，管理を徹底しなくてはならない。

　また，与薬に当たっては，複数の保育士等で，対象児を確認し，重複与薬や与薬量の確認，与薬忘れ等の誤りがないようにする必要がある。与薬後には，子どもの観察を十分に行う。

⑥　救急蘇生法等について

　救急蘇生を効果的に行うためには，子どもの急変を早期に発見することが重要であり，日頃の健康状態の把握や保健管理のあり方が大きな意味をもつ。また，保育士等をはじめ全職員は，各種研修会等の機会を活用して，救急蘇生法や応急処置について熟知しておく必要がある。自動体外式除細動器（AED: Automated External Defibrillator）が設置してある場合は，その操作について習熟しておく。

⑦　病児保育事業を実施する場合の配慮

　保育所に併設して病児保育事業を実施する場合には，当該事業に従事する看護師等を配置し，嘱託医，連携医療機関と密接な連携を図り，日常の医療面での助言や指導を受けるとともに，緊急時の子どもの受入体制等を構築する。また，実施に当たっては，衛生面に十分配慮し，他の子どもや職員への感染を防止することが必要である。保育中に，予想しない病状の変化が見られた場合には，保護者に連絡し，早期にかかりつけ医を受診するように助言するなどの対応も必要である。なお，当

保育所保育指針解説　第3章　健康及び安全

該事業に従事する職員は，対応に必要な専門的知識や技術を身に付けるなど，資質の向上に努めることが求められる。

⑧　個別的な配慮を必要とする子どもへの対応

【慢性疾患児への対応】

　慢性疾患を有する子どもの保育に当たっては，かかりつけ医及び保護者との連絡を密にし，予想しうる病状の変化や必要とされる保育の制限等について，全職員が共通理解をもつ必要がある。病状が急変するかもしれないことを念頭に置き，その子どもに合わせた保育を計画する必要がある。定期服薬中の場合には，その薬剤の効能や副作用についても理解しておく必要があり，非常時に備えての予備薬等の預かりについても検討を行う必要がある。

【児童発達支援の必要な子ども】

　児童発達支援が求められる子どもに対しては，保護者及び児童発達支援を行う医療機関や児童発達支援センター等と密接に連携し，支援及び配慮の内容や子どもの状況等について情報を共有することなどを通じて，保育所においても児童発達支援の課題に留意した保育を行うことが大切である。

【その他の医療的ケアを必要とする子どもへの対応】

　医療技術の進歩等を背景として，新生児集中治療室（NICU: Neonatal Intensive Care Unit）等に長期入院した後に，様々な医療的ケアを日常的に必要とする子どもが増えている。保育所の体制等を十分検討した上で医療的ケアを必要とする子どもを受け入れる場合には，主治医や嘱託医，看護師等と十分に協議するとともに，救急対応が可能である協力医療機関とも密接な連携を図る必要がある。医療的ケアは，その子どもの特性に応じて，内容や頻度が大きく異なることから，受け入れる保育所において，必要となる体制を整備するとともに，保護者の十分な理解を得るようにすることが必要である。また，市町村から看護師等の専門職による支援を受けるなどの体制を整えることも重要である。

⑨　乳幼児突然死症候群（SIDS）

　乳幼児突然死症候群（SIDS: Sudden Infant Death Syndrome）は，何の予兆や既往歴もないまま乳幼児が死に至る，原因の分からない病気で，窒息などの事故とは異なる。日本での発症頻度はおよそ出生6,000人から7,000人に1人と推定され，生後2か月から6か月に多く，稀には1歳以上で発症することがある。

　SIDSは，うつぶせ，仰向けのどちらでも発症するが，寝かせる際にうつぶせに

第Ⅰ部 「保育所保育指針」解説とポイント

寝かせた時の方がSIDSの発生率が高いということが研究者の調査から分かっており，子どもの顔が見える仰向けに寝かせることが重要である。また，睡眠時に子どもを一人にしないこと，寝かせ方に配慮を行うこと，安全な睡眠環境を整えることは，窒息事故を未然に防ぐことにつながるものである。

人工乳（粉ミルク）がSIDSを引き起こすわけではないが，母乳で育てられている赤ちゃんの方がSIDSの発症率が低いということが研究者の調査から分かっている。喜んで母乳を飲み，体重が順調に増えているなら，できるだけ母乳を与えることが望ましい。

また，たばこは，SIDS発症の大きな危険因子であり，妊婦や乳児の近くでの喫煙は不適切である。これには身近な人の理解も大切であり，日頃から喫煙者に協力を求めることが大切である。

入所の際には，こうしたSIDSに関する情報を保護者に提供することが求められる。

（参考）
○厚生労働省　報道発表資料「11月は『乳幼児突然死症候群（SIDS）』の対策強化月間です」（平成29年10月27日）
http://www.mhlw.go.jp/stf/houdou/0000181942.html

2　食育の推進

（1）保育所の特性を生かした食育

> ア　保育所における食育は，健康な生活の基本としての「食を営む力」の育成に向け，その基礎を培うことを目標とすること。

食は，子どもが豊かな人間性を育み，生きる力を身に付けていくために，また，子どもの健康増進のために重要である。食育基本法（平成17年法律第63号）を踏まえ，乳幼児期における望ましい食に関する習慣の定着及び食を通じた人間性の形成や家族関係づくりによる心身の健全育成を図るため，保育所においても，食に関する取組を積極的に進めていくことが求められる。

288

保育所保育指針解説　第3章　健康及び安全

　各保育所は，保育の内容の一環として食育を位置付け，施設長の責任の下，保育士，調理員，栄養士，看護師等の職員が協力し，健康な生活の基本として食を営む力の育成に向けて，その基礎を培うために，各保育所において創意工夫を行いながら食育を推進していくことが求められる。

　また，子どもの保護者も，食への理解を深め，食事をつくることや子どもと一緒に食べることに喜びをもつことができるよう，調理員や栄養士がいたり，調理が可能な設備を有していたりするなどの環境を活用し，食に関する相談・助言や体験の機会を設けることが望まれる。

> イ　子どもが生活と遊びの中で，意欲をもって食に関わる体験を積み重ね，食べることを楽しみ，食事を楽しみ合う子どもに成長していくことを期待するものであること。

　保育所における食育は，食を営む力の育成に向け，その基礎を培うために，日々の保育の中で，生活と遊びを通して，子どもが自ら意欲をもって食に関わる体験を積み重ねていくことを重視して取り組む。

　食育の実施に当たっては，地域の特性や保育所の状況等を踏まえて，家庭や地域社会と連携を図り，それぞれの職員の専門性を生かしながら，創意工夫して進めることが求められる。

　食べることを楽しみ，保育士等や仲間などと食事を楽しみ合う子どもに成長していくことを目指し，保育においては，子どもの育ちを踏まえた食に関する様々な体験が，相互に関連をもちながら総合的に展開できるようにする。食育に関連する事項は，第1章，第2章，第4章に関わることから，これらの内容を踏まえ，各保育所で計画的に食育に取り組むことが重要である。

> ウ　乳幼児期にふさわしい食生活が展開され，適切な援助が行われるよう，食事の提供を含む食育計画を全体的な計画に基づいて作成し，その評価及び改善に努めること。栄養士が配置されている場合は，専門性を生かした対応を図ること。

【食育計画の作成と評価】

　全体的な計画に基づいた食育計画は，資料（p.294の※）等を参照し，指導計画とも関連付けながら，子どもの日々の主体的な生活や遊びの中で食育が展開されていくよう作成する。

289

第Ⅰ部 「保育所保育指針」解説とポイント

　保育所での食事の提供も食育の一部として食育計画に含める。また，食育計画が柔軟で発展的なものとなるように留意し，各年齢を通して一貫性のあるものにすることが大切である。

　さらに，食育計画を踏まえた保育実践の経過やそこでの子どもの姿を記録し，評価を行う。その結果に基づいて取組の内容を改善し，次の計画や実践へとつなげていく。

　食事内容を含め，こうした食育の取組を，保護者や地域に向けて発信することも大切である。

　栄養士が配置されている場合は，その専門性を十分に発揮し，積極的に食育計画の策定や食育の取組の実践等に関わることが期待される。

【食事の提供に関する留意点】

　日々の食事の提供に当たっては，子どもの状態に応じて，摂取方法や摂取量などを考慮し，子どもが食べることを楽しむことができるよう計画を作成することが大切である。

　その際，入所前の生育歴や入所後の記録などから，子どもの健康状態，発育及び発達の状態，栄養状態や生活状況などを把握し，それぞれに応じた必要な栄養量が確保できるようにする。さらに，子どもの咀嚼や嚥下機能等の発達に応じて食品の種類，量，大きさ，固さ，食具等を配慮し，食に関わる体験が広がるよう工夫する必要がある。

　また，授乳及び離乳期においては，食べる意欲の基礎をつくることができるよう，家庭での生活を考慮し，一人一人の子どもの状況に応じ，時間，調理方法，量などを決める必要がある。母乳による育児を希望する保護者のために，衛生面に配慮し，冷凍母乳による栄養法などで対応することが望ましい。

　さらに，安全で安心できる食事を提供するために，食材料の選定時や保管時，調理後の温度管理の徹底など安全性と衛生に配慮する。食事の内容を工夫したり，行事において食育に関する取組を行ったりするなど，子どもが地域の様々な食文化等に関心をもつことができるようにすることも大切である。子どもの喫食状況などを随時把握して，食育計画に基づく保育の実践を全職員で評価し，食事が子どもにとっておいしく魅力的なものであるよう，その質の改善に努めることが求められる。

保育所保育指針解説　第3章　健康及び安全

（2）食育の環境の整備等

> ア　子どもが自らの感覚や体験を通して，自然の恵みとしての食材や食の循環・環境への意識，調理する人への感謝の気持ちが育つように，子どもと調理員等との関わりや，調理室など食に関わる保育環境に配慮すること。

　自然の恵みとしての食材について，様々な体験を通して意識し，生産から消費までの一連の食の循環や，食べ物を無駄にしないことについての配慮などに意識をもてるよう，様々な食材に触れる機会を計画的に保育に取り入れていくことが重要である。例えば，野菜などの栽培や収穫を通して，食べ物が土や雨，太陽の光などによって育つことに気付いていくことや，毎日運ばれてくる野菜や果物，肉や魚などの食材を日々の生活の中で目にしたり，触れたりする機会などを通して，子どもは自らの感覚で食材や食の環境を意識するようになる。また，育てた食材で調理活動を行うことや調理過程の一部を手伝うこと等の体験を通して，調理室における調理の様子をうかがい知ったり，調理員等と一緒に食べたりする経験などを通じて，食材や調理する人への感謝の気持ち，生命を大切にする気持ちなどが育まれていく。

　保育において，こうした体験を，友達，保育士，調理員，栄養士，保護者，地域の人々など，様々な人との関わりを通じて行えるよう工夫することが大切である。また，食事に向けて食欲がわくように，保育所における一日の活動のバランスに配慮していくことも重要である。

　さらに，情緒の安定のためにも，ゆとりある食事の時間を確保し，食事をする部屋が温かな親しみとくつろぎの場となるように，採光やテーブル，椅子，食器，スプーンや箸など食具等，環境の構成に配慮することが大切である。

　このように，保育所の食育においては，食に関する人的及び物的な保育環境の構成に配慮することが必要である。

> イ　保護者や地域の多様な関係者との連携及び協働の下で，食に関する取組が進められること。また，市町村の支援の下に，地域の関係機関等との日常的な連携を図り，必要な協力が得られるよう努めること。

　食育は，幅広い分野にわたる取組が求められる上，家庭の状況や生活の多様化といった食をめぐる状況の変化を踏まえると，より一層きめ細かな対応や食育を推進

保育所保育指針解説

291

第Ⅰ部 「保育所保育指針」解説とポイント

しやすい社会環境づくりが重要である。保育所においては，保護者や地域の実情に応じて，市町村，小中学校等の教育関係者，農林漁業者，食品関連事業者，ボランティア等，食育に係る様々な関係者と主体的かつ多様に連携，協働した取組が求められる。また，食育の取組を実施するに当たって，このような多様な関係者の協力を得るためには，市町村の支援の下に，日常的な連携が図られていることが大切である。

> ウ　体調不良，食物アレルギー，障害のある子どもなど，一人一人の子どもの心身の状態等に応じ，嘱託医，かかりつけ医等の指示や協力の下に適切に対応すること。栄養士が配置されている場合は，専門性を生かした対応を図ること。

食育の推進に当たっては，全職員が食育の目標や内容，配慮すべき事項等について理解を共有した上で，連携，協力して取り組むことが重要である。特に栄養士等が配置されている場合には，子どもの健康状態，発育及び発達の状態，栄養状態，食生活の状況を見ながら，その専門性を生かし，献立の作成，食材料の選定，調理方法，摂取方法，摂取量の指導に当たることが大切である。また，必要に応じて医療機関や児童発達支援センター等の専門職の指示や協力を受けることが重要である。

① 体調不良の子どもへの対応

子どもの体調不良時や回復期等には，脱水予防のための水分補給に留意するとともに，一人一人の子どもの心身の状態と保育所の提供体制に応じて食材を選択し，調理形態を工夫して食事を提供するなど，保護者と相談し，また必要に応じて嘱託医やかかりつけ医の指導，指示に基づいて，適切に対応する。

② 食物アレルギーのある子どもへの対応

保育所における食物アレルギー対応は，安全，安心な生活を送ることができるよう，完全除去を基本として保育所全体で組織的に行う。限られた人材や資源を効率的に運用し，医師の診断及び指示に基づいて対応しなくてはならない。また，医師との連携，協力に当たっては，生活管理指導表を用いることが必須である。

保育所では，栄養士配置の有無に関わらず，除去食品の誤配や誤食などの事故防止及び事故対策において，安全性を最優先として組織的に最善を尽くす必要があり，常に食物アレルギーに関する最新の正しい知識を全職員が共有していることが重要である。アナフィラキシーショックへの対応については，エピペン ® の使用方法を含めて理解し，身に付けておく必要がある。また，食物アレルギー症状を誘発す

保育所保育指針解説　第3章　健康及び安全

るリスクの高い食物の少ない，又はそうした食物を使わない献立を作成するなど，様々な配慮や工夫を行うことが重要である。さらに，食物アレルギーのある子ども及びその保護者への栄養指導や，地域の子どもとその保護者も含めた食育の取組を通じて，食物アレルギーへの理解を深めていくことが求められる。

③　障害のある子どもへの対応

　障害のある子どもに対して，他の子どもと異なる食事を提供する場合がある。食事の摂取に際して介助の必要な場合には，児童発達支援センター等や医療機関の専門職による指導，指示を受けて，一人一人の子どもの心身の状態，特に，咀嚼や嚥下の摂食機能や手指の運動機能等の状態に応じた配慮が必要である。また，誤飲をはじめとする事故の防止にも留意しなければならない。さらに，他の子どもや保護者が，障害のある子どもの食生活について理解できるような配慮が求められる。

④　食を通した保護者への支援

　子どもの食に関する営みを豊かにするためには，保育所だけでなく，家庭と連携して食育を進めていくことが大切である。保育所での子どもの食事の様子や，食育に関する取組とその意味などを保護者に伝えることは，家庭での食育の関心を高めていくことにつながる。家庭からの食に関する相談に対応できる体制を整え，助言や支援を行うことが重要である。

　具体的な取組の例としては，毎日の送迎時や連絡帳におけるやり取りなどを通じて，一人一人の家庭での状況を把握しつつ，助言をしたり乳幼児期の食の大切さを伝えたりすること，食事のサンプル展示や，食事，おやつの時間を含めた保育参観や試食会等を通じて，子どもの食に対する保護者の関心を促していくことが考えられる。また，季節の食材などを使ったレシピや調理方法等，家庭における取組に役立つ情報を提供したり，保護者の参加による調理実践行事などを実施したりして，保護者が子どもと共に食を楽しめるよう支援していくことも大切である。さらに，保護者懇談会などを通して保護者同士の交流を図ることにより，家庭における食育の実践が広がることも期待できる。

　地域の子育て家庭においても，子どもの食に関する悩みが子育てに対する不安の一因となることは少なくない。そのため，食の観点から保護者が子どもについて理解を深め，子育ての不安が軽減されることを通して，家庭や地域における養育力の向上につなげていくことができるよう，保育所の調理室等を活用し，食に関する相談や支援を行うことも重要である。

293

第Ⅰ部 「保育所保育指針」解説とポイント

※食育の推進に当たっての参考資料
○保育所における食育に関する指針（平成16年3月29日付け雇児保発第0329001号厚生労働
　省雇用均等・児童家庭局保育課長通知）
○保育所におけるアレルギー対応ガイドライン（平成23年3月厚生労働省）
○保育所における食事の提供ガイドライン（平成24年3月30日付け雇児保発0330第1号厚
　生労働省雇用均等・児童家庭局保育課長通知）

3　環境及び衛生管理並びに安全管理

（1）環境及び衛生管理

> ア　施設の温度，湿度，換気，採光，音などの環境を常に適切な状態に保持すると
> 　ともに，施設内外の設備及び用具等の衛生管理に努めること。
> イ　施設内外の適切な環境の維持に努めるとともに，子ども及び全職員が清潔を保
> 　つようにすること。また，職員は衛生知識の向上に努めること。

【温度等の調節及び衛生管理】

　保育に当たっては，子どもの心身の健康と情緒の安定を図るために，室内の温度
や湿度を調節し，換気を行い，さらに，部屋の明るさ，音や声の大きさなどにも配
慮して，心地よく過ごすことができるよう環境を整えることが大切である。

　また，常に清潔な環境を保つことができるよう，日頃から清掃や消毒等を行うこ
とが大切である。その際，消毒薬などは子どもの手の届かない場所で保管，管理し，
誤飲の防止等，安全の徹底を図らなくてはならない。

　保育室をはじめとした保育所内の各室，調理室，トイレ，園庭，プールなど各設
備の衛生管理はもちろんのこと，歯ブラシやコップ，寝具，床，棚，おむつ交換台，
ドアノブ，手洗い用の蛇口など各備品，特に低年齢児では直接口に触れることも多
い玩具は，日々状態を確認し，衛生管理を行う。

　調理室や調乳室では，室内及び調理や調乳のための器具，食器を清潔に保つとと
もに，食品の品質等の管理，入室時の外衣や帽子の着用といった衛生管理が必要で
ある。

　園庭や砂場では，動物の糞尿の処理，樹木や雑草の管理，害虫などの駆除や消毒，
小動物など飼育施設の清潔を保つことなどが必要である。

294

保育所保育指針解説　第3章　健康及び安全

　プールでは，設備の消毒や水質の管理，感染症の予防のほか，利用時については，重大事故が発生しやすい場面であることを踏まえた安全管理の徹底に努める。

【職員の衛生知識の向上と対応手順の周知徹底】

　職員は，感染症及び衛生管理に関する知識と適切な対応方法を日頃から身に付けておくことが必要である。嘔吐物や糞便等の処理に当たっては，使い捨てのマスクやエプロン，手袋等の使用や手洗いの徹底など，感染防止のための処理方法とその実施を徹底しておく。また，状況に応じて，処理の際に身に付けていた衣服は着替えることが望ましい。

　調乳や冷凍母乳を取り扱う場合や，子どもの食事の介助を行う場合には，手洗いや備品の消毒を行う等，衛生管理を十分徹底することが重要である。

　全職員は自己の健康管理に留意し，特に感染症が疑われる場合には速やかに施設長に報告し，自らが感染源にならないよう，適切に対処することが必要である。

【食中毒の予防】

　食中毒の予防に向けて，日常的に，子どもが清潔を保つための生活習慣を身に付けられるよう取り組むことが大切である。特に，手洗いについては，正しい手の洗い方を指導することが重要である。また，動物の飼育をしている場合は，その世話の後，必ず手洗い等を徹底させる。

　調理体験の際は，服装，爪切り，手洗いなど，衛生面の指導を徹底することが必要である。

【食中毒発生時の対応】

　食中毒が発生した場合に備えて，食中毒発生に関する対応マニュアルの作成※と全職員への周知も重要である。食中毒が疑われる場合には，対象となる症状が認められる子どもを別室に隔離するとともに，嘱託医や保健所などの関係機関と連携し，迅速に対応する。施設長は，子どもや保護者，全職員の健康状態を確認し，症状が疑われる場合には，医療機関への受診を勧めることが望ましい。

　食中毒発生時は，保健所の指示に従い，食事の提供を中止し，施設内の消毒，職員や子どもの手洗いを徹底する。また，必要に応じて行事を控えるなど，感染拡大の防止に向けた対応が効果的である。

※大量調理施設衛生管理マニュアル（「大量調理施設衛生管理マニュアル」の改正について（平成29年6月16日付け生食発0616第1号厚生労働省医薬・生活衛生局生活衛生・食品安全部長通知別添））

第Ⅰ部　「保育所保育指針」解説とポイント

Ⅲ　衛生管理体制
1．衛生管理体制の確立
(17) 高齢者や乳幼児が利用する施設等においては，平常時から施設長を責任者とする危機管理体制を整備し，感染拡大防止のための組織対応を文書化するとともに，具体的な対応訓練を行っておくことが望ましいこと。…（略）…

（2）事故防止及び安全対策

> ア　保育中の事故防止のために，子どもの心身の状態等を踏まえつつ，施設内外の安全点検に努め，安全対策のために全職員の共通理解や体制づくりを図るとともに，家庭や地域の関係機関の協力の下に安全指導を行うこと。

　事故の発生を防止するためには，子どもの発達の特性と事故との関わりに留意した上で，事故防止のためのマニュアルを作成するなど，施設長のリーダーシップの下，組織的に取り組む。

　事故発生防止に向けた環境づくりには，職員間のコミュニケーション，情報の共有，事故予防のための実践的な研修の実施等が不可欠である。

　日常的に点検項目を明確にして，定期的に点検を行い，文書として記録し，その結果に基づいて問題のある箇所を改善し，全職員と情報を共有しておく。

　保育中の安全管理には，保育所の環境整備が不可欠であり，随時確認し，環境の維持及び改善に取り組む。また，日常的に利用する散歩の経路や公園等についても，異常や危険性の有無，工事箇所や交通量等を含めて点検し記録を付けるなど，情報を全職員で共有する。

　また，保育中，常に全員の子どもの動きを把握し，職員間の連携を密にして子どもたちの観察の空白時間が生じないようにする。子どもの安全の観察に当たっては，午睡の時間を含め，一人一人の子どもを確実に観察することが重要である。

　重大事故の発生防止のため，あと一歩で事故になるところであったという，ヒヤリ・ハット事例の収集及び要因の分析を行い，必要な対策を講じるなど，組織的に取組を行う。

　さらに，子どもが家庭においても安全な生活習慣を身に付けることができるよう，保護者と連携を図るとともに，交通安全について学ぶ機会を設けるなど，地域の関係機関と連携して取り組むことも重要である。

保育所保育指針解説　第3章　健康及び安全

> イ　事故防止の取組を行う際には，特に，睡眠中，プール活動・水遊び中，食事中
> 等の場面では重大事故が発生しやすいことを踏まえ，子どもの主体的な活動を大
> 切にしつつ，施設内外の環境の配慮や指導の工夫を行うなど，必要な対策を講じ
> ること。

　安全な保育環境を確保するため，子どもの年齢，場所，活動内容に留意し，事故
の発生防止に取り組む。特に，睡眠，プール活動及び水遊び，食事等の場面につい
ては，重大事故が発生しやすいことを踏まえて，場面に応じた適切な対応をするこ
とが重要である。

　例えば，乳児の睡眠中の窒息リスクの除去としては，医学的な理由で医師から
うつぶせ寝を勧められている場合以外は，子どもの顔が見える仰向けに寝かせること
が重要である。睡眠前には口の中に異物等がないかを確認し，柔らかい布団やぬい
ぐるみ等を使用しない，またヒモ及びヒモ状のものをそばに置かないなど，安全な
睡眠環境の確保を行う。また，定期的に子どもの状態を点検するなど，異常が発生
した場合の早期発見や重大事故の予防のための工夫が求められる。子どもを一人に
しないこと，寝かせ方に配慮すること，安全な睡眠環境を整えることは，窒息や誤
飲，怪我などの事故を未然に防ぐことにつながる。

　プール活動や水遊びを行う場合は，監視体制の空白が生じないよう，専ら監視を
行う者とプール指導等を行う者を分けて配置し，役割分担を明確にする。また，こ
れらの職員に対して，監視の際に見落としがちなリスクや注意すべきポイントにつ
いて事前教育を十分に行う。十分な監視体制の確保が出来ない場合は，プール活動
の中止も検討すべきである。

　食事の場面では，子どもの食事に関する情報（咀嚼（しゃく）や嚥下（えん）機能を含む発達や喫食
の状況，食行動の特徴など）や当日の子どもの健康状態を把握し，誤嚥（えん）等による窒
息のリスクとなるものを除去したり，食物アレルギーのある子どもについては生活
管理指導表等に基づいて対応したりすることが必要である。

　なお，重大事故を防ぐためには危険を取り除く必要があるが，過度な子どもの遊
びの制約については，一定の配慮を要する。乳幼児期の子どもが遊びを通して自ら
危険を回避する力を身に付けていくことの重要性にも留意する必要がある。こうし
た保育所における事故防止のための一連の取組や配慮について保護者に十分周知を
図り，理解を深めておくことが重要である。

第Ⅰ部 「保育所保育指針」解説とポイント

> ウ 保育中の事故の発生に備え，施設内外の危険箇所の点検や訓練を実施するとともに，外部からの不審者等の侵入防止のための措置や訓練など不測の事態に備えて必要な対応を行うこと。また，子どもの精神保健面における対応に留意すること。

　重大事故や不審者の侵入等，子どもに大きな影響を及ぼすおそれのある事態に至った際の危機管理についても，緊急時の対応マニュアルを作成するとともに，実践的な訓練，園内研修の充実等を通じて，全職員が把握しておくことが必要である。

　例えば，緊急時の役割分担を決め，見やすい場所に掲示しておくことが，全職員の共通理解を図る上で有効である。重大事故発生時の対応における役割分担を決める際には，応急処置，救急蘇生，救急車の出動の要請，医療機関への同行，事故の記録と保護者及び嘱託医や関係機関等への連絡等といった具体的な行為に関する分担と，指示系統を明確にしておく。不審者の侵入など不測の事態に関しても，その防止措置を含め，対応の具体的内容や手順，指示の流れなどを職員間で確認しておくことが求められる。

　保護者への説明は，緊急時には早急かつ簡潔に要点を伝え，事故原因等詳細については，事故の記録を参考にして改めて具体的に説明する。

　日常の備えとして，各職員の緊急連絡網，医療機関及び関係機関のリスト，保護者の緊急連絡先を事前に整理しておくことが重要である。119番通報の際の要点を事務室に掲示したり，園外活動等の際に携帯したりすることも有効である。

　さらに，緊急時に備えた連絡体制や協力体制を保護者や，消防，警察，医療機関などの関係機関との間で整えておくとともに，地域とのコミュニケーションを積極的にとり，あらかじめ緊急時の協力や援助を依頼しておく。

　また，施設内で緊急事態が発生した際には，保育士等は子どもの安全を確保し，子どもや保護者が不安にならないよう，冷静に対応することが求められる。

　子どもが緊急事態を目前に体験した場合には，強い恐怖感や不安感により，情緒的に不安定になる場合もある（心的外傷後ストレス障害—PTSD：Post Traumatic Stress Disorder）。このような場合には，小児精神科医や臨床心理士等による援助を受けて，子どもと保護者の心身の健康に配慮することも必要となる。

保育所保育指針解説　第3章　健康及び安全

（参考）
○「教育・保育施設等における事故防止及び事故発生時の対応のためのガイドライン」（平成28年3月内閣府・文部科学省・厚生労働省）

4　災害への備え

（1）施設・設備等の安全確保

> ア　防火設備，避難経路等の安全性が確保されるよう，定期的にこれらの安全点検を行うこと。

消防法（昭和23年法律第186号）第8条第1項は，保育所に対し，消防計画の作成，消防設備の設置及び防火管理者の設置等を義務付けている。また，設備運営基準第6条等は，消火器等の非常災害に必要な設備の設置等を定めている。

施設の安全点検を定期的に行うとともに，消防設備や火気使用設備の整備及び点検を定期的に行うことは，安全性の確保の基本である。消火器は落下や転倒しない場所に設置し，その場所と使用方法について全職員に周知する。

施設の出入り口や廊下，非常階段等の近くには物を置かないなど，避難する経路はいつでも使えるようにしておくとともに，経路に怪我の要因となるような危険がないか，日常的に点検を行う必要がある。

地域や保育所の立地特性によって，起こりうる災害の種類や危険度は異なる。発生する可能性のある災害の種類や危険な場所について，実際に職員自ら足で歩き，交通量や道幅，落下や倒壊など避難の障害となる場所の確認等を行い，予測しておくこと，その情報を全職員で共有することが重要である。

> イ　備品，遊具等の配置，保管を適切に行い，日頃から，安全環境の整備に努めること。

保育所の安全環境の整備は，子どもが安全に保育所の生活を送るための基本である。安全点検表を作成して，施設，設備，遊具，玩具，用具，園庭等について，安全性の確保や機能の保持，保管の状況など具体的な点検項目，点検日及び点検者を定めた上で，定期的に点検することが必要である。また，遊具の安全基準や規格な

299

第Ⅰ部　「保育所保育指針」解説とポイント

どについて熟知し，専門技術者による定期点検を実施することが重要である。

　日常的に，避難経路の確保等のために整理整頓を行うとともに，ロッカーや棚等の転倒防止や高い場所からの落下物防止の措置を講じたり，ガラスに飛散防止シートを貼ったりするなど，安全な環境の整備に努める必要がある。なお，こうした安全環境の整備は，非常時だけでなく日常の事故防止の観点からも重要である。

（2）災害発生時の対応体制及び避難への備え

> ア　火災や地震などの災害の発生に備え，緊急時の対応の具体的内容及び手順，職員の役割分担，避難訓練計画等に関するマニュアルを作成すること。

　設備運営基準第6条第1項において，「児童福祉施設においては，軽便消火器等の消火器具，非常口その他非常災害に必要な設備を設けるとともに，非常災害に対する具体的計画を立て，これに対する不断の注意と訓練をするように努めなければならない」ことが定められている。保育所の立地条件や規模，地域の実情を踏まえた上で，地震や火災などの災害が発生した時の対応等について各保育所でマニュアルを作成し，保育所の防災対策を確立しておく必要がある。

　マニュアルの作成に当たっては，それぞれの保育所に応じた災害の想定を行い，保育所の生活において，様々な時間や活動，場所で発生しうることを想定し，それに備えることが重要である。

　災害が発生した場合，電話や電子メールなどが使えない場合も含めた初期の対応として，安全な場所への避難などについての適切な指示や，救助，応急手当等が重要である。そのためには，日頃から，災害発生時の各職員の適切な役割分担と責任について明らかにし，全職員で共有する必要がある。

　また，災害の発生時に加え，事後の危機管理についても，施設内外の安全確認や避難後の情報収集，地震等の後に起こる二次災害への対応などが必要になる。また，保育所に地域住民等が一時的に避難するような場合などについても，施設の提供範囲や安全面及び衛生面の管理，避難者の把握，災害対策本部への届け出等について，あらかじめ想定しておくことが望ましい。

　こうした様々な緊急時の対応のマニュアルや，避難訓練に関する計画等を作成し，災害の発生に保育所の職員が協力して対応するための体制の整備を図る必要がある。

保育所保育指針解説　第3章　健康及び安全

> イ　定期的に避難訓練を実施するなど，必要な対応を図ること。

　保育所の避難訓練の実施については，消防法で義務付けられ，設備運営基準第6条第2項において，少なくとも月1回は行わなくてはならないと規定されている。
　避難訓練は，災害発生時に子どもの安全を確保するために，職員同士の役割分担や子どもの年齢及び集団規模に応じた避難誘導等について，全職員が実践的な対応能力を養うとともに，子ども自身が発達過程に応じて，災害発生時に取るべき行動や態度を身に付けていくことを目指して行われることが重要である。
　災害発生初期の安全確保については，職員自身が自由に動けない場合の想定も含め，様々な状況への対応について，訓練を通じて身に付けていくことが求められる。
　災害発生の二次対応では，状況に応じてどの避難場所に，どのような経路，タイミング，方法で避難を行うかを速やかに判断できるよう訓練を行うことが重要である。
　こうした避難訓練については，保護者への周知や協力を図り，災害発生時の行動を日頃から共有しておく。また，災害は予想を上回る規模で起こることもあり得るため，「想定」にとらわれず，その時の実際の状況を見ながら判断し，より適切な行動をとる必要についても，全職員が理解していることも重要である。

> ウ　災害の発生時に，保護者等への連絡及び子どもの引渡しを円滑に行うため，日頃から保護者との密接な連携に努め，連絡体制や引渡し方法等について確認をしておくこと。

　災害が発生した際，保育所で過ごしていた子どもを安全に保護者に引き渡すためには，保育所の努力だけではなく，保護者の協力が不可欠である。入所時の説明や毎年度当初の確認，保護者会での周知等，様々な場面を通じて，災害発生時の対応について，保護者の理解を得ておくことが必要である。
　災害時は電話等がつながらないことを想定し，あらかじめ複数の連絡手段を決め，保護者に知らせておく。また，保護者自身の安否を円滑に保育所に伝えてもらえる仕組みをあらかじめ整え，それを周知することも大切である。こうした連絡手段について，避難訓練で使用したり，日常の連絡に用いたりするなど，保護者と共に平時より利用の仕方に慣れておくための工夫をすることが望ましい。
　避難場所を保護者と共有しておくことはもちろん，保護者が迎えに来ることが困

第Ⅰ部 「保育所保育指針」解説とポイント

難な場合の保護者以外への引渡しのルールについても，氏名や連絡先，本人確認のための方法などをあらかじめ決めておくことが求められる。

（3）地域の関係機関等との連携

> ア　市町村の支援の下に，地域の関係機関との日常的な連携を図り，必要な協力が得られるよう努めること。

　災害発生時に連携や協力が必要となる関係機関等としては，消防，警察，医療機関，自治会等がある。また，地域によっては，近隣の商店街や企業，集合住宅管理者等との連携も考えられる。こうした機関及び関係者との連携については，市町村の支援の下，連絡体制の整備をはじめ地域の防災計画に関連した協力体制を構築することが重要である。各関係機関等とは，定期的に行う避難訓練への協力なども含め，地域の実態に応じて必要な連携や協力が得られるようにしておくことが必要である。

　また，限られた数の職員で子どもたち全員の安全を確保しなければならない保育所にとって，近隣の企業や住民の協力は大きな力となる。さらに，大規模な災害が発生した際には，保育所が被災したり，一時的に避難してきた地域住民を受け入れたりする可能性もあり，そのような場合には，市町村や地域の関係機関等による支援を得ながら，施設，職員，子ども，保護者，地域の状況等に関する情報の収集及び伝達や，保育の早期再開に向けた対応などに当たることになることが考えられる。いざという時に円滑に支援や協力を仰げるよう，日頃から地域の中で様々な機関や人々と関係を築いておくことも重要である。

> イ　避難訓練については，地域の関係機関や保護者との連携の下に行うなど工夫すること。

　避難訓練については，その実施内容等を保護者に周知し災害発生時の対応について認識を共有したり，災害発生時の連絡方法を実際に試みたり，子どもの引渡しに関する訓練を行うなど，保護者との連携を図っていく。また，地域の関連機関の協力を得ながら，地域の実情に応じた訓練を行うことが望ましい。

　具体的な状況を想定しての訓練を実施する際には，土曜日や延長保育など通常とは異なる状況の保育や，悪天候時や保育所外での保育等，多様な場面を想定するな

保育所保育指針解説　第3章　健康及び安全

どの工夫も効果的である。また，食物アレルギーのある子どもや障害のある子ども
など，特に配慮を要する子どもへの対応についても検討し，施設内だけでなく，避
難所にいるような状況等においても，全職員が対応できるようにすることが求めら
れる。

第Ⅰ部　「保育所保育指針」解説とポイント

第4章　子育て支援

　保育所における保護者に対する子育て支援は，全ての子どもの健やかな育ちを実現することができるよう，第1章及び第2章等の関連する事項を踏まえ，子どもの育ちを家庭と連携して支援していくとともに，保護者及び地域が有する子育てを自ら実践する力の向上に資するよう，次の事項に留意するものとする。

【保育所における保護者に対する子育て支援の原則】

　児童福祉法第18条の4は，「この法律で，保育士とは，第18条の18第1項の登録を受け，保育士の名称を用いて，専門的知識及び技術をもつて，児童の保育及び児童の保護者に対する保育に関する指導を行うことを業とする者をいう」と定めている。

　子どもの保護者に対する保育に関する指導とは，保護者が支援を求めている子育ての問題や課題に対して，保護者の気持ちを受け止めつつ行われる，子育てに関する相談，助言，行動見本の提示その他の援助業務の総体を指す。子どもの保育に関する専門性を有する保育士が，各家庭において安定した親子関係が築かれ，保護者の養育力の向上につながることを目指して，保育の専門的知識・技術を背景としながら行うものである。

　保育所における保護者に対する子育て支援は，子どもの最善の利益を念頭に置きながら，保育と密接に関連して展開されるところに特徴があることを理解して行う必要がある。

【保護者と連携して子どもの育ちを支える視点】

　保護者に対する子育て支援に当たっては，保育士等が保護者と連携して子どもの育ちを支える視点をもって，子どもの育ちの姿とその意味を保護者に丁寧に伝え，子どもの育ちを保護者と共に喜び合うことを重視する。保護者の養育する姿勢や力の発揮を支えるためにも，保護者自身の主体性，自己決定を尊重することが基本となる。

　そのため，子育て支援を行うに当たっては，子どもと保護者の関係，保護者同士の関係，子どもや保護者と地域の関係を把握し，それらの関係性を高めることが保

保育所保育指針解説　第4章　子育て支援

護者の子育てや子どもの成長を支える大きな力になることを念頭に置いて，働きか
けることが大切である。

1　保育所における子育て支援に関する基本的事項

（1）保育所の特性を生かした子育て支援

> ア　保護者に対する子育て支援を行う際には，各地域や家庭の実態等を踏まえると
> ともに，保護者の気持ちを受け止め，相互の信頼関係を基本に，保護者の自己決
> 定を尊重すること。

【保護者に対する基本的態度】

　保育所における子育て支援に当たり，保育士等には，一人一人の保護者を尊重し
つつ，ありのままを受け止める受容的態度が求められる。受容とは，不適切と思わ
れる行動等を無条件に肯定することではなく，そのような行動も保護者を理解する
手がかりとする姿勢を保ち，援助を目的として敬意をもってより深く保護者を理解
することである。また，援助の過程においては，保育士等は保護者自らが選択，決
定していくことを支援することが大切である。このような援助関係は，安心して話
をすることができる状態が保障されていること，プライバシーの保護や守秘義務が
前提となる。このように保育士等が守秘義務を前提としつつ保護者を受容し，その
自己決定を尊重する過程を通じて両者の間に信頼関係が構築されていく。

　また，保育士等が保護者の不安や悩みに寄り添い，子どもへの愛情や成長を喜ぶ
気持ちを共感し合うことによって，保護者は子育てへの意欲や自信を膨らませるこ
とができる。保護者とのコミュニケーションにおいては，子育てに不安を感じてい
る保護者が子育てに自信をもち，子育てを楽しいと感じることができるよう，保育
所や保育士等による働きかけや環境づくりが望まれる。

【保護者とのコミュニケーションの実際】

　保育所における保護者とのコミュニケーションは，日常の送迎時における対話や
連絡帳，電話又は面談など，様々な機会をとらえて行うことができる。保護者に対
して相談や助言を行う保育士等は，保護者の受容，自己決定の尊重，プライバシー
の保護や守秘義務などの基本的姿勢を踏まえ，子どもと家庭の実態や保護者の心情

保育所保育指針解説

305

第Ⅰ部 「保育所保育指針」解説とポイント

を把握し，保護者自身が納得して解決に至ることができるようにする。

その上で，状況に応じて，地域の関係機関等との連携を密にし，それらの専門性の特性と範囲を踏まえた対応を心がけることが必要である。なお，保育所が特に連携や協働を必要とする地域の関係機関や関係者としては，市町村（保健センター等の母子保健部門・子育て支援部門等），要保護児童対策地域協議会，児童相談所，福祉事務所（家庭児童相談室），児童発達支援センター，児童発達支援事業所，民生委員，児童委員（主任児童委員），教育委員会，小学校，中学校，高等学校，地域子育て支援拠点，地域型保育（家庭的保育，小規模保育，居宅訪問型保育，事業所内保育），市区町村子ども家庭総合支援拠点，子育て世代包括支援センター，ファミリー・サポート・センター事業（子育て援助活動支援事業），関連NPO法人等が挙げられる。

> イ　保育及び子育てに関する知識や技術など，保育士等の専門性や，子どもが常に存在する環境など，保育所の特性を生かし，保護者が子どもの成長に気付き子育ての喜びを感じられるように努めること。

保育所は，日々子どもが通う施設であることから，継続的に子どもの発達の援助及び保護者に対する子育て支援を行うことができる。また，保育士や看護師，栄養士等の専門性を有する職員が配置されているとともに，子育て支援の活動にふさわしい設備を備えている施設である。さらに，地域の公的施設として，様々な社会資源との連携や協力が可能である。こうしたことを踏まえ，保護者に対する子育て支援に当たっては，必要に応じて計画や記録を作成し，改善に向けた振り返りを行いながら，保育所の特性を十分に生かして行われることが望まれる。

また保育所は，地域において子育て支援を行う施設の一つであり，乳児期から就学前に至る一人一人の様々な育ちを理解し支える保育を実践している場でもある。保育士等が，子どもを深く理解する視点を伝えたり，その実践を示したりすることも，保護者にとっては大きな支援になる。

そのため，保護者の養育力の向上につながる取組としては，保育所を利用している保護者に対しては，保育参観や参加などの機会を，また地域の子育て家庭に対しては，行事への親子参加や保育体験への参加などの機会を提供することが考えられる。保護者が，他の子どもと触れ合うことは，自分の子どもの育ちを客観的に捉えることにもつながることから，子育て支援においても，子どもがいるという保育所

保育所保育指針解説　第4章　子育て支援

の特性を活用することが望ましい。

　また，このような取組においては，保護者同士の交流や相互支援又は保護者の自主的活動などを支える視点ももちながら，実施することが大切である。

（2）子育て支援に関して留意すべき事項

> ア　保護者に対する子育て支援における地域の関係機関等との連携及び協働を図り，保育所全体の体制構築に努めること。

　保護者に対する子育て支援を適切に行うためには，保育所の機能や専門性を十分に生かすことが重要である。その上で，自らの役割や専門性の範囲に加え，関係機関及び関係者の役割や機能をよく理解し，保育所のみで抱え込むことなく，連携や協働を常に意識して，様々な社会資源を活用しながら支援を行うことが求められる。

　また，地域における子育て支援に関する情報を把握し，それらを状況に応じて保護者に適切に紹介，提供することも大切である。

　子育てに対する不安や地域における孤立感などを背景に，子どもや子育てに関する相談のニーズも増大している。そうした中，市町村や児童相談所等においては，子どもの福祉を図り権利を擁護するために，子育て家庭の相談に応じ，子ども及び子育て家庭の抱える問題やニーズ，置かれている状況等を的確に捉え，個々の子どもや家庭にとって最も効果的な援助を行っていくことが求められている。保育所における子育て家庭への支援は，このような地域において子どもや子育て家庭に関するソーシャルワークの中核を担う機関と，必要に応じて連携をとりながら行われるものである。そのため，ソーシャルワークの基本的な姿勢や知識，技術等についても理解を深めた上で，支援を展開していくことが望ましい。

　こうした関係機関との連携・協働や地域の情報の把握及び保護者への情報提供に当たっては，保育所全体での理解の共有や，担当者を中心とした保育士等の連携体制の構築に努め，組織的に取り組むことが重要である。

> イ　子どもの利益に反しない限りにおいて，保護者や子どものプライバシーを保護し，知り得た事柄の秘密を保持すること。

　保護者に対する子育て支援に当たり，保護者や子どものプライバシーの保護や知り得た事柄の秘密保持は，必ず遵守しなければならない。プライバシーの保護とは，

第Ⅰ部　「保育所保育指針」解説とポイント

その本人が特定されるような情報や私生活に関わる情報を守ることであり，知り得た事柄の秘密保持とは本人が他言しないでほしいと望む全ての情報を守ることである。設備運営基準第14条の２は，「児童福祉施設の職員は，正当な理由がなく，その業務上知り得た利用者又はその家族の秘密を漏らしてはならない」，「児童福祉施設は，職員であつた者が，正当な理由がなく，その業務上知り得た利用者又はその家族の秘密を漏らすことがないよう，必要な措置を講じなければならない」と定めている。特に保育士については，児童福祉法第18条の22において「保育士は，正当な理由がなく，その業務に関して知り得た人の秘密を漏らしてはならない。保育士でなくなつた後においても，同様とする」とされ，同法第61条の２で，違反した場合の罰則も定めている。

　ただし，子どもが虐待を受けている状況など，秘密を保持することが子どもの福祉を侵害するような場合は，児童福祉法第25条及び児童虐待防止法第６条において通告の義務が明示されている通り，守秘義務違反には当たらない。

2　保育所を利用している保護者に対する子育て支援

（1）保護者との相互理解

> ア　日常の保育に関連した様々な機会を活用し子どもの日々の様子の伝達や収集，保育所保育の意図の説明などを通じて，保護者との相互理解を図るよう努めること。

　家庭と保育所の相互理解は，子どもの家庭での生活と保育所生活の連続性を確保し，育ちを支えるために欠かせないものである。設備運営基準第36条は，「保育所の長は，常に入所している乳幼児の保護者と密接な連絡をとり，保育の内容等につき，その保護者の理解及び協力を得るよう努めなければならない」と定めている。保育所保育が，保護者との緊密な連携の下で行われることは，子どもの最善の利益を考慮し，子どもの福祉を重視した保護者支援を進める上で極めて重要である。

　家庭と保育所が互いに理解し合い，その関係を深めるためには，保育士等が保護者の置かれている状況を把握し，思いを受け止めること，保護者が保育所における保育の意図を理解できるように説明すること，保護者の疑問や要望には対話を通し

保育所保育指針解説　第4章　子育て支援

て誠実に対応すること，保育士等と保護者の間で子どもに関する情報の交換を細やかに行うこと，子どもへの愛情や成長を喜ぶ気持ちを伝え合うことなどが必要である。

　そのための手段や機会として，連絡帳，保護者へのお便り，送迎時の対話，保育参観や保育への参加，親子遠足や運動会などの行事，入園前の見学，個人面談，家庭訪問，保護者会などがある。このような手段や機会を子育て支援に活用する際には，保護者の子育てに対する自信や意欲を支えられるように，内容や実施方法を工夫することが望まれる。

> イ　保育の活動に対する保護者の積極的な参加は，保護者の子育てを自ら実践する力の向上に寄与することから，これを促すこと。

　保育所における保育の活動への保護者の参加は，保護者の自ら子育てを実践する力を高める上でも重要な取組であるといえる。例えば，保護者が子どもの遊びに参加することで，子どもの遊びの世界や言動の意味を理解したり，専門性を有する保育士等が子どもの心の揺れ動きに応じてきめ細かに関わる様子を見て，接し方への気付きを得たりする。また，他の子どもを観察したり，自分の子ども以外の子どもと関わったりすることを通じて，子どもの発達についての見通しをもつことができることもある。さらに，保護者が保育士等と共に活動する中で，自分でも気付かなかった子育てに対する有能感を感じることもある。

　ただし，保護者の就労や生活の形態は多様であるため，全ての保護者がいつでも子どもの活動に参加したり，保護者同士が関わる時間を容易につくったりすることができるわけではないことに留意する必要がある。保育所においては，活動の内容を工夫したり，活動の時間や日程に幅をもたせたりするなど，保護者の状況に配慮して機会を提供することが求められる。

（2）保護者の状況に配慮した個別の支援

> ア　保護者の就労と子育ての両立等を支援するため，保護者の多様化した保育の需要に応じ，病児保育事業など多様な事業を実施する場合には，保護者の状況に配慮するとともに，子どもの福祉が尊重されるよう努め，子どもの生活の連続性を考慮すること。

第Ⅰ部 「保育所保育指針」解説とポイント

　保護者の仕事と子育ての両立等を支援するため，多様な保育の需要に応じた事業を実施する場合，保護者の状況に配慮するとともに，常に子どもの福祉の尊重を念頭に置き，子どもの生活への配慮がなされるよう，家庭と連携，協力していく必要がある。

　病児保育事業を行う場合は，特に受入れ体制やルールについて，保護者に十分に説明し，体調の急変時における対応の確認等，子どもの負担が少なくなるよう保護者と連携して進めることが大切である。

　延長保育等に当たっては，子どもの発達の状況，健康状態，生活習慣，生活のリズム及び情緒の安定に配慮して保育を行うよう留意する必要がある。夕方の食事又は補食の提供は，子どもの状況や家庭での生活時間を踏まえて適切に行うことが必要である。その際，保育士等間の様々な必要事項の申し送りや保護者への連絡事項についても漏れのないよう注意しなければならない。

　これらの事業においては，子どもにとって通常の保育とは異なる環境や集団の構成となることから，子どもが安定して豊かな時間を過ごすことができるように工夫することが重要である。

> イ　子どもに障害や発達上の課題が見られる場合には，市町村や関係機関と連携及び協力を図りつつ，保護者に対する個別の支援を行うよう努めること。

　障害者の権利に関する条約（平成26年1月批准）第19条は障害者の地域社会への参加・包容（インクルージョン）の促進を定めている。また，子ども・子育て支援法（平成24年法律第65号）第2条第2項において，「子ども・子育て支援の内容及び水準は，全ての子どもが健やかに成長するように支援するものであって，良質かつ適切なものでなければならない」と規定している。こうした法※の趣旨を踏まえ，障害や発達上の課題が見られる子どもの保育に当たっては，第1章の3の（2）のキに規定されている事項を十分に考慮し，家庭との連携を密にするとともに，子どもだけでなく保護者を含む家庭への援助に関する計画や記録を個別に作成するなど，適切な対応を図る必要がある。

　また，かかりつけ医や保健センター等との連携をはじめ，育てにくさを感じている保護者に対しては，子育てに前向きになれるよう子どもへの理解や対応についてのプログラムを紹介したり，児童発達支援センター等の専門機関からの助言を受けたりするなど，状況に応じて関係機関と協力しながら支援していくことが重要であ

保育所保育指針解説　第4章　子育て支援

る。就学に際しては，保護者の意向を丁寧に受け止めつつ，小学校や特別支援学校等，就学先との連携を図ることが求められる。

　他の子どもや保護者に対しても，保育所としての方針や取組等について丁寧に説明するとともに，必要に応じて障害に対する正しい知識や認識ができるように配慮する。

> ※他にも，障害を理由とする差別の解消の推進に関する法律（平成25年法律第65号）第
> 　5条では，社会的障壁の除去のための合理的配慮について規定している。また，発
> 　達障害者支援法（平成16年法律第167号）第7条は，市町村は保育の実施に当たって，
> 　「発達障害児の健全な発達が他の児童と共に生活することを通じて図られるよう適
> 　切な配慮をするものとする」と規定している。

ウ　外国籍家庭など，特別な配慮を必要とする家庭の場合には，状況等に応じて個
　別の支援を行うよう努めること。

　外国籍家庭や外国にルーツをもつ家庭，ひとり親家庭，貧困家庭等，特別な配慮を必要とする家庭では，社会的困難を抱えている場合も多い。例えば，日本語によるコミュニケーションがとりにくいこと，文化や習慣が異なること，家庭での育児を他に頼ることができないこと，生活が困窮していることなど，その問題も複雑化，多様化している。また，多胎児，低出生体重児，慢性疾患のある子どもの場合，保護者は子育てに困難や不安，負担感を抱きやすい状況にあり，子どもの生育歴や各家庭の状況に応じた支援が必要となる。

　こうした様々な問題に不安を感じている保護者は，その悩みを他者に伝えることができず，問題を抱え込む場合もある。保育士等は保護者の不安感に気付くことができるよう，送迎時などにおける丁寧な関わりの中で，家庭の状況や問題を把握する必要がある。子どもの発達や行動の特徴，保育所での生活の様子を伝えるなどして子どもの状況を保護者と共有するとともに，保護者の意向や思いを理解した上で，必要に応じて市町村等の関係機関やかかりつけ医と連携するなど，社会資源を生かしながら個別の支援を行う必要がある。

311

第Ⅰ部 「保育所保育指針」解説とポイント

（3）不適切な養育等が疑われる家庭への支援

> ア　保護者に育児不安等が見られる場合には，保護者の希望に応じて個別の支援を
> 　行うよう努めること。

　少子化や核家族化，地域内におけるつながりの希薄化が進む中で，子育てをする
上で孤立感を抱く人や，子どもに関わったり世話をしたりする経験が乏しいまま親
になる人も増えている。子どもや子育てについての知識がないために，適切な関わ
り方や育て方が分からなかったり，身近に相談や助言を求める相手がおらず，子育
てに悩みや不安を抱いたり，子どもに身体的・精神的苦痛を与えるような関わりを
したりしてしまう保護者もいる。

　こうした保護者に対しては，保育士等が有する専門性を生かした支援が不可欠で
ある。保育士等は，一人一人の子どもの発達及び内面についての理解と保護者の状
況に応じた支援を行うことができるよう，援助に関する知識や技術等が求められる。
内容によっては，それらの知識や技術に加えて，ソーシャルワークやカウンセリン
グ等の知識や技術を援用することが有効なケースもある。

　保育所において実際に個別の支援を行う場合には，必要に応じて市町村など他の
機関と連携するとともに，保育所での支援の中心となる保育士等を施設長や主任保
育士，他の保育士等と役割分担を行いながら支えるといった体制をつくり，組織的
な対応を行う必要がある。

> イ　保護者に不適切な養育等が疑われる場合には，市町村や関係機関と連携し，要
> 　保護児童対策地域協議会で検討するなど適切な対応を図ること。また，虐待が疑
> 　われる場合には，速やかに市町村又は児童相談所に通告し，適切な対応を図るこ
> 　と。

【不適切な養育等が疑われた場合】

　保護者に不適切な養育等や虐待が疑われる場合には，保育所と保護者との間で子
育てに関する意向や気持ちにずれや対立が生じうる恐れがあることに留意し，日頃
から保護者との接触を十分に行い，保護者と子どもの関係に気を配り，市町村をは
じめとした関係機関との連携の下に，子どもの最善の利益を重視して支援を行うこ
とが大切である。そうすることで保護者の養育の姿勢に変化をもたらし，虐待の予

保育所保育指針解説　第4章　子育て支援

防や養育の改善に寄与する可能性を広げることになる。

【関係機関との連携】

　保育所や保育士等による対応では不十分，あるいは限界があると判断される場合には，関係機関との密接な連携がより強く求められる。特に児童虐待防止法が規定する通告義務は保育所や保育士等にも課せられており，虐待が疑われる場合には，市町村又は児童相談所への速やかな通告とともに，これらをはじめとする関係機関との連携，協働が求められる。不適切な養育の兆候が見られたり虐待が疑われたりする場合の対応については，児童福祉法第21条の10の5において，保護者の養育を支援することが特に必要と認められる児童及びその保護者等を把握した場合の市町村への情報提供について，同法第25条において要保護児童を発見した場合の通告義務について規定されている。「子ども虐待対応の手引き（平成25年8月改正版）」（平成25年8月23日付け雇児総発0823第1号厚生労働省雇用均等・児童家庭局総務課長通知）においては，保育所が組織的対応を図ること，虐待に関する事実関係はできるだけ細かく具体的に記録しておくことなどが記載されている。こうしたことや第3章の1の（1）のウの内容を踏まえ，状況の把握や通告に関するマニュアルなどを作成し活用するとともに，要保護児童対策地域協議会（子どもを守る地域ネットワーク）に参画し，地域の専門機関や専門職等との関係を深めることが重要である。特に，具体的な支援策を協議する個別ケース検討会議には積極的に参加し，情報の提供及び共有や連携体制の構築に努める。

　なお，要保護児童対策地域協議会とは，虐待を受けている子どもをはじめとする支援対象児童等の早期発見や適切な保護を図るため，関係機関等が情報や考え方を共有し，適切な連携の下で対応していくためのネットワークをいう。ここで共有された情報については，守秘義務が課せられる。保育所がこの協議会の一員となることによって関係機関との密接な連携を図り，子育て家庭への支援を関係機関と共に担っていくことが重要である。

第Ⅰ部 「保育所保育指針」解説とポイント

3 地域の保護者等に対する子育て支援

（1）地域に開かれた子育て支援

> ア 保育所は，児童福祉法第48条の４の規定に基づき，その行う保育に支障がない
> 限りにおいて，地域の実情や当該保育所の体制等を踏まえ，地域の保護者等に対
> して，保育所保育の専門性を生かした子育て支援を積極的に行うよう努めること。

【保育所の地域における子育て支援の役割】

　保育所における地域の保護者に対する子育て支援については，児童福祉法第48条
の４において，保育所における通常業務である保育に支障をきたさない範囲で，情
報提供と相談及び助言を行うよう努めることと規定されている。

　近年，地域における子育て支援の役割がより一層重視されている状況を踏まえ，
保育所がその意義を認識し，保育の専門的機能を地域の子育て支援において積極的
に展開することが望まれる。その際，保育所が所在する地域の実情や，各保育所の
特徴を踏まえて行うことが重要である。

　また，子ども・子育て支援法に基づき地域における子育て支援の推進が図られる
中，子育て支援を行う団体は多様化及び増加している。こうした地域における様々
な団体の活動と連携して，保育所の子育て支援を進めていくことも大切である。

【保育所の特性を生かした地域子育て支援】

　地域における子育て支援に当たっても，保育所の特性を生かして行うことが重要
である。

　例えば，食事や排泄などの基本的生活習慣の自立に関することや，遊びや玩具，
遊具の使い方，子どもとの適切な関わり方などについて，一人一人の子どもや保護
者の状況に応じて，具体的に助言したり，行動見本を実践的に提示したりすること
などが挙げられる。

　また，子どもに対して，体罰や言葉の暴力など身体的・精神的苦痛を与えるよう
な行為が不適切であり，してはならないものであることについても，丁寧に伝える
ことが必要である。

　さらに，親子遊びや離乳食づくり，食育等に関する様々な育児講座や体験活動，

314

保育所保育指針解説　第4章　子育て支援

給食の試食会など，保育所の特色，地域のニーズなどに合わせた取組を進めていくことが求められる。

こうした取組を進める上で，保護者が参加しやすい雰囲気づくりを心がけることが大切である。気軽に訪れ，相談することができる保育所が身近にあることは，家庭で子どもを育てていく上での安心感につながる。育児不安を和らげ，虐待の防止に資する役割が保育所にも求められていることを踏まえ，地域の子育て家庭を受け入れていくことが重要である。

地域の実情に応じた取組を通して，それぞれの地域が抱える子育ての課題や多様な保護者への理解を積み重ねていくことで，保育所は，更に地域の実態に即した子育て支援を行うことができるようになっていく。こうした経験を通じて得た地域の子育て家庭への理解を，各保育所の体制に応じて支援に生かしていくことが望まれる。

> イ　地域の子どもに対する一時預かり事業などの活動を行う際には，一人一人の子どもの心身の状態などを考慮するとともに，日常の保育との関連に配慮するなど，柔軟に活動を展開できるようにすること。

地域の実情に応じた子育て支援の一環として，一時預かりや休日保育などを実施するに当たっては，一人一人の子どもの家庭での生活と保育所における生活との連続性に配慮する必要がある。家庭での過ごし方などにより，生活のリズムや生活の仕方が異なることに十分配慮して，子どもが無理なく過ごすことができるよう，必要に応じて午睡の時間を設けたり，子どもがくつろぐことのできる場を設けたりするなど，一日の流れや環境を工夫することが大切である。

一時預かり等では，子どもは日頃の生活ではなじみのない大人や他の子どもと過ごしたり，その時々によって構成の異なる集団での生活を経験したりすることになる。そのため，家庭での様子などを踏まえ，一人一人の子どもの心身の状態などを考慮して保育することが求められる。

また，状況に応じて，保育所で行っている活動や行事に参加するなど，日常の保育と関連付けながら，柔軟な保育を行うことが大切である。

なお，こうした事業等を行う際に，保育中の怪我や事故の防止に十分配慮するとともに，事故発生時の対応や連絡方法等を明確にしておくことが必要である。

315

第Ⅰ部 「保育所保育指針」解説とポイント

（2）地域の関係機関等との連携

> ア 市町村の支援を得て，地域の関係機関等との積極的な連携及び協働を図るとともに，子育て支援に関する地域の人材と積極的に連携を図るよう努めること。

子ども・子育て支援法第59条において，市町村が行う地域子ども・子育て支援事業として13の事業が示されている。各保育所においては，一時預かり事業や延長保育事業等の保育所が中心となって取り組むことが想定される事業と，乳児家庭全戸訪問事業等の主に他の組織で取り組むことが適当である事業について，認識を整理した上で，自治体と連携し，地域全体の状況を把握して必要な事業を実施することが大切である。地域の実情を踏まえて，また関係機関，関係者の状況などを視野に入れて，地域に応じた子育て支援を実施することが望まれる。

保育所が地域に開かれた子育て支援に関する活動をすることは，地域におけるより広い年代の子どもの健全育成にも有効である。小学校，中学校，高等学校が実施する乳幼児とのふれあい交流や保育体験に保育所が協力するなど，次世代育成支援の観点から，将来に向けて地域の子育て力の向上につながるような支援を展開していくことが求められている。

保育所の地域における子育て支援に関わる活動が，関係機関との連携や協働，子育て支援に関する地域の様々な人材の積極的な活用の下で展開されることで，子どもの健全育成や子育て家庭の養育力の向上，親子をはじめとする様々な人間関係づくりに寄与し，地域社会の活性化へとつながっていくことが期待される。保護者や地域の人々と子育ての喜びを分かち合い，子育てなどに関する知恵や知識を交換し，子育ての文化や子どもを大切にする価値観等を共に紡ぎ出していくことも保育所の大切な役割である。

> イ 地域の要保護児童への対応など，地域の子どもを巡る諸課題に対し，要保護児童対策地域協議会など関係機関等と連携及び協力して取り組むよう努めること。

地域において，子育て家庭は周囲との関係が希薄になりがちな状況にあることも少なくない。保育所による地域の保護者等に対する子育て支援を通して，地域の子どもや子育て家庭を巡る諸問題の発生を予防又は早期に察知し，その解決に寄与することは重要である。特に，保護を必要とする子どもへの対応に関しては，極めて

316

保育所保育指針解説　第4章　子育て支援

重大な役割を担っている。虐待の防止や必要な対応を積極的に進めるとともに，要
保護児童対策地域協議会での情報の共有や関係機関等との連携及び協力を図ってい
くことが求められる。

第Ⅰ部 「保育所保育指針」解説とポイント

第5章　職員の資質向上

第1章から前章までに示された事項を踏まえ，保育所は，質の高い保育を展開するため，絶えず，一人一人の職員についての資質向上及び職員全体の専門性の向上を図るよう努めなければならない。

　施設長を含めた職員の質の向上とそのための研修の機会の確保については，設備運営基準第7条の2第1項において「児童福祉施設の職員は，常に自己研鑽に励み，法に定めるそれぞれの施設の目的を達成するために必要な知識及び技能の修得，維持及び向上に努めなければならない」とされている。

　保育所における保育の質の向上に関しては，保育所が置かれている状況の背景として，保育に関わる制度がどのように変わってきたのかを理解しておくことが大切である。平成9年の児童福祉法改正（平成10年4月施行）により，保育所は措置制度から利用者が保育所を選択できる契約方式に変わった。また，保育ニーズの多様化に対応するため，様々な特別保育が実施されるとともに，家庭や地域の養育機能の低下により，子どもの保育だけでなく，入所している子どもの保護者への支援及び地域における子育て支援を行うことが，児童福祉法において努力義務とされた。さらに，平成15年からは保育士の資格が法定化されるとともに，子どもの保育だけでなく，保護者への保育に関する指導が保育士の業務とされている。そして，平成27年度からは，子どもの健やかな成長を支援していくため，全ての子どもに質の高い教育・保育を提供することを目標に掲げる子ども・子育て支援新制度が施行されている。

　このように，保育所の役割や機能が多様化し拡大するとともに，そこで行われる保育の質についても，より高いものとなることを常に目指していくことが求められている。それに対応すべく，保育所の職員一人一人がその資質を向上させるとともに，保育所全体としての保育の質の更なる向上に取り組んでいく必要がある。

　特に，その中核を担う保育士の専門性は，保育の質に直結する。専門職である保育士は，その職務に携わる中で，保育現場で求められる知識や技能をより深め，更に専門性を高めていくことが求められる。

318

保育所保育指針解説　第5章　職員の資質向上

1　職員の資質向上に関する基本的事項

（1）保育所職員に求められる専門性

> 　子どもの最善の利益を考慮し，人権に配慮した保育を行うためには，職員一人一人の倫理観，人間性並びに保育所職員としての職務及び責任の理解と自覚が基盤となる。
> 　各職員は，自己評価に基づく課題等を踏まえ，保育所内外の研修等を通じて，保育士・看護師・調理員・栄養士等，それぞれの職務内容に応じた専門性を高めるため，必要な知識及び技術の修得，維持及び向上に努めなければならない。

　保育の質の向上を図るには，保育所において子どもの保育に関わるあらゆる職種の職員一人一人が，その資質を向上させることが大切である。特に，保育士は，毎日の保育実践とその振り返りの中で，専門性を向上させていくことが求められる。

　保育所保育においては，職員が一人一人の子どもを心から大切に思い，日頃から子どもと心が通い合うようにすること，また，子どもたち同士が仲間関係をつくっていけるように指導することが重要である。子どもの保育に関わる様々な知識と技能に基づく適切な判断と対応によって，保育士等は子どもの気持ちを受け止め，一人一人の子どもが保育所で安定，安心して生活できるように保育を行い，また，子どもの保護者や地域への子育て支援を行っていく。保育士の専門性については第1章に示されているが，子どもの保育と保護者の援助を行っていくためには，全ての保育所職員に対して，それぞれの職務にふさわしい専門性が求められる。

　同時に，子どもの人権を尊重し，その最善の利益を考慮して保育を行うためには，職員の人間観，子ども観などの総体的なものとして表れる人間性や，保育所職員として自らの職務を適切に遂行していくことに対する責任の自覚などの資質が必要である。

　また，保育所の職員は，その言動が子どもあるいは保護者に大きな影響を与える存在であることから，特に高い倫理観が求められる。一人一人の職員が備えるべき知識，技能，判断力，対応力及び人間性は，時間や場所，対象を限定して発揮されるものではなく，日頃の保育における言動全てを通して自然と表れるものである。

319

第1部 「保育所保育指針」解説とポイント

これらが高い倫理観に裏付けられたものであって初めて，子どもや保護者に対する援助は十分な意味や働きをもつといえる。

　職員がもつべき倫理観の具体的な内容については，職種ごとの関係団体において，それぞれの専門性を踏まえた倫理綱領などが定められている。保育士については，全国保育士会において，「全国保育士会倫理綱領」が定められている。この倫理綱領では，保育士に求められる子ども観やそれを踏まえた保育の基本姿勢及び保育士としての使命と役割を掲げた上で，子どもの最善の利益の尊重，プライバシーの保護，子どもの立場に立って言葉にできない思いやニーズを的確に代弁することなど，保育士の職務における行動の指針が示されている。

（2）保育の質の向上に向けた組織的な取組

> 　保育所においては，保育の内容等に関する自己評価等を通じて把握した，保育の質の向上に向けた課題に組織的に対応するため，保育内容の改善や保育士等の役割分担の見直し等に取り組むとともに，それぞれの職位や職務内容等に応じて，各職員が必要な知識及び技能を身につけられるよう努めなければならない。

【組織的な取組】

　保育所では，保育士，看護師，調理員，栄養士等が，各々の職務内容に応じた専門性をもって保育に当たっている。それぞれの職員が，保育の内容等に関する自己評価等を通じて，保育の質の向上に向けた改善のための課題を把握した上で，それを保育所全体で共有する。その上で，課題への対応は，職員がそれぞれの専門性を生かし，協働して行う。保育所全体として保育の質を向上させていくためには，こうした一連の取組が組織的かつ計画的に進められていくことが重要であり，そのためのマネジメント機能が各保育所において強化されることが求められる。

【職位や職務に応じた知識及び技能】

　職員一人一人が保育所全体としての目標を共有しながら協働する一つのチームとなって保育に当たるとともに，その質の向上を図っていくためには，他の保育士等への助言や指導を行い，組織や保育所全体をリードしていく役割を担うことのできる職員の存在が必要となる。

　そのため，保育所では，こうした職員を育成していくことが重要である。一定の経験を経た職員が，それぞれの職位や職務に応じて，更に専門的な知識や技能を修

保育所保育指針解説　第5章　職員の資質向上

得し，ミドルリーダーとして必要なマネジメントとリーダーシップに関する能力を
身に付けていけるよう，キャリアパスを見据えた体系的な研修機会の充実を図るこ
とが求められる。

　職員は，自己研鑽や保育所内での研修に参加することに加え，キャリアアップを
目的とする体系化された外部研修の制度等に合わせて，保育所において施設長や主
任保育士等と共に，自身のキャリアを考え，自らの職位や職務に合った能力を身に
付けるための研修を受けることが求められる。これらによって，職員はそれぞれに
必要な知識や技術を修得し，より高度な専門性を得て，専門職としてのキャリアを
形成していくことができるとともに，保育所全体の保育の質が向上していくのであ
る。

2　施設長の責務

（1）施設長の責務と専門性の向上

> 　施設長は，保育所の役割や社会的責任を遂行するために，法令等を遵守し，保育
> 所を取り巻く社会情勢等を踏まえ，施設長としての専門性等の向上に努め，当該保
> 育所における保育の質及び職員の専門性向上のために必要な環境の確保に努めなけ
> ればならない。

　施設長は，第1章から第4章までに示した内容を踏まえて保育所を運営するため
に，保育の実施と運営上の根拠となる法令はもちろん，基本的な関連法令（福祉分
野に限らず，雇用・労働，防災，環境への配慮に関するもの等）や，保育に関わる倫
理等を正しく理解しておくことが必要である。

　とりわけ，第1章で示された保育所の役割と社会的責任を適切に果たすために，
施設長は自己評価や第三者評価の実施，保護者の苦情解決などを通して，保育の質
の向上を図るとともに，地域住民に対して保育所に関する情報を提供することが求
められる。

　また，施設長は，常に保育所運営等の課題を自覚し，保育所全体の保育の質の向
上に努めることが求められる。それには，評価などの活用が有効である。

　さらに，保育の質への影響が大きいことを自覚し，人間性を高めるなど，日頃か

第Ⅰ部 「保育所保育指針」解説とポイント

ら自己研鑽に努めなくてはならない。保育所保育指針に示される基本原則を踏まえ，保育の理念や目標に基づき，子どもの最善の利益を根幹とする保育の質の向上を図り，その社会的使命と責任を果たすよう，保育所全体で質の高い保育を行うためのリーダーシップを発揮することが必要である。同時に，チームで行う保育の基礎となる職員一人一人の専門性の向上の機会を提供又は確保することが肝要である。

（2）職員の研修機会の確保等

> 施設長は，保育所の全体的な計画や，各職員の研修の必要性等を踏まえて，体系的・計画的な研修機会を確保するとともに，職員の勤務体制の工夫等により，職員が計画的に研修等に参加し，その専門性の向上が図られるよう努めなければならない。

保育所が保育の質の向上を図っていくためには，組織の中で保育の質について，定期的かつ継続的に検討を行い，保育士等の自己評価や保育所の自己評価を活用しつつ課題を把握し，改善のために具体的に取り組めるような体制を構築することが必要である。

設備運営基準第7条の2第2項において，「児童福祉施設は，職員に対し，その資質の向上のための研修の機会を確保しなければならない」とされている。これを踏まえ，施設長は，保育の質の中核となる職員の専門性の向上に必要な研修の機会を確保するため，研修に関する保育所としての基本的姿勢を明確にする。また，中堅職員を研修担当として位置付けるなど，各保育所において研修が体系的かつ計画的に実施されるよう工夫することが必要である。さらに，研修の実施に当たっては，保育に支障がないよう，研修に参加する職員の代替となる職員を配置するなど，勤務体制の調整や工夫を行うことが求められる。

こうした施設長による取組の下，組織的な対応として研修機会が確保され，職員がそれぞれに必要な研修等に計画的に参加することができる職場環境が整えられることが重要である。

保育所保育指針解説　第5章　職員の資質向上

3　職員の研修等

（1）職場における研修

> 職員が日々の保育実践を通じて，必要な知識及び技術の修得，維持及び向上を図るとともに，保育の課題等への共通理解や協働性を高め，保育所全体としての保育の質の向上を図っていくためには，日常的に職員同士が主体的に学び合う姿勢と環境が重要であり，職場内での研修の充実が図られなければならない。

　職場内での研修は，一人一人の職員が，日々の保育実践において子どもの育ちの喜びや保育の手応えを共有し合うことを通して，自分たちの保育所の保育に求められる知識や技能を，自身あるいは同僚の実践事例から，意識的かつ意図的に学び，修得し，更に向上に努める場である。

　職場における研修は，職員が自分たちの保育所のよさや強みを意識して誇りに思い，また，更なる保育の質の向上につなげるための保育の課題を考えることができる機会にもなる。

　こうした職場内での研修の際には，具体的な子どもたちの姿や関わり，環境のあり方などを捉えた文字や写真，動画などによる保育の記録を用いて，参加する者全員が理解を共有しやすくする工夫が必要である。また，様々に弾力的な実施や工夫ができるという職場内での研修の利点を生かして，どの職員も主体的に参加し，対話し，学ぶことができるような研修の場や時間の工夫を行う。参加できなかった職員に対しても，研修の内容を共有できるような記録や掲示の工夫を行うなど，職員全体の共通理解や協働性を高めることが求められる。職員が，自らの専門性を高めるために学び続けたいと思うような主題をもって探究するとともに，職場全体において，研修のための環境や研修の工夫を行うことによって，研修の充実を図っていくことができる。

　こうしたことを十分に理解し，常に意識しながら，日頃から職場内での研修や外部研修，自己研鑽により，職員間で専門性を共に高め合うことが重要である。このような保育所職員として求められる資質や専門性は，それを主体的に向上させていこうとする本人の意志と，それに基づく研鑽がなければ高まらない。

保育所保育指針解説

第Ⅰ部 「保育所保育指針」解説とポイント

初任者から経験を積んだ職員まで，全職員が自身の保育を振り返り，自らの課題を見いだし，それぞれの経験を踏まえて互いの専門性を高め合う努力と探究を共に積み重ねることが求められる。このためには，同じ保育所内の職員間において，日常的に若手職員が育つよう指導や助言をして支え合っていく関係をつくるとともに，日頃から対話を通して子どもや保護者の様子を共有できる同僚性を培っておくことが求められる。また，職員がそれぞれに担当する職務内容に応じて，更に専門性を向上させていくことができるような研修の機会について，組織として体系的に考えていくことが必要である。

（2）外部研修の活用

> 各保育所における保育の課題への的確な対応や，保育士等の専門性の向上を図るためには，職場内での研修に加え，関係機関等による研修の活用が有効であることから，必要に応じて，こうした外部研修への参加機会が確保されるよう努めなければならない。

各保育所においては，自分たちの保育のよさや可能性を明確化して自覚しながら，その強みを生かすような研修を進めるとともに，社会的な動向等も踏まえ，課題を的確に把握し，対応することが重要である。

保育士等の専門性の向上を図るためには，他の保育所における実践事例等の創意工夫に学び，その上で自分たちの課題への対応について考えることも有効である。そうした学びの機会として，関係機関等による外部研修を活用する。外部研修では，同じような保育経験やキャリアを積んだ者同士が，自身や自分の保育所における課題の共有，悩みの相談，専門的な知識の学び合いを行いながら，交流する。そうした中で，自分たちの保育のよさに改めて気付いたり，課題への対応の手がかりを得たりすることができる。外部研修に参加した職員が主体的に学び，そこで得た知識や技能を保育所内で共有し合っていくことが，学んできた内容の職場への定着や保育所全体における保育の質の向上の観点から求められる。

こうした学びの機会として外部研修を活用していくためには，施設長等の管理職が，研修に参加するための職員の勤務体制の調整や工夫などを行い，職員が研修の意義や必要性を理解して，相互に協力しながら取り組むことが必要である。

保育所保育指針解説　第5章　職員の資質向上

4　研修の実施体制等

（1）体系的な研修計画の作成

> 保育所においては，当該保育所における保育の課題や各職員のキャリアパス等も
> 見据えて，初任者から管理職員までの職位や職務内容等を踏まえた体系的な研修計
> 画を作成しなければならない。

　研修を体系的かつ計画的に実施するため，施設長は全体的な計画等を踏まえて，具体的な研修計画を作成する必要がある。この研修計画の作成に当たっては，職員一人一人のもつ資質や専門性を把握するとともに，本人の意向，長期的な展望や経験年数等も確認し，考慮する。その上で，保育士等の自己評価やライフステージに合わせた一人一人の研修計画や，保育所全体としての質の向上を見据えた研修計画を作成する。その際，研修の成果と課題に基づいて，それらを次の研修計画に反映させることが重要である。

　職員の専門性は，日々の保育実践と，その振り返りにおいて自ら見いだした課題の改善に向けた取組を積み重ねていくことにより，徐々に高まっていくものである。そのため，職員自身の学ぶ意欲が高まるよう，研修計画を職員と共に組織的に作り上げるようにする。

　各都道府県では，保育士等キャリアアップ研修ガイドラインを踏まえ，職務内容に応じた専門性を図るための研修が整備される。中堅となった保育士等は，担当する業務によって，乳児保育，幼児教育，障害児保育，食育・アレルギー対応，保健衛生・安全対策，保護者支援・子育て支援などについて，その専門的な知識や技能を高めていくことが求められる。こうしたことも踏まえ，各保育所においても，保育の課題や各職員のキャリアパス等を見据えて，初任者から管理職員まで，それぞれの職位や職務内容等を踏まえた体系的な研修計画を作成しなければならない。

　こうした研修計画の作成は，いわば保育所における人的資源の管理の一環として，組織的に行われることが要請されるものであるが，同時に，個々の保育士等のキャリアパス等を踏まえ，本人の納得感を得られるようなものとすることが，研修の実効性を高める上で重要であることに留意すべきである。

第Ⅰ部　「保育所保育指針」解説とポイント

（参考）
○保育士等キャリアアップ研修の実施について（平成29年4月1日付け雇児保発0401第1
　号厚生労働省雇用均等・児童家庭局保育課長通知）別紙

（2）組織内での研修成果の活用

> 　外部研修に参加する職員は，自らの専門性の向上を図るとともに，保育所におけ
> る保育の課題を理解し，その解決を実践できる力を身に付けることが重要である。
> また，研修で得た知識及び技能を他の職員と共有することにより，保育所全体とし
> ての保育実践の質及び専門性の向上につなげていくことが求められる。

　近年，保育所に求められる役割が多様化し，保育を巡る課題も複雑化しているこ
とから，外部研修等の機会を積極的に活用し，より高度な専門性を獲得していくこ
とが望まれる。外部研修での学びは，参加した職員個人の専門性を向上させるだけ
でなく，保育所全体の保育実践の質及び専門性の向上につなげていくために，保育
所内で組織として活用することが重要である。このため，外部研修に参加する職員
は，あらかじめ各保育所における保育の課題を理解した上で，目的意識をもって意
欲的に研修に臨むことが求められる。

　また，施設長や研修担当の職員は，3の（1）において示した内容も踏まえ，外
部研修に参加した職員が，研修で得た知識や技能を他の職員と共有する機会を設け
るなど，研修の成果を効果的に保育所全体における日々の保育実践につなげられる
よう工夫することが望まれる。

（3）研修の実施に関する留意事項

> 　施設長等は保育所全体としての保育実践の質及び専門性の向上のために，研修の
> 受講は特定の職員に偏ることなく行われるよう，配慮する必要がある。また，研修
> を修了した職員については，その職務内容等において，当該研修の成果等が適切に
> 勘案されることが望ましい。

　保育所全体の保育実践の質及び専門性の向上を図るため，施設長等は，組織マネ
ジメントの一環として，保育の課題やそれぞれの職員の適性等を踏まえ，計画的に
研修の機会を確保することが重要である。その際，職員同士が協働し，保育所全体

326

保育所保育指針解説　第5章　職員の資質向上

で質の高い保育実践を目指していくことができるよう，各職員にバランス良く研修
の機会を提供する必要がある。

　また，施設長や主任保育士，研修担当の職員をはじめ，リーダー的な立場の職員
は，一人一人の職員が直面している問題や挑戦しようとしている課題などを把握し，
その上で，問題や課題の内容と職員の力量を踏まえ，適切な手段や内容の研修につ
いて，情報提供や助言を行うことが求められる。こうした情報提供や助言は，職員
が意欲をもって働き続けられるよう，それぞれが目指すキャリアパス等についても
踏まえた上で行われることが望まれる。

　施設長など職員の人事・配置を担当する立場の者は，研修に参加した職員がそこ
で得た内容等を日々の保育に有効に生かすことができるよう，専門分野のリーダー
に任命するなど，資質や能力，適性，経験等に応じた人材配置を行うことが重要で
ある。保育士等のキャリア形成の過程で，研修等による専門性の向上と，それに伴
う職位・職責の向上とが併せて図られることは，保育士等が自らのキャリアパスに
ついて見通しをもって働き続ける上でも重要であり，ひいては保育所全体の保育実
践の質の向上にもつながるものである。

327

第 **II** 部

「幼稚園教育要領」
解説とポイント

「幼稚園教育要領」には，2008年版から記述方法や内容
等に関わる変更があった箇所（漢字や平仮名等への単純な
語句の変換や読点の位置などは除く）がわかるように，編
集部で検討のうえ下線を付した。

幼稚園教育要領

○文部科学省告示第62

　学校教育法施行規則（昭和22年文部省令第11号）第38条の規定に基づき，幼稚園教育要領（平成20年文部科学省告示第26号）の全部を次のように改正し，平成30年4月1日から施行する。

　平成29年3月31日

　　　　　　　　　　　　　　　　　　　　文部科学大臣　　松野博一

目　　次

前　　文

第1章　総　　　則…………………………………………………………333

　第1　幼稚園教育の基本………………………………………………333

　第2　幼稚園教育において育みたい資質・能力及び

　　　　「幼児期の終わりまでに育ってほしい姿」………………………334

　第3　教育課程の役割と編成等………………………………………336

　第4　指導計画の作成と幼児理解に基づいた評価…………………338

　第5　特別な配慮を必要とする幼児への指導………………………340

　第6　幼稚園運営上の留意事項………………………………………341

　第7　教育課程に係る教育時間終了後等に行う教育活動など…………342

第2章　ねらい及び内容………………………………………………342

　健　　康…………………………………………………………………342

　人間関係…………………………………………………………………344

　環　　境…………………………………………………………………346

　言　　葉…………………………………………………………………347

　表　　現…………………………………………………………………349

第3章　教育課程に係る教育時間の終了後等に行う教育活動などの留意事項…350

第Ⅱ部 「幼稚園教育要領」解説とポイント

　教育は，教育基本法第1条に定めるとおり，人格の完成を目指し，平和で民主的な国家及び社会の形成者として必要な資質を備えた心身ともに健康な国民の育成を期すという目的のもと，同法第2条に掲げる次の目標を達成するよう行われなければならない。

　1　幅広い知識と教養を身に付け，真理を求める態度を養い，豊かな情操と道徳心を培うとともに，健やかな身体を養うこと。

　2　個人の価値を尊重して，その能力を伸ばし，創造性を培い，自主及び自律の精神を養うとともに，職業及び生活との関連を重視し，勤労を重んずる態度を養うこと。

　3　正義と責任，男女の平等，自他の敬愛と協力を重んずるとともに，公共の精神に基づき，主体的に社会の形成に参画し，その発展に寄与する態度を養うこと。

　4　生命を尊び，自然を大切にし，環境の保全に寄与する態度を養うこと。

　5　伝統と文化を尊重し，それらをはぐくんできた我が国と郷土を愛するとともに，他国を尊重し，国際社会の平和と発展に寄与する態度を養うこと。

　また，幼児期の教育については，同法第11条に掲げるとおり，生涯にわたる人格形成の基礎を培う重要なものであることにかんがみ，国及び地方公共団体は，幼児の健やかな成長に資する良好な環境の整備その他適当な方法によって，その振興に努めなければならないこととされている。

　これからの幼稚園には，学校教育の始まりとして，こうした教育の目的及び目標の達成を目指しつつ，一人一人の幼児が，将来，自分のよさや可能性を認識するとともに，あらゆる他者を価値のある存在として尊重し，多様な人々と協働しながら様々な社会的変化を乗り越え，豊かな人生を切り拓き，持続可能な社会の創り手となることができるようにするための基礎を培うことが求められる。このために必要な教育の在り方を具体化するのが，各幼稚園において教育の内容等を組織的かつ計画的に組み立てた教育課程である。

　教育課程を通して，これからの時代に求められる教育を実現していくためには，よりよい学校教育を通してよりよい社会を創るという理念を学校と社会とが共有し，それぞれの幼稚園において，幼児期にふさわしい生活をどのように展開し，どのような資質・能力を育むようにするのかを教育課程において明確にしながら，社会との連携及び協働によりその実現を図っていくという，社会に開かれた教育課程の実

332

幼稚園教育要領

現が重要となる。

　幼稚園教育要領とは，こうした理念の実現に向けて必要となる教育課程の基準を大綱的に定めるものである。幼稚園教育要領が果たす役割の一つは，公の性質を有する幼稚園における教育水準を全国的に確保することである。また，各幼稚園がその特色を生かして創意工夫を重ね，長年にわたり積み重ねられてきた教育実践や学術研究の蓄積を生かしながら，幼児や地域の現状や課題を捉え，家庭や地域社会と協力して，幼稚園教育要領を踏まえた教育活動の更なる充実を図っていくことも重要である。

　幼児の自発的な活動としての遊びを生み出すために必要な環境を整え，一人一人の資質・能力を育んでいくことは，教職員をはじめとする幼稚園関係者はもとより，家庭や地域の人々も含め，様々な立場から幼児や幼稚園に関わる全ての大人に期待される役割である。家庭との緊密な連携の下，小学校以降の教育や生涯にわたる学習とのつながりを見通しながら，幼児の自発的な活動としての遊びを通しての総合的な指導をする際に広く活用されるものとなることを期待して，ここに幼稚園教育要領を定める。

第1章　総　　則

第1　幼稚園教育の基本

　幼児期の教育は，生涯にわたる人格形成の基礎を培う重要なものであり，幼稚園教育は，学校教育法に規定する目的及び目標を達成するため，幼児期の特性を踏まえ，環境を通して行うものであることを基本とする。

　このため教師は，幼児との信頼関係を十分に築き，幼児が身近な環境に主体的に関わり，環境との関わり方や意味に気付き，これらを取り込もうとして，試行錯誤したり，考えたりするようになる幼児期の教育における見方・考え方を生かし，幼児と共によりよい教育環境を創造するように努めるものとする。これらを踏まえ，次に示す事項を重視して教育を行わなければならない。

　1　幼児は安定した情緒の下で自己を十分に発揮することにより発達に必要な体
　　　験を得ていくものであることを考慮して，幼児の主体的な活動を促し，幼児期
　　　にふさわしい生活が展開されるようにすること。

　2　幼児の自発的な活動としての遊びは，心身の調和のとれた発達の基礎を培う

第Ⅱ部 「幼稚園教育要領」解説とポイント

重要な学習であることを考慮して，遊びを通しての指導を中心として第2章に示すねらいが総合的に達成されるようにすること。

3　幼児の発達は，心身の諸側面が相互に関連し合い，多様な経過をたどって成し遂げられていくものであること，また，幼児の生活経験がそれぞれ異なることなどを考慮して，幼児一人一人の特性に応じ，発達の課題に即した指導を行うようにすること。

その際，教師は，幼児の主体的な活動が確保されるよう幼児一人一人の行動の理解と予想に基づき，計画的に環境を構成しなければならない。この場合において，教師は，幼児と人やものとの関わりが重要であることを踏まえ，教材を工夫し，物的・空間的環境を構成しなければならない。また，幼児一人一人の活動の場面に応じて，様々な役割を果たし，その活動を豊かにしなければならない。

第2　幼稚園教育において育みたい資質・能力及び「幼児期の終わりまでに育ってほしい姿」

1　幼稚園においては，生きる力の基礎を育むため，この章の第1に示す幼稚園教育の基本を踏まえ，次に掲げる資質・能力を一体的に育むよう努めるものとする。

(1)　豊かな体験を通じて，感じたり，気付いたり，分かったり，できるようになったりする「知識及び技能の基礎」

(2)　気付いたことや，できるようになったことなどを使い，考えたり，試したり，工夫したり，表現したりする「思考力，判断力，表現力等の基礎」

(3)　心情，意欲，態度が育つ中で，よりよい生活を営もうとする「学びに向かう力，人間性等」

2　1に示す資質・能力は，第2章に示すねらい及び内容に基づく活動全体によって育むものである。

3　次に示す「幼児期の終わりまでに育ってほしい姿」は，第2章に示すねらい及び内容に基づく活動全体を通して資質・能力が育まれている幼児の幼稚園修了時の具体的な姿であり，教師が指導を行う際に考慮するものである。

(1)　健康な心と体

幼稚園生活の中で，充実感をもって自分のやりたいことに向かって心と体を十分に働かせ，見通しをもって行動し，自ら健康で安全な生活をつくり出

すようになる。

(2) 自立心

　身近な環境に主体的に関わり様々な活動を楽しむ中で，しなければならないことを自覚し，自分の力で行うために考えたり，工夫したりしながら，諦めずにやり遂げることで達成感を味わい，自信をもって行動するようになる。

(3) 協同性

　友達と関わる中で，互いの思いや考えなどを共有し，共通の目的の実現に向けて　考えたり，工夫したり，協力したりし，充実感をもってやり遂げるようになる。

(4) 道徳性・規範意識の芽生え

　友達と様々な体験を重ねる中で，してよいことや悪いことが分かり，自分の行動を振り返ったり，友達の気持ちに共感したりし，相手の立場に立って行動するようになる。また，きまりを守る必要性が分かり，自分の気持ちを調整し，友達と折り合いを付けながら，きまりをつくったり，守ったりするようになる。

(5) 社会生活との関わり

　家族を大切にしようとする気持ちをもつとともに，地域の身近な人と触れ合う中で，人との様々な関わり方に気付き，相手の気持ちを考えて関わり，自分が役に立つ喜びを感じ，地域に親しみをもつようになる。また，幼稚園内外の様々な環境に関わる中で，遊びや生活に必要な情報を取り入れ，情報に基づき判断したり，情報を伝え合ったり，活用したりするなど，情報を役立てながら活動するようになるとともに，公共の施設を大切に利用するなどして，社会とのつながりなどを意識するようになる。

(6) 思考力の芽生え

　身近な事象に積極的に関わる中で，物の性質や仕組みなどを感じ取ったり，気付いたりし，考えたり，予想したり，工夫したりするなど，多様な関わりを楽しむようになる。また，友達の様々な考えに触れる中で，自分と異なる考えがあることに気付き，自ら判断したり，考え直したりするなど，新しい考えを生み出す喜びを味わいながら，自分の考えをよりよいものにするようになる。

(7) 自然との関わり・生命尊重

第Ⅱ部 「幼稚園教育要領」解説とポイント

自然に触れて感動する体験を通して，自然の変化などを感じ取り，好奇心や探究心をもって考え言葉などで表現しながら，身近な事象への関心が高まるとともに，自然への愛情や畏敬の念をもつようになる。また，身近な動植物に心を動かされる中で，生命の不思議さや尊さに気付き，身近な動植物への接し方を考え，命あるものとしていたわり，大切にする気持ちをもって関わるようになる。

(8) 数量や図形，標識や文字などへの関心・感覚

遊びや生活の中で，数量や図形，標識や文字などに親しむ体験を重ねたり，標識や文字の役割に気付いたりし，自らの必要感に基づきこれらを活用し，興味や関心，感覚をもつようになる。

(9) 言葉による伝え合い

先生や友達と心を通わせる中で，絵本や物語などに親しみながら，豊かな言葉や表現を身に付け，経験したことや考えたことなどを言葉で伝えたり，相手の話を注意して聞いたりし，言葉による伝え合いを楽しむようになる。

(10) 豊かな感性と表現

心を動かす出来事などに触れ感性を働かせる中で，様々な素材の特徴や表現の仕方などに気付き，感じたことや考えたことを自分で表現したり，友達同士で表現する過程を楽しんだりし，表現する喜びを味わい，意欲をもつようになる。

第3 教育課程の役割と編成等

1 教育課程の役割

各幼稚園においては，教育基本法及び学校教育法その他の法令並びにこの幼稚園教育要領の示すところに従い，創意工夫を生かし，幼児の心身の発達と幼稚園及び地域の実態に即応した適切な教育課程を編成するものとする。

また，各幼稚園においては，6に示す全体的な計画にも留意しながら，「幼児期の終わりまでに育ってほしい姿」を踏まえ教育課程を編成すること，教育課程の実施状況を評価してその改善を図っていくこと，教育課程の実施に必要な人的又は物的な体制を確保するとともにその改善を図っていくことなどを通して，教育課程に基づき組織的かつ計画的に各幼稚園の教育活動の質の向上を図っていくこと（以下「カリキュラム・マネジメント」という。）に努めるもの

とする。

2 各幼稚園の教育目標と教育課程の編成

教育課程の編成に当たっては，幼稚園教育において育みたい資質・能力を踏まえつつ，各幼稚園の教育目標を明確にするとともに，教育課程の編成についての基本的な方針が家庭や地域とも共有されるよう努めるものとする。

3 教育課程の編成上の基本的事項

(1) 幼稚園生活の全体を通して第2章に示すねらいが総合的に達成されるよう，教育課程に係る教育期間や幼児の生活経験や発達の過程などを考慮して具体的なねらいと内容を組織するものとする。この場合においては，特に，自我が芽生え，他者の存在を意識し，自己を抑制しようとする気持ちが生まれる幼児期の発達の特性を踏まえ，入園から修了に至るまでの長期的な視野をもって充実した生活が展開できるように配慮するものとする。

(2) 幼稚園の毎学年の教育課程に係る教育週数は，特別の事情のある場合を除き，39週を下ってはならない。

(3) 幼稚園の1日の教育課程に係る教育時間は，4時間を標準とする。ただし，幼児の心身の発達の程度や季節などに適切に配慮するものとする。

4 教育課程の編成上の留意事項

教育課程の編成に当たっては，次の事項に留意するものとする。

(1) 幼児の生活は，入園当初の一人一人の遊びや教師との触れ合いを通して幼稚園生活に親しみ，安定していく時期から，他の幼児との関わりの中で幼児の主体的な活動が深まり，幼児が互いに必要な存在であることを認識するようになり，やがて幼児同士や学級全体で目的をもって協同して幼稚園生活を展開し，深めていく時期などに至るまでの過程を様々に経ながら広げられていくものであることを考慮し，活動がそれぞれの時期にふさわしく展開されるようにすること。

(2) 入園当初，特に，3歳児の入園については，家庭との連携を緊密にし，生活のリズムや安全面に十分配慮すること。また，満3歳児については，学年の途中から入園することを考慮し，幼児が安心して幼稚園生活を過ごすことができるよう配慮すること。

(3) 幼稚園生活が幼児にとって安全なものとなるよう，教職員による協力体制の下，幼児の主体的な活動を大切にしつつ，園庭や園舎などの環境の配慮や

第Ⅱ部 「幼稚園教育要領」解説とポイント

指導の工夫を行うこと。

5 小学校教育との接続に当たっての留意事項

(1) 幼稚園においては，幼稚園教育が，小学校以降の生活や学習の基盤の育成につながることに配慮し，幼児期にふさわしい生活を通して，創造的な思考や主体的な生活態度などの基礎を培うようにするものとする。

(2) 幼稚園教育において育まれた資質・能力を踏まえ，小学校教育が円滑に行われるよう，小学校の教師との意見交換や合同の研究の機会などを設け，「幼児期の終わりまでに育ってほしい姿」を共有するなど連携を図り，幼稚園教育と小学校教育との円滑な接続を図るよう努めるものとする。

6 全体的な計画の作成

各幼稚園においては，教育課程を中心に，第3章に示す教育課程に係る教育時間の終了後等に行う教育活動の計画，学校保健計画，学校安全計画などとを関連させ，一体的に教育活動が展開されるよう全体的な計画を作成するものとする。

第4 指導計画の作成と幼児理解に基づいた評価

1 指導計画の考え方

幼稚園教育は，幼児が自ら意欲をもって環境と関わることによりつくり出される具体的な活動を通して，その目標の達成を図るものである。

幼稚園においてはこのことを踏まえ，幼児期にふさわしい生活が展開され，適切な指導が行われるよう，それぞれの幼稚園の教育課程に基づき，調和のとれた組織的，発展的な指導計画を作成し，幼児の活動に沿った柔軟な指導を行わなければならない。

2 指導計画の作成上の基本的事項

(1) 指導計画は，幼児の発達に即して一人一人の幼児が幼児期にふさわしい生活を展開し，必要な体験を得られるようにするために，具体的に作成するものとする。

(2) 指導計画の作成に当たっては，次に示すところにより，具体的なねらい及び内容を明確に設定し，適切な環境を構成することなどにより活動が選択・展開されるようにするものとする。

ア 具体的なねらい及び内容は，幼稚園生活における幼児の発達の過程を見

338

通し，幼児の生活の連続性，季節の変化などを考慮して，幼児の興味や関心，発達の実情などに応じて設定すること。

イ　環境は，具体的なねらいを達成するために適切なものとなるように構成し，幼児が自らその環境に関わることにより様々な活動を展開しつつ必要な体験を得られるようにすること。その際，幼児の生活する姿や発想を大切にし，常にその環境が適切なものとなるようにすること。

ウ　幼児の行う具体的な活動は，生活の流れの中で様々に変化するものであることに留意し，幼児が望ましい方向に向かって自ら活動を展開していくことができるよう必要な援助をすること。

その際，幼児の実態及び幼児を取り巻く状況の変化などに即して指導の過程についての評価を適切に行い，常に指導計画の改善を図るものとする。

3　指導計画の作成上の留意事項

指導計画の作成に当たっては，次の事項に留意するものとする。

(1)　長期的に発達を見通した年，学期，月などにわたる長期の指導計画やこれとの関連を保ちながらより具体的な幼児の生活に即した週，日などの短期の指導計画を作成し，適切な指導が行われるようにすること。特に，週，日などの短期の指導計画については，幼児の生活のリズムに配慮し，幼児の意識や興味の連続性のある活動が相互に関連して幼稚園生活の自然な流れの中に組み込まれるようにすること。

(2)　幼児が様々な人やものとの関わりを通して，多様な体験をし，心身の調和のとれた発達を促すようにしていくこと。その際，幼児の発達に即して主体的・対話的で深い学びが実現するようにするとともに，心を動かされる体験が次の活動を生み出すことを考慮し，一つ一つの体験が相互に結び付き，幼稚園生活が充実するようにすること。

(3)　言語に関する能力の発達と思考力等の発達が関連していることを踏まえ，幼稚園生活全体を通して，幼児の発達を踏まえた言語環境を整え，言語活動の充実を図ること。

(4)　幼児が次の活動への期待や意欲をもつことができるよう，幼児の実態を踏まえながら，教師や他の幼児と共に遊びや生活の中で見通しをもったり，振り返ったりするよう工夫すること。

(5)　行事の指導に当たっては，幼稚園生活の自然の流れの中で生活に変化や潤

第Ⅱ部 「幼稚園教育要領」解説とポイント

いを与え，幼児が主体的に楽しく活動できるようにすること。なお，それぞれの行事についてはその教育的価値を十分検討し，適切なものを精選し，幼児の負担にならないようにすること。

(6) 幼児期は直接的な体験が重要であることを踏まえ，視聴覚教材やコンピュータなど情報機器を活用する際には，幼稚園生活では得難い体験を補完するなど，幼児の体験との関連を考慮すること。

(7) 幼児の主体的な活動を促すためには，教師が多様な関わりをもつことが重要であることを踏まえ，教師は，理解者，共同作業者など様々な役割を果たし，幼児の発達に必要な豊かな体験が得られるよう，活動の場面に応じて，適切な指導を行うようにすること。

(8) 幼児の行う活動は，個人，グループ，学級全体などで多様に展開されるものであることを踏まえ，幼稚園全体の教師による協力体制を作りながら，一人一人の幼児が興味や欲求を十分に満足させるよう適切な援助を行うようにすること。

4 幼児理解に基づいた評価の実施

幼児一人一人の発達の理解に基づいた評価の実施に当たっては，次の事項に配慮するものとする。

(1) 指導の過程を振り返りながら幼児の理解を進め，幼児一人一人のよさや可能性などを把握し，指導の改善に生かすようにすること。その際，他の幼児との比較や一定の基準に対する達成度についての評定によって捉えるものではないことに留意すること。

(2) 評価の妥当性や信頼性が高められるよう創意工夫を行い，組織的かつ計画的な取組を推進するとともに，次年度又は小学校等にその内容が適切に引き継がれるようにすること。

第5 特別な配慮を必要とする幼児への指導

1 障害のある幼児などへの指導

障害のある幼児などへの指導に当たっては，集団の中で生活することを通して全体的な発達を促していくことに配慮し，特別支援学校などの助言又は援助を活用しつつ，個々の幼児の障害の状態などに応じた指導内容や指導方法の工夫を組織的かつ計画的に行うものとする。また，家庭，地域及び医療や福祉，

340

幼稚園教育要領

保健等の業務を行う関係機関との連携を図り，長期的な視点で幼児への教育的支援を行うために，個別の教育支援計画を作成し活用することに努めるとともに，個々の幼児の実態を的確に把握し，個別の指導計画を作成し活用することに努めるものとする。

2 海外から帰国した幼児や生活に必要な日本語の習得に困難のある幼児の幼稚園生活への適応

　海外から帰国した幼児や生活に必要な日本語の習得に困難のある幼児については，安心して自己を発揮できるよう配慮するなど個々の幼児の実態に応じ，指導内容や指導方法の工夫を組織的かつ計画的に行うものとする。

第6　幼稚園運営上の留意事項

1 各幼稚園においては，園長の方針の下に，園務分掌に基づき教職員が適切に役割を分担しつつ，相互に連携しながら，教育課程や指導の改善を図るものとする。また，各幼稚園が行う学校評価については，教育課程の編成，実施，改善が教育活動や幼稚園運営の中核となることを踏まえ，カリキュラム・マネジメントと関連付けながら実施するよう留意するものとする。

2 幼児の生活は，家庭を基盤として地域社会を通じて次第に広がりをもつものであることに留意し，家庭との連携を十分に図るなど，幼稚園における生活が家庭や地域社会と連続性を保ちつつ展開されるようにするものとする。その際，地域の自然，高齢者や異年齢の子供などを含む人材，行事や公共施設などの地域の資源を積極的に活用し，幼児が豊かな生活体験を得られるように工夫するものとする。また，家庭との連携に当たっては，保護者との情報交換の機会を設けたり，保護者と幼児との活動の機会を設けたりなどすることを通じて，保護者の幼児期の教育に関する理解が深まるよう配慮するものとする。

3 地域や幼稚園の実態等により，幼稚園間に加え，保育所，幼保連携型認定こども園，小学校，中学校，高等学校及び特別支援学校などとの間の連携や交流を図るものとする。特に，幼稚園教育と小学校教育の円滑な接続のため，幼稚園の幼児と小学校の児童との交流の機会を積極的に設けるようにするものとする。また，障害のある幼児児童生徒との交流及び共同学習の機会を設け，共に尊重し合いながら協働して生活していく態度を育むよう努めるものとする。

341

第Ⅱ部 「幼稚園教育要領」解説とポイント

第7 教育課程に係る教育時間終了後等に行う教育活動など

　幼稚園は，第3章に示す教育課程に係る教育時間の終了後等に行う教育活動について，学校教育法に規定する目的及び目標並びにこの章の第1に示す幼稚園教育の基本を踏まえ実施するものとする。また，幼稚園の目的の達成に資するため，幼児の生活全体が豊かなものとなるよう家庭や地域における幼児期の教育の支援に努めるものとする。

第2章　ねらい及び内容

　この章に示すねらいは，幼稚園教育において育みたい資質・能力を幼児の生活する姿から捉えたものであり，内容は，ねらいを達成するために指導する事項である。各領域は，これらを幼児の発達の側面から，心身の健康に関する領域「健康」，人との関わりに関する領域「人間関係」，身近な環境との関わりに関する領域「環境」，言葉の獲得に関する領域「言葉」及び感性と表現に関する領域「表現」としてまとめ，示したものである。内容の取扱いは，幼児の発達を踏まえた指導を行うに当たって留意すべき事項である。

　各領域に示すねらいは，幼稚園における生活の全体を通じ，幼児が様々な体験を積み重ねる中で相互に関連をもちながら次第に達成に向かうものであること，内容は，幼児が環境に関わって展開する具体的な活動を通して総合的に指導されるものであることに留意しなければならない。

　また，「幼児期の終わりまでに育ってほしい姿」が，ねらい及び内容に基づく活動全体を通して資質・能力が育まれている幼児の幼稚園修了時の具体的な姿であることを踏まえ，指導を行う際に考慮するものとする。

　なお，特に必要な場合には，各領域に示すねらいの趣旨に基づいて適切な，具体的な内容を工夫し，それを加えても差し支えないが，その場合には，それが第1章の第1に示す幼稚園教育の基本を逸脱しないよう慎重に配慮する必要がある。

健　康
〔健康な心と体を育て，自ら健康で安全な生活をつくり出す力を養う。〕
　1　ねらい
　(1)　明るく伸び伸びと行動し，充実感を味わう。

幼稚園教育要領

(2) 自分の体を十分に動かし，進んで運動しようとする。

(3) 健康，安全な生活に必要な習慣や態度を身に付け，見通しをもって行動する。

2 内 容

(1) 先生や友達と触れ合い，安定感をもって行動する。

(2) いろいろな遊びの中で十分に体を動かす。

(3) 進んで戸外で遊ぶ。

(4) 様々な活動に親しみ，楽しんで取り組む。

(5) 先生や友達と食べることを楽しみ，食べ物への興味や関心をもつ。

(6) 健康な生活のリズムを身に付ける。

(7) 身の回りを清潔にし，衣服の着脱，食事，排泄などの生活に必要な活動を自分でする。

(8) 幼稚園における生活の仕方を知り，自分たちで生活の場を整えながら見通しをもって行動する。

(9) 自分の健康に関心をもち，病気の予防などに必要な活動を進んで行う。

(10) 危険な場所，危険な遊び方，災害時などの行動の仕方が分かり，安全に気を付けて行動する。

3 内容の取扱い

上記の取扱いに当たっては，次の事項に留意する必要がある。

(1) 心と体の健康は，相互に密接な関連があるものであることを踏まえ，幼児が教師や他の幼児との温かい触れ合いの中で自己の存在感や充実感を味わうことなどを基盤として，しなやかな心と体の発達を促すこと。特に，十分に体を動かす気持ちよさを体験し，自ら体を動かそうとする意欲が育つようにすること。

(2) 様々な遊びの中で，幼児が興味や関心，能力に応じて全身を使って活動することにより，体を動かす楽しさを味わい，自分の体を大切にしようとする気持ちが育つようにすること。その際，多様な動きを経験する中で，体の動きを調整するようにすること。

(3) 自然の中で伸び伸びと体を動かして遊ぶことにより，体の諸機能の発達が促されることに留意し，幼児の興味や関心が戸外にも向くようにすること。その際，幼児の動線に配慮した園庭や遊具の配置などを工夫すること。

343

第Ⅱ部 「幼稚園教育要領」解説とポイント

(4) 健康な心と体を育てるためには食育を通じた望ましい食習慣の形成が大切であることを踏まえ，幼児の食生活の実情に配慮し，和やかな雰囲気の中で教師や他の幼児と食べる喜びや楽しさを味わったり，様々な食べ物への興味や関心をもったりするなどし，食の大切さに気付き，進んで食べようとする気持ちが育つようにすること。

(5) 基本的な生活習慣の形成に当たっては，家庭での生活経験に配慮し，幼児の自立心を育て，幼児が他の幼児と関わりながら主体的な活動を展開する中で，生活に必要な習慣を身に付け，次第に見通しをもって行動できるようにすること。

(6) 安全に関する指導に当たっては，情緒の安定を図り，遊びを通して安全についての構えを身に付け，危険な場所や事物などが分かり，安全についての理解を深めるようにすること。また，交通安全の習慣を身に付けるようにするとともに，避難訓練などを通して，災害などの緊急時に適切な行動がとれるようにすること。

人間関係

〔他の人々と親しみ，支え合って生活するために，自立心を育て，人と関わる力を養う。〕

1 ねらい

(1) 幼稚園生活を楽しみ，自分の力で行動することの充実感を味わう。

(2) 身近な人と親しみ，関わりを深め，工夫したり，協力したりして一緒に活動する楽しさを味わい，愛情や信頼感をもつ。

(3) 社会生活における望ましい習慣や態度を身に付ける。

2 内 容

(1) 先生や友達と共に過ごすことの喜びを味わう。

(2) 自分で考え，自分で行動する。

(3) 自分でできることは自分でする。

(4) いろいろな遊びを楽しみながら物事をやり遂げようとする気持ちをもつ。

(5) 友達と積極的に関わりながら喜びや悲しみを共感し合う。

(6) 自分の思ったことを相手に伝え，相手の思っていることに気付く。

(7) 友達のよさに気付き，一緒に活動する楽しさを味わう。

幼稚園教育要領

⑻　友達と楽しく活動する中で，共通の目的を見いだし，工夫したり，協力したりなどする。

⑼　よいことや悪いことがあることに気付き，考えながら行動する。

⑽　友達との関わりを深め，思いやりをもつ。

⑾　友達と楽しく生活する中できまりの大切さに気付き，守ろうとする。

⑿　共同の遊具や用具を大切にし，皆で使う。

⒀　高齢者をはじめ地域の人々などの自分の生活に関係の深いいろいろな人に親しみをもつ。

3　内容の取扱い

上記の取扱いに当たっては，次の事項に留意する必要がある。

⑴　教師との信頼関係に支えられて自分自身の生活を確立していくことが人と関わる基盤となることを考慮し，幼児が自ら周囲に働き掛けることにより多様な感情を体験し，試行錯誤しながら諦めずにやり遂げることの達成感や，前向きな見通しをもって自分の力で行うことの充実感を味わうことができるよう，幼児の行動を見守りながら適切な援助を行うようにすること。

⑵　一人一人を生かした集団を形成しながら人と関わる力を育てていくようにすること。その際，集団の生活の中で，幼児が自己を発揮し，教師や他の幼児に認められる体験をし，自分のよさや特徴に気付き，自信をもって行動できるようにすること。

⑶　幼児が互いに関わりを深め，協同して遊ぶようになるため，自ら行動する力を育てるようにするとともに，他の幼児と試行錯誤しながら活動を展開する楽しさや共通の目的が実現する喜びを味わうことができるようにすること。

⑷　道徳性の芽生えを培うに当たっては，基本的な生活習慣の形成を図るとともに，幼児が他の幼児との関わりの中で他人の存在に気付き，相手を尊重する気持ちをもって行動できるようにし，また，自然や身近な動植物に親しむことなどを通して豊かな心情が育つようにすること。特に，人に対する信頼感や思いやりの気持ちは，葛藤やつまずきをも体験し，それらを乗り越えることにより次第に芽生えてくることに配慮すること。

⑸　集団の生活を通して，幼児が人との関わりを深め，規範意識の芽生えが培われることを考慮し，幼児が教師との信頼関係に支えられて自己を発揮する中で，互いに思いを主張し，折り合いを付ける体験をし，きまりの必要性な

第Ⅱ部　「幼稚園教育要領」解説とポイント

どに気付き，自分の気持ちを調整する力が育つようにすること。

(6)　高齢者をはじめ地域の人々などの自分の生活に関係の深いいろいろな人と
触れ合い，自分の感情や意志を表現しながら共に楽しみ，共感し合う体験を
通して，これらの人々などに親しみをもち，人と関わることの楽しさや人の
役に立つ喜びを味わうことができるようにすること。また，生活を通して親
や祖父母などの家族の愛情に気付き，家族を大切にしようとする気持ちが育
つようにすること。

環　境

〔周囲の様々な環境に好奇心や探究心をもって関わり，それらを生活に取り入れて
いこうとする力を養う。〕

1　ねらい

(1)　身近な環境に親しみ，自然と触れ合う中で様々な事象に興味や関心をもつ。

(2)　身近な環境に自分から関わり，発見を楽しんだり，考えたりし，それを生
活に取り入れようとする。

(3)　身近な事象を見たり，考えたり，扱ったりする中で，物の性質や数量，文
字などに対する感覚を豊かにする。

2　内　容

(1)　自然に触れて生活し，その大きさ，美しさ，不思議さなどに気付く。

(2)　生活の中で，様々な物に触れ，その性質や仕組みに興味や関心をもつ。

(3)　季節により自然や人間の生活に変化のあることに気付く。

(4)　自然などの身近な事象に関心をもち，取り入れて遊ぶ。

(5)　身近な動植物に親しみをもって接し，生命の尊さに気付き，いたわったり，
大切にしたりする。

(6)　日常生活の中で，我が国や地域社会における様々な文化や伝統に親しむ。

(7)　身近な物を大切にする。

(8)　身近な物や遊具に興味をもって関わり，自分なりに比べたり，関連付けた
りしながら考えたり，試したりして工夫して遊ぶ。

(9)　日常生活の中で数量や図形などに関心をもつ。

(10)　日常生活の中で簡単な標識や文字などに関心をもつ。

(11)　生活に関係の深い情報や施設などに興味や関心をもつ。

幼稚園教育要領

⑿　幼稚園内外の行事において国旗に親しむ。

3　内容の取扱い

上記の取扱いに当たっては，次の事項に留意する必要がある。

(1)　幼児が，遊びの中で周囲の環境と関わり，次第に周囲の世界に好奇心を抱き，その意味や操作の仕方に関心をもち，物事の法則性に気付き，自分なりに考えることができるようになる過程を大切にすること。また，他の幼児の考えなどに触れて新しい考えを生み出す喜びや楽しさを味わい，自分の考えをよりよいものにしようとする気持ちが育つようにすること。

(2)　幼児期において自然のもつ意味は大きく，自然の大きさ，美しさ，不思議さなどに直接触れる体験を通して，幼児の心が安らぎ，豊かな感情，好奇心，思考力，表現力の基礎が培われることを踏まえ，幼児が自然との関わりを深めることができるよう工夫すること。

(3)　身近な事象や動植物に対する感動を伝え合い，共感し合うことなどを通して自分から関わろうとする意欲を育てるとともに，様々な関わり方を通してそれらに対する親しみや畏敬の念，生命を大切にする気持ち，公共心，探究心などが養われるようにすること。

(4)　文化や伝統に親しむ際には，正月や節句など我が国の伝統的な行事，国歌，唱歌，わらべうたや我が国の伝統的な遊びに親しんだり，異なる文化に触れる活動に親しんだりすることを通じて，社会とのつながりの意識や国際理解の意識の芽生えなどが養われるようにすること。

(5)　数量や文字などに関しては，日常生活の中で幼児自身の必要感に基づく体験を大切にし，数量や文字などに関する興味や関心，感覚が養われるようにすること。

言　葉

〔経験したことや考えたことなどを自分なりの言葉で表現し，相手の話す言葉を聞こうとする意欲や態度を育て，言葉に対する感覚や言葉で表現する力を養う。〕

1　ねらい

(1)　自分の気持ちを言葉で表現する楽しさを味わう。

(2)　人の言葉や話などをよく聞き，自分の経験したことや考えたことを話し，伝え合う喜びを味わう。

347

第Ⅱ部 「幼稚園教育要領」解説とポイント

(3) 日常生活に必要な言葉が分かるようになるとともに，絵本や物語などに親しみ，言葉に対する感覚を豊かにし，先生や友達と心を通わせる。

2 内 容

(1) 先生や友達の言葉や話に興味や関心をもち，親しみをもって聞いたり，話したりする。

(2) したり，見たり，聞いたり，感じたり，考えたりなどしたことを自分なりに言葉で表現する。

(3) したいこと，してほしいことを言葉で表現したり，分からないことを尋ねたりする。

(4) 人の話を注意して聞き，相手に分かるように話す。

(5) 生活の中で必要な言葉が分かり，使う。

(6) 親しみをもって日常の挨拶をする。

(7) 生活の中で言葉の楽しさや美しさに気付く。

(8) いろいろな体験を通じてイメージや言葉を豊かにする。

(9) 絵本や物語などに親しみ，興味をもって聞き，想像をする楽しさを味わう。

(10) 日常生活の中で，文字などで伝える楽しさを味わう。

3 内容の取扱い

上記の取扱いに当たっては，次の事項に留意する必要がある。

(1) 言葉は，身近な人に親しみをもって接し，自分の感情や意志などを伝え，それに相手が応答し，その言葉を聞くことを通して次第に獲得されていくものであることを考慮して，幼児が教師や他の幼児と関わることにより心を動かされるような体験をし，言葉を交わす喜びを味わえるようにすること。

(2) 幼児が自分の思いを言葉で伝えるとともに，教師や他の幼児などの話を興味をもって注意して聞くことを通して次第に話を理解するようになっていき，言葉による伝え合いができるようにすること。

(3) 絵本や物語などで，その内容と自分の経験とを結び付けたり，想像を巡らせたりするなど，楽しみを十分に味わうことによって，次第に豊かなイメージをもち，言葉に対する感覚が養われるようにすること。

(4) 幼児が生活の中で，言葉の響きやリズム，新しい言葉や表現などに触れ，これらを使う楽しさを味わえるようにすること。その際，絵本や物語に親しんだり，言葉遊びなどをしたりすることを通して，言葉が豊かになるように

幼稚園教育要領

すること。

(5) 幼児が日常生活の中で，文字などを使いながら思ったことや考えたことを伝える喜びや楽しさを味わい，文字に対する興味や関心をもつようにすること。

表　現

〔感じたことや考えたことを自分なりに表現することを通して，豊かな感性や表現する力を養い，創造性を豊かにする。〕

1　ねらい

(1) いろいろなものの美しさなどに対する豊かな感性をもつ。

(2) 感じたことや考えたことを自分なりに表現して楽しむ。

(3) 生活の中でイメージを豊かにし，様々な表現を楽しむ。

2　内　容

(1) 生活の中で様々な音，形，色，手触り，動きなどに気付いたり，感じたりするなどして楽しむ。

(2) 生活の中で美しいものや心を動かす出来事に触れ，イメージを豊かにする。

(3) 様々な出来事の中で，感動したことを伝え合う楽しさを味わう。

(4) 感じたこと，考えたことなどを音や動きなどで表現したり，自由にかいたり，つくったりなどする。

(5) いろいろな素材に親しみ，工夫して遊ぶ。

(6) 音楽に親しみ，歌を歌ったり，簡単なリズム楽器を使ったりなどする楽しさを味わう。

(7) かいたり，つくったりすることを楽しみ，遊びに使ったり，飾ったりなどする。

(8) 自分のイメージを動きや言葉などで表現したり，演じて遊んだりするなどの楽しさを味わう。

3　内容の取扱い

上記の取扱いに当たっては，次の事項に留意する必要がある。

(1) 豊かな感性は，身近な環境と十分に関わる中で美しいもの，優れたもの，心を動かす出来事などに出会い，そこから得た感動を他の幼児や教師と共有し，様々に表現することなどを通して養われるようにすること。その際，風

349

第Ⅱ部 「幼稚園教育要領」解説とポイント

の音や雨の音，身近にある草や花の形や色など自然の中にある音，形，色などに気付くようにすること。

(2) 幼児の自己表現は素朴な形で行われることが多いので，教師はそのような表現を受容し，幼児自身の表現しようとする意欲を受け止めて，幼児が生活の中で幼児らしい様々な表現を楽しむことができるようにすること。

(3) 生活経験や発達に応じ，自ら様々な表現を楽しみ，表現する意欲を十分に発揮させることができるように，遊具や用具などを整えたり，様々な素材や表現の仕方に親しんだり，他の幼児の表現に触れられるよう配慮したりし，表現する過程を大切にして自己表現を楽しめるように工夫すること。

第3章 教育課程に係る教育時間の終了後等に行う教育活動などの留意事項

1 地域の実態や保護者の要請により，教育課程に係る教育時間の終了後等に希望する者を対象に行う教育活動については，幼児の心身の負担に配慮するものとする。また，次の点にも留意するものとする。

(1) 教育課程に基づく活動を考慮し，幼児期にふさわしい無理のないものとなるようにすること。その際，教育課程に基づく活動を担当する教師と緊密な連携を図るようにすること。

(2) 家庭や地域での幼児の生活も考慮し，教育課程に係る教育時間の終了後等に行う教育活動の計画を作成するようにすること。その際，地域の人々と連携するなど，地域の様々な資源を活用しつつ，多様な体験ができるようにすること。

(3) 家庭との緊密な連携を図るようにすること。その際，情報交換の機会を設けたりするなど，保護者が，幼稚園と共に幼児を育てるという意識が高まるようにすること。

(4) 地域の実態や保護者の事情とともに幼児の生活のリズムを踏まえつつ，例えば実施日数や時間などについて，弾力的な運用に配慮すること。

(5) 適切な責任体制と指導体制を整備した上で行うようにすること。

2 幼稚園の運営に当たっては，子育ての支援のために保護者や地域の人々に機能や施設を開放して，園内体制の整備や関係機関との連携及び協力に配慮しつ

つ，幼児期の教育に関する相談に応じたり，情報を提供したり，幼児と保護者との登園を受け入れたり，保護者同士の交流の機会を提供したりするなど，幼稚園と家庭が一体となって幼児と関わる取組を進め，地域における幼児期の教育のセンターとしての役割を果たすよう努めるものとする。その際，心理や保健の専門家，地域の子育て経験者等と連携・協働しながら取り組むよう配慮するものとする。

第Ⅱ部 「幼稚園教育要領」解説とポイント

教育課程部会　幼児教育部会　委員名簿

（所属・肩書きは，2016年4月現在）

阿 部 宏 行（北海道教育大学岩見沢校美術文化専攻教授）

大 方 美 香（大阪総合保育大学児童保育学部教授）

桶田ゆかり（文京区立第一幼稚園長）

○神長美津子（國學院大學人間開発学部教授）

北 村 友 人（東京大学大学院教育学研究科准教授）

小 枝 達 也（国立成育医療研究センターこころの診療部長）

斎 藤 弘 子（福井市立麻生津幼稚園副園長・麻生津小学校教頭）

志 民 一 成（静岡大学学術院教育学領域教授）

嶋 田 弘 之（草加市教育委員会子ども教育連携推進室長）

白 旗 和 也（日本体育大学体育学部教授）

鈴木みゆき（和洋女子大学人文学群こども発達学類教授）

砂 上 史 子（千葉大学教育学部准教授）

田 中 孝 尚（神戸大学附属幼稚園副園長）

田 中 雅 道（光明幼稚園長）

寺 岡 聡 志（品川区立第一日野小学校主幹教諭）

奈 須 正 裕（上智大学総合人間科学部教授）

宮 原 淳 二（株式会社東レ経営研究所ダイバーシティ＆ワーク・ライフ・バラ
　　　　　　ンス推進部長）

◎無 藤　　隆（白梅学園大学子ども学部教授兼子ども学研究科長）

山 下 文 一（高知学園短期大学幼児保育学科准教授）

横山真貴子（奈良教育大学教育学部教授）

渡 邊 郁 美（新宿区立あいじつ子ども園長）

渡 邉 英 則（認定こども園ゆうゆうのもり幼保園長）

　　◎主査，○主査代理　　　　　　　　　　　　　　　（五十音順，敬称略）

352

「幼稚園教育要領」の解説と改訂のポイント

無藤　隆

　ここでは，幼稚園教育要領の改訂の趣旨について，幼稚園教育要領（平成29年3月31日）とその解説資料，及び「幼稚園，小学校，中学校，高等学校及び特別支援学校の学習指導要領等の改善及び必要な方策等について（答申）」（平成28年12月21日；以下，「中央教育審議会答申」）によりながら，解説します。

1　改訂の目指すところ

（1）「学びの地図」としての学習指導要領等

　前述の中央教育審議会答申において，学校を変化する社会のなかに位置づけ，学校教育の中核となる教育課程について，幼稚園，小学校，中学校，高等学校等に共通に，“よりよい学校教育を通じてよりよい社会を創る”という目標を学校と社会が共有し，連携・協働しながら，新しい時代に求められる資質・能力を子どもたちに育む「社会に開かれた教育課程」を目指すべき理念として位置づけています。

　こうした理念の実現に向けて必要な教育課程の在り方について，その基準を定めるのが学習指導要領や幼稚園教育要領（以下，学習指導要領等）です。そして，これからの学習指導要領等には，学校や家庭，地域の関係者などさまざまな立場から子どもや学校に関わるすべての大人が幅広く共有し活用することで，生涯にわたる学習とのつながりを見通しながら，子どもたちの多様で質の高い学びを引き出すことができるよう，子どもたちが身につけるべき資質・能力や学ぶ内容など，学校教育における学習の全体像をわかりやすく見渡せる「学びの地図」としての役割を果たすことが期待されています。

第Ⅱ部 「幼稚園教育要領」解説とポイント

（2）「学びの地図」としての枠組みづくり

つまり，教育課程や学習指導要領等は，学校や社会や世界との接点となり，子ど
もたちの成長を通じて現在と未来をつなぐ役割を果たしていくことが期待されてい
るのです。そして，この期待に応えるためには，まず学習する子どもの視点に立ち，
教育課程全体や各教科等の学びを通じて「何ができるようになるのか」という観点
から，育成を目指す資質・能力を整理する必要があるとされました。そのうえで，
整理された資質・能力を育成するために「何を学ぶか」という必要な指導内容等を
検討し，その内容を「どのように学ぶか」という子どもたちの具体的な学びの姿を
考えながら構成していく必要があるとされました。また，この「どのように学ぶ
か」という視点は，資質・能力の育成に向けて，子ども一人ひとりの興味や関心，
発達や学習の課題等を踏まえ，それぞれの個性に応じた学びを引き出していくうえ
でも重要であり，こうした観点からは，「子どもの発達をどのように支援するか」
という視点も重要になります。加えて，教育課程の改善は学習指導要領等の理念を
実現するために必要な施策と一体的に実施される必要があり，学習評価等を通じて
「何が身に付いたか」を見取ることや，「実施するために何が必要か」を教育課程の
在り方と併せて考えていくことも重要になるとされたのです。

今回の学習指導要領等の改訂に当たっては，このような観点から枠組み自体を大
きく見直すことが必要であるとされました。つまり，以下の6点に沿って改善する
べき事項をまとめて，枠組みを見直していくこととなったのです。

(1)「何ができるようになるか」（育成を目指す資質・能力）

(2)「何を学ぶか」（教科等を学ぶ意義と，教科等間・学校段階間のつながりを踏まえ
た教育課程の編成）

(3)「どのように学ぶか」（各教科等の指導計画の作成と実施，学習・指導の改善・充
実）

(4)「子供一人一人の発達をどのように支援するか」（子供の発達を踏まえた指導）

(5)「何が身に付いたか」（学習評価の充実）

(6)「実施するために何が必要か」（学習指導要領等の理念を実現するために必要な
方策）

そして，このような点を踏まえて改善した学習指導要領等のもと，各学校におい
て教育課程を軸に学校教育の改善・充実の好循環を生み出す「カリキュラム・マネ
ジメント」——子どもたちの姿や地域の実情等を踏まえて，各学校が設定する学校
教育目標を実現するために，学習指導要領等に基づき教育課程を編成し，それを実
施・評価し改善していくこと——の実現を目指すことが求められました。

（3）改訂の基本方針

今回の学習指導要領等の改訂は，前述の中央教育審議会答申を踏まえ，次の基本
方針に基づき行われました。

　　◎今回の改訂の基本的な考え方
　　・資質・能力の一層確実な育成と「社会に開かれた教育課程」の重視
　　・知識の理解の質をさらに高めた確かな学力の育成
　　・道徳教育の充実や体験活動の重視など豊かな心や健やかな体の育成
　　◎育成を目指す資質・能力の明確化
　　◎「主体的・対話的で深い学び」の実現に向けた授業改善の推進
　　◎各学校におけるカリキュラム・マネジメントの推進
　　◎伝統や文化，幼小接続など現代的な諸課題等に対応した教育内容の充実

特に，幼稚園教育要領については，①幼児教育で育みたい資質・能力の明確化，
②幼児期において育みたい資質・能力の明確化と幼小接続の推進，③現代的な諸課
題を踏まえた教育内容の見直し，の3つを改訂の基本的な方針として示しました。[*1]

①幼児教育で育みたい資質・能力の明確化

幼児教育で育みたい資質・能力として，「知識・技能の基礎」「思考力・判断力・
表現力等の基礎」「学びに向かう力，人間性等」の3つを明確に示し，現行の幼稚
園教育要領等の5領域（「健康」「人間関係」「環境」「言葉」「表現」）を踏まえて，遊

＊1　本書に「関連資料」として収録した「幼児教育部会における審議の取りまとめ」に，ここで
　　取り上げた3つの事項を含め，幼稚園教育要領の改訂のポイントとなる事項がまとめられてい
　　るので参照いただきたい。なお，同文書中の資料1および資料2に，「幼児教育において育み
　　たい資質・能力の整理」の図や「幼児期の終わりまでに育ってほしい姿の整理イメージ」の図
　　が掲載されている。

第Ⅱ部 「幼稚園教育要領」解説とポイント

びを通しての総合的な指導により一体的に育むことを示しました。

②幼児期において育みたい資質・能力の明確化と幼小接続の推進

5歳児修了時までに育ってほしい具体的な姿(「健康な心と体」「自立心」「協同性」「道徳性・規範意識の芽生え」「社会生活との関わり」「思考力の芽生え」「自然との関わり・生命尊重」「数量・図形，文字等への関心・感覚」「言葉による伝え合い」「豊かな感性と表現」)を明確にし，幼児教育の学びの成果が小学校と共有されるよう工夫・改善を行うことを示した。

③現代的な諸課題を踏まえた教育内容の見直し

自己制御や自尊心などのいわゆる非認知的能力の育成など，現代的な課題を踏まえた教育内容の見直しを図るとともに，預かり保育や子育ての支援の充実を図りました。要するに，従来の幼稚園教育要領の趣旨を受け継ぎ，それを一層深めるために，幼稚園・保育所・認定こども園に共通の幼児教育としての在り方を明確にするとともに，小学校以上の学校教育とのつながりを明確にしました。さらに，幼稚園の働きを保護者や地域へと開いていくことの重要性を示しました。

2　改訂の要点

（1）前　文

①教育の基本の確認

今回の新しい幼稚園教育要領で，冒頭に「前文」が加えられました。この「前文」では，まず「教育」というのは，「人格の完成を目指し，平和で民主的な国家及び社会の形成者として必要な資質を備えた心身ともに健康な国民の育成を期して行われなければならない」という，教育基本法第1条で示した目的のもとに行われるものであり，この目的を実現するために，同法第2条に示す5つの目標を達成するように行われなければならないことを確認しています。また，幼児期の教育について，同法第11条に掲げる「生涯にわたる人格形成の基礎を培う重要なものである」ことと，「国及び地方公共団は，幼児の健やかな成長に資する良好な環境の整備」に努めなければならないことも確認しています。

356

②幼稚園教育要領の位置づけ

そのうえで、このような教育を具体化するのが「教育課程」であり、これからの時代に求められる幼児教育を実現していくためには、社会との連携及び協働により実現を図っていくという「社会に開かれた教育課程」の実現が重要となることが示されています。そして、こうした理念の実現に向けて必要となる教育課程の基準を大綱的に定めたものが「幼稚園教育要領」であるとその位置づけを明記しました。[*2]

③幼稚園教育要領の果たす役割

幼稚園教育要領の果たす役割の一つとして、「公の性質を有する幼稚園における教育水準を全国的に確保すること」としています。また、その一方で、各幼稚園がその特色を生かして創意工夫を重ねて、家庭や地域社会と協力して、幼稚園教育要領を踏まえた教育活動のさらなる充実を図ることも重要であることも追記しています。

（2）「第1章　総則」の改訂の要点

幼稚園教育要領が、幼稚園、家庭、地域の関係者で幅広く共有し活用できる「学びの地図」としての役割を果たすことができるよう、総則を抜本的に改善しました。

①「第1　幼稚園教育の基本」

幼児期の物事を捉える視点や考え方である、「幼児期の教育における見方・考え方」を新たに示すとともに、計画的な環境の構成に関連して、教材を工夫することを新たに示しました。

②「第2　幼稚園教育において育みたい資質・能力及び『幼児期の終わりまでに育ってほしい姿』」

幼稚園教育において育みたい資質・能力と幼児の幼稚園修了時の具体的な姿である「幼児期の終わりまでに育ってほしい姿」を新たに示すとともに、これらと第2章の「ねらい」及び「内容」との関係について新たに示しました。

なお、「育みたい資質・能力」と「幼児期の終わりまでに育ってほしい姿」につ

　＊2　幼稚園教育要領は、学校教育法施行規則第38条に基づく教育課程・保育内容の基準である。

第Ⅱ部 「幼稚園教育要領」解説とポイント

いては，後で詳しく見ていきますが，本書にも「関連資料」として収録している
「幼児教育部会における審議の取りまとめ」も参照してください。

③「第3 教育課程の役割と編成等」
次のことを新たに示しました。
・各幼稚園においてカリキュラム・マネジメントに努めること。
・各幼稚園の教育目標を明確化するとともに，教育課程の編成についての基本的
　な方針が共有されるよう努めること。
・満3歳児が安心して幼稚園生活を過ごすことができるよう配慮すること。
・安全面の観点から園庭や園舎などの環境の配慮や指導の工夫を行うこと。
・「幼児期の終わりまでに育ってほしい姿」を共有するなど連携を図り，幼稚園
　教育と小学校教育との円滑な接続を図るよう努めること。
・教育課程を中心に，幼稚園のさまざまな計画を関連させ，一体的に教育活動が
　展開されるよう全体的な計画を作成すること。

④「第4 指導計画の作成と幼児理解に基づいた評価」
次のことを新たに示しました。
・多様な体験に関連して，幼児の発達に即して主体的・対話的で深い学びが実現
　するようにすること。
・幼児の発達を踏まえた言語環境を整え，言語活動の充実を図ること。
・教師や他の幼児と共に遊びや生活の中で見通しをもったり，振り返ったりする
　よう工夫すること。
・直接体験の重要性を踏まえ，視聴覚教材やコンピュータなど情報機器を活用す
　る際には，幼稚園生活では得難い体験を補完するなど，幼児の体験との関連を
　考慮すること。
・幼児一人一人のよさや可能性を把握するなど幼児理解に基づいた評価を実施す
　ること。
・評価の実施の際には，他の幼児との比較や一定の基準に対する達成度について
　の評定によって捉えるものではないことに留意すること。

⑤「第5　特別な配慮を必要とする幼児への指導」

次のことを新たに示しました。

・障害のある幼児への指導に当たっては，長期的な視点で幼児への教育的支援を行うため，個別の教育支援計画や個別の指導計画を作成し活用することに努めること。

・海外から帰国した幼児や生活に必要な日本語の習得に困難のある幼児については，個々の幼児の実態に応じ，指導内容等の工夫を組織的かつ計画的に行うこと。

⑥「第6　幼稚園運営上の留意事項」

次のことを新たに示しました。

・園長の方針の下，教職員が適切に役割を分担，連携しつつ，教育課程や指導の改善を図るとともに，学校評価について，カリキュラム・マネジメントと関連を図りながら実施するよう留意すること。

・幼稚園間に加え，小学校等との間の連携や交流を図るとともに，障害のある幼児等との交流及び共同学習の機会を設け，協働して生活していく態度を育むよう努めること。

（3）「第2章　ねらい及び内容」の改訂の要点

「ねらい」を幼稚園教育において育みたい資質・能力を幼児の生活する姿から捉えたもの，「内容の取扱い」を幼児の発達を踏まえた指導を行うに当たって留意すべき事項としてそれぞれ新たに示すとともに，「幼児期の終わりまでに育ってほしい姿」を指導を行う際に考慮するものとして新たに示しました。

（4）「第3章　教育課程に係る教育時間の終了後等に行う教育活動などの留意事項」の改訂の要点

今回の改訂では「社会に開かれた教育課程」を基本として，社会と教育課程のつながりを大切にしています。これまでも，預かり保育や子育て支援を通じて施設や機能を開放してきましたが，園と地域の人々との連携や園と家庭が一体となって幼児と関わる取組をより一層進めることを明記しました。なかでも，地域における幼児期の教育のセンターとしての役割を果たしていくため，「心理や保健の専門家，

第Ⅱ部 「幼稚園教育要領」解説とポイント

地域の子育て経験者等と連携・協働しながら取り組むよう配慮する」ことを新たに示しました。

3　改訂の中心となるポイント

以下，改訂の中心となるいくつかの新しい考えを取り上げ，より詳しく解説します。

（1）幼児教育の見方・考え方

幼児教育においては，生活を通して幼児が周囲に存在するあらゆる環境からの刺激を受け止め，自分から興味をもって身近な環境に主体的に関わりながら，さまざまな活動を展開し，充実感や満足感を味わうという体験を重ねていくようにしていきます。その際，幼児が環境との関わり方や意味に気づき，これらを取り込もうとして，試行錯誤したり，考えたりすることが幼児教育の成り立つ要となります。このような幼児教育における見方・考え方を生かし，幼児と共によりよい教育環境を創造するように努めるのです。この幼児期の教育における見方・考え方を生かすために，幼児が身近な環境に関わりながら，それらとのよりよい，またよりおもしろい関わり方を見出したり，関連性に気づき，意味づけたり，それを取り込もうとして，さらに試行錯誤したり，考えたりし，何度も捉えなおしていく過程を充実させていくのです。

（2）資質・能力の捉え方

小学校以降の子どもの発達を見通しながら教育活動を展開し，その子どもの育ちの根幹にあって，幼児教育から小学校・中学校・高等学校さらにその先へと伸びていく力を「幼稚園教育において育みたい資質・能力」として，幼児教育の中核となる柱とします。

「幼稚園教育において育みたい資質・能力」とは，①「知識及び技能の基礎」，②「思考力，判断力，表現力等の基礎」，③「学びに向かう力，人間性等」の3つです。それらは，小学校以上では，「知識・技能」，「思考力・判断力・表現力等」及び「学びに向かう力，人間性等」とされ，学力の知的な力の部分としての知識と思考力を中心に，さらに学ぶこと・考えることを推進するエンジンとしての情意的で協

360

同的な力である「学びに向かう力」などを加えたものです。幼児期は、その「基礎」としての資質・能力を育成することになります。

①「知識及び技能の基礎」とは、具体的には、豊かな体験を通じて、幼児が自ら感じたり、気づいたり、わかったり、できるようになったりすること、②「思考力、判断力、表現力等の基礎」とは、具体的には、気づいたことや、できるようになったことなどを使い、考えたり、試したり、工夫したり、表現したりすること、③「学びに向かう力、人間性等」とは、具体的には、心情・意欲・態度が育つなかで、よりよい生活を営もうとすることです。

これらの資質・能力は、保育内容の5つの領域における「ねらい及び内容」に基づき、各幼稚園が幼児の発達の実情や幼児の興味や関心等を踏まえながら展開する活動全体によって育むものです。

実際の指導場面においては、①「知識及び技能の基礎」、②「思考力、判断力、表現力等の基礎」、③「学びに向かう力、人間性等」を個別に取り出して身につけさせるのではなく、遊びを通した総合的な指導のなかで一体的に育むことになります。これらの資質・能力は、これまでも幼稚園で育んできたものではありますが、各幼稚園においては、幼稚園教諭が時期や年間にわたる幼児のさまざまな活動から、実践における幼児の具体的な姿からの長い育ちを捉え、教育課程の編成等を図ることが求められています。

（3）幼児期の終わりまでに育ってほしい姿

「幼児期の終わりまでに育ってほしい姿」は、保育内容の5つの領域におけるねらい及び内容に基づいて、各園で、幼児期にふさわしい遊びや生活を積み重ねることにより、「幼稚園教育において育みたい資質・能力」が育まれている幼児の具体的な姿であり、特に5歳児後半に見られるようになる姿です。

幼稚園の教師は、遊びのなかで幼児が発達していく姿を「幼児期の終わりまでに育ってほしい姿」を念頭において捉え、一人ひとりの発達や学びに必要な経験が得られるような状況をつくったり必要な援助を行ったりするなど、指導を行う際に考慮することが求められます。その際、「幼児期の終わりまでに育ってほしい姿」が到達すべき目標ではないことや、個別に取り出されて指導されるものではないことに十分留意する必要があります。もとより、幼稚園教育は環境を通して行うものであり、とりわけ幼児の自発的な活動としての遊びを通して、一人ひとりの発達の特

第Ⅱ部 「幼稚園教育要領」解説とポイント

性に応じて，これらの姿が育っていくことに留意する必要があります。また，5歳児だけでなく，3歳児，4歳児それぞれの時期にふさわしい指導の積み重ねが「幼児期の終わりまでに育ってほしい姿」につながっていきます。幼児期の終わりに突然生まれるものではなく，長い期間を経ての育ちとして生まれていき，さらに小学校以降へと伸びていくものなのです。

その「姿」とは，実践的に保育者によって数か月のさまざまな活動を通して把握され，検討されるのです。3歳なり，4歳なり，5歳なりの姿として，互いに重なり合いながら育っていきます。1つの活動を見れば，それらの姿のいくつもがそこに現れてくるのであり，その意味で，単一の活動が1つの姿に対応するのではありません。

さらに，小学校の教師と「幼児期の終わりまでに育ってほしい姿」を手掛かりに子どもの姿を共有するなど，幼稚園教育と小学校教育の円滑な接続を図ることが大切です。「幼児期の終わりまでに育ってほしい姿」は，幼稚園教育を通した幼児の成長を幼稚園教育関係者以外にも，わかりやすく伝えることにも資するのです。

1つ例に取って説明してみましょう。自立心は，領域「人間関係」などで示されているように，幼稚園生活において，教師との信頼関係を基盤に，身近な環境に主体的に関わり，自己を発揮しさまざまな活動を楽しむなかで育まれます。幼児は，身近な環境に主体的に関わりいろいろな活動を楽しむなかで，信頼する教師に支えられながら，物事をやり遂げる体験を重ね，自分の力で行おうという気持ちや，やり遂げたという満足感を味わうようになります。5歳児の後半には，自分でしなければならないことを自覚して，自分には難しいことでも自分の力で行うために考えたり，実現できるように工夫したり，教師や友達の力を借りたりしながら，諦めずにやり遂げることで満足感や達成感を味わい，自信をもって行動するようになります。この頃の幼児は，自分のやりたいことと，その日にしなければならないことを自覚し，1日の生活のなかで予定を考え進んで取り組むようになります。また，難しいと思うことにも繰り返し挑戦し，やり遂げた達成感を味わう姿が多く見られるようになります。こうした姿は，5歳児の後半に急に現れるものではなく，自分のやりたいことを楽しむなかで，少し難しいと思うことでもやってみて，それができた満足感を味わう，小さな体験の積み重ねのなかで育まれるのです。

幼児期に育まれた自立心は，小学校生活においては，自分でできることは自分でしようと積極的に取り組む姿や，生活や学習での課題を自分のこととして受け止め

362

「幼稚園教育要領」の解説と改訂のポイント

て意欲的に取り組む姿，自分なりに考えて意見を言ったり，わからないことや難しいことは，先生や友達に聞きながら粘り強く取り組んだりする姿などにつながっていきます。

（4）カリキュラム・マネジメントの実施

それぞれの幼稚園は，その幼稚園における教育期間の全体にわたって幼稚園教育の目的，目標に向かってどのような道筋をたどって教育を進めていくのかを明らかにし，幼児の充実した生活を展開できるような計画を示す教育課程を編成して教育を行う必要があります。また，幼稚園においては，編成，実施した教育課程が教育目標を効果的に実現する働きをするよう，教育課程の実施状況を評価し，改善を図ることが求められています。教育課程の改善は，編成した教育課程をより適切なものに改めることであり，幼稚園は教育課程を絶えず改善していくことが求められます。このような改善によってこそ，幼稚園の教育活動が充実するとともにその質を高めることが期待できるのです。

その際，園長は，全体的な計画にも留意しながら「幼児期の終わりまでに育ってほしい姿」を踏まえて教育課程を編成すること，教育課程の実施に必要な人的または物的な体制を確保して改善を図っていくことなどを通して，より質の高い教育活動を目指す視点から見直しを図り，各幼稚園の教育課程に基づき，全教職員の協力体制の下，組織的かつ計画的に教育活動の質の向上を図るカリキュラム・マネジメントを実施します。なお，ここでいう教育課程の編成は，それに伴う諸体制という意味で，指導計画とその見直し，環境構成，人員配置，予算その他の使い方等すべてを含んでおり，一定の人員・予算等の資源の制約のなかで工夫し，やりくりをしつつ，幼児教育としての質を保持し，高めていくのです。

（5）小学校教育との接続

幼稚園では，計画的に環境を構成し，遊びを中心とした生活を通して体験を重ね，一人ひとりに応じた総合的な指導を行っています。一方，小学校では，時間割に基づき，各教科の内容を教科書などの教材を用いて学習しています。このように，幼稚園と小学校では，子どもの生活や教育方法が異なります。このような生活の変化に子どもが対応できるようになっていくことも学びの一つとして捉え，教師は適切な指導を行うことが必要です。小学校においては，児童が主体的に自己を発揮しな

第Ⅱ部 「幼稚園教育要領」解説とポイント

がら学びに向かい，幼児期の教育を通して育まれた資質・能力をさらに伸ばしていくことができるようにすることが求められます。その際，教師同士が「幼児期の終わりまでに育ってほしい姿」を共通の観点として，子どもの成長を共有していくのです。5歳児が遊びを通して学んでいることと，小学1年生が教科等の学習で学んでいることとは関連しており，小学校教育の充実のためにも，幼稚園で育まれてきた子どもの姿を踏まえて小学校教育がスタートできることが望まれます。「幼児期の終わりまでに育ってほしい姿」を手掛かりに，幼児の成長を捉え，小学校の教師と子どもの姿のイメージを共有するのです。

また，幼稚園教育と小学校教育の円滑な接続のためには，教育課程の編成や指導方法の工夫，教師同士がお互いの教育内容について相互に理解すること，幼児と児童の交流など，幼稚園と小学校が組織的に連携することが大切になってきます。その際にも，「幼児期の終わりまでに育ってほしい姿」を手掛かりとして，教育内容や指導方法について情報交換や合同の研究の機会を計画的に設けるなどして連携することが求められます。

なお，5歳児が小学校就学に向けて自信や期待を高めて，極端な不安を感じないよう，就学前の幼児が小学校の活動に参加するなどの交流活動も意義のある活動です。さらに，近年，幼稚園と小学校の連携のみならず，認定こども園や保育所も加えた連携が求められています。認定こども園・保育所・幼稚園・小学校の合同研修，保育教諭・保育士・幼稚園教師・小学校教師の交流，認定こども園・保育所・幼稚園の園児と小学校の児童の交流など，幼児期の教育の成果が小学校につながるようにすることも大切です。

（6）体験の多様性・関連性と主体的・対話的で深い学び

幼児が心身ともに調和のとれた発達をするためには，幼稚園生活を通して，発達のさまざまな側面に関わる多様な体験を重ねることが必要です。体験は人が周囲の環境と関わることを通してなされるものであることから，幼児が関わる環境が豊かである必要があります。すなわち，さまざまな人との関わり，自然との関わり，ものとの関わり，生き物との関わりなど，さまざまな環境と関わることができるように，環境を構成する必要があるのです。

このような体験を重ねるためには，幼児が周囲の環境にどのように関わるかが重要であり，幼児の主体的・対話的で深い学びが実現するように，教師は絶えず指導

の改善を図っていく必要があります。「主体的である」とは，子どもが心動かされ，意欲をもち，周りの事物に意味あるものとして関わっていき，先への見通しをつくり出しあるいは示されながら，やってきたことを振り返ることで成り立っていきます。「対話的である」とは，互いの思いや感じ方や考え方を言葉や身ぶりや作品その他により伝え合いつつ，物事を多面的に理解し，それぞれの考えを深めていくことです。「深い学び」とは，幼児教育の見方・考え方につながるように学びが展開することです。その際，発達の時期や一人ひとりの発達の実情に応じて，柔軟に対応しなければなりません。入園から卒園までのそれぞれの時期において，ふさわしい主体的・対話的で深い学びが実現するようにすることが大切です。

　幼児は周囲の環境に興味や関心をもって関わるなかで，さまざまな出来事と出合い，心を動かされます。心を動かされる体験は，幼児自身のなかに定着します。そして，次の活動への動機づけにもなるし，一定期間経た後に，新たな活動のなかに生きてくることもあります。すなわち，1つの体験がその後の体験につながりをもつというように，体験と体験が関連してくるのです。それは，体験の深まりであり，広がりです。一つひとつの体験は独立したものではなく，他の体験と関連性をもつことにより，体験が深まり，その結果，幼稚園生活が充実したものとなるのです。幼稚園の教師は幼児の体験がつながりをもち，学びがより豊かになるように援助することができるのです。

第 **Ⅲ** 部

「幼保連携型認定こども園教育・保育要領」
解説とポイント

「幼保連携型認定こども園教育・保育要領」には，2014
年版から記述方法や内容等に関わる変更があった箇所（漢
字や平仮名等への単純な語句の変換や読点の位置などは除
く）がわかるように，編集部で検討のうえ下線を付した。

幼保連携型認定こども園教育・保育要領

内　閣　府
○文部科学省告示第 1 号
厚生労働省

　就学前の子どもに関する教育，保育等の総合的な提供の推進に関する法律（平成18年法律第77号）第10条第 1 項の規定に基づき，幼保連携型認定こども園の教育課程その他の教育及び保育の内容に関する事項を次のように定めたので，平成26年文部科学省告示内　閣　府厚生労働省第 1 号の全部を次のように改正し，平成30年 4 月 1 日から施行する。

　平成29年 3 月31日

内閣総理大臣　安倍晋三
文部科学大臣　松野博一
厚生労働大臣　塩崎恭久

目　　次

第 1 章	総　　則	…………………………………………	370
	第 1	幼保連携型認定こども園における教育及び保育の基本及び目標等 ………	370
	第 2	教育及び保育の内容並びに子育ての支援等に関する全体的な計画等 ……	374
	第 3	幼保連携型認定こども園として特に配慮すべき事項 ……………	380
第 2 章	ねらい及び内容並びに配慮事項 ………………………		383
	第 1	乳児期の園児の保育に関するねらい及び内容 ………………………	384
	第 2	満 1 歳以上満 3 歳未満の園児の保育に関するねらい及び内容 ……	387
	第 3	満 3 歳以上の園児の教育及び保育に関するねらい及び内容 ………	393
	第 4	教育及び保育の実施に関する配慮事項 ………………………	402
第 3 章	健康及び安全 …………………………………………		403
	第 1	健康支援 ………………………………………………	403
	第 2	食育の推進 ……………………………………………	404
	第 3	環境及び衛生管理並びに安全管理 ……………………	405
	第 4	災害への備え …………………………………………	406
第 4 章	子育ての支援 …………………………………………		407
	第 1	子育ての支援全般に関わる事項 ………………………	407
	第 2	幼保連携型認定こども園の園児の保護者に対する子育ての支援 ‥	407
	第 3	地域における子育て家庭の保護者等に対する支援 ……………	408

第Ⅲ部　「幼保連携型認定こども園教育・保育要領」解説とポイント

第1章　総　　則

第1　幼保連携型認定こども園における教育及び保育の基本及び目標等

1　幼保連携型認定こども園における教育及び保育の基本

　　乳幼児期の教育及び保育は，子どもの健全な心身の発達を図りつつ生涯にわたる人格形成の基礎を培う重要なものであり，幼保連携型認定こども園における教育及び保育は，就学前の子どもに関する教育，保育等の総合的な提供の推進に関する法律（平成18年法律第77号。以下「認定こども園法」という。）第2条第7項に規定する目的及び第9条に掲げる目標を達成するため，乳幼児期全体を通して，その特性及び保護者や地域の実態を踏まえ，環境を通して行うものであることを基本とし，家庭や地域での生活を含めた園児の生活全体が豊かなものとなるように努めなければならない。

　　このため保育教諭等は，園児との信頼関係を十分に築き，園児が自ら安心して身近な環境に主体的に関わり，環境との関わり方や意味に気付き，これらを取り込もうとして，試行錯誤したり，考えたりするようになる幼児期の教育における見方・考え方を生かし，その活動が豊かに展開されるよう環境を整え，園児と共によりよい教育及び保育の環境を創造するように努めるものとする。これらを踏まえ，次に示す事項を重視して教育及び保育を行わなければならない。

(1)　乳幼児期は周囲への依存を基盤にしつつ自立に向かうものであることを考慮して，周囲との信頼関係に支えられた生活の中で，園児一人一人が安心感と信頼感をもっていろいろな活動に取り組む体験を十分に積み重ねられるようにすること。

(2)　乳幼児期においては生命の保持が図られ安定した情緒の下で自己を十分に発揮することにより発達に必要な体験を得ていくものであることを考慮して，園児の主体的な活動を促し，乳幼児期にふさわしい生活が展開されるようにすること。

(3)　乳幼児期における自発的な活動としての遊びは，心身の調和のとれた発達の基礎を培う重要な学習であることを考慮して，遊びを通しての指導を中心として第2章に示すねらいが総合的に達成されるようにすること。

幼保連携型認定こども園教育・保育要領

(4) 乳幼児期における発達は，心身の諸側面が相互に関連し合い，多様な経過をたどって成し遂げられていくものであること，また，園児の生活経験がそれぞれ異なることなどを考慮して，園児一人一人の特性や発達の過程に応じ，発達の課題に即した指導を行うようにすること。

その際，保育教諭等は，園児の主体的な活動が確保されるよう，園児一人一人の行動の理解と予想に基づき，計画的に環境を構成しなければならない。この場合において，保育教諭等は，園児と人やものとの関わりが重要であることを踏まえ，教材を工夫し，物的・空間的環境を構成しなければならない。また，園児一人一人の活動の場面に応じて，様々な役割を果たし，その活動を豊かにしなければならない。

なお，幼保連携型認定こども園における教育及び保育は，園児が入園してから修了するまでの在園期間全体を通して行われるものであり，この章の第3に示す幼保連携型認定こども園として特に配慮すべき事項を十分に踏まえて行うものとする。

2 幼保連携型認定こども園における教育及び保育の目標

幼保連携型認定こども園は，家庭との連携を図りながら，この章の第1の1に示す幼保連携型認定こども園における教育及び保育の基本に基づいて一体的に展開される幼保連携型認定こども園における生活を通して，生きる力の基礎を育成するよう認定こども園法第9条に規定する幼保連携型認定こども園の教育及び保育の目標の達成に努めなければならない。幼保連携型認定こども園は，このことにより，義務教育及びその後の教育の基礎を培うとともに，子どもの最善の利益を考慮しつつ，その生活を保障し，保護者と共に園児を心身ともに健やかに育成するものとする。

なお，認定こども園法第9条に規定する幼保連携型認定こども園の教育及び保育の目標については，発達や学びの連続性及び生活の連続性の観点から，小学校就学の始期に達するまでの時期を通じ，その達成に向けて努力すべき目当てとなるものであることから，満3歳未満の園児の保育にも当てはまることに留意するものとする。

3 幼保連携型認定こども園の教育及び保育において育みたい資質・能力及び「幼児期の終わりまでに育ってほしい姿」

(1) 幼保連携型認定こども園においては，生きる力の基礎を育むため，この章

第Ⅲ部　「幼保連携型認定こども園教育・保育要領」解説とポイント

の1に示す幼保連携型認定こども園の教育及び保育の基本を踏まえ，次に掲げる資質・能力を一体的に育むよう努めるものとする。

ア　豊かな体験を通じて，感じたり，気付いたり，分かったり，できるようになったりする「知識及び技能の基礎」

イ　気付いたことや，できるようになったことなどを使い，考えたり，試したり，工夫したり，表現したりする「思考力，判断力，表現力等の基礎」

ウ　心情，意欲，態度が育つ中で，よりよい生活を営もうとする「学びに向かう力，人間性等」

(2)　(1)に示す資質・能力は，第2章に示すねらい及び内容に基づく活動全体によって育むものである。

(3)　次に示す「幼児期の終わりまでに育ってほしい姿」は，第2章に示すねらい及び内容に基づく活動全体を通して資質・能力が育まれている園児の幼保連携型認定こども園修了時の具体的な姿であり，保育教諭等が指導を行う際に考慮するものである。

ア　健康な心と体

　　幼保連携型認定こども園における生活の中で，充実感をもって自分のやりたいことに向かって心と体を十分に働かせ，見通しをもって行動し，自ら健康で安全な生活をつくり出すようになる。

イ　自立心

　　身近な環境に主体的に関わり様々な活動を楽しむ中で，しなければならないことを自覚し，自分の力で行うために考えたり，工夫したりしながら，諦めずにやり遂げることで達成感を味わい，自信をもって行動するようになる。

ウ　協同性

　　友達と関わる中で，互いの思いや考えなどを共有し，共通の目的の実現に向けて，考えたり，工夫したり，協力したりし，充実感をもってやり遂げるようになる。

エ　道徳性・規範意識の芽生え

　　友達と様々な体験を重ねる中で，してよいことや悪いことが分かり，自分の行動を振り返ったり，友達の気持ちに共感したりし，相手の立場に立って行動するようになる。また，きまりを守る必要性が分かり，自分の気

幼保連携型認定こども園教育・保育要領

持ちを調整し，友達と折り合いを付けながら，きまりをつくったり，守っ
たりするようになる。

オ　社会生活との関わり

　　家族を大切にしようとする気持ちをもつとともに，地域の身近な人と触
れ合う中で，人との様々な関わり方に気付き，相手の気持ちを考えて関わ
り，自分が役に立つ喜びを感じ，地域に親しみをもつようになる。また，
幼保連携型認定こども園内外の様々な環境に関わる中で，遊びや生活に必
要な情報を取り入れ，情報に基づき判断したり，情報を伝え合ったり，活
用したりするなど，情報を役立てながら活動するようになるとともに，公
共の施設を大切に利用するなどして，社会とのつながりなどを意識するよ
うになる。

カ　思考力の芽生え

　　身近な事象に積極的に関わる中で，物の性質や仕組みなどを感じ取った
り，気付いたりし，考えたり，予想したり，工夫したりするなど，多様な
関わりを楽しむようになる。また，友達の様々な考えに触れる中で，自分
と異なる考えがあることに気付き，自ら判断したり，考え直したりするな
ど，新しい考えを生み出す喜びを味わいながら，自分の考えをよりよいも
のにするようになる。

キ　自然との関わり・生命尊重

　　自然に触れて感動する体験を通して，自然の変化などを感じ取り，好奇
心や探究心をもって考え言葉などで表現しながら，身近な事象への関心が
高まるとともに，自然への愛情や畏敬の念をもつようになる。また，身近
な動植物に心を動かされる中で，生命の不思議さや尊さに気付き，身近な
動植物への接し方を考え，命あるものとしていたわり，大切にする気持ち
をもって関わるようになる。

ク　数量や図形，標識や文字などへの関心・感覚

　　遊びや生活の中で，数量や図形，標識や文字などに親しむ体験を重ねた
り，標識や文字の役割に気付いたりし，自らの必要感に基づきこれらを活
用し，興味や関心，感覚をもつようになる。

ケ　言葉による伝え合い

　　保育教諭等や友達と心を通わせる中で，絵本や物語などに親しみながら，

373

第Ⅲ部 「幼保連携型認定こども園教育・保育要領」解説とポイント

豊かな言葉や表現を身に付け，経験したことや考えたことなどを言葉で伝えたり，相手の話を注意して聞いたりし，言葉による伝え合いを楽しむようになる。

コ　豊かな感性と表現

心を動かす出来事などに触れ感性を働かせる中で，様々な素材の特徴や表現の仕方などに気付き，感じたことや考えたことを自分で表現したり，友達同士で表現する過程を楽しんだりし，表現する喜びを味わい，意欲をもつようになる。

第2　教育及び保育の内容並びに子育ての支援等に関する全体的な計画等

1　教育及び保育の内容並びに子育ての支援等に関する全体的な計画の作成等

(1)　教育及び保育の内容並びに子育ての支援等に関する全体的な計画の役割

各幼保連携型認定こども園においては，教育基本法（平成18年法律第120号），児童福祉法（昭和22年法律第164号）及び認定こども園法その他の法令並びにこの幼保連携型認定こども園教育・保育要領の示すところに従い，教育と保育を一体的に提供するため，創意工夫を生かし，園児の心身の発達と幼保連携型認定こども園，家庭及び地域の実態に即応した適切な教育及び保育の内容並びに子育ての支援等に関する全体的な計画を作成するものとする。

教育及び保育の内容並びに子育ての支援等に関する全体的な計画とは，教育と保育を一体的に捉え，園児の入園から修了までの在園期間の全体にわたり，幼保連携型認定こども園の目標に向かってどのような過程をたどって教育及び保育を進めていくかを明らかにするものであり，子育ての支援と有機的に連携し，園児の園生活全体を捉え，作成する計画である。

各幼保連携型認定こども園においては，「幼児期の終わりまでに育ってほしい姿」を踏まえ教育及び保育の内容並びに子育ての支援等に関する全体的な計画を作成すること，その実施状況を評価して改善を図っていくこと，また実施に必要な人的又は物的な体制を確保するとともにその改善を図っていくことなどを通して，教育及び保育の内容並びに子育ての支援等に関する全体的な計画に基づき組織的かつ計画的に各幼保連携型認定こども園の教育及び保育活動の質の向上を図っていくこと（以下「カリキュラム・マネジメント」という。）に努めるものとする。

幼保連携型認定こども園教育・保育要領

(2)　各幼保連携型認定こども園の教育及び保育の目標と教育及び保育の内容並びに子育ての支援等に関する全体的な計画の作成

教育及び保育の内容並びに子育ての支援等に関する全体的な計画の作成に当たっては，幼保連携型認定こども園の教育及び保育において育みたい資質・能力を踏まえつつ，各幼保連携型認定こども園の教育及び保育の目標を明確にするとともに，教育及び保育の内容並びに子育ての支援等に関する全体的な計画の作成についての基本的な方針が家庭や地域とも共有されるよう努めるものとする。

(3)　教育及び保育の内容並びに子育ての支援等に関する全体的な計画の作成上の基本的事項

ア　幼保連携型認定こども園における生活の全体を通して第2章に示すねらいが総合的に達成されるよう，教育課程に係る教育期間や園児の生活経験や発達の過程などを考慮して具体的なねらいと内容を組織するものとする。この場合においては，特に，自我が芽生え，他者の存在を意識し，自己を抑制しようとする気持ちが生まれるなどの乳幼児期の発達の特性を踏まえ，入園から修了に至るまでの長期的な視野をもって充実した生活が展開できるように配慮するものとする。

イ　幼保連携型認定こども園の満3歳以上の園児の教育課程に係る教育週数は，特別の事情のある場合を除き，39週を下ってはならない。

ウ　幼保連携型認定こども園の1日の教育課程に係る教育時間は，4時間を標準とする。ただし，園児の心身の発達の程度や季節などに適切に配慮するものとする。

エ　幼保連携型認定こども園の保育を必要とする子どもに該当する園児に対する教育及び保育の時間（満3歳以上の保育を必要とする子どもに該当する園児については，この章の第2の1の(3)ウに規定する教育時間を含む。）は，1日につき8時間を原則とし，園長がこれを定める。ただし，その地方における園児の保護者の労働時間その他家庭の状況等を考慮するものとする。

(4)　教育及び保育の内容並びに子育ての支援等に関する全体的な計画の実施上の留意事項

各幼保連携型認定こども園においては，園長の方針の下に，園務分掌に基づき保育教諭等職員が適切に役割を分担しつつ，相互に連携しながら，教育

第Ⅲ部 「幼保連携型認定こども園教育・保育要領」解説とポイント

及び保育の内容並びに子育ての支援等に関する全体的な計画や指導の改善を図るものとする。また，各幼保連携型認定こども園が行う教育及び保育等に係る評価については，教育及び保育の内容並びに子育ての支援等に関する全体的な計画の作成，実施，改善が教育及び保育活動や園運営の中核となることを踏まえ，カリキュラム・マネジメントと関連付けながら実施するよう留意するものとする。

(5) 小学校教育との接続に当たっての留意事項

　ア　幼保連携型認定こども園においては，その教育及び保育が，小学校以降の生活や学習の基盤の育成につながることに配慮し，乳幼児期にふさわしい生活を通して，創造的な思考や主体的な生活態度などの基礎を培うようにするものとする。

　イ　幼保連携型認定こども園の教育及び保育において育まれた資質・能力を踏まえ，小学校教育が円滑に行われるよう，小学校の教師との意見交換や合同の研究の機会などを設け，「幼児期の終わりまでに育ってほしい姿」を共有するなど連携を図り，幼保連携型認定こども園における教育及び保育と小学校教育との円滑な接続を図るよう努めるものとする。

2　指導計画の作成と園児の理解に基づいた評価

(1) 指導計画の考え方

　幼保連携型認定こども園における教育及び保育は，園児が自ら意欲をもって環境と関わることによりつくり出される具体的な活動を通して，その目標の達成を図るものである。

　幼保連携型認定こども園においてはこのことを踏まえ，乳幼児期にふさわしい生活が展開され，適切な指導が行われるよう，調和のとれた組織的，発展的な指導計画を作成し，園児の活動に沿った柔軟な指導を行わなければならない。

(2) 指導計画の作成上の基本的事項

　ア　指導計画は，園児の発達に即して園児一人一人が乳幼児期にふさわしい生活を展開し，必要な体験を得られるようにするために，具体的に作成するものとする。

　イ　指導計画の作成に当たっては，次に示すところにより，具体的なねらい及び内容を明確に設定し，適切な環境を構成することなどにより活動が選

幼保連携型認定こども園教育・保育要領

択・展開されるようにするものとする。

(ア) 具体的なねらい及び内容は，幼保連携型認定こども園の生活における園児の発達の過程を見通し，園児の生活の連続性，季節の変化などを考慮して，園児の興味や関心，発達の実情などに応じて設定すること。

(イ) 環境は，具体的なねらいを達成するために適切なものとなるように構成し，園児が自らその環境に関わることにより様々な活動を展開しつつ必要な体験を得られるようにすること。その際，園児の生活する姿や発想を大切にし，常にその環境が適切なものとなるようにすること。

(ウ) 園児の行う具体的な活動は，生活の流れの中で様々に変化するものであることに留意し，園児が望ましい方向に向かって自ら活動を展開していくことができるよう必要な援助をすること。

その際，園児の実態及び園児を取り巻く状況の変化などに即して指導の過程についての評価を適切に行い，常に指導計画の改善を図るものとする。

(3) 指導計画の作成上の留意事項

指導計画の作成に当たっては，次の事項に留意するものとする。

ア 園児の生活は，入園当初の一人一人の遊びや保育教諭等との触れ合いを通して幼保連携型認定こども園の生活に親しみ，安定していく時期から，他の園児との関わりの中で園児の主体的な活動が深まり，園児が互いに必要な存在であることを認識するようになる。その後，園児同士や学級全体で目的をもって協同して幼保連携型認定こども園の生活を展開し，深めていく時期などに至るまでの過程を様々に経ながら広げられていくものである。これらを考慮し，活動がそれぞれの時期にふさわしく展開されるようにすること。

また，園児の入園当初の教育及び保育に当たっては，既に在園している園児に不安や動揺を与えないようにしつつ，可能な限り個別的に対応し，園児が安定感を得て，次第に幼保連携型認定こども園の生活になじんでいくよう配慮すること。

イ 長期的に発達を見通した年，学期，月などにわたる長期の指導計画やこれとの関連を保ちながらより具体的な園児の生活に即した週，日などの短期の指導計画を作成し，適切な指導が行われるようにすること。特に，週，日などの短期の指導計画については，園児の生活のリズムに配慮し，園児

377

第Ⅲ部 「幼保連携型認定こども園教育・保育要領」解説とポイント

の意識や興味の連続性のある活動が相互に関連して幼保連携型認定こども園の生活の自然な流れの中に組み込まれるようにすること。

ウ　園児が様々な人やものとの関わりを通して，多様な体験をし，心身の調和のとれた発達を促すようにしていくこと。その際，園児の発達に即して主体的・対話的で深い学びが実現するようにするとともに，心を動かされる体験が次の活動を生み出すことを考慮し，一つ一つの体験が相互に結び付き，幼保連携型認定こども園の生活が充実するようにすること。

エ　言語に関する能力の発達と思考力等の発達が関連していることを踏まえ，幼保連携型認定こども園における生活全体を通して，園児の発達を踏まえた言語環境を整え，言語活動の充実を図ること。

オ　園児が次の活動への期待や意欲をもつことができるよう，園児の実態を踏まえながら，保育教諭等や他の園児と共に遊びや生活の中で見通しをもったり，振り返ったりするよう工夫すること。

カ　行事の指導に当たっては，幼保連携型認定こども園の生活の自然な流れの中で生活に変化や潤いを与え，園児が主体的に楽しく活動できるようにすること。なお，それぞれの行事については教育及び保育における価値を十分検討し，適切なものを精選し，園児の負担にならないようにすること。

キ　乳幼児期は直接的な体験が重要であることを踏まえ，視聴覚教材やコンピュータなど情報機器を活用する際には，幼保連携型認定こども園の生活では得難い体験を補完するなど，園児の体験との関連を考慮すること。

ク　園児の主体的な活動を促すためには，保育教諭等が多様な関わりをもつことが重要であることを踏まえ，保育教諭等は，理解者，共同作業者など様々な役割を果たし，園児の情緒の安定や発達に必要な豊かな体験が得られるよう，活動の場面に応じて，園児の人権や園児一人一人の個人差等に配慮した適切な指導を行うようにすること。

ケ　園児の行う活動は，個人，グループ，学級全体などで多様に展開されるものであることを踏まえ，幼保連携型認定こども園全体の職員による協力体制を作りながら，園児一人一人が興味や欲求を十分に満足させるよう適切な援助を行うようにすること。

コ　園児の生活は，家庭を基盤として地域社会を通じて次第に広がりをもつものであることに留意し，家庭との連携を十分に図るなど，幼保連携型認

定こども園における生活が家庭や地域社会と連続性を保ちつつ展開されるようにするものとする。その際，地域の自然，高齢者や異年齢の子どもなどを含む人材，行事や公共施設などの地域の資源を積極的に活用し，園児が豊かな生活体験を得られるように工夫するものとする。また，家庭との連携に当たっては，保護者との情報交換の機会を設けたり，保護者と園児との活動の機会を設けたりなどすることを通じて，保護者の乳幼児期の教育及び保育に関する理解が深まるよう配慮するものとする。

サ　地域や幼保連携型認定こども園の実態等により，幼保連携型認定こども園間に加え，幼稚園，保育所等の保育施設，小学校，中学校，高等学校及び特別支援学校などとの間の連携や交流を図るものとする。特に，小学校教育との円滑な接続のため，幼保連携型認定こども園の園児と小学校の児童との交流の機会を積極的に設けるようにするものとする。また，障害のある園児児童生徒との交流及び共同学習の機会を設け，共に尊重し合いながら協働して生活していく態度を育むよう努めるものとする。

(4) 園児の理解に基づいた評価の実施

園児一人一人の発達の理解に基づいた評価の実施に当たっては，次の事項に配慮するものとする。

ア　指導の過程を振り返りながら園児の理解を進め，園児一人一人のよさや可能性などを把握し，指導の改善に生かすようにすること。その際，他の園児との比較や一定の基準に対する達成度についての評定によって捉えるものではないことに留意すること。

イ　評価の妥当性や信頼性が高められるよう創意工夫を行い，組織的かつ計画的な取組を推進するとともに，次年度又は小学校等にその内容が適切に引き継がれるようにすること。

3　特別な配慮を必要とする園児への指導

(1) 障害のある園児などへの指導

障害のある園児などへの指導に当たっては，集団の中で生活することを通して全体的な発達を促していくことに配慮し，適切な環境の下で，障害のある園児が他の園児との生活を通して共に成長できるよう，特別支援学校などの助言又は援助を活用しつつ，個々の園児の障害の状態などに応じた指導内容や指導方法の工夫を組織的かつ計画的に行うものとする。また，家庭，地

第Ⅲ部 「幼保連携型認定こども園教育・保育要領」解説とポイント

域及び医療や福祉，保健等の業務を行う関係機関との連携を図り，長期的な
視点で園児への教育及び保育的支援を行うために，個別の教育及び保育支援
計画を作成し活用することに努めるとともに，個々の園児の実態を的確に把
握し，個別の指導計画を作成し活用することに努めるものとする。

(2) 海外から帰国した園児や生活に必要な日本語の習得に困難のある園児の幼
保連携型認定こども園の生活への適応

海外から帰国した園児や生活に必要な日本語の習得に困難のある園児につ
いては，安心して自己を発揮できるよう配慮するなど個々の園児の実態に応
じ，指導内容や指導方法の工夫を組織的かつ計画的に行うものとする。

第3 幼保連携型認定こども園として特に配慮すべき事項

幼保連携型認定こども園における教育及び保育を行うに当たっては，次の事項
について特に配慮しなければならない。

1 当該幼保連携型認定こども園に入園した年齢により集団生活の経験年数が異
なる園児がいることに配慮する等，0歳から小学校就学前までの一貫した教育
及び保育を園児の発達や学びの連続性を考慮して展開していくこと。特に満3
歳以上については入園する園児が多いことや同一学年の園児で編制される学級
の中で生活することなどを踏まえ，家庭や他の保育施設等との連携や引継ぎを
円滑に行うとともに，環境の工夫をすること。

2 園児の一日の生活の連続性及びリズムの多様性に配慮するとともに，保護者
の生活形態を反映した園児の在園時間の長短，入園時期や登園日数の違いを踏
まえ，園児一人一人の状況に応じ，教育及び保育の内容やその展開について工
夫をすること。特に入園及び年度当初においては，家庭との連携の下，園児一
人一人の生活の仕方やリズムに十分に配慮して一日の自然な生活の流れをつく
り出していくようにすること。

3 環境を通して行う教育及び保育の活動の充実を図るため，幼保連携型認定こ
ども園における教育及び保育の環境の構成に当たっては，乳幼児期の特性及び
保護者や地域の実態を踏まえ，次の事項に留意すること。

(1) 0歳から小学校就学前までの様々な年齢の園児の発達の特性を踏まえ，満
3歳未満の園児については特に健康，安全や発達の確保を十分に図るととも
に，満3歳以上の園児については同一学年の園児で編制される学級による集

団活動の中で遊びを中心とする園児の主体的な活動を通して発達や学びを促す経験が得られるよう工夫をすること。特に，満３歳以上の園児同士が共に育ち，学び合いながら，豊かな体験を積み重ねることができるよう工夫をすること。

(2)　在園時間が異なる多様な園児がいることを踏まえ，園児の生活が安定するよう，家庭や地域，幼保連携型認定こども園における生活の連続性を確保するとともに，一日の生活のリズムを整えるよう工夫をすること。特に満３歳未満の園児については睡眠時間等の個人差に配慮するとともに，満３歳以上の園児については集中して遊ぶ場と家庭的な雰囲気の中でくつろぐ場との適切な調和等の工夫をすること。

(3)　家庭や地域において異年齢の子どもと関わる機会が減少していることを踏まえ，満３歳以上の園児については，学級による集団活動とともに，満３歳未満の園児を含む異年齢の園児による活動を，園児の発達の状況にも配慮しつつ適切に組み合わせて設定するなどの工夫をすること。

(4)　満３歳以上の園児については，特に長期的な休業中，園児が過ごす家庭や園などの生活の場が異なることを踏まえ，それぞれの多様な生活経験が長期的な休業などの終了後等の園生活に生かされるよう工夫をすること。

4　指導計画を作成する際には，この章に示す指導計画の作成上の留意事項を踏まえるとともに，次の事項にも特に配慮すること。

(1)　園児の発達の個人差，入園した年齢の違いなどによる集団生活の経験年数の差，家庭環境等を踏まえ，園児一人一人の発達の特性や課題に十分留意すること。特に満３歳未満の園児については，大人への依存度が極めて高い等の特性があることから，個別的な対応を図ること。また，園児の集団生活への円滑な接続について，家庭等との連携及び協力を図る等十分留意すること。

(2)　園児の発達の連続性を考慮した教育及び保育を展開する際には，次の事項に留意すること。

ア　満３歳未満の園児については，園児一人一人の生育歴，心身の発達，活動の実態等に即して，個別的な計画を作成すること。

イ　満３歳以上の園児については，個の成長と，園児相互の関係や協同的な活動が促されるよう考慮すること。

ウ　異年齢で構成されるグループ等での指導に当たっては，園児一人一人の

第Ⅲ部 「幼保連携型認定こども園教育・保育要領」解説とポイント

　　　生活や経験，発達の過程などを把握し，適切な指導や環境の構成ができる
　　　よう考慮すること。

　(3)　一日の生活のリズムや在園時間が異なる園児が共に過ごすことを踏まえ，
　　　活動と休息，緊張感と解放感等の調和を図るとともに，園児に不安や動揺を
　　　与えないようにする等の配慮を行うこと。その際，担当の保育教諭等が替わ
　　　る場合には，園児の様子等引継ぎを行い，十分な連携を図ること。

　(4)　午睡は生活のリズムを構成する重要な要素であり，安心して眠ることので
　　　きる安全な午睡環境を確保するとともに，在園時間が異なることや，睡眠時
　　　間は園児の発達の状況や個人によって差があることから，一律とならないよ
　　　う配慮すること。

　(5)　長時間にわたる教育及び保育については，園児の発達の過程，生活のリズ
　　　ム及び心身の状態に十分配慮して，保育の内容や方法，職員の協力体制，家
　　　庭との連携などを指導計画に位置付けること。

　5　生命の保持や情緒の安定を図るなど養護の行き届いた環境の下，幼保連携型
　　認定こども園における教育及び保育を展開すること。

　(1)　園児一人一人が，快適にかつ健康で安全に過ごせるようにするとともに，
　　　その生理的欲求が十分に満たされ，健康増進が積極的に図られるようにする
　　　ため，次の事項に留意すること。

　　　ア　園児一人一人の平常の健康状態や発育及び発達の状態を的確に把握し，
　　　　異常を感じる場合は，速やかに適切に対応すること。

　　　イ　家庭との連携を密にし，学校医等との連携を図りながら，園児の疾病や
　　　　事故防止に関する認識を深め，保健的で安全な環境の維持及び向上に努め
　　　　ること。

　　　ウ　清潔で安全な環境を整え，適切な援助や応答的な関わりを通して，園児
　　　　の生理的欲求を満たしていくこと。また，家庭と協力しながら，園児の発
　　　　達の過程等に応じた適切な生活のリズムがつくられていくようにすること。

　　　エ　園児の発達の過程等に応じて，適度な運動と休息をとることができるよ
　　　　うにすること。また，食事，排泄，睡眠，衣類の着脱，身の回りを清潔に
　　　　することなどについて，園児が意欲的に生活できるよう適切に援助するこ
　　　　と。

　(2)　園児一人一人が安定感をもって過ごし，自分の気持ちを安心して表すこと

382

幼保連携型認定こども園教育・保育要領

ができるようにするとともに，周囲から主体として受け止められ主体として
育ち，自分を肯定する気持ちが育まれていくようにし，くつろいで共に過ご
し，心身の疲れが癒やされるようにするため，次の事項に留意すること。

ア　園児一人一人の置かれている状態や発達の過程などを的確に把握し，園
児の欲求を適切に満たしながら，応答的な触れ合いや言葉掛けを行うこと。

イ　園児一人一人の気持ちを受容し，共感しながら，園児との継続的な信頼
関係を築いていくこと。

ウ　保育教諭等との信頼関係を基盤に，園児一人一人が主体的に活動し，自
発性や探索意欲などを高めるとともに，自分への自信をもつことができる
よう成長の過程を見守り，適切に働き掛けること。

エ　園児一人一人の生活のリズム，発達の過程，在園時間などに応じて，活
動内容のバランスや調和を図りながら，適切な食事や休息がとれるように
すること。

6　園児の健康及び安全は，園児の生命の保持と健やかな生活の基本であり，幼
保連携型認定こども園の生活全体を通して健康や安全に関する管理や指導，食
育の推進等に十分留意すること。

7　保護者に対する子育ての支援に当たっては，この章に示す幼保連携型認定こ
ども園における教育及び保育の基本及び目標を踏まえ，子どもに対する学校と
しての教育及び児童福祉施設としての保育並びに保護者に対する子育ての支援
について相互に有機的な連携が図られるようにすること。また，幼保連携型認
定こども園の目的の達成に資するため，保護者が子どもの成長に気付き子育て
の喜びが感じられるよう，幼保連携型認定こども園の特性を生かした子育ての
支援に努めること。

第2章　ねらい及び内容並びに配慮事項

この章に示すねらいは，幼保連携型認定こども園の教育及び保育において育みた
い資質・能力を園児の生活する姿から捉えたものであり，内容は，ねらいを達成す
るために指導する事項である。各視点や領域は，この時期の発達の特徴を踏まえ，
教育及び保育のねらい及び内容を乳幼児の発達の側面から，乳児は三つの視点とし
て，幼児は五つの領域としてまとめ，示したものである。内容の取扱いは，園児の

第Ⅲ部 「幼保連携型認定こども園教育・保育要領」解説とポイント

発達を踏まえた指導を行うに当たって留意すべき事項である。

　各視点や領域に示すねらいは，幼保連携型認定こども園における生活の全体を通じ，園児が様々な体験を積み重ねる中で相互に関連をもちながら次第に達成に向かうものであること，内容は，園児が環境に関わって展開する具体的な活動を通して総合的に指導されるものであることに留意しなければならない。

　また，「幼児期の終わりまでに育ってほしい姿」が，ねらい及び内容に基づく活動全体を通して資質・能力が育まれている園児の幼保連携型認定こども園修了時の具体的な姿であることを踏まえ，指導を行う際に考慮するものとする。

　なお，特に必要な場合には，各視点や領域に示すねらいの趣旨に基づいて適切な，具体的な内容を工夫し，それを加えても差し支えないが，その場合には，それが第1章の第1に示す幼保連携型認定こども園の教育及び保育の基本及び目標を逸脱しないよう慎重に配慮する必要がある。

第1　乳児期の園児の保育に関するねらい及び内容

基本的事項

　　1　乳児期の発達については，視覚，聴覚などの感覚や，座る，はう，歩くなどの運動機能が著しく発達し，特定の大人との応答的な関わりを通じて，情緒的な絆_{きずな}が形成されるといった特徴がある。これらの発達の特徴を踏まえて，乳児期の園児の保育は，愛情豊かに，応答的に行われることが特に必要である。

　　2　本項においては，この時期の発達の特徴を踏まえ，乳児期の園児の保育のねらい及び内容については，身体的発達に関する視点「健やかに伸び伸びと育つ」，社会的発達に関する視点「身近な人と気持ちが通じ合う」及び精神的発達に関する視点「身近なものと関わり感性が育つ」としてまとめ，示している。

ねらい及び内容

健やかに伸び伸びと育つ

〔健康な心と体を育て，自ら健康で安全な生活をつくり出す力の基盤を培う。〕

　　1　ねらい

　　(1)　身体感覚が育ち，快適な環境に心地よさを感じる。

　　(2)　伸び伸びと体を動かし，はう，歩くなどの運動をしようとする。

幼保連携型認定こども園教育・保育要領

(3) 食事，睡眠等の生活のリズムの感覚が芽生える。

2　内　容

(1) 保育教諭等の愛情豊かな受容の下で，生理的・心理的欲求を満たし，心地よく生活をする。

(2) 一人一人の発育に応じて，はう，立つ，歩くなど，十分に体を動かす。

(3) 個人差に応じて授乳を行い，離乳を進めていく中で，様々な食品に少しずつ慣れ，食べることを楽しむ。

(4) 一人一人の生活のリズムに応じて，安全な環境の下で十分に午睡をする。

(5) おむつ交換や衣服の着脱などを通じて，清潔になることの心地よさを感じる。

3　内容の取扱い

　　上記の取扱いに当たっては，次の事項に留意する必要がある。

(1) 心と体の健康は，相互に密接な関連があるものであることを踏まえ，温かい触れ合いの中で，心と体の発達を促すこと。特に，寝返り，お座り，はいはい，つかまり立ち，伝い歩きなど，発育に応じて，遊びの中で体を動かす機会を十分に確保し，自ら体を動かそうとする意欲が育つようにすること。

(2) 健康な心と体を育てるためには望ましい食習慣の形成が重要であることを踏まえ，離乳食が完了期へと徐々に移行する中で，様々な食品に慣れるようにするとともに，和やかな雰囲気の中で食べる喜びや楽しさを味わい，進んで食べようとする気持ちが育つようにすること。なお，食物アレルギーのある園児への対応については，学校医等の指示や協力の下に適切に対応すること。

身近な人と気持ちが通じ合う

〔受容的・応答的な関わりの下で，何かを伝えようとする意欲や身近な大人との信頼関係を育て，人と関わる力の基盤を培う。〕

1　ねらい

(1) 安心できる関係の下で，身近な人と共に過ごす喜びを感じる。

(2) 体の動きや表情，発声等により，保育教諭等と気持ちを通わせようとする。

385

第Ⅲ部 「幼保連携型認定こども園教育・保育要領」解説とポイント

(3) 身近な人と親しみ，関わりを深め，愛情や信頼感が芽生える。

2 内 容

(1) 園児からの働き掛けを踏まえた，応答的な触れ合いや言葉掛けによって，欲求が満たされ，安定感をもって過ごす。

(2) 体の動きや表情，発声，喃語等を優しく受け止めてもらい，保育教諭等とのやり取りを楽しむ。

(3) 生活や遊びの中で，自分の身近な人の存在に気付き，親しみの気持ちを表す。

(4) 保育教諭等による語り掛けや歌い掛け，発声や喃語等への応答を通じて，言葉の理解や発語の意欲が育つ。

(5) 温かく，受容的な関わりを通じて，自分を肯定する気持ちが芽生える。

3 内容の取扱い

上記の取扱いに当たっては，次の事項に留意する必要がある。

(1) 保育教諭等との信頼関係に支えられて生活を確立していくことが人と関わる基盤となることを考慮して，園児の多様な感情を受け止め，温かく受容的・応答的に関わり，一人一人に応じた適切な援助を行うようにすること。

(2) 身近な人に親しみをもって接し，自分の感情などを表し，それに相手が応答する言葉を聞くことを通して，次第に言葉が獲得されていくことを考慮して，楽しい雰囲気の中での保育教諭等との関わり合いを大切にし，ゆっくりと優しく話し掛けるなど，積極的に言葉のやり取りを楽しむことができるようにすること。

身近なものと関わり感性が育つ

〔身近な環境に興味や好奇心をもって関わり，感じたことや考えたことを表現する力の基盤を培う。〕

1 ねらい

(1) 身の回りのものに親しみ，様々なものに興味や関心をもつ。

(2) 見る，触れる，探索するなど，身近な環境に自分から関わろうとする。

(3) 身体の諸感覚による認識が豊かになり，表情や手足，体の動き等で表現する。

2 内 容

幼保連携型認定こども園教育・保育要領

(1) 身近な生活用具，玩具や絵本などが用意された中で，身の回りのものに対する興味や好奇心をもつ。

(2) 生活や遊びの中で様々なものに触れ，音，形，色，手触りなどに気付き，感覚の働きを豊かにする。

(3) 保育教諭等と一緒に様々な色彩や形のものや絵本などを見る。

(4) 玩具や身の回りのものを，つまむ，つかむ，たたく，引っ張るなど，手や指を使って遊ぶ。

(5) 保育教諭等のあやし遊びに機嫌よく応じたり，歌やリズムに合わせて手足や体を動かして楽しんだりする。

3　内容の取扱い

上記の取扱いに当たっては，次の事項に留意する必要がある。

(1) 玩具などは，音質，形，色，大きさなど園児の発達状態に応じて適切なものを選び，その時々の園児の興味や関心を踏まえるなど，遊びを通して感覚の発達が促されるものとなるように工夫すること。なお，安全な環境の下で，園児が探索意欲を満たして自由に遊べるよう，身の回りのものについては常に十分な点検を行うこと。

(2) 乳児期においては，表情，発声，体の動きなどで，感情を表現することが多いことから，これらの表現しようとする意欲を積極的に受け止めて，園児が様々な活動を楽しむことを通して表現が豊かになるようにすること。

第2　満1歳以上満3歳未満の園児の保育に関するねらい及び内容

基本的事項

1　この時期においては，歩き始めから，歩く，走る，跳ぶなどへと，基本的な運動機能が次第に発達し，排泄の自立のための身体的機能も整うようになる。つまむ，めくるなどの指先の機能も発達し，食事，衣類の着脱なども，保育教諭等の援助の下で自分で行うようになる。発声も明瞭になり，語彙も増加し，自分の意思や欲求を言葉で表出できるようになる。このように自分でできることが増えてくる時期であることから，保育教諭等は，園児の生活の安定を図りながら，自分でしようとする気持ちを尊重し，温かく見守るとともに，愛情豊かに，応答的に関わることが必要である。

第Ⅲ部 「幼保連携型認定こども園教育・保育要領」解説とポイント

2 本項においては，この時期の発達の特徴を踏まえ，保育のねらい及び内容について，心身の健康に関する領域「健康」，人との関わりに関する領域「人間関係」，身近な環境との関わりに関する領域「環境」，言葉の獲得に関する領域「言葉」及び感性と表現に関する領域「表現」としてまとめ，示している。

ねらい及び内容

健　康

〔健康な心と体を育て，自ら健康で安全な生活をつくり出す力を養う。〕

1　ねらい

(1)　明るく伸び伸びと生活し，自分から体を動かすことを楽しむ。

(2)　自分の体を十分に動かし，様々な動きをしようとする。

(3)　健康，安全な生活に必要な習慣に気付き，自分でしてみようとする気持ちが育つ。

2　内　容

(1)　保育教諭等の愛情豊かな受容の下で，安定感をもって生活をする。

(2)　食事や午睡，遊びと休息など，幼保連携型認定こども園における生活のリズムが形成される。

(3)　走る，跳ぶ，登る，押す，引っ張るなど全身を使う遊びを楽しむ。

(4)　様々な食品や調理形態に慣れ，ゆったりとした雰囲気の中で食事や間食を楽しむ。

(5)　身の回りを清潔に保つ心地よさを感じ，その習慣が少しずつ身に付く。

(6)　保育教諭等の助けを借りながら，衣類の着脱を自分でしようとする。

(7)　便器での排泄に慣れ，自分で排泄ができるようになる。

3　内容の取扱い

上記の取扱いに当たっては，次の事項に留意する必要がある。

(1)　心と体の健康は，相互に密接な関連があるものであることを踏まえ，園児の気持ちに配慮した温かい触れ合いの中で，心と体の発達を促すこと。特に，一人一人の発育に応じて，体を動かす機会を十分に確保し，自ら体を動かそうとする意欲が育つようにすること。

(2)　健康な心と体を育てるためには望ましい食習慣の形成が重要であることを踏まえ，ゆったりとした雰囲気の中で食べる喜びや楽しさを味わい，

進んで食べようとする気持ちが育つようにすること。なお，食物アレルギーのある園児への対応については，学校医等の指示や協力の下に適切に対応すること。

(3) 排泄の習慣については，一人一人の排尿間隔等を踏まえ，おむつが汚れていないときに便器に座らせるなどにより，少しずつ慣れさせるようにすること。

(4) 食事，排泄，睡眠，衣類の着脱，身の回りを清潔にすることなど，生活に必要な基本的な習慣については，一人一人の状態に応じ，落ち着いた雰囲気の中で行うようにし，園児が自分でしようとする気持ちを尊重すること。また，基本的な生活習慣の形成に当たっては，家庭での生活経験に配慮し，家庭との適切な連携の下で行うようにすること。

人間関係

〔他の人々と親しみ，支え合って生活するために，自立心を育て，人と関わる力を養う。〕

1 ねらい

(1) 幼保連携型認定こども園での生活を楽しみ，身近な人と関わる心地よさを感じる。

(2) 周囲の園児等への興味・関心が高まり，関わりをもとうとする。

(3) 幼保連携型認定こども園の生活の仕方に慣れ，きまりの大切さに気付く。

2 内　容

(1) 保育教諭等や周囲の園児等との安定した関係の中で，共に過ごす心地よさを感じる。

(2) 保育教諭等の受容的・応答的な関わりの中で，欲求を適切に満たし，安定感をもって過ごす。

(3) 身の回りに様々な人がいることに気付き，徐々に他の園児と関わりをもって遊ぶ。

(4) 保育教諭等の仲立ちにより，他の園児との関わり方を少しずつ身につける。

(5) 幼保連携型認定こども園の生活の仕方に慣れ，きまりがあることや，その大切さに気付く。

第Ⅲ部 「幼保連携型認定こども園教育・保育要領」解説とポイント

(6) 生活や遊びの中で，年長児や保育教諭等の真似をしたり，ごっこ遊び
を楽しんだりする。

3 内容の取扱い

上記の取扱いに当たっては，次の事項に留意する必要がある。

(1) 保育教諭等との信頼関係に支えられて生活を確立するとともに，自分
で何かをしようとする気持ちが旺盛になる時期であることに鑑み，その
ような園児の気持ちを尊重し，温かく見守るとともに，愛情豊かに，応
答的に関わり，適切な援助を行うようにすること。

(2) 思い通りにいかない場合等の園児の不安定な感情の表出については，
保育教諭等が受容的に受け止めるとともに，そうした気持ちから立ち直
る経験や感情をコントロールすることへの気付き等につなげていけるよ
うに援助すること。

(3) この時期は自己と他者との違いの認識がまだ十分ではないことから，
園児の自我の育ちを見守るとともに，保育教諭等が仲立ちとなって，自
分の気持ちを相手に伝えることや相手の気持ちに気付くことの大切さな
ど，友達の気持ちや友達との関わり方を丁寧に伝えていくこと。

環　境

〔周囲の様々な環境に好奇心や探究心をもって関わり，それらを生活に取り入
れていこうとする力を養う。〕

1 ねらい

(1) 身近な環境に親しみ，触れ合う中で，様々なものに興味や関心をもつ。

(2) 様々なものに関わる中で，発見を楽しんだり，考えたりしようとする。

(3) 見る，聞く，触るなどの経験を通して，感覚の働きを豊かにする。

2 内　容

(1) 安全で活動しやすい環境での探索活動等を通して，見る，聞く，触れ
る，嗅ぐ，味わうなどの感覚の働きを豊かにする。

(2) 玩具，絵本，遊具などに興味をもち，それらを使った遊びを楽しむ。

(3) 身の回りの物に触れる中で，形，色，大きさ，量などの物の性質や仕
組みに気付く。

(4) 自分の物と人の物の区別や，場所的感覚など，環境を捉える感覚が育
つ。

幼保連携型認定こども園教育・保育要領

(5) 身近な生き物に気付き，親しみをもつ。

(6) 近隣の生活や季節の行事などに興味や関心をもつ。

3 内容の取扱い

上記の取扱いに当たっては，次の事項に留意する必要がある。

(1) 玩具などは，音質，形，色，大きさなど園児の発達状態に応じて適切なものを選び，遊びを通して感覚の発達が促されるように工夫すること。

(2) 身近な生き物との関わりについては，園児が命を感じ，生命の尊さに気付く経験へとつながるものであることから，そうした気付きを促すような関わりとなるようにすること。

(3) 地域の生活や季節の行事などに触れる際には，社会とのつながりや地域社会の文化への気付きにつながるものとなることが望ましいこと。その際，幼保連携型認定こども園内外の行事や地域の人々との触れ合いなどを通して行うこと等も考慮すること。

言 葉

〔経験したことや考えたことなどを自分なりの言葉で表現し，相手の話す言葉を聞こうとする意欲や態度を育て，言葉に対する感覚や言葉で表現する力を養う。〕

1 ねらい

(1) 言葉遊びや言葉で表現する楽しさを感じる。

(2) 人の言葉や話などを聞き，自分でも思ったことを伝えようとする。

(3) 絵本や物語等に親しむとともに，言葉のやり取りを通じて身近な人と気持ちを通わせる。

2 内 容

(1) 保育教諭等の応答的な関わりや話し掛けにより，自ら言葉を使おうとする。

(2) 生活に必要な簡単な言葉に気付き，聞き分ける。

(3) 親しみをもって日常の挨拶に応じる。

(4) 絵本や紙芝居を楽しみ，簡単な言葉を繰り返したり，模倣をしたりして遊ぶ。

(5) 保育教諭等とごっこ遊びをする中で，言葉のやり取りを楽しむ。

(6) 保育教諭等を仲立ちとして，生活や遊びの中で友達との言葉のやり取

391

第Ⅲ部 「幼保連携型認定こども園教育・保育要領」解説とポイント

りを楽しむ。

(7) 保育教諭等や友達の言葉や話に興味や関心をもって，聞いたり，話したりする。

3　内容の取扱い

上記の取扱いに当たっては，次の事項に留意する必要がある。

(1) 身近な人に親しみをもって接し，自分の感情などを伝え，それに相手が応答し，その言葉を聞くことを通して，次第に言葉が獲得されていくものであることを考慮して，楽しい雰囲気の中で保育教諭等との言葉のやり取りができるようにすること。

(2) 園児が自分の思いを言葉で伝えるとともに，他の園児の話などを聞くことを通して，次第に話を理解し，言葉による伝え合いができるようになるよう，気持ちや経験等の言語化を行うことを援助するなど，園児同士の関わりの仲立ちを行うようにすること。

(3) この時期は，片言から，二語文，ごっこ遊びでのやり取りができる程度へと，大きく言葉の習得が進む時期であることから，それぞれの園児の発達の状況に応じて，遊びや関わりの工夫など，保育の内容を適切に展開することが必要であること。

表　現

〔感じたことや考えたことを自分なりに表現することを通して，豊かな感性や表現する力を養い，創造性を豊かにする。〕

1　ねらい

(1) 身体の諸感覚の経験を豊かにし，様々な感覚を味わう。

(2) 感じたことや考えたことなどを自分なりに表現しようとする。

(3) 生活や遊びの様々な体験を通して，イメージや感性が豊かになる。

2　内　容

(1) 水，砂，土，紙，粘土など様々な素材に触れて楽しむ。

(2) 音楽，リズムやそれに合わせた体の動きを楽しむ。

(3) 生活の中で様々な音，形，色，手触り，動き，味，香りなどに気付いたり，感じたりして楽しむ。

(4) 歌を歌ったり，簡単な手遊びや全身を使う遊びを楽しんだりする。

(5) 保育教諭等からの話や，生活や遊びの中での出来事を通して，イメー

ジを豊かにする。

(6) 生活や遊びの中で，興味のあることや経験したことなどを自分なりに表現する。

3　内容の取扱い

上記の取扱いに当たっては，次の事項に留意する必要がある。

(1) 園児の表現は，遊びや生活の様々な場面で表出されているものであることから，それらを積極的に受け止め，様々な表現の仕方や感性を豊かにする経験となるようにすること。

(2) 園児が試行錯誤しながら様々な表現を楽しむことや，自分の力でやり遂げる充実感などに気付くよう，温かく見守るとともに，適切に援助を行うようにすること。

(3) 様々な感情の表現等を通じて，園児が自分の感情や気持ちに気付くようになる時期であることに鑑み，受容的な関わりの中で自信をもって表現をすることや，諦めずに続けた後の達成感等を感じられるような経験が蓄積されるようにすること。

(4) 身近な自然や身の回りの事物に関わる中で，発見や心が動く経験が得られるよう，諸感覚を働かせることを楽しむ遊びや素材を用意するなど保育の環境を整えること。

第3　満3歳以上の園児の教育及び保育に関するねらい及び内容

基本的事項

1　この時期においては，運動機能の発達により，基本的な動作が一通りできるようになるとともに，基本的な生活習慣もほぼ自立できるようになる。理解する語彙数が急激に増加し，知的興味や関心も高まってくる。仲間と遊び，仲間の中の一人という自覚が生じ，集団的な遊びや協同的な活動も見られるようになる。これらの発達の特徴を踏まえて，この時期の教育及び保育においては，個の成長と集団としての活動の充実が図られるようにしなければならない。

2　本項においては，この時期の発達の特徴を踏まえ，教育及び保育のねらい及び内容について，心身の健康に関する領域「健康」，人との関わりに関する領域「人間関係」，身近な環境との関わりに関する領域「環境」，言葉の獲

第Ⅲ部 「幼保連携型認定こども園教育・保育要領」解説とポイント

得に関する領域「言葉」及び感性と表現に関する領域「表現」としてまとめ，示している。

ねらい及び内容

健　康

〔健康な心と体を育て，自ら健康で安全な生活をつくり出す力を養う。〕

1　ねらい
(1)　明るく伸び伸びと行動し，充実感を味わう。
(2)　自分の体を十分に動かし，進んで運動しようとする。
(3)　健康，安全な生活に必要な習慣や態度を身に付け，見通しをもって行動する。

2　内　容
(1)　保育教諭等や友達と触れ合い，安定感をもって行動する。
(2)　いろいろな遊びの中で十分に体を動かす。
(3)　進んで戸外で遊ぶ。
(4)　様々な活動に親しみ，楽しんで取り組む。
(5)　保育教諭等や友達と食べることを楽しみ，食べ物への興味や関心をもつ。
(6)　健康な生活のリズムを身に付ける。
(7)　身の回りを清潔にし，衣服の着脱，食事，排泄などの生活に必要な活動を自分でする。
(8)　幼保連携型認定こども園における生活の仕方を知り，自分たちで生活の場を整えながら見通しをもって行動する。
(9)　自分の健康に関心をもち，病気の予防などに必要な活動を進んで行う。
(10)　危険な場所，危険な遊び方，災害時などの行動の仕方が分かり，安全に気を付けて行動する。

3　内容の取扱い
　　上記の取扱いに当たっては，次の事項に留意する必要がある。
(1)　心と体の健康は，相互に密接な関連があるものであることを踏まえ，園児が保育教諭等や他の園児との温かい触れ合いの中で自己の存在感や充実感を味わうことなどを基盤として，しなやかな心と体の発達を促すこと。特に，十分に体を動かす気持ちよさを体験し，自ら体を動かそう

幼保連携型認定こども園教育・保育要領

とする意欲が育つようにすること。

(2) 様々な遊びの中で，園児が興味や関心，能力に応じて全身を使って活動することにより，体を動かす楽しさを味わい，自分の体を大切にしようとする気持ちが育つようにすること。その際，多様な動きを経験する中で，体の動きを調整するようにすること。

(3) 自然の中で伸び伸びと体を動かして遊ぶことにより，体の諸機能の発達が促されることに留意し，園児の興味や関心が戸外にも向くようにすること。その際，園児の動線に配慮した園庭や遊具の配置などを工夫すること。

(4) 健康な心と体を育てるためには食育を通じた望ましい食習慣の形成が大切であることを踏まえ，園児の食生活の実情に配慮し，和やかな雰囲気の中で保育教諭等や他の園児と食べる喜びや楽しさを味わったり，様々な食べ物への興味や関心をもったりするなどし，食の大切さに気付き，進んで食べようとする気持ちが育つようにすること。

(5) 基本的な生活習慣の形成に当たっては，家庭での生活経験に配慮し，園児の自立心を育て，園児が他の園児と関わりながら主体的な活動を展開する中で，生活に必要な習慣を身に付け，次第に見通しをもって行動できるようにすること。

(6) 安全に関する指導に当たっては，情緒の安定を図り，遊びを通して安全についての構えを身に付け，危険な場所や事物などが分かり，安全についての理解を深めるようにすること。また，交通安全の習慣を身に付けるようにするとともに，避難訓練などを通して，災害などの緊急時に適切な行動がとれるようにすること。

人間関係

〔他の人々と親しみ，支え合って生活するために，自立心を育て，人と関わる力を養う。〕

1　ねらい

(1) 幼保連携型認定こども園の生活を楽しみ，自分の力で行動することの充実感を味わう。

(2) 身近な人と親しみ，関わりを深め，工夫したり，協力したりして一緒に活動する楽しさを味わい，愛情や信頼感をもつ。

第Ⅲ部 「幼保連携型認定こども園教育・保育要領」解説とポイント

(3) 社会生活における望ましい習慣や態度を身に付ける。

2　内　容

(1)　保育教諭等や友達と共に過ごすことの喜びを味わう。

(2)　自分で考え，自分で行動する。

(3)　自分でできることは自分でする。

(4)　いろいろな遊びを楽しみながら物事をやり遂げようとする気持ちをもつ。

(5)　友達と積極的に関わりながら喜びや悲しみを共感し合う。

(6)　自分の思ったことを相手に伝え，相手の思っていることに気付く。

(7)　友達のよさに気付き，一緒に活動する楽しさを味わう。

(8)　友達と楽しく活動する中で，共通の目的を見いだし，工夫したり，協力したりなどする。

(9)　よいことや悪いことがあることに気付き，考えながら行動する。

(10)　友達との関わりを深め，思いやりをもつ。

(11)　友達と楽しく生活する中できまりの大切さに気付き，守ろうとする。

(12)　共同の遊具や用具を大切にし，皆で使う。

(13)　高齢者をはじめ地域の人々などの自分の生活に関係の深いいろいろな人に親しみをもつ。

3　内容の取扱い

上記の取扱いに当たっては，次の事項に留意する必要がある。

(1)　保育教諭等との信頼関係に支えられて自分自身の生活を確立していくことが人と関わる基盤となることを考慮し，園児が自ら周囲に働き掛けることにより多様な感情を体験し，試行錯誤しながら諦めずにやり遂げることの達成感や，前向きな見通しをもって自分の力で行うことの充実感を味わうことができるよう，園児の行動を見守りながら適切な援助を行うようにすること。

(2)　一人一人を生かした集団を形成しながら人と関わる力を育てていくようにすること。その際，集団の生活の中で，園児が自己を発揮し，保育教諭等や他の園児に認められる体験をし，自分のよさや特徴に気付き，自信をもって行動できるようにすること。

(3)　園児が互いに関わりを深め，協同して遊ぶようになるため，自ら行動

する力を育てるようにするとともに，他の園児と試行錯誤しながら活動を展開する楽しさや共通の目的が実現する喜びを味わうことができるようにすること。

(4) 道徳性の芽生えを培うに当たっては，基本的な生活習慣の形成を図るとともに，園児が他の園児との関わりの中で他人の存在に気付き，相手を尊重する気持ちをもって行動できるようにし，また，自然や身近な動植物に親しむことなどを通して豊かな心情が育つようにすること。特に，人に対する信頼感や思いやりの気持ちは，葛藤やつまずきをも体験し，それらを乗り越えることにより次第に芽生えてくることに配慮すること。

(5) 集団の生活を通して，園児が人との関わりを深め，規範意識の芽生えが培われることを考慮し，園児が保育教諭等との信頼関係に支えられて自己を発揮する中で，互いに思いを主張し，折り合いを付ける体験をし，きまりの必要性などに気付き，自分の気持ちを調整する力が育つようにすること。

(6) 高齢者をはじめ地域の人々などの自分の生活に関係の深いいろいろな人と触れ合い，自分の感情や意志を表現しながら共に楽しみ，共感し合う体験を通して，これらの人々などに親しみをもち，人と関わることの楽しさや人の役に立つ喜びを味わうことができるようにすること。また，生活を通して親や祖父母などの家族の愛情に気付き，家族を大切にしようとする気持ちが育つようにすること。

環　境

〔周囲の様々な環境に好奇心や探究心をもって関わり，それらを生活に取り入れていこうとする力を養う。〕

1　ねらい

(1) 身近な環境に親しみ，自然と触れ合う中で様々な事象に興味や関心をもつ。

(2) 身近な環境に自分から関わり，発見を楽しんだり，考えたりし，それを生活に取り入れようとする。

(3) 身近な事象を見たり，考えたり，扱ったりする中で，物の性質や数量，文字などに対する感覚を豊かにする。

2　内　容

第Ⅲ部　「幼保連携型認定こども園教育・保育要領」解説とポイント

(1)　自然に触れて生活し，その大きさ，美しさ，不思議さなどに気付く。

(2)　生活の中で，様々な物に触れ，その性質や仕組みに興味や関心をもつ。

(3)　季節により自然や人間の生活に変化のあることに気付く。

(4)　自然などの身近な事象に関心をもち，取り入れて遊ぶ。

(5)　身近な動植物に親しみをもって接し，生命の尊さに気付き，いたわったり，大切にしたりする。

(6)　日常生活の中で，我が国や地域社会における様々な文化や伝統に親しむ。

(7)　身近な物を大切にする。

(8)　身近な物や遊具に興味をもって関わり，自分なりに比べたり，関連付けたりしながら考えたり，試したりして工夫して遊ぶ。

(9)　日常生活の中で数量や図形などに関心をもつ。

(10)　日常生活の中で簡単な標識や文字などに関心をもつ。

(11)　生活に関係の深い情報や施設などに興味や関心をもつ。

(12)　幼保連携型認定こども園内外の行事において国旗に親しむ。

3　内容の取扱い

　　上記の取扱いに当たっては，次の事項に留意する必要がある。

(1)　園児が，遊びの中で周囲の環境と関わり，次第に周囲の世界に好奇心を抱き，その意味や操作の仕方に関心をもち，物事の法則性に気付き，自分なりに考えることができるようになる過程を大切にすること。また，他の園児の考えなどに触れて新しい考えを生み出す喜びや楽しさを味わい，自分の考えをよりよいものにしようとする気持ちが育つようにすること。

(2)　幼児期において自然のもつ意味は大きく，自然の大きさ，美しさ，不思議さなどに直接触れる体験を通して，園児の心が安らぎ，豊かな感情，好奇心，思考力，表現力の基礎が培われることを踏まえ，園児が自然との関わりを深めることができるよう工夫すること。

(3)　身近な事象や動植物に対する感動を伝え合い，共感し合うことなどを通して自分から関わろうとする意欲を育てるとともに，様々な関わり方を通してそれらに対する親しみや畏敬の念，生命を大切にする気持ち，公共心，探究心などが養われるようにすること。

幼保連携型認定こども園教育・保育要領

(4) 文化や伝統に親しむ際には，正月や節句など我が国の伝統的な行事，国歌，唱歌，わらべうたや我が国の伝統的な遊びに親しんだり，異なる文化に触れる活動に親しんだりすることを通じて，社会とのつながりの意識や国際理解の意識の芽生えなどが養われるようにすること。

(5) 数量や文字などに関しては，日常生活の中で園児自身の必要感に基づく体験を大切にし，数量や文字などに関する興味や関心，感覚が養われるようにすること。

言　葉

〔経験したことや考えたことなどを自分なりの言葉で表現し，相手の話す言葉を聞こうとする意欲や態度を育て，言葉に対する感覚や言葉で表現する力を養う。〕

1　ねらい

(1) 自分の気持ちを言葉で表現する楽しさを味わう。

(2) 人の言葉や話などをよく聞き，自分の経験したことや考えたことを話し　伝え合う喜びを味わう。

(3) 日常生活に必要な言葉が分かるようになるとともに，絵本や物語などに親しみ，言葉に対する感覚を豊かにし，保育教諭等や友達と心を通わせる。

2　内　容

(1) 保育教諭等や友達の言葉や話に興味や関心をもち，親しみをもって聞いたり，話したりする。

(2) したり，見たり，聞いたり，感じたり，考えたりなどしたことを自分なりに言葉で表現する。

(3) したいこと，してほしいことを言葉で表現したり，分からないことを尋ねたりする。

(4) 人の話を注意して聞き，相手に分かるように話す。

(5) 生活の中で必要な言葉が分かり，使う。

(6) 親しみをもって日常の挨拶をする。

(7) 生活の中で言葉の楽しさや美しさに気付く。

(8) いろいろな体験を通じてイメージや言葉を豊かにする。

(9) 絵本や物語などに親しみ，興味をもって聞き，想像をする楽しさを味

第Ⅲ部　「幼保連携型認定こども園教育・保育要領」解説とポイント

わう。

(10)　日常生活の中で，文字などで伝える楽しさを味わう。

3　内容の取扱い

上記の取扱いに当たっては，次の事項に留意する必要がある。

(1)　言葉は，身近な人に親しみをもって接し，自分の感情や意志などを伝え，それに相手が応答し，その言葉を聞くことを通して次第に獲得されていくものであることを考慮して，園児が保育教諭等や他の園児と関わることにより心を動かされるような体験をし，言葉を交わす喜びを味わえるようにすること。

(2)　園児が自分の思いを言葉で伝えるとともに，保育教諭等や他の園児などの話を興味をもって注意して聞くことを通して次第に話を理解するようになっていき，言葉による伝え合いができるようにすること。

(3)　絵本や物語などで，その内容と自分の経験とを結び付けたり，想像を巡らせたりするなど，楽しみを十分に味わうことによって，次第に豊かなイメージをもち，言葉に対する感覚が養われるようにすること。

(4)　園児が生活の中で，言葉の響きやリズム，新しい言葉や表現などに触れ，これらを使う楽しさを味わえるようにすること。その際，絵本や物語に親しんだり，言葉遊びなどをしたりすることを通して，言葉が豊かになるようにすること。

(5)　園児が日常生活の中で，文字などを使いながら思ったことや考えたことを伝える喜びや楽しさを味わい，文字に対する興味や関心をもつようにすること。

表　現

〔感じたことや考えたことを自分なりに表現することを通して，豊かな感性や表現する力を養い，創造性を豊かにする。〕

1　ねらい

(1)　いろいろなものの美しさなどに対する豊かな感性をもつ。

(2)　感じたことや考えたことを自分なりに表現して楽しむ。

(3)　生活の中でイメージを豊かにし，様々な表現を楽しむ。

2　内　容

(1)　生活の中で様々な音，形，色，手触り，動きなどに気付いたり，感じ

幼保連携型認定こども園教育・保育要領

たりするなどして楽しむ。

(2) 生活の中で美しいものや心を動かす出来事に触れ，イメージを豊かにする。

(3) 様々な出来事の中で，感動したことを伝え合う楽しさを味わう。

(4) 感じたこと，考えたことなどを音や動きなどで表現したり，自由にかいたり，つくったりなどする。

(5) いろいろな素材に親しみ，工夫して遊ぶ。

(6) 音楽に親しみ，歌を歌ったり，簡単なリズム楽器を使ったりなどする楽しさを味わう。

(7) かいたり，つくったりすることを楽しみ，遊びに使ったり，飾ったりなどする。

(8) 自分のイメージを動きや言葉などで表現したり，演じて遊んだりするなどの楽しさを味わう。

3　内容の取扱い

上記の取扱いに当たっては，次の事項に留意する必要がある。

(1) 豊かな感性は，身近な環境と十分に関わる中で美しいもの，優れたもの，心を動かす出来事などに出会い，そこから得た感動を他の園児や保育教諭等と共有し，様々に表現することなどを通して養われるようにすること。その際，風の音や雨の音，身近にある草や花の形や色など自然の中にある音，形，色などに気付くようにすること。

(2) 幼児期の自己表現は素朴な形で行われることが多いので，保育教諭等はそのような表現を受容し，園児自身の表現しようとする意欲を受け止めて，園児が生活の中で園児らしい様々な表現を楽しむことができるようにすること。

(3) 生活経験や発達に応じ，自ら様々な表現を楽しみ，表現する意欲を十分に発揮させることができるように，遊具や用具などを整えたり，様々な素材や表現の仕方に親しんだり，他の園児の表現に触れられるよう配慮したりし，表現する過程を大切にして自己表現を楽しめるように工夫すること。

第Ⅲ部 「幼保連携型認定こども園教育・保育要領」解説とポイント

第4 教育及び保育の実施に関する配慮事項

1 満3歳未満の園児の保育の実施については，以下の事項に配慮するものとする。

(1) 乳児は疾病への抵抗力が弱く，心身の機能の未熟さに伴う疾病の発生が多いことから，一人一人の発育及び発達状態や健康状態についての適切な判断に基づく保健的な対応を行うこと。また，一人一人の園児の生育歴の違いに留意しつつ，欲求を適切に満たし，特定の保育教諭等が応答的に関わるように努めること。更に，乳児期の園児の保育に関わる職員間の連携や学校医との連携を図り，第3章に示す事項を踏まえ，適切に対応すること。栄養士及び看護師等が配置されている場合は，その専門性を生かした対応を図ること。乳児期の園児の保育においては特に，保護者との信頼関係を築きながら保育を進めるとともに，保護者からの相談に応じ支援に努めていくこと。なお，担当の保育教諭等が替わる場合には，園児のそれまでの生育歴や発達の過程に留意し，職員間で協力して対応すること。

(2) 満1歳以上満3歳未満の園児は，特に感染症にかかりやすい時期であるので，体の状態，機嫌，食欲などの日常の状態の観察を十分に行うとともに，適切な判断に基づく保健的な対応を心掛けること。また，探索活動が十分できるように，事故防止に努めながら活動しやすい環境を整え，全身を使う遊びなど様々な遊びを取り入れること。更に，自我が形成され，園児が自分の感情や気持ちに気付くようになる重要な時期であることに鑑み，情緒の安定を図りながら，園児の自発的な活動を尊重するとともに促していくこと。なお，担当の保育教諭等が替わる場合には，園児のそれまでの経験や発達の過程に留意し，職員間で協力して対応すること。

2 幼保連携型認定こども園における教育及び保育の全般において以下の事項に配慮するものとする。

(1) 園児の心身の発達及び活動の実態などの個人差を踏まえるとともに，一人一人の園児の気持ちを受け止め，援助すること。

(2) 園児の健康は，生理的・身体的な育ちとともに，自主性や社会性，豊かな感性の育ちとがあいまってもたらされることに留意すること。

(3) 園児が自ら周囲に働き掛け，試行錯誤しつつ自分の力で行う活動を見守りながら，適切に援助すること。

幼保連携型認定こども園教育・保育要領

(4) 園児の入園時の教育及び保育に当たっては，できるだけ個別的に対応し，園児が安定感を得て，次第に幼保連携型認定こども園の生活になじんでいくようにするとともに，既に入園している園児に不安や動揺を与えないようにすること。

(5) 園児の国籍や文化の違いを認め，互いに尊重する心を育てるようにすること。

(6) 園児の性差や個人差にも留意しつつ，性別などによる固定的な意識を植え付けることがないようにすること。

第3章　健康及び安全

幼保連携型認定こども園における園児の健康及び安全は，園児の生命の保持と健やかな生活の基本となるものであり，第1章及び第2章の関連する事項と併せ，次に示す事項について適切に対応するものとする。その際，養護教諭や看護師，栄養教諭や栄養士等が配置されている場合には，学校医等と共に，これらの者がそれぞれの専門性を生かしながら，全職員が相互に連携し，組織的かつ適切な対応を行うことができるような体制整備や研修を行うことが必要である。

第1　健康支援

1　健康状態や発育及び発達の状態の把握

(1) 園児の心身の状態に応じた教育及び保育を行うために，園児の健康状態や発育及び発達の状態について，定期的・継続的に，また，必要に応じて随時，把握すること。

(2) 保護者からの情報とともに，登園時及び在園時に園児の状態を観察し，何らかの疾病が疑われる状態や傷害が認められた場合には，保護者に連絡するとともに，学校医と相談するなど適切な対応を図ること。

(3) 園児の心身の状態等を観察し，不適切な養育の兆候が見られる場合には，市町村（特別区を含む。以下同じ。）や関係機関と連携し，児童福祉法第25条に基づき，適切な対応を図ること。また，虐待が疑われる場合には，速やかに市町村又は児童相談所に通告し，適切な対応を図ること。

403

第Ⅲ部 「幼保連携型認定こども園教育・保育要領」解説とポイント

2 健康増進

(1) 認定こども園法第27条において準用する学校保健安全法（昭和33年法律第56号）第5条の学校保健計画を作成する際は，<u>教育及び保育の内容並びに子育ての支援等に関する全体的な計画に位置づけるものとし</u>，全ての職員がそのねらいや内容を<u>踏まえ</u>，園児一人一人の健康の保持及び増進に努めていくこと。

(2) 認定こども園法第27条において準用する学校保健安全法第13条第1項の健康診断を行ったときは，認定こども園法第27条において準用する学校保健安全法第14条の措置を行い，教育及び保育に活用するとともに，保護者が園児の状態を理解し，日常生活に活用できるようにすること。

3 疾病等への対応

(1) 在園時に体調不良や傷害が発生した場合には，その園児の状態等に応じて，保護者に連絡するとともに，適宜，学校医やかかりつけ医等と相談し，適切な処置を行うこと。

(2) 感染症やその他の疾病の発生予防に努め，その発生や疑いがある場合には必要に応じて学校医，市町村，保健所等に連絡し，その指示に従うとともに，保護者や全ての職員に連絡し，<u>予防等について</u>協力を求めること。また，感染症に関する幼保連携型認定こども園の対応方法等について，あらかじめ関係機関の協力を得ておくこと。

(3) <u>アレルギー疾患を有する園児に関しては，保護者と連携し，医師の診断及び指示に基づき，適切な対応を行うこと。また，食物アレルギーに関して，関係機関と連携して，当該幼保連携型認定こども園の体制構築など，安全な環境の整備を行うこと。</u>

(4) 園児の疾病等の事態に備え，保健室の環境を整え，救急用の薬品，材料等を<u>適切な管理の下に</u>常備し，全ての職員が対応できるようにしておくこと。

第2　食育の推進

1 幼保連携型認定こども園における食育は，健康な生活の基本としての食を営む力の育成に向け，その基礎を培うことを目標と<u>すること。</u>

2 園児が生活と遊びの中で，意欲をもって食に関わる体験を積み重ね，食べることを楽しみ，食事を楽しみ合う園児に成長していくことを期待するものであ

ること。

3 乳幼児期にふさわしい食生活が展開され，適切な援助が行われるよう，教育及び保育の内容並びに子育ての支援等に関する全体的な計画に基づき，食事の提供を含む食育の計画を作成し，指導計画に位置付けるとともに，その評価及び改善に努めること。

4 園児が自らの感覚や体験を通して，自然の恵みとしての食材や食の循環・環境への意識，調理する人への感謝の気持ちが育つように，園児と調理員等との関わりや，調理室など食に関する環境に配慮すること。

5 保護者や地域の多様な関係者との連携及び協働の下で，食に関する取組が進められること。また，市町村の支援の下に，地域の関係機関等との日常的な連携を図り，必要な協力が得られるよう努めること。

6 体調不良，食物アレルギー，障害のある園児など，園児一人一人の心身の状態等に応じ，学校医，かかりつけ医等の指示や協力の下に適切に対応すること。

第3 環境及び衛生管理並びに安全管理

1 環境及び衛生管理

(1) 認定こども園法第27条において準用する学校保健安全法第6条の学校環境衛生基準に基づき幼保連携型認定こども園の適切な環境の維持に努めるとともに，施設内外の設備，用具等の衛生管理に努めること。

(2) 認定こども園法第27条において準用する学校保健安全法第6条の学校環境衛生基準に基づき幼保連携型認定こども園の施設内外の適切な環境の維持に努めるとともに，園児及び全職員が清潔を保つようにすること。また，職員は衛生知識の向上に努めること。

2 事故防止及び安全対策

(1) 在園時の事故防止のために，園児の心身の状態等を踏まえつつ，認定こども園法第27条において準用する学校保健安全法第27条の学校安全計画の策定等を通じ，全職員の共通理解や体制づくりを図るとともに，家庭や地域の関係機関の協力の下に安全指導を行うこと。

(2) 事故防止の取組を行う際には，特に，睡眠中，プール活動・水遊び中，食事中等の場面では重大事故が発生しやすいことを踏まえ，園児の主体的な活動を大切にしつつ，施設内外の環境の配慮や指導の工夫を行うなど，必要な

第Ⅲ部　「幼保連携型認定こども園教育・保育要領」解説とポイント

対策を講じること。

(3)　認定こども園法第27条において準用する学校保健安全法第29条の危険等発生時対処要領に基づき，事故の発生に備えるとともに施設内外の危険箇所の点検や訓練を実施すること。また，外部からの不審者等の侵入防止のための措置や訓練など不測の事態に備え必要な対応を行うこと。更に，園児の精神保健面における対応に留意すること。

第4　災害への備え

1　施設・設備等の安全確保

(1)　認定こども園法第27条において準用する学校保健安全法第29条の危険等発生時対処要領に基づき，災害等の発生に備えるとともに，防火設備，避難経路等の安全性が確保されるよう，定期的にこれらの安全点検を行うこと。

(2)　備品，遊具等の配置，保管を適切に行い，日頃から，安全環境の整備に努めること。

2　災害発生時の対応体制及び避難への備え

(1)　火災や地震などの災害の発生に備え，認定こども園法第27条において準用する学校保健安全法第29条の危険等発生時対処要領を作成する際には，緊急時の対応の具体的内容及び手順，職員の役割分担，避難訓練計画等の事項を盛り込むこと。

(2)　定期的に避難訓練を実施するなど，必要な対応を図ること。

(3)　災害の発生時に，保護者等への連絡及び子どもの引渡しを円滑に行うため，日頃から保護者との密接な連携に努め，連絡体制や引渡し方法等について確認をしておくこと。

3　地域の関係機関等との連携

(1)　市町村の支援の下に，地域の関係機関との日常的な連携を図り，必要な協力が得られるよう努めること。

(2)　避難訓練については，地域の関係機関や保護者との連携の下に行うなど工夫すること。

幼保連携型認定こども園教育・保育要領

第4章　子育ての支援

　幼保連携型認定子ども園における保護者に対する子育ての支援は，子どもの利益を最優先して行うものとし，第1章及び第2章等の関連する事項を踏まえ，子どもの育ちを家庭と連携して支援していくとともに，保護者及び地域が有する子育てを自ら実践する力の向上に資するよう，次の事項に留意するものとする。

第1　子育ての支援全般に関わる事項

1　保護者に対する子育ての支援を行う際には，各地域や家庭の実態等を踏まえるとともに，保護者の気持ちを受け止め，相互の信頼関係を基本に，保護者の自己決定を尊重すること。

2　教育及び保育並びに子育ての支援に関する知識や技術など，保育教諭等の専門性や，園児が常に存在する環境など，幼保連携型認定こども園の特性を生かし，保護者が子どもの成長に気付き子育ての喜びを感じられるように努めること。

3　保護者に対する子育ての支援における地域の関係機関等との連携及び協働を図り，園全体の体制構築に努めること。

4　子どもの利益に反しない限りにおいて，保護者や子どものプライバシーを保護し，知り得た事柄の秘密を保持すること。

第2　幼保連携型認定こども園の園児の保護者に対する子育ての支援

1　日常の様々な機会を活用し，園児の日々の様子の伝達や収集，教育及び保育の意図の説明などを通じて，保護者との相互理解を図るよう努めること。

2　教育及び保育の活動に対する保護者の積極的な参加は，保護者の子育てを自ら実践する力の向上に寄与するだけでなく，地域社会における家庭や住民の子育てを自ら実践する力の向上及び子育ての経験の継承につながるきっかけとなる。これらのことから，保護者の参加を促すとともに，参加しやすいよう工夫すること。

3　保護者の生活形態が異なることを踏まえ，全ての保護者の相互理解が深まるように配慮すること。その際，保護者同士が子育てに対する新たな考えに出会

407

第Ⅲ部 「幼保連携型認定こども園教育・保育要領」解説とポイント

い気付き合えるよう工夫すること。

4 保護者の就労と子育ての両立等を支援するため，保護者の多様化した教育及び保育の需要に応じて病児保育事業など多様な事業を実施する場合には，保護者の状況に配慮するとともに，園児の福祉が尊重されるよう努め，園児の生活の連続性を考慮すること。

5 地域の実態や保護者の要請により，教育を行う標準的な時間の終了後等に希望する園児を対象に一時預かり事業などとして行う活動については，保育教諭間及び家庭との連携を密にし，園児の心身の負担に配慮すること。その際，地域の実態や保護者の事情とともに園児の生活のリズムを踏まえつつ，必要に応じて，弾力的な運用を行うこと。

6 園児に障害や発達上の課題が見られる場合には，市町村や関係機関と連携及び協力を図りつつ，保護者に対する個別の支援を行うよう努めること。

7 外国籍家庭など，特別な配慮を必要とする家庭の場合には，状況等に応じて個別の支援を行うよう努めること。

8 保護者に育児不安等が見られる場合には，保護者の希望に応じて個別の支援を行うよう努めること。

9 保護者に不適切な養育等が疑われる場合には，市町村や関係機関と連携し，要保護児童対策地域協議会で検討するなど適切な対応を図ること。また，虐待が疑われる場合には，速やかに市町村又は児童相談所に通告し，適切な対応を図ること。

第3　地域における子育て家庭の保護者等に対する支援

1 幼保連携型認定こども園において，認定こども園法第2条第12項に規定する子育て支援事業を実施する際には，当該幼保連携型認定こども園がもつ地域性や専門性などを十分に考慮して当該地域において必要と認められるものを適切に実施すること。また，地域の子どもに対する一時預かり事業などの活動を行う際には，一人一人の子どもの心身の状態などを考慮するとともに，教育及び保育との関連に配慮するなど，柔軟に活動を展開できるようにすること。

2 市町村の支援を得て，地域の関係機関等との積極的な連携及び協働を図るとともに，子育ての支援に関する地域の人材の積極的な活用を図るよう努めること。また，地域の要保護児童への対応など，地域の子どもを巡る諸課題に対し，

要保護児童対策地域協議会など関係機関等と連携及び協力して取り組むよう努めること。

3　幼保連携型認定こども園は，地域の子どもが健やかに育成される環境を提供し，保護者に対する総合的な子育ての支援を推進するため，地域における乳幼児期の教育及び保育の中心的な役割を果たすよう努めること。

第Ⅲ部 「幼保連携型認定こども園教育・保育要領」解説とポイント

幼保連携型認定こども園教育・保育要領の改訂に関する
検討会　委員名簿

（所属・肩書は，2016年12月現在）

秋田喜代美（東京大学大学院教授）

阿 部 和 子（大妻女子大学教授）

大日向雅美（恵泉女学園大学学長）

岡 村 　 宣（認定こども園ポプラの木園長）

神長美津子（國學院大学教授）

○汐 見 稔 幸（白梅学園大学学長）

鈴木みゆき（和洋女子大学教授）

砂 上 史 子（千葉大学准教授）

田 中 雅 道（光明幼稚園園長）

寺 田 清 美（東京成徳短期大学教授）

橋 本 真 紀（関西学院大学教授）

三代川紀子（浦安市立猫実保育園園長）

◎無 藤 　 隆（白梅学園大学教授）

山 下 文 一（高知学園短期大学准教授）

横山真貴子（奈良教育大学教授）

渡 邊 郁 美（新宿区立あいじつ子ども園園長）

渡 邉 英 則（認定こども園ゆうゆうのもり幼保園園長）

　　◎座長　○座長代理　　　　　　　　　　　　　　　（五十音順，敬称略）

「幼保連携型認定こども園教育・保育要領」 の解説と改訂のポイント

無藤　隆

　ここでは，幼保連携型認定こども園教育・保育要領の改訂の趣旨について，幼保連携型認定こども園教育・保育要領（平成29年3月31日）とその解説資料によりながら，解説します。

1　幼保連携型認定こども園とは

　幼保連携型認定こども園は，幼児期の学校教育を行う施設であり，その意味で幼稚園と同等のものであると同時に，保育を必要とする子どもの保育を行う施設でもあり，その意味で保育所と同等のものです。その教育及び保育を一体的に行うというのが幼保連携型認定こども園の最大の特徴です。また，保護者の就労状況等にかかわらず利用でき，就労状況等が変わった場合でも，通い慣れた園を継続して利用できること，地域において必要とされている子育ての支援を行うなど，園に通っていない子どもの家庭も子育て相談や親子の交流の場として利用できるという特徴もあります。

　この幼保連携型認定こども園の教育課程その他の教育及び保育の内容は，「幼保連携型認定こども園教育・保育要領」（内閣府・文部科学省・厚生労働省共同告示として平成26年4月に公示，平成27年4月に施行：以下，「教育・保育要領」）に基づいています。幼保連携型認定こども園の教育課程その他の教育及び保育の内容に関する事項は，「就学前の子どもに関する教育，保育等の総合的な提供の推進に関する法律」（平成18年法律第77号）において，幼稚園教育要領（平成20年文部科学省告示第26号）及び保育所保育指針（平成20年厚生労働省告示第141号）との整合性の確保や小学校における教育との円滑な接続に配慮しなければならないと規定されており，今回の改訂もその趣旨に基づいて，これら3つが同時に改訂（改定）されました。

第Ⅲ部 「幼保連携型認定こども園教育・保育要領」解説とポイント

2 改訂に当たっての基本的な考え方

「教育・保育要領」は，2016年12月に取りまとめられた「幼保連携型認定こども園教育・保育要領の改訂に関する審議のまとめ」を踏まえ，次の方針に基づき改訂しました。

（1）幼稚園教育要領及び保育所保育指針との整合性の確保

①幼稚園教育要領との整合性
主に以下の点において「幼稚園教育要領」との整合性を図りました。
・幼保連携型認定こども園の教育及び保育において育みたい資質・能力の明示。
・5歳児修了時までに育ってほしい具体的な姿「幼児期の終わりまでに育ってほしい姿」の明示。
・園児の理解に基づいた評価の実施，特別な配慮を必要とする園児への指導の充実。
・近年の子どもの育ちを巡る環境の変化等を踏まえた，満3歳以上の園児の教育及び保育の内容の改善と充実。

②保育所保育指針との整合性
主に以下の点において「保育所保育指針」との整合性を図りました。
・乳児期及び満1歳以上満3歳未満の園児の保育に関する，「視点」及び「領域」，「ねらい及び内容」並びに「内容の取扱い」の明示，記述内容の充実。
・保護者や家庭及び地域と連携した子育て支援の必要性。
・近年の課題に応じた健康及び安全に関する内容の充実。特に，災害への備えに関してや教職員間の連携や組織的な対応について明示。

（2）幼保連携型認定こども園として特に配慮すべき事項等の充実

以下の点から，幼保連携型認定こども園として特に配慮するべき事項等の充実を図りました。
・満3歳以上の新園児や他の保育施設から移行してくる子どもへの配慮。
・異年齢の子どもが関わる機会を生かした多様な経験や園児同士の学び合いがで

きるような工夫。

・在園時間が異なる子どもがいることへの配慮。

・いわゆる「夏休みや」「冬休み」といった長期休業中の子どもたちへの体験の差への配慮。

・多様な生活形態の保護者が在園していることへの配慮や地域における子育て支援の役割等，子育ての支援に関する内容の充実。

3　改訂の中心となるポイント

以下，改訂の中心となるポイントをいくつか取り上げ，より詳しく解説します。

（1）資質・能力と幼児期の終わりまでに育ってほしい姿*1

　幼保連携型認定こども園における教育及び保育は，その後の学校教育全体の生活や学習の基盤を培う役割も担っています。この基盤を培うとは，小学校以降の子どもの発達を見通したうえで，幼保連携型認定こども園の教育及び保育において育みたい資質・能力である①「知識及び技能の基礎」，②「思考力・判断力・表現力等の基礎」そして③「学びに向かう力・人間性等」を乳幼児期にふさわしい生活を通してしっかり育てることです。そのことが小学校以降の生活や学習においても重要な自ら学ぶ意欲や自ら学ぶ力を養い，一人ひとりの資質・能力を育成することにつながっていくのです。

　①「知識及び技能の基礎」とは，具体的には，豊かな体験を通じて，園児が自ら感じたり，気づいたり，わかったり，できるようになったりすること，②「思考力，判断力，表現力等の基礎」とは，具体的には，気づいたことや，できるようになったことなどを使い，考えたり，試したり，工夫したり，表現したりすること，③「学びに向かう力，人間性等」とは，具体的には，心情，意欲，態度が育つなかで，よりよい生活を営もうとすることです。これらの資質・能力は，保育内容に関わるねらい及び内容に基づき，各幼保連携型認定こども園が園児の発達の実情や園児の

＊1　「資質・能力」や「幼児期の終わりまでに育ってほしい姿」については，本書「『幼稚園教育要領』の解説と改訂のポイント」において，若干詳細を解説しているので，そちらも参照いただきたい。また，本書に「関連資料」として収録している「幼児教育部会における審議の取りまとめ」もあわせて参照いただきたい。

第Ⅲ部 「幼保連携型認定こども園教育・保育要領」解説とポイント

興味や関心等を踏まえながら展開する活動全体によって育むものです。

「幼児期の終わりまでに育ってほしい姿」は，「ねらい及び内容」に基づいて，各幼保連携型認定こども園で乳幼児期にふさわしい遊びや生活を積み重ねることにより，幼保連携型認定こども園の教育及び保育において育みたい資質・能力が育まれている園児の具体的な姿であり，特に5歳児後半に見られるようになる姿です。また，この姿は5歳児に突然見られるようになるものではないため，乳幼児が発達していく方向を意識して，それぞれの時期にふさわしい指導を積み重ねていくものです。この姿は，「健康な心と体」など，10の姿にまとめられています。乳児期からさらに小学校へと長期にわたって成長していく育ちの方向性であり，特定のテストで測られる能力を表すものではありません。数か月にわたるいくつもの活動のなかに共通に現れる子どもの様子から，その育ちを判断し，園のなかで共有しながら，保育の展開の反省に用い，また保護者や小学校教諭に伝えるなどします。

（2）全体的な計画と指導計画

全体的な計画は，「幼児期の終わりまでに育ってほしい姿」を踏まえた質の高い教育及び保育並びに子育ての支援等を目指して，幼保連携型認定こども園の全体像を包括的に示した，園の基本構想等となるものです。教育及び保育の内容に関する全体的な計画としては，「満3歳以上の園児の教育課程に係る教育時間の教育活動のための計画」と，「満3歳以上の保育を必要とする子どもに該当する園児の保育のための計画」，「満3歳未満の保育を必要とする子どもに該当する園児の保育のための計画」と，「学校安全計画」「学校保健計画」「食育計画」等が含まれます。また，幼保連携型認定こども園においては，地域の実態に応じた子育て支援等が行われるので，子育て支援等の内容の計画としては，「地域の実態や保護者の要請により教育を行う標準的な時間の終了後等に希望する者を対象に一時預かり事業などとして行う活動のための計画」が必要です。さらに延長保育，夜間保育，休日保育などを実施している場合には，それらも含めて園児の園生活全体を捉えた計画が必要です。

園生活を通して，個々の園児が幼保連携型認定こども園における教育及び保育の目標を達成していくためには，まず，保育教諭等が，あらかじめ園児の発達に必要な経験を見通し，各時期の発達の特性を踏まえつつ，教育及び保育の内容並びに子育ての支援等に関する全体的な計画に沿った指導計画を立てて継続的な指導を行う

ことが必要です。そのうえでさらに，具体的な指導においては，あらかじめ立てた計画を念頭におきながら，それぞれの実情に応じた柔軟な指導をするよう心がけます。

（3）教育及び保育の考え方

　幼保連携型認定こども園は，認定こども園法第2条第7項により，「義務教育及びその後の教育の基礎を培うものとしての満3歳以上の子どもに対する教育並びに保育を必要とする子どもに対する保育を一体的に行い，これらの子どもの健やかな成長が図られるよう適当な環境を与えて，その心身の発達を助長するとともに，保護者に対する子育ての支援を行うことを目的として」設置される施設です。幼保連携型認定こども園には，0歳から小学校就学前までの園児が在園するのが原則です。保護者の就労やその他の家族の生活形態等を反映した状況により，一人ひとりの入園時期や在園時間等は異なりますが，それらの違いにかかわらず，どの園児にも平等に，幼保連携型認定こども園の教育及び保育が行われる必要があります。教育及び保育は，園児が登園してから降園するまでの1日を通して行われ，また，入園してから修了するまでの在園期間全体を通して行われます。そのことにより，園児一人ひとりの発達や学びの連続性を押さえた育ちを確保することができるのです。なお，そのうえで，満3歳以上，1日4時間程度について，学校教育としての教育がなされるのですが，それはそうした教育及び保育の土台の上に，子どもの活動の集中を可能にするところで，子どもの自発的な活動としての遊びを充実させることなのです。

（4）乳児保育などの保育所保育指針との共通性

　教育・保育要領では，保育所保育指針と同様に，発達の側面から，乳児は3つの視点として，身体的発達に関する視点「健やかに伸び伸びと育つ」，社会的発達に関する視点「身近な人と気持ちが通じ合う」，精神的発達に関する視点「身近なものと関わり感性が育つ」としてまとめています。満1歳以上満3歳未満の園児と満3歳以上の園児は5つの領域として，心身の健康に関する領域「健康」，人との関わりに関する領域「人間関係」，身近な環境との関わりに関する領域「環境」，言葉の獲得に関する領域「言葉」，感性と表現に関する領域「表現」としてまとめ，示しています。満3歳以上については，幼稚園教育要領とも共通です。

415

第Ⅲ部 「幼保連携型認定こども園教育・保育要領」解説とポイント

（5） 2歳から3歳への移行など認定こども園固有の支援の在り方

　認定こども園では特に，家庭から幼保連携型認定こども園に入園する園児と他の施設から幼保連携型認定こども園に入園する園児が，家庭や地域での生活の経験や集団生活の経験などが異なることを踏まえて，園児一人ひとりの生活の仕方やリズムに配慮して幼保連携型認定こども園の1日の生活の流れや環境を工夫するなど，園児一人ひとりに応じたきめ細かな指導が必要となります。特に，3歳児の学級においては，4月当初，生まれて初めて集団生活を経験する園児，満3歳から入園し入園から数か月集団生活を経験した園児，満3歳未満から入園し集団生活が長期にわたっている園児，集団生活を経験しているが他の保育所等から入園した園児などが共に生活することとなるでしょう。保育教諭等は，すでに在園している園児と入園してきた園児の双方と関わりながら，園児同士が安定した関係を築くことができるよう援助していくことが必要です。

　1日のなかでも，園児の生活の連続性に配慮し，園児一人ひとりの1日の生活の流れを意識しながら園生活を組み立てていくという視点をもつようにします。各園の短時間在園の園児と長時間在園の園児の人数比や保育室の配置などにより，1日の過ごし方や環境のつくり方は違ってくるでしょう。各園の状況により，1日の生活の流れをどうつくり出していくのか等を創意工夫していくことが重要です。

（6） 子育ての支援とは

　幼保連携型認定こども園では，園の保護者及び地域の乳幼児をもつ保護者に対する子育ての支援を行うこととされています。子育ての支援は幼保連携型認定こども園の重要な役割の一つであり，次世代の社会をつくる子どもを生み育てるためのよりよい環境をつくっていきます。その施設・設備は，子育ての支援の活動にふさわしい条件を多く備えており，保護者への支援を効果的に進めることができます。子育ての支援についての専門性を有する職員も配置されている幼保連携型認定こども園の特性を生かし，保育教諭，看護師や保健師，栄養教諭や栄養士等が行う支援が一体となって行われることが望まれます。

（7） 小学校への接続

　小学校においても，幼保連携型認定こども園を含めて，幼児教育から小学校への

移行を円滑にすることが求められます。特に，低学年においては，乳幼児期の教育及び保育を通じて身につけたことを生かし，幼児期の終わりまでに育ってほしい姿を踏まえて，教科等の学びにつながるようにスタートカリキュラムを編制し，そのなかで，生活科を中心に合科的・関連的な指導や弾力的な時間割の設定なども行われます。[*2]幼保連携型認定こども園と小学校がそれぞれ指導方法を工夫し，幼保連携型認定こども園における教育及び保育と小学校教育との円滑な接続を図るようにしていきます。

＊2 「小学校学習指導要領」の「第1章　総則」における「第2　教育課程の編成」の「4　学校段階等間の接続」に関連する記述がある。本書「関連資料」に「小学校学習指導要領」を抄録しているので参照いただきたい。

関 連 資 料

- ・小学校学習指導要領（抄）
- ・幼児教育部会における審議の取りまとめ（抄）
- ・保育所保育指針の公示について
- ・学校教育法施行規則の一部を改正する省令の制定並びに
  幼稚園教育要領の全部を改正する告示，小学校学習指導
  要領の全部を改正する告示及び中学校学習指導要領の全
  部を改正する告示等の公示について（抄）
- ・幼保連携型認定こども園教育・保育要領の全部を改正す
  る告示の公示について（抄）

小学校学習指導要領（抄）

○文部科学省告示第63号

学校教育法施行規則（昭和22年文部省令第11号）第52条の規定に基づき，小学校学習指導要領（平成20年文部科学省告示第27号）の全部を次のように改正し，平成32年4月1日から施行する。平成30年4月1日から平成32年3月31日までの間における小学校学習指導要領の必要な特例については，別に定める。

平成29年3月31日

文部科学大臣　松野博一

教育は，教育基本法第1条に定めるとおり，人格の完成を目指し，平和で民主的な国家及び社会の形成者として必要な資質を備えた心身ともに健康な国民の育成を期すという目的のもと，同法第2条に掲げる次の目標を達成するよう行われなければならない。

1　幅広い知識と教養を身に付け，真理を求める態度を養い，豊かな情操と道徳心を培うとともに，健やかな身体を養うこと。

2　個人の価値を尊重して，その能力を伸ばし，創造性を培い，自主及び自律の精神を養うとともに，職業及び生活との関連を重視し，勤労を重んずる態度を養うこと。

3　正義と責任，男女の平等，自他の敬愛と協力を重んずるとともに，公共の精神に基づき，主体的に社会の形成に参画し，その発展に寄与する態度を養うこと。

4　生命を尊び，自然を大切にし，環境の保全に寄与する態度を養うこと。

5　伝統と文化を尊重し，それらをはぐくんできた我が国と郷土を愛するとともに，他国を尊重し，国際社会の平和と発展に寄与する態度を養うこと。

これからの学校には，こうした教育の目的及び目標の達成を目指しつつ，一人一人の児童が，自分のよさや可能性を認識するとともに，あらゆる他者を価値のある存在として尊重し，多様な人々と協働しながら様々な社会的変化を乗り越え，豊かな人生を切り拓き，持続可能な社会の創り手となることができるようにすることが求められる。このために必要な教育の在り方を具体化するのが，各学校において教

関連資料

関連資料

育の内容等を組織的かつ計画的に組み立てた教育課程である。

教育課程を通して，これからの時代に求められる教育を実現していくためには，よりよい学校教育を通してよりよい社会を創るという理念を学校と社会とが共有し，それぞれの学校において，必要な学習内容をどのように学び，どのような資質・能力を身に付けられるようにするのかを教育課程において明確にしながら，社会との連携及び協働によりその実現を図っていくという，社会に開かれた教育課程の実現が重要となる。

　学習指導要領とは，こうした理念の実現に向けて必要となる教育課程の基準を大綱的に定めるものである。学習指導要領が果たす役割の一つは，公の性質を有する学校における教育水準を全国的に確保することである。また，各学校がその特色を生かして創意工夫を重ね，長年にわたり積み重ねられてきた教育実践や学術研究の蓄積を生かしながら，児童や地域の現状や課題を捉え，家庭や地域社会と協力して，学習指導要領を踏まえた教育活動の更なる充実を図っていくことも重要である。

　児童が学ぶことの意義を実感できる環境を整え，一人一人の資質・能力を伸ばせるようにしていくことは，教職員をはじめとする学校関係者はもとより，家庭や地域の人々も含め，様々な立場から児童や学校に関わる全ての大人に期待される役割である。幼児期の教育の基礎の上に，中学校以降の教育や生涯にわたる学習とのつながりを見通しながら，児童の学習の在り方を展望していくために広く活用されるものとなることを期待して，ここに小学校学習指導要領を定める。

第1章　総　　則

第1　小学校教育の基本と教育課程の役割

1　各学校においては，教育基本法及び学校教育法その他の法令並びにこの章以下に示すところに従い，児童の人間として調和のとれた育成を目指し，児童の心身の発達の段階や特性及び学校や地域の実態を十分考慮して，適切な教育課程を編成するものとし，これらに掲げる目標を達成するよう教育を行うものとする。

2　学校の教育活動を進めるに当たっては，各学校において，第3の1に示す主体的・対話的で深い学びの実現に向けた授業改善を通して，創意工夫を生かした特色ある教育活動を展開する中で，次の(1)から(3)までに掲げる事項の実現を図り，児童に生きる力を育むことを目指すものとする。

小学校学習指導要領

(1) 基礎的・基本的な知識及び技能を確実に習得させ，これらを活用して課題を解決するために必要な思考力，判断力，表現力等を育むとともに，主体的に学習に取り組む態度を養い，個性を生かし多様な人々との協働を促す教育の充実に努めること。その際，児童の発達の段階を考慮して，児童の言語活動など，学習の基盤をつくる活動を充実するとともに，家庭との連携を図りながら，児童の学習習慣が確立するよう配慮すること。

(2) 道徳教育や体験活動，多様な表現や鑑賞の活動等を通して，豊かな心や創造性の涵養を目指した教育の充実に努めること。

　　学校における道徳教育は，特別の教科である道徳（以下「道徳科」という。）を要として学校の教育活動全体を通じて行うものであり，道徳科はもとより，各教科，外国語活動，総合的な学習の時間及び特別活動のそれぞれの特質に応じて，児童の発達の段階を考慮して，適切な指導を行うこと。

　　道徳教育は，教育基本法及び学校教育法に定められた教育の根本精神に基づき，自己の生き方を考え，主体的な判断の下に行動し，自立した人間として他者と共によりよく生きるための基盤となる道徳性を養うことを目標とすること。

　　道徳教育を進めるに当たっては，人間尊重の精神と生命に対する畏敬の念を家庭，学校，その他社会における具体的な生活の中に生かし，豊かな心をもち，伝統と文化を尊重し，それらを育んできた我が国と郷土を愛し，個性豊かな文化の創造を図るとともに，平和で民主的な国家及び社会の形成者として，公共の精神を尊び，社会及び国家の発展に努め，他国を尊重し，国際社会の平和と発展や環境の保全に貢献し未来を拓く主体性のある日本人の育成に資することとなるよう特に留意すること。

(3) 学校における体育・健康に関する指導を，児童の発達の段階を考慮して，学校の教育活動全体を通じて適切に行うことにより，健康で安全な生活と豊かなスポーツライフの実現を目指した教育の充実に努めること。特に，学校における食育の推進並びに体力の向上に関する指導，安全に関する指導及び心身の健康の保持増進に関する指導については，体育科，家庭科及び特別活動の時間はもとより，各教科，道徳科，外国語活動及び総合的な学習の時間などにおいてもそれぞれの特質に応じて適切に行うよう努めること。また，それらの指導を通して，家庭や地域社会との連携を図りながら，日常生活に

関連資料

423

関連資料

おいて適切な体育・健康に関する活動の実践を促し，生涯を通じて健康・安全で活力ある生活を送るための基礎が培われるよう配慮すること。

3 2の(1)から(3)までに掲げる事項の実現を図り，豊かな創造性を備え持続可能な社会の創り手となることが期待される児童に，生きる力を育むことを目指すに当たっては，学校教育全体並びに各教科，道徳科，外国語活動，総合的な学習の時間及び特別活動（以下「各教科等」という。ただし，第2の3の(2)のア及びウにおいて，特別活動については学級活動（学校給食に係るものを除く。）に限る。）の指導を通してどのような資質・能力の育成を目指すのかを明確にしながら，教育活動の充実を図るものとする。その際，児童の発達の段階や特性等を踏まえつつ，次に掲げることが偏りなく実現できるようにするものとする。

(1) 知識及び技能が習得されるようにすること。

(2) 思考力，判断力，表現力等を育成すること。

(3) 学びに向かう力，人間性等を涵養すること。

4 各学校においては，児童や学校，地域の実態を適切に把握し，教育の目的や目標の実現に必要な教育の内容等を教科等横断的な視点で組み立てていくこと，教育課程の実施状況を評価してその改善を図っていくこと，教育課程の実施に必要な人的又は物的な体制を確保するとともにその改善を図っていくことなどを通して，教育課程に基づき組織的かつ計画的に各学校の教育活動の質の向上を図っていくこと（以下「カリキュラム・マネジメント」という。）に努めるものとする。

第2 教育課程の編成

1 各学校の教育目標と教育課程の編成

教育課程の編成に当たっては，学校教育全体や各教科等における指導を通して育成を目指す資質・能力を踏まえつつ，各学校の教育目標を明確にするとともに，教育課程の編成についての基本的な方針が家庭や地域とも共有されるよう努めるものとする。その際，第5章総合的な学習の時間の第2の1に基づき定められる目標との関連を図るものとする。

2 教科等横断的な視点に立った資質・能力の育成

(1) 各学校においては，児童の発達の段階を考慮し，言語能力，情報活用能力（情報モラルを含む。），問題発見・解決能力等の学習の基盤となる資質・能力

小学校学習指導要領

を育成していくことができるよう，各教科等の特質を生かし，教科等横断的な視点から教育課程の編成を図るものとする。

(2)　各学校においては，児童や学校，地域の実態及び児童の発達の段階を考慮し，豊かな人生の実現や災害等を乗り越えて次代の社会を形成することに向けた現代的な諸課題に対応して求められる資質・能力を，教科等横断的な視点で育成していくことができるよう，各学校の特色を生かした教育課程の編成を図るものとする。

3　教育課程の編成における共通的事項

(1)　内容等の取扱い

　　ア　第2章以下に示す各教科，道徳科，外国語活動及び特別活動の内容に関する事項は，特に示す場合を除き，いずれの学校においても取り扱わなければならない。

　　イ　学校において特に必要がある場合には，第2章以下に示していない内容を加えて指導することができる。また，第2章以下に示す内容の取扱いのうち内容の範囲や程度等を示す事項は，全ての児童に対して指導するものとする内容の範囲や程度等を示したものであり，学校において特に必要がある場合には，この事項にかかわらず加えて指導することができる。ただし，これらの場合には，第2章以下に示す各教科，道徳科，外国語活動及び特別活動の目標や内容の趣旨を逸脱したり，児童の負担過重となったりすることのないようにしなければならない。

　　ウ　第2章以下に示す各教科，道徳科，外国語活動及び特別活動の内容に掲げる事項の順序は，特に示す場合を除き，指導の順序を示すものではないので，学校においては，その取扱いについて適切な工夫を加えるものとする。

　　エ　学年の内容を2学年まとめて示した教科及び外国語活動の内容は，2学年間かけて指導する事項を示したものである。各学校においては，これらの事項を児童や学校，地域の実態に応じ，2学年間を見通して計画的に指導することとし，特に示す場合を除き，いずれかの学年に分けて，又はいずれの学年においても指導するものとする。

　　オ　学校において2以上の学年の児童で編制する学級について特に必要がある場合には，各教科及び道徳科の目標の達成に支障のない範囲内で，各教

関連資料

425

関連資料

科及び道徳科の目標及び内容について学年別の順序によらないことができ
る。

カ　道徳科を要として学校の教育活動全体を通じて行う道徳教育の内容は，
第3章特別の教科道徳の第2に示す内容とし，その実施に当たっては，第
6に示す道徳教育に関する配慮事項を踏まえるものとする。

(2)　授業時数等の取扱い

ア　各教科等の授業は，年間35週（第1学年については34週）以上にわたっ
て行うよう計画し，週当たりの授業時数が児童の負担過重にならないよう
にするものとする。ただし，各教科等や学習活動の特質に応じ効果的な場
合には，夏季，冬季，学年末等の休業日の期間に授業日を設定する場合を
含め，これらの授業を特定の期間に行うことができる。

イ　特別活動の授業のうち，児童会活動，クラブ活動及び学校行事について
は，それらの内容に応じ，年間，学期ごと，月ごとなどに適切な授業時数
を充てるものとする。

ウ　各学校の時間割については，次の事項を踏まえ適切に編成するものとす
る。

㋐　各教科等のそれぞれの授業の1単位時間は，各学校において，各教科
等の年間授業時数を確保しつつ，児童の発達の段階及び各教科等や学習
活動の特質を考慮して適切に定めること。

㋑　各教科等の特質に応じ，10分から15分程度の短い時間を活用して特定
の教科等の指導を行う場合において，教師が，単元や題材など内容や時
間のまとまりを見通した中で，その指導内容の決定や指導の成果の把握
と活用等を責任を持って行う体制が整備されているときは，その時間を
当該教科等の年間授業時数に含めることができること。

㋒　給食，休憩などの時間については，各学校において工夫を加え，適切
に定めること。

㋓　各学校において，児童や学校，地域の実態，各教科等や学習活動の特
質等に応じて，創意工夫を生かした時間割を弾力的に編成できること。

エ　総合的な学習の時間における学習活動により，特別活動の学校行事に掲
げる各行事の実施と同様の成果が期待できる場合においては，総合的な学
習の時間における学習活動をもって相当する特別活動の学校行事に掲げる

小学校学習指導要領

各行事の実施に替えることができる。

(3) 指導計画の作成等に当たっての配慮事項

　各学校においては，次の事項に配慮しながら，学校の創意工夫を生かし，全体として，調和のとれた具体的な指導計画を作成するものとする。

　ア　各教科等の指導内容については，(1)のアを踏まえつつ，単元や題材など内容や時間のまとまりを見通しながら，そのまとめ方や重点の置き方に適切な工夫を加え，第3の1に示す主体的・対話的で深い学びの実現に向けた授業改善を通して資質・能力を育む効果的な指導ができるようにすること。

　イ　各教科等及び各学年相互間の関連を図り，系統的，発展的な指導ができるようにすること。

　ウ　学年の内容を2学年まとめて示した教科及び外国語活動については，当該学年間を見通して，児童や学校，地域の実態に応じ，児童の発達の段階を考慮しつつ，効果的，段階的に指導するようにすること。

　エ　児童の実態等を考慮し，指導の効果を高めるため，児童の発達の段階や指導内容の関連性等を踏まえつつ，合科的・関連的な指導を進めること。

4　学校段階等間の接続

　教育課程の編成に当たっては，次の事項に配慮しながら，学校段階等間の接続を図るものとする。

(1) 幼児期の終わりまでに育ってほしい姿を踏まえた指導を工夫することにより，幼稚園教育要領等に基づく幼児期の教育を通して育まれた資質・能力を踏まえて教育活動を実施し，児童が主体的に自己を発揮しながら学びに向かうことが可能となるようにすること。

　また，低学年における教育全体において，例えば生活科において育成する自立し生活を豊かにしていくための資質・能力が，他教科等の学習においても生かされるようにするなど，教科等間の関連を積極的に図り，幼児期の教育及び中学年以降の教育との円滑な接続が図られるよう工夫すること。特に，小学校入学当初においては，幼児期において自発的な活動としての遊びを通して育まれてきたことが，各教科等における学習に円滑に接続されるよう，生活科を中心に，合科的・関連的な指導や弾力的な時間割の設定など，指導の工夫や指導計画の作成を行うこと。

関連資料

427

関連資料

(2) 中学校学習指導要領及び高等学校学習指導要領を踏まえ，中学校教育及び
その後の教育との円滑な接続が図られるよう工夫すること。特に，義務教育
学校，中学校連携型小学校及び中学校併設型小学校においては，義務教育9
年間を見通した計画的かつ継続的な教育課程を編成すること。

第3　教育課程の実施と学習評価

1　主体的・対話的で深い学びの実現に向けた授業改善
　各教科等の指導に当たっては，次の事項に配慮するものとする。

(1)　第1の3の(1)から(3)までに示すことが偏りなく実現されるよう，単元や題
材など内容や時間のまとまりを見通しながら，児童の主体的・対話的で深い
学びの実現に向けた授業改善を行うこと。

　　特に，各教科等において身に付けた知識及び技能を活用したり，思考力，
判断力，表現力等や学びに向かう力，人間性等を発揮させたりして，学習の
対象となる物事を捉え思考することにより，各教科等の特質に応じた物事を
捉える視点や考え方（以下「見方・考え方」という。）が鍛えられていくこと
に留意し，児童が各教科等の特質に応じた見方・考え方を働かせながら，知
識を相互に関連付けてより深く理解したり，情報を精査して考えを形成した
り，問題を見いだして解決策を考えたり，思いや考えを基に創造したりする
ことに向かう過程を重視した学習の充実を図ること。

(2)　第2の2の(1)に示す言語能力の育成を図るため，各学校において必要な言
語環境を整えるとともに，国語科を要としつつ各教科等の特質に応じて，児
童の言語活動を充実すること。あわせて，(7)に示すとおり読書活動を充実す
ること。

(3)　第2の2の(1)に示す情報活用能力の育成を図るため，各学校において，コ
ンピュータや情報通信ネットワークなどの情報手段を活用するために必要な
環境を整え，これらを適切に活用した学習活動の充実を図ること。また，各
種の統計資料や新聞，視聴覚教材や教育機器などの教材・教具の適切な活用
を図ること。

　　あわせて，各教科等の特質に応じて，次の学習活動を計画的に実施するこ
と。

ア　児童がコンピュータで文字を入力するなどの学習の基盤として必要とな

小学校学習指導要領

る情報手段の基本的な操作を習得するための学習活動

イ　児童がプログラミングを体験しながら，コンピュータに意図した処理を行わせるために必要な論理的思考力を身に付けるための学習活動

(4) 児童が学習の見通しを立てたり学習したことを振り返ったりする活動を，計画的に取り入れるように工夫すること。

(5) 児童が生命の有限性や自然の大切さ，主体的に挑戦してみることや多様な他者と協働することの重要性などを実感しながら理解することができるよう，各教科等の特質に応じた体験活動を重視し，家庭や地域社会と連携しつつ体系的・継続的に実施できるよう工夫すること。

(6) 児童が自ら学習課題や学習活動を選択する機会を設けるなど，児童の興味・関心を生かした自主的，自発的な学習が促されるよう工夫すること。

(7) 学校図書館を計画的に利用しその機能の活用を図り，児童の主体的・対話的で深い学びの実現に向けた授業改善に生かすとともに，児童の自主的，自発的な学習活動や読書活動を充実すること。また，地域の図書館や博物館，美術館，劇場，音楽堂等の施設の活用を積極的に図り，資料を活用した情報の収集や鑑賞等の学習活動を充実すること。

2　学習評価の充実

学習評価の実施に当たっては，次の事項に配慮するものとする。

(1) 児童のよい点や進歩の状況などを積極的に評価し，学習したことの意義や価値を実感できるようにすること。また，各教科等の目標の実現に向けた学習状況を把握する観点から，単元や題材など内容や時間のまとまりを見通しながら評価の場面や方法を工夫して，学習の過程や成果を評価し，指導の改善や学習意欲の向上を図り，資質・能力の育成に生かすようにすること。

(2) 創意工夫の中で学習評価の妥当性や信頼性が高められるよう，組織的かつ計画的な取組を推進するとともに，学年や学校段階を越えて児童の学習の成果が円滑に接続されるように工夫すること。

第4　児童の発達の支援

1　児童の発達を支える指導の充実

教育課程の編成及び実施に当たっては，次の事項に配慮するものとする。

(1) 学習や生活の基盤として，教師と児童との信頼関係及び児童相互のよりよ

関連資料

い人間関係を育てるため，日頃から学級経営の充実を図ること。また，主に
集団の場面で必要な指導や援助を行うガイダンスと，個々の児童の多様な実
態を踏まえ，一人一人が抱える課題に個別に対応した指導を行うカウンセリ
ングの双方により，児童の発達を支援すること。

　あわせて，小学校の低学年，中学年，高学年の学年の時期の特長を生かし
た指導の工夫を行うこと。

(2) 児童が，自己の存在感を実感しながら，よりよい人間関係を形成し，有意
義で充実した学校生活を送る中で，現在及び将来における自己実現を図って
いくことができるよう，児童理解を深め，学習指導と関連付けながら，生徒
指導の充実を図ること。

(3) 児童が，学ぶことと自己の将来とのつながりを見通しながら，社会的・職
業的自立に向けて必要な基盤となる資質・能力を身に付けていくことができ
るよう，特別活動を要としつつ各教科等の特質に応じて，キャリア教育の充
実を図ること。

(4) 児童が，基礎的・基本的な知識及び技能の習得も含め，学習内容を確実に
身に付けることができるよう，児童や学校の実態に応じ，個別学習やグルー
プ別学習，繰り返し学習，学習内容の習熟の程度に応じた学習，児童の興
味・関心等に応じた課題学習，補充的な学習や発展的な学習などの学習活動
を取り入れることや，教師間の協力による指導体制を確保することなど，指
導方法や指導体制の工夫改善により，個に応じた指導の充実を図ること。そ
の際，第3の1の(3)に示す情報手段や教材・教具の活用を図ること。

2　特別な配慮を必要とする児童への指導

(1) 障害のある児童などへの指導

　ア　障害のある児童などについては，特別支援学校等の助言又は援助を活用
しつつ，個々の児童の障害の状態等に応じた指導内容や指導方法の工夫を
組織的かつ計画的に行うものとする。

　イ　特別支援学級において実施する特別の教育課程については，次のとおり
編成するものとする。

　　(ｱ)障害による学習上又は生活上の困難を克服し自立を図るため，特別支援
学校小学部・中学部学習指導要領第7章に示す自立活動を取り入れるこ
と。

小学校学習指導要領

(イ)児童の障害の程度や学級の実態等を考慮の上，各教科の目標や内容を下学年の教科の目標や内容に替えたり，各教科を，知的障害者である児童に対する教育を行う特別支援学校の各教科に替えたりするなどして，実態に応じた教育課程を編成すること。

ウ　障害のある児童に対して，通級による指導を行い，特別の教育課程を編成する場合には，特別支援学校小学部・中学部学習指導要領第7章に示す自立活動の内容を参考とし，具体的な目標や内容を定め，指導を行うものとする。その際，効果的な指導が行われるよう，各教科等と通級による指導との関連を図るなど，教師間の連携に努めるものとする。

エ　障害のある児童などについては，家庭，地域及び医療や福祉，保健，労働等の業務を行う関係機関との連携を図り，長期的な視点で児童への教育的支援を行うために，個別の教育支援計画を作成し活用することに努めるとともに，各教科等の指導に当たって，個々の児童の実態を的確に把握し，個別の指導計画を作成し活用することに努めるものとする。特に，特別支援学級に在籍する児童や通級による指導を受ける児童については，個々の児童の実態を的確に把握し，個別の教育支援計画や個別の指導計画を作成し，効果的に活用するものとする。

(2)　海外から帰国した児童などの学校生活への適応や，日本語の習得に困難のある児童に対する日本語指導

ア　海外から帰国した児童などについては，学校生活への適応を図るとともに，外国における生活経験を生かすなどの適切な指導を行うものとする。

イ　日本語の習得に困難のある児童については，個々の児童の実態に応じた指導内容や指導方法の工夫を組織的かつ計画的に行うものとする。特に，通級による日本語指導については，教師間の連携に努め，指導についての計画を個別に作成することなどにより，効果的な指導に努めるものとする。

(3)　不登校児童への配慮

ア　不登校児童については，保護者や関係機関と連携を図り，心理や福祉の専門家の助言又は援助を得ながら，社会的自立を目指す観点から，個々の児童の実態に応じた情報の提供その他の必要な支援を行うものとする。

イ　相当の期間小学校を欠席し引き続き欠席すると認められる児童を対象として，文部科学大臣が認める特別の教育課程を編成する場合には，児童の

関連資料

431

関連資料

実態に配慮した教育課程を編成するとともに，個別学習やグループ別学習
など指導方法や指導体制の工夫改善に努めるものとする。

第5　学校運営上の留意事項

1　教育課程の改善と学校評価等

ア　各学校においては，校長の方針の下に，校務分掌に基づき教職員が適切に
役割を分担しつつ，相互に連携しながら，各学校の特色を生かしたカリキュ
ラム・マネジメントを行うよう努めるものとする。また，各学校が行う学校
評価については，教育課程の編成，実施，改善が教育活動や学校運営の中核
となることを踏まえ，カリキュラム・マネジメントと関連付けながら実施す
るよう留意するものとする。

イ　教育課程の編成及び実施に当たっては，学校保健計画，学校安全計画，食
に関する指導の全体計画，いじめの防止等のための対策に関する基本的な方
針など，各分野における学校の全体計画等と関連付けながら，効果的な指導
が行われるように留意するものとする。

2　家庭や地域社会との連携及び協働と学校間の連携

教育課程の編成及び実施に当たっては，次の事項に配慮するものとする。

ア　学校がその目的を達成するため，学校や地域の実態等に応じ，教育活動の
実施に必要な人的又は物的な体制を家庭や地域の人々の協力を得ながら整え
るなど，家庭や地域社会との連携及び協働を深めること。また，高齢者や異
年齢の子供など，地域における世代を越えた交流の機会を設けること。

イ　他の小学校や，幼稚園，認定こども園，保育所，中学校，高等学校，特別
支援学校などとの間の連携や交流を図るとともに，障害のある幼児児童生徒
との交流及び共同学習の機会を設け，共に尊重し合いながら協働して生活し
ていく態度を育むようにすること。

第6　道徳教育に関する配慮事項

道徳教育を進めるに当たっては，道徳教育の特質を踏まえ，前項までに示す事
項に加え，次の事項に配慮するものとする。

1　各学校においては，第1の2の(2)に示す道徳教育の目標を踏まえ，道徳教育
の全体計画を作成し，校長の方針の下に，道徳教育の推進を主に担当する教師

小学校学習指導要領

（以下「道徳教育推進教師」という。）を中心に，全教師が協力して道徳教育を展開すること。なお，道徳教育の全体計画の作成に当たっては，児童や学校，地域の実態を考慮して，学校の道徳教育の重点目標を設定するとともに，道徳科の指導方針，第3章特別の教科道徳の第2に示す内容との関連を踏まえた各教科，外国語活動，総合的な学習の時間及び特別活動における指導の内容及び時期並びに家庭や地域社会との連携の方法を示すこと。

2　各学校においては，児童の発達の段階や特性等を踏まえ，指導内容の重点化を図ること。その際，各学年を通じて，自立心や自律性，生命を尊重する心や他者を思いやる心を育てることに留意すること。また，各学年段階においては，次の事項に留意すること。

(1)　第1学年及び第2学年においては，挨拶などの基本的な生活習慣を身に付けること，善悪を判断し，してはならないことをしないこと，社会生活上のきまりを守ること。

(2)　第3学年及び第4学年においては，善悪を判断し，正しいと判断したことを行うこと，身近な人々と協力し助け合うこと，集団や社会のきまりを守ること。

(3)　第5学年及び第6学年においては，相手の考え方や立場を理解して支え合うこと，法やきまりの意義を理解して進んで守ること，集団生活の充実に努めること，伝統と文化を尊重し，それらを育んできた我が国と郷土を愛するとともに，他国を尊重すること。

3　学校や学級内の人間関係や環境を整えるとともに，集団宿泊活動やボランティア活動，自然体験活動，地域の行事への参加などの豊かな体験を充実すること。また，道徳教育の指導内容が，児童の日常生活に生かされるようにすること。その際，いじめの防止や安全の確保等にも資することとなるよう留意すること。

4　学校の道徳教育の全体計画や道徳教育に関する諸活動などの情報を積極的に公表したり，道徳教育の充実のために家庭や地域の人々の積極的な参加や協力を得たりするなど，家庭や地域社会との共通理解を深め，相互の連携を図ること。

関連資料

平成28年8月26日

幼児教育部会

幼児教育部会における審議の取りまとめ（抄）

1．現行幼稚園教育要領等の成果と課題

○　幼稚園教育要領は，これまで「環境を通して行う教育」を基本とし，幼児の自発的な活動としての遊びを中心とした生活を通して，一人一人に応じた総合的な指導を行ってきたところであり，現行幼稚園教育要領では，言葉による伝え合いや幼稚園教育と小学校教育の円滑な接続などについて充実を図り，その趣旨については，国立教育政策研究所の教育課程研究指定校の研究成果等から，おおむね理解されていると考えられる。

○　一方で，社会状況の変化等による幼児の生活体験の不足等から，基本的な技能等が身に付いていなかったり，幼稚園教育と小学校教育との接続では，子供や教員の交流は進んできているものの，教育課程の接続が十分であるとはいえない状況であったりするなどの課題も見られる。[*1]

○　また，近年，国際的にも忍耐力や自己制御，自尊心といった社会情動的スキルやいわゆる非認知的能力といったものを幼児期に身に付けることが，大人になってからの生活に大きな差を生じさせるという研究成果をはじめ，[*2]幼児期における語彙数，多様な運動経験などがその後の学力，運動能力に大きな影響を与えるという調査結果などから，幼児教育の重要性への認識が高まっている。[*3]

○　さらに，平成27年度から「子ども・子育て支援新制度」が実施されたことにより，幼稚園等を通じて全ての子供が健やかに成長するよう，質の高い幼児教育を提供することが一層求められてきている。

＊1　文部科学省平成26年度幼児教育実態調査（平成27年10月）

＊2　OECD 国際レポート（Skills for Social Progress: The Power of Social and Emotional Skills）（2015年）やペリー就学前計画（1960年代のアメリカ・ミシガン州において，低所得層アフリカ系アメリカ人3歳児で，学校教育上の「リスクが高い」と判定された子供を対象に，一部に質の高い幼児教育を提供し，その後約40年にわたり追跡調査を実施しているもの）等

＊3　文部科学省平成26年度全国体力・運動能力，運動習慣等調査報告書（平成26年11月）等

関連資料

○　このため，前述のような研究成果や調査結果を踏まえつつ，幼稚園のみならず，保育所，認定こども園を含めた全ての施設全体の質の向上を図っていくことが必要となっている。

２．幼稚園等におけるカリキュラム・マネジメントについて

○　幼児教育において育みたい資質・能力の実現に向けては，幼稚園等において，子供の姿や地域の実情等を踏まえつつ，どのような教育課程を編成し，実施・評価し改善していくのかというカリキュラム・マネジメントを確立することが求められる。

○　カリキュラム・マネジメントは，教職員が全員参加で，幼稚園等の特色を構築していく営みであり，園長のリーダーシップの下，全ての教職員が参加することが重要である。また，こうしたカリキュラム・マネジメントを園全体で実施していくためには，教員一人一人が教育課程をより適切なものに改めていくという基本的な姿勢を持つことも重要である。

○　幼稚園等では，教科書のような主たる教材を用いず環境を通して行う教育を基本としていること，家庭との関係において緊密度が他校種と比べて高いこと，預かり保育や子育ての支援などの教育課程以外の活動が，多くの幼稚園等で実施されていることなどから，カリキュラム・マネジメントは極めて重要である。

○　このため，幼稚園等においては，以下の三つの側面からカリキュラム・マネジメントを捉える必要がある。

　①　各領域のねらいを相互に関連させ，「幼児期の終わりまでに育ってほしい姿」や小学校の学びを念頭に置きながら，幼児の調和の取れた発達を目指し，幼稚園等の教育目標等を踏まえた総合的な視点で，その目標の達成のために必要な具体的なねらいや内容を組織すること。

　②　教育内容の質の向上に向けて，幼児の姿や就学後の状況，家庭や地域の現状等に基づき，教育課程を編成し，実施し，評価して改善を図る一連のPDCAサイクルを確立すること。

　③　教育内容と，教育活動に必要な人的・物的資源等を，家庭や地域の外部の資源も含めて活用しながら効果的に組み合わせること。

○　各幼稚園等では，これまで以上に前述の三つの側面からカリキュラム・マネジメントの機能を十分に発揮して，幼児の実態等を踏まえた最も適切な教育課程を

幼児教育部会における審議の取りまとめ

編成し，保護者や地域の人々を巻き込みながらこれを実施し，改善・充実を図っていくことが求められる。

3．幼児教育において育みたい資質・能力と幼児期にふさわしい評価の在り方について

⑴　幼児教育における「見方・考え方」

○　幼児期は，幼児一人一人が異なる家庭環境や生活経験の中で，自分が親しんだ具体的なものを手掛かりにして，自分自身のイメージを形成し，それに基づいて物事を感じ取ったり気付いたりする時期であることから，「見方・考え方」も園生活全体を通して，一人一人の違いを受け止めて培うことが大切である。

○　幼児教育における「見方・考え方」は，幼児がそれぞれの発達に即しながら身近な環境に主体的に関わり，心動かされる体験を重ね遊びが発展し生活が広がる中で，環境との関わり方や意味に気付き，これらを取り込もうとして，諸感覚を働かせながら，試行錯誤したり，思い巡らしたりすることである。

○　また，このような「見方・考え方」は，遊びや生活の中で幼児理解に基づいた教員による意図的，計画的な環境の構成の下で，教員や友達と関わり，様々な体験をすることを通して広がったり，深まったりして，修正・変化し発展していくものである。こういった「見方・考え方」が幼稚園等における学びにつながるものである。

○　このような様々な体験等を通して培われた「見方・考え方」は，小学校以降において，各教科等の「見方・考え方」の基礎になるとともに，これらを統合化することの基礎ともなるものである。

⑵　幼児教育において育みたい資質・能力の整理と，小学校の各教科等との接続の在り方

○　育成を目指す資質・能力の三つの柱は，「高等学校を卒業する段階で身に付けておくべき力は何か」という観点や，「義務教育を終える段階で身に付けておくべき力は何か」という観点を共有しながら，各学校段階の各教科等において，系統的に示されなければならないこととされている。

○　幼児教育においては，幼児期の特性から，この時期に育みたい資質・能力は，小学校以降のような，いわゆる教科指導で育むのではなく，幼児の自発的な活動

関連資料

437

関連資料

である遊びや生活の中で，感性を働かせてよさや美しさを感じ取ったり，不思議さに気付いたり，できるようになったことなどを使いながら，試したり，いろいろな方法を工夫したりすることなどを通じて育むことが重要である。このため，資質・能力の三つの柱を幼児教育の特質を踏まえ，より具体化すると，以下のように整理される。

①　「知識・技能の基礎」（遊びや生活の中で，豊かな体験を通じて，何を感じたり，何に気付いたり，何が分かったり，何ができるようになるのか）

②　「思考力・判断力・表現力等の基礎」（遊びや生活の中で，気付いたこと，できるようになったことなども使いながら，どう考えたり，試したり，工夫したり，表現したりするか）

③　「学びに向かう力・人間性等」（心情，意欲，態度が育つ中で，いかによりよい生活を営むか）

○　これらの資質・能力は，現行の幼稚園教育要領等の5領域[*4]の枠組みにおいても育んでいくことが可能であると考えられることから，幼稚園教育要領等の5領域は引き続き，維持することとする。なお，幼児教育の特質から，幼児教育において育みたい資質・能力は，個別に取り出して身に付けさせるものではなく，遊びを通しての総合的な指導を行う中で，「知識・技能の基礎」，「思考力・判断力・表現力等の基礎」，「学びに向かう力・人間性等」を一体的に育んでいくことが重要である。（資料1を参照）

○　また，5領域の内容等を踏まえ，5歳児修了時までに育ってほしい具体的な姿を平成22年に取りまとめられた「幼児期の教育と小学校教育の円滑な接続の在り方について（報告）」を手掛かりに，資質・能力の三つの柱を踏まえつつ，明らかにしたものが，以下の「幼児期の終わりまでに育ってほしい姿[*5]」である。（資料2を参照）

①　健康な心と体

幼稚園生活の中で充実感や満足感を持って自分のやりたいことに向かって心

＊4　幼稚園教育の「ねらい」と「内容」を発達の側面からまとめたもので，心身の健康に関する領域「健康」，人とのかかわりに関する領域「人間関係」，身近な環境とのかかわりに関する領域「環境」，言葉の獲得に関する領域「言葉」，感性と表現に関する領域「表現」からなる。

＊5　前述の OECD 国際レポートにおいて，「社会情動的スキル（目標達成，他者との協働，情動の制御）」の重要性が指摘されているが，この「幼児期の終わりまでに育ってほしい姿」には，これらのスキルも含まれている。

と体を十分に働かせながら取り組み，見通しを持って自ら健康で安全な生活を作り出していけるようになる。

② 自立心

身近な環境に主体的に関わりいろいろな活動や遊びを生み出す中で，自分の力で行うために思い巡らしなどして，自分でしなければならないことを自覚して行い，諦めずにやり遂げることで満足感や達成感を味わいながら，自信を持って行動するようになる。

③ 協同性

友達との関わりを通して，互いの思いや考えなどを共有し，それらの実現に向けて，工夫したり，協力したりする充実感を味わいながらやり遂げるようになる。

④ 道徳性・規範意識の芽生え

してよいことや悪いことが分かり，相手の立場に立って行動するようになり，自分の気持ちを調整し，友達と折り合いを付けながら，決まりを守る必要性が分かり，決まりを作ったり守ったりするようになる。

⑤ 社会生活との関わり

家族を大切にしようとする気持ちを持ちつつ，いろいろな人と関わりながら，自分が役に立つ喜びを感じ，地域に一層の親しみを持つようになる。

遊びや生活に必要な情報を取り入れ，情報を伝え合ったり，活用したり，情報に基づき判断しようとしたりして，情報を取捨選択などして役立てながら活動するようになるとともに，公共の施設を大切に利用したりなどして，社会とのつながりの意識等が芽生えるようになる。

⑥ 思考力の芽生え

身近な事象に積極的に関わり，物の性質や仕組み等を感じ取ったり気付いたりする中で，思い巡らし予想したり，工夫したりなど多様な関わりを楽しむようになるとともに，友達などの様々な考えに触れる中で，自ら判断しようとしたり考え直したりなどして，新しい考えを生み出す喜びを味わいながら，自分の考えをよりよいものにするようになる。

⑦ 自然との関わり・生命尊重

自然に触れて感動する体験を通して，自然の変化などを感じ取り，身近な事象への関心が高まりつつ，好奇心や探究心を持って思い巡らし言葉などで表し

関連資料

ながら，自然への愛情や畏敬の念を持つようになる。

身近な動植物を命あるものとして心を動かし，親しみを持って接し，いたわり大切にする気持ちを持つようになる。

⑧　数量・図形，文字等への関心・感覚

遊びや生活の中で，数量などに親しむ体験を重ねたり，標識や文字の役割に気付いたりして，必要感からこれらを活用することを通して，数量・図形，文字等への関心・感覚が一層高まるようになる。

⑨　言葉による伝え合い

言葉を通して先生や友達と心を通わせ，絵本や物語などに親しみながら，豊かな言葉や表現を身に付けるとともに，思い巡らしたことなどを言葉で表現することを通して，言葉による表現を楽しむようになる。

⑩　豊かな感性と表現

みずみずしい感性を基に，生活の中で心動かす出来事に触れ，感じたことや思い巡らしたことを自分で表現したり，友達同士で表現する過程を楽しんだりして，表現する喜びを味わい，意欲が高まるようになる。

○　この「幼児期の終わりまでに育ってほしい姿」は，5領域の内容等を踏まえ，特に5歳児の後半にねらいを達成するために，教員が指導し幼児が身に付けていくことが望まれるものを抽出し，具体的な姿として整理したものであり，それぞれの項目が個別に取り出されて指導されるものではない。もとより，幼児教育は環境を通して行うものであり，とりわけ幼児の自発的な活動としての遊びを通して，これらの姿が育っていくことに留意する必要がある。

○　また，「幼児期の終わりまでに育ってほしい姿」は，5歳児だけでなく，3歳児，4歳児においても，これを念頭に置きながら5領域にわたって指導が行われることが望まれる。その際，3歳児，4歳児それぞれの時期にふさわしい指導の積み重ねが，この「幼児期の終わりまでに育ってほしい姿」につながっていくことに留意する必要がある。

○　さらに，「幼児期の終わりまでに育ってほしい姿」は，5歳児後半の評価の手立てともなるものであり，幼稚園等と小学校の教員が持つ5歳児修了時の姿が共有化されることにより，幼児教育と小学校教育との接続の一層の強化が図られることが期待できる。

○　小学校の各教科等においても，生活科を中心としたスタートカリキュラムの中

幼児教育部会における審議の取りまとめ

で，合科的・関連的な指導や短時間での学習などを含む授業時間や指導の工夫，環境構成等の工夫を行うとともに，子供の生活の流れの中で，幼児期の終わりまでに育った姿が発揮できるような工夫を行いながら，幼児期に育まれた資質・能力を徐々に各教科等の特質に応じた学びにつなげていく必要がある。（資料3を参照）

(3) 資質・能力を育む学びの過程の考え方

○　幼児教育において，幼児の自発的な活動としての遊びは，心身の調和のとれた発達の基礎を培う重要な学習である。「論点整理」においては，習得・活用・探究という学びの過程の重要性が提言されており，幼児教育においても，資質・能力を育む上で学びの過程を意識した指導が重要である。

○　幼児教育における学びの過程は，発達の段階によって異なり，一律に示されるものではないが，一例を示すとすれば，5歳児の後半では，遊具・素材・用具や場の選択等から遊びが創出され，やがて楽しさや面白さの追求，試行錯誤等を行う中で，遊びへ没頭し，遊びが終わる段階でそれまでの遊びを振り返るといった過程をたどる。（資料4を参照）

○　前述のような学びの過程が実現するには，教員は，幼児教育において育みたい資質・能力を念頭に置いて環境を構成し，このような学びの過程の中で，一人一人の違いにも着目しながら，総合的に指導していくことが前提となる。

(4) 幼児期にふさわしい評価の在り方

○　幼稚園における評価については，現行の幼稚園教育要領第2章「ねらい及び内容」に示された各領域のねらいを視点として，幼児の発達の実情から向上が著しいと思われるものを評価してきたところである。

○　次期幼稚園教育要領等においては，「幼児期の終わりまでに育ってほしい姿」の明確化の方向性が示されることに伴い，幼児期の評価についても，その方向性を踏まえ，改善を図る必要がある。

○　具体的には，幼児一人一人のよさや可能性を評価するこれまでの幼児教育における評価の考え方は維持しつつ，評価の視点として，幼稚園教育要領等に示す各領域のねらいのほか，5歳児については，「幼児期の終わりまでに育ってほしい姿」を踏まえた視点を新たに加えることとする。その際，他の幼児との比較や一

関連資料

定の基準に対する達成度についての評定によって捉えるものでないことに留意するようにする。

○ また，幼児の発達の状況を小学校の教員が指導上参考にできるよう，指導要録の示し方の見直しを図るとともに，指導要録以外のものを含め，小学校と情報の共有化の工夫を図る。

○ その他，日々の記録や，実践を写真や動画などに残し可視化したいわゆる「ドキュメンテーション」，ポートフォリオなどにより，幼児の評価の参考となる情報を日頃から蓄積するとともに，このような幼児の発達の状況を保護者と共有することを通じて，幼稚園等と家庭が一体となって幼児と関わる取組を進めていくことが大切である。

4．資質・能力の育成に向けた教育内容の改善・充実

○ 幼児教育は，幼児の自発的な活動としての遊びを中心とした教育を実践することが何よりも大切であり，教員は，幼児の自発的な遊びを生み出すために必要な環境を構成することが求められる。

○ 特に，近年，少子化や都市化等の進行によって，友達との外遊びや自然に触れ合う機会が減少してきていることから，教員は，戸外で幼児同士が関わり合ったり，自然との触れ合いを十分に経験したりすることができる環境を構成していくことが重要となってきている。

○ 先に述べた幼児教育において育みたい資質・能力は，このような遊びを通しての総合的な指導の中で一体的に育んでいくものであり，これまで幼児教育において大切にされてきた社会情動的スキルやいわゆる非認知的能力といったものの育成も含め，以下に述べる教育内容等の改善を通じて更に充実を図り，小学校以降の学びにつなげていく必要がある。

(1) 幼稚園教育要領等の構成の見直し

○ カリキュラム・マネジメントや学習・指導方法の改善など各学校種共通で示された学習指導要領等の総則の見直しのほか，幼稚園教育要領等固有の主な構成の見直しについては，以下のとおりである。

○ 預かり保育など教育課程に係る教育時間の終了後等に行う教育活動などについては，これまでも教育課程に係る教育活動を考慮して行われてきたところである

が，幼児の生活を，見通しを持って把握し，幼稚園等におけるカリキュラム・マネジメントを充実する観点から，教育課程や預かり保育を含め，登園から降園までの幼児の生活全体を捉えた全体的な計画の作成を幼稚園教育要領等に位置付ける。

○　幼児教育と小学校教育の円滑な接続を図る観点から，5歳児修了時までに育ってほしい具体的な姿について10項目に整理した「幼児期の終わりまでに育ってほしい姿[*6]」を幼稚園教育要領等に新たに位置付ける。

(2)　資質・能力の整理を踏まえた教育内容の見直し

○　育成を目指す資質・能力については，幼児教育から高等学校教育までを通じて，見通しを持って系統的に示す必要があることから，現在の領域構成を引き継ぎつつ，資質・能力の三つの柱に沿って，内容の見直しを図る。

(3)　現代的な諸課題を踏まえた教育内容の見直し

○　近年の子供の育ちを巡る環境の変化等を踏まえた教育内容の見直しについては，以下のとおりである。

○　安全な生活や社会づくりに必要な資質・能力を育む観点から，状況に応じて自ら機敏に行動することができるようにするとともに，安全についての理解を深めるようにする。

○　幼児期における多様な運動経験の重要性の指摘を踏まえ，幼児が遊ぶ中で体の諸部位を使った様々な体験を重視するとともに，食の大切さに気付いたり，食に対する態度を身に付けたりすることを通じて，幼児の心身の健やかな成長の増進を図るようにする。

○　幼児期におけるいわゆる非認知的能力を育むことの重要性の指摘等を踏まえ，身近な大人との深い信頼関係に基づく関わりや安定した情緒の下で，例えば，親しみや思いやりを持って様々な人と接したり，自分の気持ちを調整したり，くじけずに自分でやり抜くようにしたり，前向きな見通しを持ったり，幼児が自分のよさや特徴に気付き，自信を持って行動したりするようにする。

○　学びの過程の重要性を踏まえ，具体的な活動の中で，比べる，関連付ける，総

＊6　「幼児期の終わりまでに育ってほしい姿」については，幼稚園等のみならず，家庭に対しても，その周知を図っていくことが求められる。

関連資料

合するといった，思考の過程を示すなど，思考力の芽生えを育むようにする。
○　「社会に開かれた教育課程」の重要性を踏まえ，自然に触れたり，我が国や地域社会における様々な文化や伝統に触れたり，異なった文化等に触れたりし，これらに親しみを持てるようにするなどして，幼児に，自然や身の回りの物を大切にする態度や，社会とのつながりの意識を育んだり，多様性を尊重する態度や国際理解の意識の芽生え等を育んだりするようにする。その際，園内外の行事を活用することも有効と考えられる。
○　視聴覚教材等については，幼児教育では，直接体験が重要であることを踏まえつつ，例えば，日頃の幼稚園生活では体験することが難しい体験を補完したりする場合や，幼児がより深く知りたいと思ったり，体験を深めたいと思ったりした場合の活用法を示すことを検討する。
○　幼児期における言語活動の重要性を踏まえ，幼児が言葉のリズムや響きを楽しんだり，知っている言葉を様々に使いながら，未知の言葉と出会ったりする中で，言葉の獲得の楽しさを感じたり，友達や教員と言葉でやり取りしながら自分の考えをまとめたりするようにする。
○　身近な自然や生活の中にある，何気ない音や形，色に気付き楽しむことが，幼児の豊かな感性や自分なりの表現を培う上で大切であることから，自然や生活の中にある音や素材に触れる機会の充実を図るようにする。

⑷　幼稚園における預かり保育と子育ての支援の充実

○　社会と教育課程のつながりを大切にする「社会に開かれた教育課程」としての役割は，預かり保育や子育ての支援を通じて，施設や機能を開放してきた幼稚園では，これまでも担われてきたものである。近年の社会環境の急速な変化に対応し，今後も，幼稚園における教育課程が「社会に開かれた教育課程」としての役割を更に果たしていくためには，以下のような改善を図っていく必要がある。
○　幼稚園生活全体を通じて幼児の発達を把握し，幼稚園生活を更に充実する観点から，預かり保育について，教育課程に係る教育時間を含めた全体の中で計画，実施する必要があることや地域の人々との連携などチームとして取り組むことの例を示す。
○　幼稚園が地域における幼児期の教育のセンターとしての役割を一層果たしていく観点から，子育ての支援について，心理士，小児保健の専門家，幼児教育アド

バイザーなどの活用や地域の保護者と連携・協働しながら取り組むようにする。

５．学びや指導の充実と教材の充実

(1) 特別支援教育の充実，幼児一人一人の特性に応じた指導の充実
（特別支援教育の充実）

○ 幼児期における特別支援教育については，特別支援教育部会の議論等を踏まえ，以下のような改善を図っていくことが必要である。

○ 障害者の権利に関する条約や障害者差別解消法を踏まえ，家庭や医療機関，福祉施設などの関係機関と連携し，様々な側面からの取組を示した計画（個別の教育支援計画）や，指導の目標や内容，配慮事項などを示した計画（個別の指導計画）の作成・活用の留意点を示す。

○ 特別支援教育に係る組織的な対応が一層充実されるよう，特別支援教育コーディネーターを中心とする体制等の在り方を示すとともに，共生社会の形成に向けた障害者理解の促進等の観点から，交流等の一層の充実を図る。

○ 個々の幼児の障害の状態や幼稚園等の生活の中で考えられる困難さに配慮した指導ができるよう，障害別の配慮のみならず，日々の幼稚園等の活動の中で考えられる「困難の状態」に対する「配慮の意図」と「手立て」について，以下のようなことを例として示す。

　・　幼児が自分の身体各部位を意識して動かすことが難しい場合，様々な活動や遊びに安心して取り組むことができるよう，当該幼児が容易に取り組める遊具や遊びで，より基本的な動きから徐々に複雑な動きを体験できるよう活動内容を用意し，身体の動かし方や動かす順序などに対する教師の声掛けや援助の仕方を工夫したり，安心して取り組める遊びを段階的に取り入れたりして，成功体験が積み重ねられるようにするなどの配慮を行う。

　・　幼稚園における生活や活動への見通しが持ちにくく，気持ちや行動が安定しにくい場合，自ら見通しを持って安心して行動ができるよう，当該幼児が理解できる情報（具体物，写真，絵，文字など）を用い，一日の生活の流れや身支度などの手順カードなどを一つずつ確認させたり，次の活動への見通しや期待感が持てるような具体的な言葉掛けや教師や仲の良い友達をモデルにして行動を促したりするなどの配慮をする。

　・　集団の中でざわざわした声などを不快に感じ，集団活動に参加することが難

関連資料

しい場合，大きな集団での活動に慣れるようにするため，最初から全ての時間に参加させるのではなく，少しの時間から参加させることから始め，徐々に時間を延ばしたり，イヤーマフなどで音を遮断して活動に参加させたりするなどの配慮をする。

○　なお，幼児教育では，これまでも幼児一人一人の発達の特性を理解し，指導することを大切にしており，こうした困難さへの配慮が充実することは，全ての幼児の指導の充実にも資するものである。

（幼児一人一人の特性に応じた指導の充実）

○　海外から帰国した幼児や外国人の幼児等への日本語指導・適応指導等についての配慮事項を示すなど，社会・文化的な背景が異なる幼児一人一人の特性に応じた指導の充実を図る。

⑵　「主体的・対話的で深い学び」の充実

○　幼児教育における重要な学習としての遊びは，環境の中で様々な形態により行われており，以下のアクティブ・ラーニングの視点から，絶えず指導の改善を図っていく必要がある。その際，発達の過程により幼児の実態は大きく異なることから，柔軟に対応していくことが必要である。（資料4を参照）

　①　周囲の環境に興味や関心を持って積極的に働き掛け，見通しを持って粘り強く取り組み，自らの遊びを振り返って，期待を持ちながら，次につなげる「主体的な学び」が実現できているか。

　②　他者との関わりを深める中で，自分の思いや考えを表現し，伝え合ったり，考えを出し合ったり，協力したりして自らの考えを広げ深める「対話的な学び」が実現できているか。

　③　直接的・具体的な体験の中で，「見方・考え方」を働かせて対象と関わって心を動かし，幼児なりのやり方やペースで試行錯誤を繰り返し，生活を意味あるものとして捉える「深い学び」が実現できているか。

⑶　**教材の在り方**

○　教科書のような主たる教材を用いるのではなく，体を通して体験的に学ぶ幼児教育において，幼児が主体的に活動を展開できるかどうかは，教員の環境の構成に懸かっており，教員が日常的に教材を研究することは極めて重要である。また，

幼児教育部会における審議の取りまとめ

継続的な教材研究により教材の質が高まることで,「見方・考え方」も発展させることが期待できる。

○ このため,幼児の発達に即して,幼児の経験に必要な遊具や用具,素材等の検討・選択及び環境の構成の仕方など,教員による日々の継続的な教材研究の必要性などについて,明確化を図る。

6. 必要な条件整備等について

○ 教育の成果は,その担い手である教員の資質・能力に負うところが大きく,特に,幼児教育において,教員は幼児のモデルとして様々な役割を果たしており,与える影響も極めて大きい。加えて,幼稚園等は,若い世代の入れ替わりが多く,経験に基づく知見が蓄積されにくく,また,預かり保育や子育ての支援など教育課程以外の活動へのニーズの高まりから研修時間の確保が難しくなっている現状を踏まえると,資質・能力の向上を図るための研修の在り方が喫緊の検討すべき課題となっている。

○ このため,各幼稚園等においては,教員以外の職員も含め,相互に日頃の実践についての意見交換やテーマに基づく研究の実施など,園内研修の継続・充実を図るとともに,園外研修の機会の確保を図ることが必要である。その際,特に近年の幼稚園等の小規模化を踏まえ,複数の園による多様な立場にある教員等の交流の機会を確保することも重要である。また,国や教育委員会等においては,指導方法等に関して参考となる教材の開発や研修体制の充実を図るとともに,幼稚園等においては,地域の幼稚園教員養成課程を有する大学・学部や幼児教育研究団体等との連携も必要である。とりわけ,地域の幼稚園教員養成課程を有する大学・学部においては,最新の知見に基づいた教育・研究が期待されることから,常に最新の情報の獲得に努めることが求められる。

○ また,各地域における幼児教育の質の充実を図るためには,市区町村を中心に幼児教育の経験を持った指導主事の配置や幼稚園,保育所,認定こども園等を巡回して指導・助言を行う幼児教育アドバイザーの育成・配置や,都道府県を中心に地域の幼児教育の拠点となる幼児教育センターの設置など幼児教育の推進体制の整備が求められる。

○ 今後とも,幼児教育の質の向上を図っていくためには,中長期的な観点から幼児教育に関する基礎的な研究を行う必要がある。このため,平成28年度より国立

関連資料

関連資料

教育政策研究所に新たに設置された幼児教育研究センターを中心にして，継続的に政策効果に関する調査研究活動を行っていくことが求められる。

7．その他

○　幼保連携型認定こども園の教育及び保育については，「就学前の子どもに関する教育，保育等の総合的な提供の推進に関する法律」（平成18年法律第77号）において，幼稚園教育要領及び保育所保育指針との整合性を確保しなければならないとされていることを踏まえ，現在，行われている保育所保育指針の改定に向けた検討との整合性を図るなど，関係府省と連携しながら引き続き審議することとする。

幼児教育部会における審議の取りまとめ

【資料1】

幼児教育において育みたい資質・能力の整理

小学校以上

| 知識・技能 | 思考力・判断力・表現力等 | 学びに向かう力・人間性等 |

※下に示す資質・能力は例示であり、遊びを通じての総合的な指導を通じて育成される。

（遊びや生活の中で、何を感じたり、何に気付いたり、何が分かったり、何ができるようになるのか）

幼児教育

〈環境を通して行う教育〉

知識・技能の基礎
・基本的な生活習慣や生活に必要な技能の獲得
・身体感覚の育成
・規則性、法則性、関連性等の発見
・様々な気付き、発見の喜び
・日常生活に必要な言葉の理解
・多様な動きや芸術表現のための基礎的な技能の獲得 等

遊びを通しての総合的な指導

思考力・判断力・表現力等の基礎
（遊びや生活の中で、気付いたこと、できるようになったことなどを使い、どう考えたり、試したり、工夫したり、表現したりするか）
・試行錯誤、工夫
・予想、予測、比較、分類、確認
・他の幼児の考えなどに触れ、新しい考えを生み出す喜びや楽しさ
・言葉による表現、伝え合い
・振り返り、次への見通し
・自分なりの表現
・表現する喜び 等

学びに向かう力・人間性等
（心情、意欲、態度が育つ中で、いかによりよい生活を営むか）
・思いやり・安定した情緒・自信
・相手の気持ちの受容・好奇心・探究心
・葛藤、自分への向き合い、折り合い
・話合い、目的の共有、協力
・色・形、音等の美しさや面白さに対する感覚
・自然現象や社会現象への関心 等

・三つの円の中で例示される資質・能力は、五つの領域の「ねらい及び内容」及び「幼児期の終わりまでに育ってほしい姿」から、主なものを取り出し、便宜的に分けたものである。

資料編

関連資料

【資料2】

[後略]

【資料3】

生活科における教育のイメージ

理科
理科の見方・考え方
身近な自然の事物・現象を、質的・量的な関係や時間的・空間的な関係などの科学的な視点で捉え、比較・分類、関連付け、試行、手調、工夫すること、エ夫することなどを

総合的な学習の時間
探究的な見方・考え方（案）
各教科等における見方・考え方を様々な角度から横断的・総合的に活用して、広範な事象を実生活の文脈で自己の生き方と関連付けること

社会
社会的事象の見方・考え方
位置や空間的な広がり、時期や時間の経過、事象や人々の相互関係などに着目して社会的事象を見出し、比較・分類したり総合したり、国民の生活と関連付けること

生活科
（身近な生活に関わる見方・考え方（案））

身近な人々、社会及び自然を自分との関わりで捉え、よりよい生活に向けて、自分自身や自分の生活について考えること

具体的な活動や体験を通して、身近な生活に関わる見方・考え方を生かし、自立し生活を豊かにしていくための資質・能力において、
○活動や体験の過程において、自分自身や身近な人々、社会及び自然の特徴やよさ、それらの関わり等に気付くとともに、生活上必要な習慣や技能を身に付けるようにする。
○身近な人々、社会及び自然を自分との関わりで捉え、自分自身や自分の生活について考え、表現することができるようにする。
○身近な人々、社会及び自然に自ら働きかけ、意欲や自信を持って学んだり生活を豊かにしたりしようとする態度を育てる。

「スタートカリキュラム」を通じて、各教科等の特質に応じた学びにつなぐ

幼児期の終わりまでに育ってほしい姿

- 健康な心と体
- 自立心
- 協同性
- 道徳性・規範意識の芽生え
- 社会生活との関わり
- 思考力の芽生え
- 自然との関わり・生命尊重
- 数量・図形、文字等への関心・感覚
- 言葉による伝え合い
- 豊かな感性と表現

小学校中学年
教科等の特質に応じた「見方・考え方」や資質・能力を育むとともに、それらを総合・統合していく学び
教科等横断的に総合・統合していく学び

小学校低学年
生活科を中心としたスタートカリキュラムの中で、合科的・関連的な指導も含め、子供の生活の流れの中で、幼児期の終わりまでに育った姿が発揮できるような工夫を行いながら、短時間学習なども含め、各教科等の特質に応じた「見方・考え方」や資質・能力を、改めて身に付けていく、幼児期に総合的に育まれた「見方・考え方」や資質・能力を、徐々に各教科等の特質に応じた学びにつなげていく時期

接続
生活科を中心としたスタートカリキュラムの中で、合科的・関連的な指導も含め、子供の生活の流れの中で、幼児期の終わりまでに育った姿を手がかりとしながら、幼児期の得意とするところを更に伸ばしたり、よりよく学ぶための資質・能力を育んだりしながら、幼児期に総合的に育まれた「見方・考え方」や資質・能力を、徐々に各教科等の特質に応じた学びにつなげていく時期

幼児教育
遊びや生活の中で、幼児期の特性に応じた「見方・考え方」や資質・能力を育む学び
（未就教園段階：家庭や地域での生活）

幼児期の終わりまでに育ってほしい姿

※各教科等の「見方・考え方」を踏まえて、関連性を示したものである。また、幼児教育が関わっている項目の濃淡は、小学校教育が分かるように示しており、基本的には全ての学びに関わっており、濃い部分は特に意識的につながりを考えていくことが求められるもの。幼児教育において小学校教育を前倒しして行うことを意図したものではない。

資料関連

関連資料

【資料4】

アクティブ・ラーニングの三つの視点を踏まえた、幼児教育における学びの過程（5歳児後半の時期）のイメージ

幼児教育において、幼児の自発的な活動としての遊びは、心身の調和のとれた発達の基礎を培う重要な学習である。下に示すプロセスは一例として位置付けられている。順序を含め各本例に限定されるものではない。

遊びのプロセス例	遊びの創出	遊びへの没頭	遊びの振り返り	
	遊具・素材・用具や場の選択・準備 友達との誘い合い 等	楽しさや面白さの追求 試行錯誤 工夫 協力 失敗や葛藤 問題の解決 折り合い 挑戦 等	振り返り 明日への見通し 等	次の遊びの創出へ

幼児教育における重要な学習としての遊びは、様々な形態等で構成されており、下に示す各々の学びの過程を相互に関連させながら、学びの広がりを意識する。指導計画の工夫が望まれる。

深い学び
直接的・具体的な体験の中で、「見方・考え方」を働かせて対象と関わって心を動かし、幼児なりのやり方やペースで試行錯誤を繰り返し、生活を意味あるものとして捉える「深い学び」が実現できているか。

- 感触・感覚・感動
  すごいなあ きれいだなあ ○○だな・△△だよ
- 試行錯誤・発見の喜び
  気付き・発見の喜び
  なぜ・どうして どうなるのかな・見付けた
- 予想・予測・比較 分類・確認
  ○○かもしれない ○○になりそう ○○は同じだけれど△△は違う
- 規則性・法則性・関連性等の発見と活用
  ○○だから△△になった ○○のは△△だから △△するとどうなる 次に○○するとどうなるか

対話的な学び
他者との関わりを深める中で、自分の思いや考えを表現し、伝え合ったり、考えを出し合ったり、協力したりして自らの考えを広げ深める「対話的な学び」が実現できているか。

- 依存と自立 信頼関係
- 自己表現 相手への感情・意識
- 思いの伝え合い イメージの共有 共感 刺激のし合い
- 葛藤 内省 折り合い
- 対話や話し合い 目的の共有 協力

主体的な学び
周囲の環境に興味や関心を持って積極的に働き掛け、見通しを持って粘り強く取り組み、自らの遊びを振り返って、期待を持ちながら、次につなげる「主体的な学び」が実現できているか。

安定感・安心感 / 興味や関心 / 自発性 / 自己肯定感 / 好奇心・探究心 / 持続性・粘り強さ / 必要感 / 振り返り・見通し

幼児一人一人の行動の理解と予想に基づいた
意図的・計画的な環境の構成

環境を通して行う教育

幼児期にふさわしい生活の展開
遊びを通した総合的な指導
一人一人の特性に応じた指導

幼児教育部会における審議の取りまとめ

関連資料

雇児発0331第27号

平成29年3月31日

都道府県知事

各　指定都市市長　殿

　　中核市市長

厚生労働省雇用均等・児童家庭局長

（公　印　省　略）

保育所保育指針の公示について

　保育所における保育内容については，保育所保育指針（平成20年厚生労働省告示第141号。以下「旧保育所保育指針」という。）に基づき，その指導について従来から種々御配慮いただいているところである。

　今般，社会保障審議会児童部会保育専門委員会（平成27年12月設置。以下「保育専門委員会」という。）においてとりまとめられた「保育所保育指針の改定に関する議論のとりまとめ」（平成28年12月21日）を受け，新たに保育所保育指針（平成29年厚生労働省告示第117号。以下「新保育所保育指針」という。）を本日，別添のとおり公示し，平成30年4月1日より適用することとしたところである。

　これらの主な内容等については下記のとおりであるので，十分御了知の上，貴管内の関係者に対して遅滞なく周知し，その運用に遺漏のないよう御配慮願いたい。

　なお，本通知は，地方自治法（昭和22年法律第67号）第245条の4第1項の規定に基づく技術的助言である。

記

1．改定の趣旨について

　旧保育所保育指針の施行後，平成27年4月から子ども・子育て支援新制度が施行され，また0～2歳児を中心とした保育所利用児童数が増加しているなど，保育をめぐる状況は大きく変化している。

　このような状況の下，保育専門委員会における議論の結果，「改定の方向性」として，①乳児・1歳以上3歳未満児の保育に関する記載の充実，②保育所保育における幼児教育の積極的な位置づけ，③子どもの育ちをめぐる環境の変化を踏まえた

関連資料

健康及び安全の記載の見直し，④保護者・家庭及び地域と連携した子育て支援の必要性，⑤職員の資質・専門性の向上といった内容が示されたことから，これらを踏まえ，別添のとおり旧保育所保育指針を改定することとしたものであること。

２．適用日について

新保育所保育指針については，平成30年４月１日より適用するものであること。なお，適用日までの間は，引き続き，旧保育所保育指針が適用されるものであることを念のため申し添える。

３．保育所保育指針解説書（仮称）について

新保育所保育指針の内容の解説や補足説明，保育を行う上での留意点，各保育所における取組の参考になる関連事項等を記載した「保育所保育指針解説書（仮称）」を，厚生労働省において平成29年度半ばに取りまとめる予定であること。当該解説書（仮称）については，取りまとめ次第，別途通知する。

４．新保育所保育指針の保育現場等への周知について

新保育所保育指針の趣旨及び内容等が，管内市町村等の担当者や，各保育所等の関係者に十分理解され，新保育所保育指針の適用が円滑に行われるよう，適用までの間に，研修などによる周知等が必要であること。

また，保育所のみならず，家庭的保育事業等や認可外保育施設などの保育現場においても，新保育所保育指針が参照されるものであることから，当該保育現場の関係者への周知を図るとともに，子育て中の保護者にも理解されるものとなるよう，広く社会への伝達及び普及を図ること。

28文科初第1828号

平成29年3月31日

各都道府県教育委員会教育長
各指定都市教育委員会教育長
各　都　道　府　県　知　事　殿
附属学校を置く各国立大学法人学長
構造改革特別区域法第12条第1項の
認定を受けた各地方公共団体の長

文部科学事務次官

戸谷一夫

（印影印刷）

学校教育法施行規則の一部を改正する省令の制定並びに幼稚園教育要領の全部を改正する告示，小学校学習指導要領の全部を改正する告示及び中学校学習指導要領の全部を改正する告示等の公示について（抄）

　このたび，平成29年文部科学省令第20号をもって，別添のとおり学校教育法施行規則の一部を改正する省令（以下「改正省令」という。）が制定され，また，平成29年文部科学省告示第62号，第63号及び第64号をもって，それぞれ別添のとおり，幼稚園教育要領の全部を改正する告示（以下「新幼稚園教育要領」という。），小学校学習指導要領の全部を改正する告示（以下「新小学校学習指導要領」という。）及び中学校学習指導要領の全部を改正する告示（以下「新中学校学習指導要領」という。）が公示されました。

　新幼稚園教育要領は平成30年4月1日から，改正省令及び新小学校学習指導要領は平成32年4月1日から，新中学校学習指導要領は平成33年4月1日から施行されます。

　今回の改正は，平成28年12月21日の中央教育審議会答申「幼稚園，小学校，中学校，高等学校及び特別支援学校の学習指導要領等の改善及び必要な方策等について」（以下「答申」という。）を踏まえ，幼稚園，小学校及び中学校の教育課程の基準の改善を図ったものです。本改正の概要及び留意事項は下記のとおりですので，

関連資料

関連資料

十分に御了知いただき，改正省令，新幼稚園教育要領，新小学校学習指導要領及び
新中学校学習指導要領（以下「新学習指導要領等」という。）に基づく適切な教育課
程の編成・実施及びこれらに伴い必要となる教育条件の整備を行うようお願いしま
す。

　また，都道府県教育委員会におかれては，所管の学校及び域内の市町村教育委員
会その他の教育機関に対して，指定都市教育委員会におかれては，所管の学校その
他の教育機関に対して，都道府県知事及び構造改革特別区域法（平成14年法律第189
号）第12条第1項の認定を受けた地方公共団体の長におかれては，所轄の学校及び
学校法人等に対して，附属学校を置く国立大学法人学長におかれては，その管下の
学校に対して，本改正の内容について周知を図るとともに，必要な指導等をお願い
します。

　なお，本通知については，関係資料と併せて文部科学省のホームページに掲載し
ておりますので，御参照ください。

記

1．改正の概要

(1)　幼稚園，小学校及び中学校の教育課程の基準の改善の基本的な考え方

- ・　教育基本法，学校教育法などを踏まえ，我が国のこれまでの教育実践の蓄
　積を活かし，豊かな創造性を備え持続可能な社会の創り手となることが期待
　される子供たちが急速に変化し予測不可能な未来社会において自立的に生き，
　社会の形成に参画するための資質・能力を一層確実に育成することとしたこ
　と。その際，子供たちに求められる資質・能力とは何かを社会と共有し，連
　携する「社会に開かれた教育課程」を重視したこと。
- ・　知識及び技能の習得と思考力，判断力，表現力等の育成のバランスを重視
　する現行学習指導要領の枠組みや教育内容を維持した上で，知識の理解の質
　をさらに高め，確かな学力を育成することとしたこと。
- ・　先行する特別教科化など道徳教育の充実や体験活動の重視，体育・健康に
　関する指導の充実により，豊かな心や健やかな体を育成することとしたこと。
- ・　新たに「前文」を設け，新学習指導要領等を定めるに当たっての考え方を，
　明確に示したこと。

学校教育法施行規則の一部を改正する省令の制定並びに幼稚園教育要領の全部を改正する告示，……の公示について

(2)　知識の理解の質を高め資質・能力を育む「主体的・対話的で深い学び」の実現

○「何ができるようになるか」を明確化

　・　子供たちに育む「生きる力」を資質・能力として具体化し，「何のために学ぶのか」という学習の意義を共有しながら，授業の創意工夫や教科書等の教材の改善を引き出していけるよう，各教科等の目標及び内容を，①知識及び技能，②思考力，判断力，表現力等，③学びに向かう力，人間性等の三つの柱で再整理したこと。

○主体的・対話的で深い学びの実現に向けた授業改善

　・　我が国のこれまでの教育実践の蓄積に基づく授業改善の活性化により，児童生徒の知識の理解の質の向上を図り，これからの時代に求められる資質・能力を育んでいくことが重要であること。そのため，小・中学校においては，これまでと全く異なる指導方法を導入しなければならないなどと浮足立つ必要はなく，これまでの教育実践の蓄積をしっかりと引き継ぎ，子供たちの実態や教科等の学習内容等に応じた指導の工夫改善を図ること。

　・　上記の資質・能力の三つの柱が，偏りなく実現されるよう，単元や題材など内容や時間のまとまりを見通しながら，子供たちの主体的・対話的で深い学びの実現に向けた授業改善を行うこととしたこと。

(3)　各学校におけるカリキュラム・マネジメントの確立

　・　教科等の目標や内容を見渡し，特に学習の基盤となる資質・能力（言語能力，情報活用能力，問題発見・解決能力等）や豊かな人生の実現や災害等を乗り越えて次代の社会を形成することに向けた現代的な諸課題に対応して求められる資質・能力の育成のためには，教科等横断的な学習を充実する必要があること。

　　　また，主体的・対話的で深い学びの実現に向けた授業改善については，1単位時間の授業の中で全てが実現できるものではなく，単元など内容や時間のまとまりの中で，習得・活用・探究のバランスを工夫することが重要であるとしたこと。

　・　そのため，学校全体として，子供たちや学校，地域の実態を適切に把握し，教育内容や時間の適切な配分，必要な人的・物的体制の確保，実施状況に基

関連資料

459

関連資料

づく改善などを通して，教育課程に基づく教育活動の質を向上させ，学習の効果の最大化を図るカリキュラム・マネジメントに努めるものとしたこと。

(4) 幼稚園における主な改善事項

・　新幼稚園教育要領においては，幼稚園教育において育みたい資質・能力（「知識及び技能の基礎」，「思考力，判断力，表現力等の基礎」，「学びに向かう力，人間性等」）を明確にしたこと。

・　5歳児修了時までに育ってほしい具体的な姿を「幼児期の終わりまでに育ってほしい姿」として明確にしたこと。（「健康な心と体」「自立心」「協同性」「道徳性・規範意識の芽生え」「社会生活との関わり」「思考力の芽生え」「自然との関わり・生命尊重」「数量や図形，標識や文字などへの関心・感覚」「言葉による伝え合い」「豊かな感性と表現」）

・　幼稚園において，我が国や地域社会における様々な文化や伝統に親しむことなど，教育内容の充実を図ったこと。

［後略］

府 子 本 第 229 号
28文科初第1859号
雇児発0331第28号
平成29年 3 月31日

各 都 道 府 県 知 事
各 都 道 府 県 教 育 委 員 会 教 育 長
各 指 定 都 市・中 核 市 市 長 殿
各指定都市・中核市教育委員会教育長

内閣府子ども・子育て本部統括官
西崎文平
（印影印刷）
文部科学省初等中等教育局長
藤原　誠
（印影印刷）
厚生労働省雇用均等・児童家庭局長
吉田　学
（印影印刷）

幼保連携型認定こども園教育・保育要領の全部を改正する 告示の公示について（抄）

　このたび，就学前の子どもに関する教育，保育等の総合的な提供の推進に関する
法律（平成18年法律第77号。以下「認定こども園法」という。）第10条第 1 項に基づき，
内閣府・文部科学省・厚生労働省告示第 1 号をもって，別添のとおり，新幼保連携
型認定こども園教育・保育要領（以下「新教育・保育要領」という。）を公示し，平
成30年 4 月 1 日より施行することとしました。

　新教育・保育要領は，内閣府特命担当大臣決定に基づき設置された幼保連携型認
定こども園教育・保育要領の改訂に関する検討会での審議のまとめを踏まえつつ，
また，認定こども園法第10条第 2 項に基づき，幼稚園教育要領（平成29年文部科学
省告示第62号。以下「新幼稚園教育要領」という。）及び保育所保育指針（平成29年厚
生労働省告示第117号。以下「新保育所保育指針」という。）との整合性の確保に配慮

461

関連資料

しながら，改正しました。

　新教育・保育要領の改正の概要等は下記のとおりですので，各位におかれては，十分御了知いただき，指定保育士養成施設を含め，管内・域内の関係者に遅滞なく周知するなど，その実施に遺漏のないよう御配慮願います。

　なお，本通知は，地方自治法（昭和22年法律第67号）第245条の４第１項の規定に基づく技術的助言であることを申し添えます。

　また，本通知は，関係資料と併せて内閣府の子ども・子育て支援新制度のホームページに掲載しておりますので，御参照ください。

記

１．改正の概要

(1)　基本的な考え方

　新教育・保育要領は，学校と児童福祉施設の両方の位置付けを持つ幼保連携型認定こども園として，次の方針に基づき改正したものであること。

① 　新幼稚園教育要領及び新保育所保育指針との整合性の確保

【新幼稚園教育要領との整合性】

・ 　幼保連携型認定こども園の教育及び保育において育みたい資質・能力を明確にしたこと。

・ 　５歳児修了時までに育ってほしい具体的な姿「幼児期の終わりまでに育ってほしい姿」を明確にしたこと。

・ 　園児の理解に基づいた評価の実施，特別な配慮を必要とする園児への指導を充実させたこと。

・ 　近年の子どもの育ちをめぐる環境の変化等を踏まえ，満３歳以上の園児の教育及び保育の内容の改善を図り充実させたこと。

【新保育所保育指針との整合性】

・ 　乳児期及び満１歳以上満３歳未満の園児の保育に関する視点及び領域，ねらい及び内容並びに内容の取扱いを新たに記載したこと。

・ 　近年の課題に応じた健康及び安全に関する内容の充実，特に，災害への備えに関してや教職員間の連携や組織的な対応について強調して記載したこと。

幼保連携型認定こども園教育・保育要領の全部を改正する告示の公示について

② 幼保連携型認定こども園として特に配慮すべき事項等の充実

・ 幼保連携型認定こども園の教育と保育が一体的に行われることを，新教育・保育要領の全体を通して明確に記載したこと。

・ 教育及び保育の内容並びに子育ての支援等に関する全体的な計画に関して，明確に記載したこと。

・ 幼保連携型認定こども園として特に配慮すべき事項として，満3歳以上の園児の入園時や移行時について，多様な経験を有する園児の学び合いについて，長期的な休業中やその後について等を記載したこと。

・ 多様な生活形態の保護者が在園していることへの配慮や地域における子育て支援の役割等，子育ての支援に関して記載を充実させたこと。

［後略］

関連資料

《監修者紹介》

汐見稔幸（しおみ・としゆき）

東京大学名誉教授。厚生労働省社会保障審議会児童部会保育専門委員会委員長として
平成29年告示「保育所保育指針」の改定作業を行う。あわせて，内閣府幼保連携型認
定こども園教育・保育要領の改訂に関する検討会座長代理として平成29年告示「幼保
連携型認定こども園教育・保育要領」の改訂作業を行う。
主著：『さあ，子どもたちの「未来」を話しませんか』（単著）小学館，2017年
　　　『「天才」は学校で育たない』（単著）ポプラ社，2017年

無藤　隆（むとう・たかし）

白梅学園大学名誉教授。文部科学省中央教育審議会初等教育分科会教育課程部会幼児
教育部会主査として，平成29年告示「幼稚園教育要領」の改訂作業を行う。あわせて，
内閣府幼保連携型認定こども園教育・保育要領の改訂に関する検討会座長として平成
29年告示「幼保連携型認定こども園教育・保育要領」の改訂作業を行う。
主著：『新しい教育課程におけるアクティブな学びと教師力・学校力』（単著）図書文
　　　化社，2017年
　　　『毎日コツコツ役立つ保育のコツ50』（単著）フレーベル館，2015年

〈平成30年施行〉
保育所保育指針　幼稚園教育要領
幼保連携型認定こども園教育・保育要領
解説とポイント

2018年 5 月10日　初版第 1 刷発行		〈検印省略〉
2024年 3 月30日　初版第 5 刷発行		

定価はカバーに
表示しています

監 修 者	汐 見 稔 幸
	無 藤 　 隆
編 　 者	ミネルヴァ書房編集部
発 行 者	杉 田 啓 三
印 刷 者	江 戸 孝 典

発行所　株式会社　ミネルヴァ書房

607-8494　京都市山科区日ノ岡堤谷町 1
　　　　　電話代表　(075)581-5191
　　　　　振替口座　01020-0-8076

ⓒ汐見・無藤ほか，2018　　共同印刷工業・吉田三誠堂製本

ISBN978-4-623-08098-4

Printed in Japan

最新保育小六法・資料集 ［各年版］　　　　　　A 5 判美装
大豆生田啓友／三谷大紀 編　　　　　　　　　　　本体2000円

保育用語辞典 ［第 8 版］　　　　　　　　　　四六判美装
森上史朗／柏女霊峰 編　　　　　　　　　　　　本体2300円

社会福祉小六法 ［各年版］　　　　　　　　　四六判美装
ミネルヴァ書房編集部 編　　　　　　　　　　　本体1800円

ミネルヴァ社会福祉六法 ［各年版］　　　　四六判美装
野﨑和義 監修　ミネルヴァ書房編集部 編　　　本体2800円

社会福祉用語辞典 ［第 9 版］　　　　　　　四六判美装
山縣文治／柏女霊峰 編集委員代表　　　　　　　本体2200円

——————— ミネルヴァ書房 ———————
https://www.minervashobo.co.jp/